特殊儿童随班就读师资培训用书

Handbook of Training Inclusive Teachers for Children with Special Needs

华国栋 ◇ 主编

图书在版编目(CIP)数据

特殊儿童随班就读师资培训用书／华国栋主编. —北京：华夏出版社，2014.1（2025.1 重印）

ISBN 978-7-5080-7809-0

Ⅰ.①特… Ⅱ.①华… Ⅲ.①儿童教育-特殊教育-师资培训-教学参考资料 Ⅳ.①G76

中国版本图书馆 CIP 数据核字（2013）第 217484 号

特殊儿童随班就读师资培训用书

主　　编	华国栋
责任编辑	刘　娲
出版发行	华夏出版社有限公司
经　　销	新华书店
印　　刷	三河市少明印务有限公司
装　　订	三河市少明印务有限公司
版　　次	2014 年 1 月北京第 1 版　2025 年 1 月北京第 5 次印刷
开　　本	710×1000　1/16 开
印　　张	26.75
字　　数	398 千字
插　　页	1
定　　价	49.00 元

华夏出版社有限公司 地址：北京市东直门外香河园北里 4 号　邮编：100028
网址：www.hxph.com.cn　电话：(010)64663331（转）
若发现本版图书有印装质量问题，请与我社营销中心联系调换。

前　言

　　特殊儿童在普通学校随班就读已成为我国特殊教育的一种主体形式，但是，目前随班就读的质量不高。这可能有多方面的原因，如有的地区对特殊教育不够重视，随班就读支持系统尚未建立，学校班级规模过大等，但其中最重要的原因之一就是普通学校的教师不了解特殊儿童，没有掌握随班就读的工作规律。因此，对普通学校的教师进行这方面的培训就显得非常重要。

　　在以往的随班就读培训中，虽然也使用过一些特殊教育教材，但有的教材不是针对随班就读师资培训的特点编写的，有的教材缺少操作性。过去的师资培训往往也是自上而下，教师处于被培训、被训练的地位，效果不甚显著。本教材力图体现促进教师发展的培训模式，以教师需要为本，强调针对性；以促进随班就读发展为导向，强调实用性；以提高教师从事随班就读的能力，开发创造力为主，强调操作性。本教材内容分为三篇：第1篇是有关随班就读的基本知识，供教师自学，附有自学提要。学员学习中的感受体会或困惑也可随时记录，边学习边思考。第2篇提供了十多个典型案例，学员可结合第一部分的基本知识一起学习。案例有较大的代表性、仿效性和全面性。学习案例时，要注意从中提炼随班就读的规律，使理论学习有实践案例相佐，案例又向理论提升。第3篇是行动研究和反思，教材对行动研究给予指导，要求学员在前面学习的基础上，将学习、行动和研究结合起来，建议学员在学习中要写学习心得、教学后记，借助反思表对随班就读工作进行自我评估。

　　教材在每个单元后附有"培训活动建议"，供集中培训时参考。集中培训时应采用讲授、师生互动、合作学习等方式。学员应主动参与，并将随班就读工作中感到困惑的问题、重点的问题与成功的经验带到培训班来，供大家学习和分享。

　　该教材是在华国栋研究员主持下，集体研究和合作的成果。编写组成员通过长期从事随班就读工作的研究和实践,对影响随班就读质量的师资因素和随班就读教师的需求,做了认真的调查和分析,并借鉴了国外融合教育师资培训的做法和经验。这里要说明的是,本书中的特殊儿童采用了"视觉障碍"、"听觉障碍"、"智能障碍"等称谓,而在我国目前的政策文件中,涉及残疾的标准仍用"视力残疾"、"听力残疾"、"智力残疾"等提法,实际所指是一样的。

该教材编写分工如下。第1篇"专题一:促进听觉障碍儿童学习和发展"由特级教师叶立言执笔;"专题二:促进视觉障碍儿童学习和发展"中的第一、第二、第三部分由特级教师韩萍执笔,第四部分由原教育部特教处王洙老师执笔;"专题三:促进智能障碍儿童学习和发展"中的第一、第四部分由北京联合大学特殊教育学院周耿老师执笔,第二、第三部分由特级教师周月霞执笔;"专题四:促进多动症儿童学习和发展"由北京师范大学钱志亮副教授执笔;"专题五:促进孤独症谱系障碍儿童学习和发展"由中国教育科学研究院杨希洁副研究员执笔;"专题六:促进情绪和行为障碍儿童学习和发展"由北京联合大学华京生执笔;"专题七:促进学习障碍儿童学习和发展"由中国教育科学研究院华国栋执笔。

第2篇的案例分别由以上相关作者编写。同时感谢北京东城区西总布小学、北京展新小学及杨琳英、李秀丽、刘芳、刘嘉、李树忠、崔禹连等老师,感谢顾辉先生以及杭州上城区特教中心陈荣弟老师、人大附小王亮老师和许娟老师提供的案例。为了尊重特殊儿童的权利,案例中的姓名都是用的化名。

第3篇由华国栋执笔。

全书由华国栋总体设计并统稿,韩萍协助统稿。特别感谢周君建老先生不辞劳苦,为本书绘图。该书稿完成后,在北京市宣武区教育局张咏梅科长和宣武区特殊教育中心的支持下,给随班就读师资培训班进行了试用并做进一步修改,在此表示感谢。本书是教育部重点课题"三类特殊儿童随班就读师资培训研究"的一项成果,对教育部特殊教育处、全国教育科学规划办公室给予课题的支持以及华夏出版社的大力协助也一并表示感谢。

编者

2013.7.1

目 录

第1篇 知识与技能

专题一 促进听觉障碍儿童学习和发展 …… 1

一、正确认识听觉障碍儿童 …… 2
    （一）听觉障碍概念和分类 …… 4
    （二）疑似听觉障碍的表现 …… 4
    （三）对疑似听觉障碍儿童的调查和听力检查 …… 5
    （四）听觉障碍儿童心理特点 …… 8
    （五）听觉障碍带来的学习方式变化和特殊需要 …… 12

二、听觉障碍儿童随班就读 …… 14
    （一）创设宽松和谐的教育环境 …… 14
    （二）座位安置和课前准备 …… 17
    （三）在课程、教学计划上的特殊需要 …… 20
    （四）在语文教学中满足听觉障碍儿童的特殊需要 …… 24
    （五）听觉障碍儿童的作文教学 …… 27
    （六）在数学教学上满足听觉障碍儿童的特殊要要 …… 29
    （七）助听器的使用与保养 …… 32

三、听觉障碍儿童的训练与潜能开发 …… 33
    （一）早期语训 …… 33
    （二）读唇（或看口）训练 …… 36
    （三）训练语言的方法 …… 37
    （四）恰当地运用手语 …… 40

（五）劳动职业技能训练 …………………………………………… 42
　　（六）优势潜能开发 ……………………………………………… 44
四、争取帮助与支持 ………………………………………………… 45
　　（一）听觉障碍儿童对资源教室的要求 ………………………… 45
　　（二）沟通与辅导 ………………………………………………… 47
　　（三）残健互助 …………………………………………………… 51
　　（四）家庭配合 …………………………………………………… 54
　　（五）充分运用社区资源 ………………………………………… 56

专题二　促进视觉障碍儿童学习和发展 ……………………… 60
一、正确认识视觉障碍儿童 ………………………………………… 60
　　（一）视觉障碍的概念和分类 …………………………………… 60
　　（二）疑似视觉障碍的表现 ……………………………………… 61
　　（三）视力评估 …………………………………………………… 62
　　（四）视觉障碍儿童的心理特点 ………………………………… 68
　　（五）低视力儿童的心理特点 …………………………………… 78
　　（六）视觉障碍儿童的学习方式和特殊需要 …………………… 79
　　（七）低视力儿童的学习方式和特殊需要 ……………………… 79
二、视觉障碍儿童随班就读 ………………………………………… 81
　　（一）创设安全、宽松、和谐的学习环境 ……………………… 81
　　（二）为视觉障碍儿童有效学习做好课前准备 ………………… 85
　　（三）促进视觉障碍儿童有效学习的策略 ……………………… 86
　　（四）盲文教学 …………………………………………………… 88
　　（五）语文教学满足视觉障碍儿童的特殊需要 ………………… 92
　　（六）数学教学满足视觉障碍儿童的特殊需要 ………………… 94
　　（七）其他课程的教学 …………………………………………… 95
　　（八）助视器的选择与使用 ……………………………………… 96
三、视觉障碍儿童的训练与潜能开发 ……………………………… 99
　　（一）心理康复 …………………………………………………… 99
　　（二）常见行为问题及矫正 ……………………………………… 102

（三）视觉功能的训练 ………………………………………… 104
　　（四）定向行走的训练 ………………………………………… 109
　　（五）生活、劳动技能的训练 ………………………………… 116
　　（六）优势潜能的开发 ………………………………………… 120
四、争取帮助与支持 ………………………………………………… 122
　　（一）视觉障碍儿童对资源教室的要求 ……………………… 122
　　（二）沟通与辅导 ……………………………………………… 128
　　（三）残健互助 ………………………………………………… 131
　　（四）家庭配合 ………………………………………………… 132
　　（五）充分利用社区资源 ……………………………………… 134

专题三　促进智能障碍儿童学习和发展 …………………… 137

一、正确认识智能障碍儿童 ………………………………………… 138
　　（一）智能障碍的概念 ………………………………………… 138
　　（二）智能障碍的分类 ………………………………………… 141
　　（三）对智能障碍儿童的调查分析与评估鉴别 ……………… 142
　　（四）轻度智能障碍儿童的一般特点及其特殊教育需要 …… 146
　　（五）轻度智能障碍儿童的学习特点 ………………………… 149
二、智能障碍儿童随班就读 ………………………………………… 153
　　（一）创设宽松、和谐的学习环境 …………………………… 153
　　（二）了解智能障碍儿童的学习起点 ………………………… 155
　　（三）智能障碍儿童的座位安排和课前准备 ………………… 156
　　（四）随班就读的教学设计 …………………………………… 157
　　（五）对智能障碍儿童数学、语文的教学 …………………… 166
三、智能障碍儿童的训练与潜能开发 ……………………………… 171
　　（一）学习能力的培养与训练 ………………………………… 171
　　（二）良好行为习惯的训练与培养 …………………………… 173
　　（三）潜能开发与智力、能力的培养 ………………………… 175
　　（四）劳动技术教育和职业技能训练 ………………………… 179
四、争取帮助与支持 ………………………………………………… 180

（一）教育资源的充分利用 ………………………………… 180
　　（二）教师的细心辅导 ……………………………………… 181
　　（三）同学的热情帮助 ……………………………………… 183
　　（四）家庭的密切配合 ……………………………………… 184
　　（五）充分利用社区、社会资源 …………………………… 186

专题四　促进注意缺陷多动障碍儿童学习和发展 ……… 188

一、正确认识注意缺陷多动障碍儿童 ………………………… 188
　　（一）概念、表现及评估 …………………………………… 189
　　（二）多动障碍儿童的身心特点 …………………………… 191
　　（三）多动障碍儿童的学习特点 …………………………… 195

二、多动障碍儿童随班就读 …………………………………… 197
　　（一）创设良好的接纳环境 ………………………………… 197
　　（二）教育教学满足其特殊需要 …………………………… 199

三、多动障碍儿童的训练与潜能开发 ………………………… 201
　　（一）多动障碍儿童的行为改变 …………………………… 201
　　（二）多动障碍儿童的认知行为治疗 ……………………… 203
　　（三）优势潜能开发 ………………………………………… 205

四、家庭的配合与支持 ………………………………………… 206

专题五　促进孤独症谱系障碍儿童学习和发展 ………… 218

一、正确认识孤独症谱系障碍儿童 …………………………… 218
　　（一）孤独症谱系障碍的概念及诊断 ……………………… 218
　　（二）孤独症谱系障碍儿童的心理特点 …………………… 223
　　（三）孤独症谱系障碍带来的特殊教育需要 ……………… 228

二、孤独症谱系障碍儿童随班就读 …………………………… 230
　　（一）调适教室物理环境 …………………………………… 230
　　（二）营造彼此接纳和尊重的班级氛围 …………………… 232
　　（三）根据学习特点调整教学策略 ………………………… 239

三、孤独症谱系障碍儿童的训练与潜能开发 ………………… 244

（一）教育干预的内容 ························· 245
　　（二）注意事项 ······························· 251
四、争取帮助与支持 ································ 252
　　（一）图书资源 ······························· 252
　　（二）网站资源 ······························· 256
　　（三）诊断机构及康复机构 ····················· 256

专题六　促进情绪和行为障碍儿童学习和发展 ········ 258

一、正确认识情绪和行为障碍儿童 ·················· 258
　　（一）情绪和行为障碍的概念 ··················· 258
　　（二）情绪和行为障碍的分类 ··················· 259
　　（三）情绪和行为障碍的测查与评估鉴别 ········· 259
　　（四）情绪和行为障碍儿童的一般特点 ··········· 264
　　（五）情绪和行为障碍儿童的学习特点及其特殊教育需要 ··· 266
二、情绪和行为障碍儿童随班就读 ·················· 267
　　（一）创设宽松、和谐、平等参与的学习环境 ····· 267
　　（二）教育教学满足情绪和行为障碍儿童的特殊需要 ··· 269
　　（三）情绪和行为障碍儿童的行为管理 ··········· 271
三、情绪和行为障碍儿童的行为矫正和养成 ·········· 273
　　（一）行为矫正和养成 ························· 273
　　（二）行为矫正与养成的常用方法 ··············· 274
四、争取帮助与支持 ······························ 286
　　（一）师生真诚的沟通、交往与合作 ············· 286
　　（二）家校合作疏导学生情绪，促进行为养成 ····· 287
　　（三）利用社区资源，形成教育合力 ············· 288

专题七　促进学习障碍儿童学习和发展 ·············· 290

一、正确认识学习障碍儿童 ························ 290
　　（一）学习障碍的概念 ························· 290
　　（二）学习障碍的分类 ························· 291

（三）学习障碍儿童的心理行为特征 …………………………………………… 293

　　（四）学习障碍的评估诊断 …………………………………………………… 296

二、学习障碍儿童随班就读 …………………………………………………………… 299

　　（一）创设民主和谐的学习环境 …………………………………………………… 299

　　（二）帮助学习障碍学生做好必要的认知准备 ………………………………… 299

　　（三）了解特殊需要，提供针对性教育 ………………………………………… 300

　　（四）教育教学的一般原则 …………………………………………………… 306

三、学习障碍儿童的训练与潜能开发 …………………………………………………… 310

　　（一）针对障碍的教育训练 …………………………………………………… 310

　　（二）促进优势潜能开发 ……………………………………………………… 313

四、争取帮助与支持 ……………………………………………………………………… 314

　　（一）师生合作 ………………………………………………………………… 314

　　（二）同学间合作 ……………………………………………………………… 315

　　（三）家庭配合，社区支持 …………………………………………………… 316

第2篇　案例及学习

一、听觉障碍儿童随班就读案例 …………………………………………………… 318

　　（一）听觉障碍儿童随班就读个案 ……………………………………………… 318

　　（二）双学籍管理的个案研究 ………………………………………………… 322

　　（三）随班就读聋童个案报告 ………………………………………………… 330

二、视觉障碍儿童随班就读案例 …………………………………………………… 335

　　（一）低视力儿童随班就读个案研究 …………………………………………… 335

　　（二）"小磊是否适合随班就读" ……………………………………………… 338

　　（三）盲童随班就读个案 ……………………………………………………… 339

　　（四）小伙伴的作用 …………………………………………………………… 340

三、智能障碍儿童随班就读案例 …………………………………………………… 343

　　（一）亮亮的个案研究报告 …………………………………………………… 343

　　（二）培养学生注意力，激发学习写字的兴趣案例 …………………………… 349

　　（三）小张随班就读案例报告 ………………………………………………… 352

四、其他特殊儿童随班就读案例 ·· 356
  （一）孤独症谱系障碍儿童问题行为的解决 ····························· 356
  （二）资源教室的感觉统合训练课教学方案 ····························· 360
  （三）一个学习障碍小学生的成长 ·· 364

第3篇　行动研究和评估

一、发现问题，科学测查分析 ·· 368
  （一）发现特殊儿童及问题 ·· 368
  （二）个性测查和分析研究 ·· 370
二、制订并列式教学计划与个别化教学计划 ······························ 373
  （一）并列式教学计划 ··· 373
  （二）个别化教学计划 ··· 377
三、实施差异教学，加强个别化指导训练 ································· 385
  （一）教学内容的调整与选择 ··· 385
  （二）差异教学策略的运用 ·· 391
  （三）个别化的指导与训练 ·· 401
四、行动反思，评估改进 ·· 404
  （一）班集体教学过程的反思与改进 ····································· 404
  （二）个别化教育计划的评估 ··· 407
  （三）对随班就读生进步的评估 ·· 407

参考文献 ·· 413

第1篇　知识与技能

专题一　促进听觉障碍儿童学习和发展

本专题主要从四个方面展开。

一是要正确认识听觉障碍儿童,这是培养、教育好他们的前提和基础。主要包括:听觉障碍的概念,疑似听觉障碍的主要表现,简易的听力测查方法,听觉障碍儿童心理特点以及他们在学习上的特殊需要。

二是教师应该做的几项主要工作。主要包括:创设宽松和谐的教学环境,听觉障碍儿童的座位安排和课前准备,课程和教学计划必要的调整,满足听觉障碍儿童在语文、数学学习中的特殊需要,助听器的使用与保养的基本常识等。

三是听觉障碍儿童的技能训练与潜能开发。主要包括:听觉语言训练,恰当地使用手语,劳动职业技能训练及优势潜能的开发等。

四是如何促进听觉障碍儿童随班就读。主要包括:听觉障碍儿童对资源教师的要求,沟通与辅导,残健互助,家庭配合,充分运用社区资源等。

为了学习好本专题,建议学员在学习方法上应注意以下两点。

第一,要在理解的基础上提炼整理知识,做好笔记。这是一个学习深加工的过程,它能将知识的重点和关键点及它们彼此之间的联系了解得更清晰,有助于知识的内化,从而便于掌握。

第二,认真完成培训建议中的各项作业。这些作业有的是实习活动,它能把理论与实践结合起来;在实习过程中还可能产生一些新的问题,通过解决这些问题,可以加深对培训内容的理解。还有些作业是小组讨论,每位学员都要积极参与,这样才能凝聚大家的智慧,共同分享学习成果。

一、正确认识听觉障碍儿童

(一)听觉障碍概念和分类

有些普通学校接纳了听觉障碍儿童随班就读,但教师搞不清楚到底应该怎样称呼这样的儿童。听觉障碍又称听力残疾,我们常听到各种不同的称呼,如"聋哑儿童"、"聋儿"、"轻度聋童"、"重度聋童",等等。要搞清楚这个问题就要弄清楚听觉障碍的概念。这不仅仅是个称呼问题,也是确定随班就读对象的前提。

我国于1987年进行全国残疾人抽样调查时,制定了听力残疾标准,对听力残疾的概念和分类分级做出了明确的界定。根据这个"标准",听力残疾是指由于各种原因导致双耳听力丧失或听觉障碍,而听不到或听不真周围环境的声音,从而难以同一般人进行正常的语言交往活动。

听力残疾分为聋和重听(zhòng tīng)两类。聋指的是听力损失程度重,分为一级聋和二级聋。重听指的是听力损失程度轻,分为一级重听和二级重听(见下表)。

类别	级别	听力损失程度
聋	一级聋	>91dB
	二级聋	90~71dB
重听	一级重听	70~56dB
	二级重听	55~41dB

为了准确理解表中的内容,需要做如下说明。

(1)表中的"dB"表示的是"分贝"。通俗地讲,分贝是计量声音强度的单位。一般而言,能引起健康青年人正常耳听觉的最小声音是0分贝,耳语是10~20分贝,一般谈话是40~50分贝,大声讲话是60~70分贝,汽车鸣笛是90分贝。

(2)表中的"听力损失程度"是指在三个语言频率[500、1000、2000赫兹(Hz)]测得的听力损失分贝数的平均值。例如,某儿童在三个语言频率上测得的听力损失分别是70、80、90分贝,其听力损失平均值则是80分贝,属于二级聋。

(3)聋和重听均指双耳;若双耳听力损失程度不同,则以听力损失轻的一耳为准。

(4)若一耳是聋或重听,而另一耳的听力损失等于或小于40分贝的,不属于听力残疾范围。

听力残疾还有一个国际上的划分标准。该标准与我国1987年听力残疾标准的比较,如下表所示。

听力损失程度 (dB,听力级)	1987年中国标准		国际标准	
	类别	分级	分级	程度
>110	聋	一级聋	G	全聋
91~110			F	极重度
71~90		二级聋	E	重度
56~70	重听	一级重听	D	中重度
41~55		二级重听	C	中度
26~40			B	轻度
0~25			A	正常

2006年,我国在第二次全国残疾人抽样调查时制定并使用了新的听力残疾标准。该标准将听力残疾定义为"由于各种原因导致双耳不同程度的永久性听力障碍,听不到或听不清周围环境声及言语声,以致影响日常生活和社会参与"。该标准将听力残疾分为四级,表述为"听力残疾一级"、"听力残疾二级"、"听力残疾三级"、"听力残疾四级"(见下表)。

分级	听力损失程度 (较好耳的平均听力损失)	特 点
一级	≥91dB	听觉系统的结构和功能极重度损伤,在无助听设备的帮助下,不能依靠听觉进行言语交流,在理解和交流等活动上极度受限,在参与社会生活方面存在极严重障碍。
二级	81~90dB	听觉系统的结构和功能重度损伤,在无助听设备的帮助下,在理解和交流等活动上重度受限,在参与社会生活方面存在严重障碍。

分级	听力损失程度 （较好耳的平均听力损失）	特　　点
三级	61~80dB	听觉系统的结构和功能中重度损伤，在无助听设备的帮助下，在理解和交流等活动上中度受限，在参与社会生活方面存在中度障碍。
四级	41~60dB	听觉系统的结构和功能中度损伤，在无助听设备的帮助下，在理解和交流等活动上轻度受限，在参与社会生活方面存在轻度障碍。

在我国，描述某个听力残疾儿童的残疾程度，应该使用我国制定的听力残疾标准，不宜使用其他相关的标准（如国际标准或香港地区、台湾省的标准等）称作"轻度聋"、"重度聋"等。笔者主张，如给某个疑似听力残疾儿童测查听力，应使用2006年残疾人第二次抽样调查所使用的听力残疾标准表述。

我们在普通学校指导随班就读工作中还遇到过这样的情况，某学生右耳听力损失80dB，左耳听力损失40dB，他与别人的沟通也不错，而学校一直把他作为随班就读对象。如果搞清楚了我国听力残疾标准，就能明确这名儿童不属于听力残疾儿童。还有的儿童外耳畸形，给人以"耳残"的印象，如果这样的儿童听力正常，也不能认定为有听力残疾。

由于分类的标准不同，对耳聋还有一些其他的分类方法，简述如下。按病变性质分类：听觉器官的组织结构出现异常导致的耳聋称作器质性耳聋；听觉功能下降导致的耳聋称作功能性耳聋。按病变部位分类：外耳、中耳异常导致的耳聋称作传音性耳聋；内耳、听觉中枢发生异常导致的耳聋称作感音性耳聋；二者兼而有之的称作混合性耳聋。按病变时间分类：从母亲怀孕到分娩时由于各种因素导致胎儿耳聋称作先天性耳聋；胎儿出生后发生的耳聋称作后天性耳聋。按儿童习得语言时间分类：4岁前发生的耳聋称作学语前耳聋；4岁后发生的耳聋称作学语后耳聋。

（二）疑似听觉障碍的表现

一个儿童如果听力有问题，他在日常生活中对声音刺激的反应以及自身表现出的行为往往会与普通儿童有所不同。如果留心观察，下面列举的一些表现，可以帮助我们初步筛查出该儿童可能存在着听力异常问题。

- 他往往在面对着你时才听得清楚一些。
- 他在看电视、听收音机时总爱把音量开得很大。
- 身旁人们一般的讲话引不起他什么反应,只有喧闹声音才能引起他的反应。
- 他的发音很单调,缺乏音调的变化。
- 他经常以大声讲话或叫嚷来引起人们对他的注意。
- 他往往以大声叫嚷或大笑来表达自己的兴奋。
- 他说话时总是喜欢指手画脚,以动作帮助表达意思。
- 他往往要求别人重复刚说过的话。
- 在会话过程中,他往往非有意地离题或答非所问。
- 他缺乏与人说话的愿望,显得不太合群。
- 他端水杯、脸盆等日常用品时,往往不知轻放,手很重。
- 他对说唱、器乐演奏不感兴趣,而是喜欢看舞蹈节目。
- 他在课堂学习中,往往对听的指令反应困难,如语文课的听写、英语课的听力练习、体育课的口令等。

如果某个儿童不是一时一事,而是经常地、比较稳定地出现上述一些行为表现,就应该引起家长和教师的注意,因为该儿童有疑似听觉障碍的特征。最好带他去聋儿康复中心或医院做听力检查,以确定他是否有听觉障碍。

(三)对疑似听觉障碍儿童的调查和听力检查

1. 对疑似听觉障碍儿童的调查

对疑似听觉障碍儿童的调查,一般是在儿童入学前或入学初,主要由教师向该儿童的家长作调查。调查时务必向家长讲明调查的目的是为了全面、客观地了解孩子,以便更好地做教育安置。调查前最好设计一张调查表,将调查的结果及时记录在表中。如果家长不能说清楚某项内容,可以将其表述如实地择要记录下来。本专题后附有一份调查表样例,供参考。

2. 对疑似听觉障碍儿童的听力检查

教师除了对疑似听觉障碍儿童的家长作调查外,还应对该儿童作简易的听力测查。通过测查,教师可以初步判断该儿童听觉障碍的程度、残存听力的状况,从而在教育教学中恰当地保护和利用他的残存听力,有针对性地制订个别化教育计划,帮助其有效地参与学习过程。当然,如果有条件,最好将该儿童转介到医院或聋儿康复中心,请专业人员作进一步的规范检测。

对一般教师来说,可以用下面的一些方法对疑似听觉障碍的儿童进行简易听力测查。

(1)语声测听:测查者通过耳语声、轻声、普通讲话声、大声喊话等不同音量进行施测,然后由被测儿童做出听见与否的表示(比如,听见了即举手)。

0.3 米	1 米				
大声喊话	全力喊话	大声喊话	普通讲话	轻声讲话	耳语
90~95dB	85~90dB	75~85dB	50~65dB	30~35dB	25dB 以下

在实际测查时,宜从 1 米处大声喊话入手,根据被测儿童的反应进行调整。测查前先要给被测儿童做示范,使他明白其意后再施测。

测查时应注意以下问题。

- 不要让儿童看测查者的口型。
- 不能让儿童感觉到测查者喊话时发出的气流。
- 应避免噪音环境。

使用此种检查方法,如果被测儿童在距测查者 0.3 米处对大声喊话没有反应,他的听力损失程度有可能在 90dB 以上,可初步怀疑为听力残疾一级。

(2)哨声测听:测查者使用一般的铜哨或塑料哨,在距被测者 0.2 米、0.5 米和 1 米的不同距离用不同气力吹哨子。此种方法可以用来初步判断听力残疾一级和听力残疾二级(见下表)。

哨子种类	频率范围(Hz)	声强(dB)					
		0.2 米		0.5 米		1 米	
		弱吹	强吹	弱吹	强吹	弱吹	强吹
铜哨	1500~2600	86	118	75	113	70	111
塑料哨	1500~2600	92	116	88	110	77	107

测查时应注意以下问题。

- 用酒精棉给哨子消毒。测试前要先试吹几次，使哨子的气流畅通，并熟悉弱吹与强吹的力度。弱吹，即用小气力吹哨；强吹，即用大气力吹哨。不论弱吹或强吹，气力都要保持恒定。
- 吹哨的动作一定不能让儿童看见，也不能让吹出的气流冲击到儿童的头发和皮肤。
- 在室内测查，不宜在空屋子内进行；被测者站位，不要身靠墙壁，以避免较大的回声。在室外测查，应选择风力小的时候，且在较空旷的场地进行。
- 测查时，被查者背向测查者站立，测查者持哨的高度与被查者的耳朵应在同一水平线上。

（3）击掌测听：测查者在测试前应先击几次掌体验一下，使掌声洪亮、稳定。一般距被测者1米处猛力击掌，其发出的声音约70dB，对判断听觉障碍三级有参考作用。测查者需注意击掌时产生的气流对被测者的影响。在被测儿童身后猛力击掌，要出其不意，不能连续不停地击掌，可隔一两分钟重新测查。如果经过5次以上测查，被测者始终无反应，可推测其听力损失超过70dB。

任何一种简易测听的结果都不可能十分精确，所以在操作上可多用几种方法，以多种方式、从多个角度进行同一目的的测查，综合分析各个测查结果，就会比只用单一的一种方法测得的结果客观。

随班就读教师只要经过一般培训，都可以掌握以上介绍的几种简易测听方法。这对于筛查疑似听觉障碍的儿童很有效果。提供专门听力检测服务的医院和聋儿康复中心，有专业技术人员使用标准化的测听工具测查，比如纯音听力计测听、声阻抗测听、脑干电反应测听等等。作为随班就读的学校和教师，应该掌握有关信息，以便必要时向疑似听觉障碍儿童家长推荐，将孩子转介到专业服务机构作进一步测查。

培训活动建议

1. 每一位学员整理出一份材料，该材料反映的是所教的一名听觉障碍儿童的听力损失程度，以及该儿童听觉障碍的主要表现。
2. 每两名学员组成一个小组，为两三名听觉障碍儿童作简易的听力测查并记录下测查结果。

3. 将培训学员分成小组,每组 10 人,在组内交流上述两项作业情况。

(四) 听觉障碍儿童心理特点

在谈到听觉障碍儿童心理特点时,首先应该明确两点。第一,听觉障碍儿童身心发展的基本规律与普通儿童是一致的,听力损伤只能影响他们身心发展的速度和水平,而不能使其身心发展的过程停止。第二,听力损伤会给听觉障碍儿童的身心发展造成许多特殊之处,使其在不同方面、不同程度上偏离了儿童正常发展的轨道。只有辩证地看待这些问题,才能正确认识听觉障碍儿童心理活动的基本特点,从而有针对性地对他们进行培养和教育。

1. 感知觉特点

感知觉是感觉和知觉的统称,是人的最基本的认知心理活动。

听觉障碍破坏了儿童对客观事物认识的完整性和丰富性。人们要靠多种感官感知丰富多彩的外部世界,其中视觉和听觉是最重要的。由于重听儿童对一般的声音听不清,聋童对一般的声音听不到,因此,他们对许多客观事物的认识残缺和单调。以看电视为例,因听觉障碍儿童只能通过画面和文字了解其内容,对语音和背景音乐的感受相当吃力,因此,若他们和普通儿童一起坐在电视机前看节目,所能感受到的信息是大相径庭的。

听觉障碍儿童的视觉、触觉、振动觉、嗅觉、味觉等健全感觉发挥着代偿听觉缺陷的作用,其中,视觉所起的代偿作用相对最大。听觉障碍儿童在日常生活和学习中特别依赖眼睛感知外界事物,这就是人们常说的"以目代耳"。例如,在课堂上,听觉障碍儿童的眼睛会紧紧地盯着讲课的老师或发言的同学,追踪要感知的事物。长期的代偿作用使听觉障碍儿童视觉的感知能力会有很大的提高。再如,凭借视觉、触觉和运动觉,听觉障碍儿童可以模仿发音,学会说话。上述感觉途径对听觉障碍儿童学习语言所起的作用明显不同于普通儿童。

2. 注意特点

注意是心理活动对一定对象的指向和集中,是伴随着其他心理活动而存在的一种心理现象。

与普通儿童相比,引起听觉障碍儿童听觉注意的声音刺激要相对强和持久。听觉障碍儿童往往感受不到一般的声响,只有加大声音强度和延长发出声音的时间,才能引起他们的听觉注意。同时,听觉障碍儿童在寻找声源,进行声音定向的过程中,往往还需要依靠视觉注意。例如,课堂上听同学发言,发言的同学要大声讲话,听觉障碍儿童才能听得见,但却不一定能够听得清;当其认真注视讲话者,将视觉注意与听觉注意同时指向和集中在讲话者的面部,才能够听清楚同学的发言。当然,普通儿童有时也会出现此种现象,但相对来说,听觉障碍儿童出现此种现象的频率要比普通儿童高得多。

听觉障碍儿童的多种注意有时候不便进行分配。注意的分配是指人们从事某种活动时,几种注意力同时协调地发挥着作用。例如,在普通学校,教师有时背朝着学生边板书边讲解,边走动边读课文,在走动中与学生对话沟通,等等。这些行为往往使教学气氛更活跃,很受学生们的欢迎。但是,每当出现此种场面,听觉障碍儿童则跟不上教学节奏。他可以看清板书,却听不见教师的讲话;他可能听清了教师近距离的朗读,却感受不到远距离的朗读;教师在走动中与学生的对话,他简直无所适从。这是因为,听觉与视觉两种注意的协调配合需要注意力的分配,这对普通学生来说算不了什么,但对听觉障碍儿童来说则十分困难。

3. 记忆特点

记忆是人脑对过去经历过的事情的一种再现,它包括识记、保持、再认三个基本环节。

听觉障碍儿童对直观形象的东西,记得快,保持得好,也容易再现出来。一般来说,听觉障碍儿童的形象记忆占主导地位,与普通儿童的形象记忆活动没有什么差别。例如,听觉障碍儿童在看了电影之后,能够较逼真地模仿出他们感兴趣的人物的外貌和行为举止,而对这些人物说了些什么,有些根本不知道,即使知道也只记得只言片语。再如,听觉障碍儿童在课堂上对老师讲课的内容常常听不全或听不清,在头脑中留下的是些支离破碎的表象;而对于老师讲话的口型、面部表情等则能在头脑中留下较清晰的表象。

在记忆方法上,听觉障碍儿童(尤其是聋童)有一种特殊的手势识记方法。手势表达是听觉障碍儿童使用的一种形象性很强的特殊交际工具,他们在识记语言时习惯一边看一边打手势。这样,静态的文字符号通过手势变成了动态表象;通过多次重复比划,动态的表象在其头脑中留下了记忆。当回忆复述时,贮存在头脑中的动作表象又通过手势动作再现出来。所以,手势记忆成为听觉障碍儿童记忆活动明显不同于普通儿童记忆活动之处。

由于生活在普通儿童之中,周围的人们都不用手语交流,因此,听觉障碍儿童所处的语言环境与聋校是大不相同的。有关随班就读的听觉障碍儿童要不要掌握一点儿手语,我们将在本专题第三部分中做具体阐述。

4. 语言特点

语言是人类交际和思维的工具。这里谈到的听觉障碍儿童的语言特点是泛指一般的听觉障碍儿童所具有的,而不是特指随班就读的听觉障碍儿童。

听觉障碍儿童语言形成的过程与普通儿童不同:先口语后书面语是语言形成和发展的一般规律,而听觉障碍儿童则是口语和书面语一起学。普通儿童入学前已经掌握了大量的口语,入学后学习书面语时则用上了口语经验,学字时边认边读,写句子时也按口语表达的顺序写。聋童入学后,同时面对学习口语和书面语的双重任务。听觉障碍给其学习口语造成很大困难,学习书面语时得不到口语的帮助,写出的句子语病颇多。

听觉障碍儿童(尤其是聋童)除了学习口语、书面语外,还要学习手语这一特殊的交际工具。这里提及的手语是对手势语和手指语的统称。手势语是指由手型辅之以表情姿势为符号构成的比较稳定的表达系统,是为适应聋人交往的需要而设计的。手指语是指用一个指式代表一个汉语拼音字母,按照汉语拼音方案拼成普通话的一种语言形式。随班就读教师应该略知一些手语常识,本专题第三部分将做具体介绍,此处从略。

听觉障碍儿童(尤其是聋童)在感受口语的过程中要使用看话的方式。看话俗称看口,是聋人感知言语的方式和技能。聋人通过观察讲话人的口唇动作和面部表情形成连续的视知觉,与其头脑中已有的语言表象相联系,进而读懂讲话人所讲的内容。看话需要一定的条件,关键是看话人自身要有一定的语言经验(具备一定的内部语言基础),讲话人的语速不能过快,口型要正确、清晰。随班就读听觉障碍儿童的个体差异很大,学习、生活的语言环境与聋人学校不同,在语言培养上一定要因材施教。

5. 思维特点

思维是人脑对客观事物的一种间接、概括的反映,是认识过程的高级阶段。

由于语言形成、发展过程中的迟滞,听觉障碍儿童的思维活动带有明显的形象性。听觉障碍儿童在思考问题时,比较容易囿于客观事物的外在现象。例如,听觉障碍儿童在观看一部故事影片时,其思维活动紧紧围绕着影片人物的形象动作展开,进而揣摩故事的情节,而对故事主题的深刻内涵把握困难。具体形象思维阶段是儿童思维发展最初都要经过的阶段,随着儿童年龄增长和知识水平的提高,其思维活动会更多地依靠语言,向抽象思维阶段发展。听觉障碍儿童思维的具体性、形象性,使其思维发展较长时期处于形象思维的初级阶段上。

听觉障碍儿童的抽象思维能力发展较普通儿童缓慢,抽象思维的深度和广度也往往不及普通儿童。这个特点与其语言发展障碍密切相关。当听觉障碍儿童的语言还不够丰富时,只得用比较简单的语言支持自己的思维过程,表达思维的结果。例如,听觉障碍学生与普通学生同时参加参观活动,在记叙此次活动的作文中,他们对参观内容的提炼概括,对参观的深层次感受一般都达不到普通学生的水平。

6. 性格特点

性格是一个人对外界的稳定态度和经常出现的习惯性表现,是一个人个性中最重要的心理特征之一。

听觉障碍儿童较容易产生自卑心理。听觉障碍儿童在日常生活中由于听不见或听不清别人讲话,与他人沟通困难,引发出许多方面的不适应,比如课堂学习中的讨论、课外体育、科技活动等等。由于获取声音信息方面存在障碍,听觉障碍儿童在参与这些活动时不如普通儿童,容易使他们产生自卑心理,如不及时给予关注、矫正,就容易使他们形成退缩型性格。

听觉障碍儿童的情绪容易波动。听觉障碍儿童在学习上碰到困难时往往表现得急躁、灰心,成功时往往又过分高兴,表现为一种情绪型的性格。这在低年级的听觉障碍儿童身上表现得尤为突出。不少教师反映,低龄听觉障碍儿童的情绪就像骤变的天气那样时晴时阴。在这节课上还高高兴兴的,下节课因为一点儿小事就会哭鼻子。高年级听觉障碍儿童的情绪虽然不像低年级听觉障碍儿童那样喜形于色,但其情绪的波动往往较同龄普通儿童频繁、较低龄听觉障碍儿童剧烈。

(五) 听觉障碍带来的学习方式变化和特殊需要

1. 学习方式的变化

听觉障碍儿童被安置在普通班随班就读,他们的学习方式与普通儿童有许多不同之处。

对于重听儿童来说,他们的残存听力一般保留得比较好,可以通过听觉渠道获取信息,参与学习活动。这样的随班就读学生可以听老师讲课,听同学发言,可以用口语和师生沟通(尽管语音不够清晰准确)。但是听觉障碍使他们与普通学生不同的是,讲话者的距离不能过远,音量要大些,语音要清晰,此外还需要视知觉的支持,配合看话,最好有文字材料作辅助,等等。重听儿童如果配戴合适的助听器,可以有效地参与学习活动。

有些聋童,他们助听器的补偿效果很好,或是植入人工电子耳蜗(适合听力损失在90dB以上的感音性耳聋患者)后,听觉重建的效果很好。这样的随班就读学生在学习方式上基本与重听儿童差不多。

有些聋童,他们没有戴助听器,或助听器的补偿效果不好,其学习方式与普通学生明显不同。他们主要通过看话和阅读接收信息,通过使用书面语言与别人沟通(生活中还要使用体态动作和简单的自然手势作为沟通工具),掌握和使用书面语言对他们有着特殊重要的意义。

需要特别指出的是,学习方式无优劣之分,只要是适合学习者的学习方式就应该得到认可。有些普通学校教师因为对特殊教育专业知识掌握得不多,对听觉障碍儿童的身心特点不够了解,往往认为有残存听力、能用口语进行沟通的重听儿童比较聪明,而既听不见又不会说的聋童智商则低。这种认识是不正确的。不论是重听儿童还是聋童,都有智力高的,也都有智力低的。听觉障碍属于感官障碍之一,智能障碍属于中枢神经系统发育迟滞,它们是有本质不同的。

2. 随班就读听觉障碍儿童的特殊学习需要

听觉障碍儿童的特殊学习方式,使他们在学习上存在着诸多的特殊需要，主要有以下几点。

掌握有效沟通手段的需要。沟通是人们交往的手段和行为，包括语言沟通和非语言沟通。语言沟通障碍是听觉障碍儿童学习、生活中最突出的困难，掌握沟通技能是听觉障碍儿童诸多特殊学习需要中最基本、最重要的一项。最简捷、最方便的沟通技能是口语沟通，因此，应重视对听觉障碍儿童的听觉言语训练。有些听觉障碍儿童因种种原因听觉言语康复效果极差，则应该考虑使用看话和书面语言作为学习的重要工具；他们在日常生活中使用一些自然手势传情达意是应该得到尊重的。总之，沟通的手段是多种多样的，但作为学习工具，必须要掌握好语言。

通过特殊途径学习语言的需要。这些特殊途径主要有：①采取医学康复手段配戴助听器或植入人工电子耳蜗，使其获得听力，通过言语功能训练逐渐掌握有声语言；②掌握看话技能；③掌握书面语言表达能力。上述三点都需要扎实有效的培养训练，这是听觉障碍儿童在学习需要上有别于普通儿童的主要之处。

特殊学习环境的需要。主要是教室座位的安置要有利于听觉障碍儿童的视听，讲话要面对着他们，口型要清晰，语速不能过快，最好配合简练、示意性强的板书等等。

课外辅导的需要。听觉障碍儿童的听觉言语训练、看话训练以及作文指导等不可能完全依靠课堂学习来解决，有些训练内容需要在课外单独进行。

心理健康辅导的需要。听觉言语障碍容易导致听觉障碍儿童缺乏自信心、孤独、执拗等不良心理状态，因此，要根据他们的具体表现给予有针对性的辅导。

培训活动建议

1. 请学员写一份反映某随班就读听觉障碍儿童心理特点的案例，在小组内交流。

2. 小组讨论：随班就读听觉障碍儿童在学习上有哪些特殊需要？教师可以通过哪些策略满足其特殊需要？

二、听觉障碍儿童随班就读

(一) 创设宽松和谐的教育环境

学习环境反映着学生学习的外部条件,其中最重要的是人际间的情感关系、教育关系以及所需物质条件的优劣。现在常说的"环境育人"就是指环境对学生成长发展所起的重要作用;每一个学生客观上都需要有良好的学习环境,随班就读的听觉障碍儿童更是如此。特殊教育在某种意义上说就是支持性教育,听觉障碍儿童有效参与学习过程需要一个宽松和谐的学习环境来支持。创设宽松和谐的学习环境可以从以下几个方面考虑。

1. 建立融洽的师生关系和同学关系

小宋1岁时高烧致聋,双耳听力损失95dB。她的母亲是位医生,家庭教育环境很好,小宋从小接受康复训练为其以后的学习打下了良好的基础。从小学到初一,小宋的学业成绩一直很好;升入初二后功课难度加深,她感到学习吃力,成绩开始下滑。小宋开始抱怨自身听觉障碍,变得沉默寡言,她把学习退步的主要原因归结到自身残疾上。同学们也觉得她是个"特殊人"渐渐疏远了她,全班48名学生中与她有较深交往的只有3人,一般交往的有29人,有15人仅与她打一下招呼。为了扭转班上越来越不和谐的人际关系,班主任崔老师认为只有让大家了解小宋,才能帮助其克服自卑心理。为此,崔老师策划了一个"同在蓝天下"的主题班会。

为了使班会产生良好的效果,崔老师邀请了张校长、小宋的母亲和她初一的班主任庄老师出席班会。班会在铿锵有力的贝多芬《命运交响曲》中拉开序幕。小陈同学讲的小故事《失聪的发明家——爱迪生》,让同学们感受到了身残志坚的力量。在热烈的掌声中,佩戴无线话筒的小宋走到台前饱含激情地向同学们介绍了自己的成长历程。她边讲边展示自己的照片、画作和荣誉证书,令在场的所有人赞叹不已。许多同学被此情此景感染,争先恐后即席发言,讲述他们所了解的小宋。一些鲜为人知的感人小事通过大家的发言得以揭示。小宋与同学们一起表演了自编自导的小品《交换快乐的日子》,她那甜甜的微笑始终挂在嘴边。崔老师也为大家朗诵了小诗《希望》,张校长慷慨激昂的讲话把班会推向高潮。在《爱的奉献》

的乐曲声中,张校长、小宋的母亲、庄老师与大家一起点燃了象征爱心的红蜡烛,烛光中师生们沉浸在充满爱的气氛中。班会后两周,崔老师又做了一次调查,与小宋有较深交往的人数增加到 4 人,有 36 名同学与小宋增加了交往,只是打一下招呼的同学减少到 7 人。和小宋一起做功课、一起聊天娱乐的同学多起来了。小宋在学习上勇于克服困难的自信心也就增强了,学习成绩也有了明显的提高。

池老师对班上随班就读听力障碍儿童小周不是在公开场合表示"特殊关爱",而是主张以一种平等、正常、不易察觉的方式帮助小周。池老师经常主动与小周口头交流,交流没有固定的方式,内容也是海阔天空。不论小周说话是否清楚,讲的内容是否切题,池老师总是给予鼓励,只是有时稍做一些指导纠正。经过一段时间,小周不仅比过去敢说话、爱说话,而且话也说得清楚通顺了。

池老师收集了许多残疾人身残志坚的小故事,遇到适当场合她就给全班学生讲上一段。池老师讲的故事情节生动感人,却很少在故事结束后作点评。久而久之,全班学生也都能讲一些类似的故事,平时在学习和生活上遇到困难时都能主动地去克服。特别是小周,她曾在一次班会上说:"我比海伦·凯勒有优势,我一定学习她,还要超过她。"同学们对此报以热烈的掌声。

融洽的师生关系和同学关系是创设宽松和谐环境的必要条件,随班就读听觉障碍儿童尤其需要语言交际。爱的教育才能引发成功的教育,崔老师和池老师把师爱化作教育的智慧,尊重学生、激励学生,引导启发普通学生和随班就读听觉障碍儿童建立彼此关爱、团结互助的情感,师生共同创设良好的教育环境。

2. 建立良好的教育关系

良好的教育关系有助于随班就读听觉障碍儿童与班上普通儿童一起健康成长。

岳老师是位很有经验的随班就读教师,她曾成功地教过好几个随班就读的听觉障碍儿童。2002 年 9 月岳老师新接了一年级班,班上的小王是名随班就读听觉障碍儿童,左耳听力损失 110dB,右耳听力损失 120dB,接受了人工电子耳蜗植入，但术后语言训练没有跟上，小王的语言清晰度并不好。家长为给孩子植入电子耳蜗花了很多钱，但不见效果，为此十分着急。班上的小朋友发现小王头顶上贴着一个圆圆的小轮片非常好奇，总想去摸一摸。小王在班上是个大个子，谁要摸他的"小轮片"他就跟谁急，甚至要打架。

岳老师认为，好奇对儿童来说无可厚非，引导正确还可以培养儿童的良好习惯。于是，在一次班会上岳老师组织全班学生听录音带，有的是朗读课文，有的是儿歌，还有的是外语歌曲。同学们都说外语歌曲唱的是什么听不明白，岳老师抓住此刻同学们的感受，深入浅出地讲"听见声音"与"听懂语言"是不同的两回事。岳老师告诉同学们，小王耳聋给他的学习、生活造成了困难，医生给他头上带的"小轮片"叫"传输线圈"，是帮助他听声音的，不能去随便摸；小王要能和小朋友们一样听懂别人讲话的意思，还要靠刻苦的语言训练，老师正在帮助他进行语言训练，同学们如能常和他讲话，说得慢一点儿，咬字清楚一点儿，就是对小王同学最好的帮助，谁这样做了老师就表扬谁。

从这以后，班上不但再没有小朋友想摸小王头上的传输线圈，而且同学们都愿意和小王交谈。岳老师为小王制订了语言训练的个别化教育计划，并请他的家长一起帮助小王进行语言训练。不到半年时间，小王说话明显比以前清楚了。新年联欢会上，岳老师请大队辅导员老师给小王一个表演节目的机会，小王为大家朗诵了一首诗歌，博得了全校师生的热烈掌声。这次表演成了小王进步的转折点，语言训练的成效促进了小王的学习，他的成绩超过了班上许多普通儿童，期末被评为"三好学生"，同学们都很欣赏他。

新学期开始后，岳老师请小王做班上的体育队长，负责整队喊号。他个子比同学高，手势指挥准确，口令洪亮清晰。小王当了体育队长后，语言进步得更明显了。他还常常为班级做好事，成为了受同学欢迎的小干部。

从这个案例可以看出，小王的智力和身体素质要比班上一些普通儿童还强，植入人工电子耳蜗使他的听力有了明显改善，为其学好语言提供了必要条件。由于他在术后语言训练不及时且效果不好，使他在随班就读初期与老师、同学的沟通产生较严重的障碍，而沟通障碍又影响到了同学彼此之间的关系。岳老师不愧是位有丰富随班就读经验的教师,她观察到上述现象后做了正确的分析判断。她针对低年级儿童的特点,从创建良好的教育关系入手,开发小王的优势潜能,使小王取得了明显的进步,从而使全班学生接纳了他。

3. 创设宽松和谐的环境还需要一定物质条件的支持

对于随班就读听觉障碍儿童来说,物质条件的支持主要是教室环境要安全、卫生,能满足其学习的特殊需要。比如教室采光的方向、听觉障碍儿童座位的安置、助听设备的选择及使用等,在随班就读听觉障碍儿童相对集中的学校如有条件最好能够建立资源教室(或称"辅导教室")。这些内容将在下面有关的章节中具体介绍。

(二)座位安置和课前准备

1. 课堂学习座位的安置

座位安置是指从空间方位上给随班就读听觉障碍儿童创设适宜的物理环境。为随班就读听觉障碍儿童安置座位的基本原则就是能最大限度地让他们听得懂老师讲课的语言,看得清板书,方便老师辅导,方便与助学伙伴交流。除此之外,还要结合学生的实际情况,做出最佳选择。所谓实际情况主要指其听力损失程度,是否配戴了助听器,是否伴有视觉障碍,个子高矮,等等。

听觉障碍儿童课堂学习座位安置的一些具体做法主要有以下几点。

大多数教师都把听觉障碍儿童的座位安排在教室前面第一排中部。如果该生个子过高影响后排同学视线,可以将其座位安置在第一排的一侧,但要注意教室光线有利于该生看话,既不能太强,也不能太暗。

对于听力损失程度较重又没有戴助听器的儿童,其座位距离教师讲课的位置一定要近,而且能从正面看清教师讲课的口型(第一排正中位置),否则该生很难接收到老师讲课的内容。

对于戴一般盒式或耳背式助听器的听觉障碍儿童,其座位距教师讲课位置的距离要在2米以内,因为这类助听器的有效接收距离一般不能超过2米。

对于配有自动调频系统个体助听器的听觉障碍儿童,其座位安置基本不受教室室内距离影响,主要考虑其视觉需要就行了。

对于伴有视觉障碍的听觉障碍儿童,其座位安置还不应忽视视觉接收信息的特殊需要。最简便实际的做法是让该生坐在教室的不同位置试一试,哪个位置最适合听(看)老师讲课,就将其安置在那个位子上。

以上介绍的一些做法无所谓优劣,也极少有理想化的座位安置办法,关键是怎样有利于某位具体的随班就读儿童有效参与学习过程就怎样安置座位。

2. 听觉障碍儿童应做的课前准备

(1)课前预习:语言沟通障碍是听觉障碍儿童在普通班级随班就读最主要的困难,语言能力是决定听觉障碍儿童学习效果的重要条件。因此,听觉障碍儿童的课前准备应着力于扫除其语言学习的障碍。

绝大多数听觉障碍儿童的语言形成和发展落后于同龄普通儿童,他们的生活经验往往不能同描述该经验的语言相结合。例如,听觉障碍儿童若未接受教育,他们对"香蕉"的形状、颜色和味道都有视觉、触觉和味觉体验,但是对"香蕉"的语音(xiāng jiāo)和书面文字形式是未掌握的。因此,听觉障碍儿童在学习语文、数学、品德等学科时,会比普通儿童遇到更多不知其音、不解其义的生词。这些生词像拦路虎一样,给听觉障碍儿童的课堂学习造成障碍,影响其课上学习速度与学习效果,因此,课前预习对听觉障碍儿童来说是必要和重要的。

听觉障碍儿童的课前预习主要是熟悉教材,知道这堂课将要学习什么内容。这点对于以看话为主要学习方式的听觉障碍儿童来说尤其重要。看话是"聋人利用视觉信息,感知言语的一种特殊方式和技能。看话人通过观察说话人的口唇发音动作、肌肉活动及面部表情,形成连续的视知觉,并与头脑中储存的词语表象相比较和联系,进而理解说话者的内容"。[1] 如果听觉障碍儿童课前熟悉一下教材,对教材的书面语言或多或少地了解一些,那么,他们课上看老师讲话时就容易抓住内容情景,容易理解老师讲课的内容。相反,如果课前对教材内容一点儿也不熟悉,上课后几分钟之内还弄不清老师讲的是什么,肯定会影响其课堂学习效果。这里有必要提及

---

[1]朴永馨主编. 特殊教育辞典. 北京:华夏出版社,2005.

的是不要把课前熟悉教材误解为学习教材,不要把预习扭曲成提前上课。

听觉障碍儿童熟悉教材的一般做法如下。

- 通读浏览,对教材内容有个大体印象。
- 画出生字生词,通过查字典注上字音,揣摩词义。
- 画出教材中不理解的内容,上课时留心老师的讲解或指导;学习能力较强的听觉障碍儿童可以提出问题并加注到教材空白处,这样可以增强听课(看课)的目的性。
- 如果教材与学过的知识密切相关,必要时应复习旧知识,做好铺垫。

对于低年级听觉障碍儿童应由家长给予预习指导,培养其预习习惯与预习方法;高年级听觉障碍儿童应自己预习,家长给予必要的关注和提醒。

(2)检查助听器:每天早晨上学之前,家长应抽点儿时间帮助听觉障碍儿童检查一下助听器工作是否正常。简便有效的做法是如下。

五音测试。让听觉障碍儿童戴好助听器后,家长在其背后一米处用普通说话的音量每隔5秒左右逐一发出"a—、u—、i—、s—、sh—"的呼读音(这5个音的频率在500~4000赫兹,基本覆盖了语言频段)。如果这5个音听觉障碍儿童都能听得清晰,说明助听器工作良好。

语言测试。让听觉障碍儿童戴好助听器后,家长在其背后一米处用普通说话的音量说几句话,比如,叫一下孩子的名字或说几句简单的日常用语等。每说一句后让其复述,如果孩子复述正确,说明助听器工作良好。

如果家长掌握不好给孩子测试助听器的方法,班主任老师可以请家长早晨送孩子到校。班主任利用几分钟时间亲自给听觉障碍儿童测试助听器,为家长示范,直到家长能够承担起这项工作为止。

(3)做好课前的心理准备:良好的学习心态对每个学习者都是需要的,随班就读听觉障碍儿童在这方面容易出现一些问题,所以需要家长和教师给予特别关注,帮助听觉障碍儿童处理好某些问题,调整好心态进入课堂学习。例如,新入学的听觉障碍儿童有的不愿意上学,因沟通障碍心里发怵,一背起书包就哭闹;有的听觉障碍儿童粗心,经常带不齐学习用具;有的听觉障碍儿童因没有听明白老师布置的作业,到校后才发现自己完成的作业与同学们完成的不一样,可又来不及补救而心情紧张;有的听觉障碍儿童考试前精神紧张,等等。作为家长和教师,应留心观察听觉障碍儿童的学习表现,对于经常出现的不良学习心态,在上学前或上课前给予适当的心理辅导,让他们做好课前的心理准备。

(三)在课程、教学计划上的特殊需要

1.听觉障碍儿童在课程上的特殊需要

普通班级接纳了随班就读听觉障碍儿童后,教师在课程的设计与实施上,应以尊重儿童个体间差异与个体内差异为前提,以普通儿童与听觉障碍儿童的不同学习需要为依据,做出某些特殊的考虑,以使普通儿童与随班就读听觉障碍儿童在取得一定学习成绩的同时,为他们设置适合各自充分发展的学习目标,促进每个儿童最大限度的发展。在具体做法上主要有下面几点。

(1)加强课程的综合性、实践性:在新一轮课程改革的大背景下,许多教师越来越重视加强学科的综合性,重视不同学科间的彼此联系,重视联系儿童的经验和生活实际,提倡突出乡土特色,优化课程结构。我们在深入一些学校听课中,对面向全体兼顾随班就读听觉障碍儿童的多学科综合性实践活动也颇有感受,举例如下。

陈老师是北京市房山区良乡小学六年级的数学教师,她的班上有一名听觉障碍儿童小刘(左耳85dB、右耳120dB)。房山区有丰富的旅游资源,陈老师组织学生上了一节"设计旅游方案"的数学实践课。

陈老师在课的开始给学生提供了如下的基本信息。

● 一张按比例尺绘制的房山区旅游景点图(4个学生为一个小组,发给每个小组一张)。

● 旅游景点门票价格(20人以上团体购票优惠50%):

云居寺30元　　石花洞40元　　张坊古战道15元　　银狐洞40元
上方山30元　　燕都遗址15元　　韩村河20元　　　周口店20元
昊天公园5元　　百草畔20元　　将军坨10元　　　青龙湖15元
百花山20元　　仙栖洞40元　　十渡15元　　　　堂上村10元

● 租车报价:

	限乘人数	车速	租车报价		
			40 公里以内	100 公里以内	200 公里以内
大型车	50 人	40 公里/小时	380.00	700.00	1250.00
小型车	25 人	50 公里/小时	260.00	500.00	700.00

- 午餐每人 5 元(可自备)。
- 旅游活动时间早 7:00 到下午 5:00。
- 每人费用 50 元(全班 45 名学生加 1 名班主任老师)。

陈老师请各个小组的同学在 15 分钟内设计好一个旅游方案,然后向全班介绍,并说明可行性理由:你们小组建议全班去哪几个景点旅游?该景点的趣味性、知识性是什么?路线、时间和费用安排上的合理性是什么?

这节课全班学生学得兴趣盎然,各个小组的学生在尝试选择到他们喜欢的几个景点旅游时,要准确地测量地图的直线距离,利用比例尺数据计算出实际距离;根据车速、行车总里程计算应付的车费和乘车时间;根据不同景点的票价计算出应付的门票费用;安排每个景点游览的时间;计算出整个旅游活动需投入的经费;在兼顾各个相关限制条件的基础上,加以综合调整才能定出一份可行的旅游方案。在设计过程中要运用比例尺、百分数、单价数量和总价、速度和距离、简单统计方法、估算(山地与平地的实际路程单靠比例尺计算是不科学的)等学过的数学知识;要考虑景点的方位(避免走回头路)、地形(山路还是平路)等,就涉及某些地理知识;要了解所选景点的特色,要用准确简练生动的语言向大家介绍,就要有一定的历史知识和语言技能。什么是一份好的旅游方案?答案不是唯一的,但应是合理性、可行性与趣味性的完美结合。例如,有的学生设计了"上方山、十渡山水游",有的学生设计了"周口店、燕都遗址历史游",有的学生设计了"石花洞、仙栖洞溶洞游",有的学生的预算只余下了 15 元钱,等等。这节课的设计不仅运用了多学科知识,而且为学生自主学习、探究学习创设了很好的情境。

这节课为随班就读听觉障碍儿童小刘的学习提供了很大的选择余地,他完全可以达到适合自己实际水平的学习目标。在小组学习中,他可以在和其他同学一起学习中,学到自己不懂的东西。这节课的学习方式让小刘有很多与同学和老师语言沟通的机会,这种解决实际问题的语言沟通比单纯的语言训练更贴近实际生活。这种合作学习方式为老师辅导全班学生,特别是辅导小刘提供了有利的机会。老师在学生间巡视时了解到了学生的实际情况,这样在全班讨论时可以有针对性地请小刘回答某个问题,给他展示自我的机会。

(2)加强基础学科的基础知识学习与基本技能训练:"基础学科和基本概念反映出自然和社会一般规律,是学习其他内容的基础,具有广泛迁移性,也是各种各样人才都需要的共同基础"。[①] 在小学和初中阶段,语文、数学、外语都是基础学科,听觉障碍儿童在这些学科课程的学习中有哪些特殊需要,教师应有意识地给予特别关注。一般来讲,要使听觉障碍儿童的基础知识与基本技能掌握得扎实,必须与发展相应的语言相结合;若忽视这一点,则直接影响听觉障碍儿童准确掌握基础知识,某些基本技能也难以形成,久而久之将出现恶性循环。

付老师在教分数的初步认识时,为了给学生建立"平均分"这个概念,提出两个问题。

(1)猴妈妈把8个桃子分给2只小猴子,可以怎样分?

(2)猴妈妈把8个桃子平均分给2只小猴子,可以怎样分?

教师让每个学生都拿着8个纸片"桃子"做学具操作,尝试怎样分,然后回答问题。

教师先让几个成绩好的普通儿童分别回答问题1和问题2,在他们回答的基础上通过比较,弄清楚什么是"分"、什么是"平均分",了解"平均分"是"分"的一种特殊情况。

这时教师请听觉障碍儿童完整地回答一遍上述问题。他说:"猴妈妈把8个桃子分给2只小猴子,可以给一只小猴子7个,给另一只小猴子1个;也可以给一只小猴子6个,给另一只小猴子2个;还可以给一只小猴子5个,给另一只小猴子3个;还可以给一只小猴子4个,给另一只小猴子4个。猴妈妈把8个桃子平均分给2只小猴子,应该给每只小猴子都是4个。"教师用褒奖式的评价肯定了他的回答。

教师在上述教学内容的施教中准确地给学生建立了"平均分"的数学

[①]华国栋. 差异教学论. 北京:教育科学出版社,2001.

概念,在教法上引导学生从观察、比较生活中的常见问题中抽象出数学问题,让听觉障碍儿童作总结发言,问题有一定难度(大段的口语叙述),又不是特别难(在几个同学示范的基础上复述,句型基本相似),不仅学习了数学基本概念,还自然地进行了语言技能训练,同时激发了听觉障碍儿童学习的积极性。

2. 听觉障碍儿童在教学计划上的特殊需要

教学计划决定着教学内容的方向和结构,抓住教学计划的制订和实施,才是抓住了提高随班就读课堂教学质量的根本。

要使听觉障碍儿童在普通班级随班就读不流于形式,必须在正确处理满足听觉障碍儿童特殊学习需要与保证班级整体教学效果的关系上下功夫,其具体体现就是制订好听觉障碍儿童的个别化教学计划与班级整体的教学计划。

个别化教学计划是以适应儿童差异为前提,以儿童现有水平为基础,以满足儿童个体发展需要为目的,有明确的发展目标和具体的学习任务指标,并且操作性强。

就随班就读听觉障碍儿童个体发展而言,即使该学生在课堂上努力学习,即使教师在把握"面向全体、照顾差异"上做得很好,也还需要使用个别教学计划作为必要的辅助性教育手段。比如语言训练、作文指导、学习技能训练等可以在课堂集体教学中"兼顾",但主要还应安排在个别化教学计划中进行。当然,这并不是说,课堂集体教学可以忽略对听觉障碍儿童的个别对待,而完全指望通过个别教学计划完成其学习任务,而是只有把课堂集体教学与实施个别化教学计划都做到位,发挥好二者的互补作用才是可取的(详见本教材第3篇)。

培训活动建议

1. 在为随班就读听觉障碍儿童创设宽松和谐的教育环境方面你有哪些做法和经验?请写成发言提纲,在小组中讨论。

2. 参照本专题介绍,给一名随班就读听觉障碍儿童制订一份学科的个别化教学计划(语文、数学任选一科)。

（四）在语文教学中满足听觉障碍儿童的特殊需要

1. 听觉障碍儿童语言学习的特点

语言是人类交际的重要工具，也是思维和学习的工具。听觉障碍给儿童学习语言造成严重障碍，使得他们学习语言的途径、方式与普通儿童不同，而且在学习难度上也比普通儿童大得多。在语文教学上要满足听觉障碍儿童的特殊需求，就要搞清楚他们学习语言有哪些特点。

听觉障碍儿童学习语言最大的特点是口语和书面语一起学。普通儿童一岁左右开始学习说话，到两三岁时他们已经能说出许多满足日常生活需要的语言。尽管幼儿的语言有时不够完整、不够规范，但他们能够通过语言表达自己的情感、要求和愿望。进入幼儿园，尤其是上小学后，普通儿童开始学习规范的语言，特别是开始学习书面语言，他们学习书面语言不是孤立地学，而是得到了口语的支持。综上所述，先学习口语、后学习书面语是一般人学习语言的规律。听觉障碍儿童如果未经过早期的语言训练，在自然状态下，他们缺少了普通儿童先学习口语的实践经验。进入普通小学随班就读后（目前我国还只有极少数的听觉障碍儿童有条件接受学前教育），面临着口语、书面语一起学的繁重任务。有人形象地比喻说，普通儿童学习语言是"口语、书面语分两步走"，听觉障碍儿童学习语言是"两步并作一步走"。至此还要强调的是，听觉障碍儿童是在听觉障碍的困难条件下"两步并作一步走"的。

听觉障碍儿童学习语言的另一个特点是需要借助看话。有关什么是看话，在本专题前边介绍听觉障碍儿童的课前准备时已提及。这里侧重谈谈听觉障碍儿童学习语言时离不开看话伴随。有的听觉障碍儿童听力损失程度严重，他们如果不配戴合适的助听器，听力补偿效果不理想，几乎不能通过听觉渠道学习语言，看话则成为他们学习语言的主要方式。据了解，目前在普通班级随班就读的听觉障碍儿童当中，主要依靠看话方式学习的不是少数，他们学习语言的方式及在学习方面的特殊需要值得教师关注。有的听觉障碍儿童听力损失程度较轻，他们如果再配戴上合适的助听器是可以主要依靠听觉渠道学习语言的。但是，不要把这类听觉障碍儿童与普通儿童在听觉能力上等量齐观。这类听觉障碍儿童学习语言的方式采取边看边听要比只听不看的效果好得多。

听觉障碍儿童学习语言还有一个特点就是使用手势语和手指语。听觉障碍儿童在普通班级随班就读,其他普通同学和老师都是不使用手势语或手指语的,但是在适当情况下,教师使用一点儿自然手势,不仅易于听觉障碍儿童接受,而且也对普通儿童学习有益(详见本专题第三部分"恰当地运用手语")。

2. 在语文学习上如何满足听觉障碍儿童的特殊需求

(1)把好学习汉语拼音关:对刚入学的一年级听觉障碍儿童,教师要千方百计地帮助他们打好汉语拼音基础。发音和拼读能力是他们今后学习各门知识的重要手段,教师绝不可掉以轻心,忽视这项打基础的重要工作。具体做法如下。

● 对待残余听力保留较好的重听儿童,主要是严格要求他们充分依靠听觉,同普通儿童一起学习。课堂教学中,教师要留心检查该重听儿童哪个音发得不准并及时纠正。如果效果不明显,不宜多占上课时间,应及时在课外进行个别辅导。

● 对待残余听力保留不好的聋童,在课堂上集体学习汉语拼音时,教师应要求其注意观察老师的口型,模仿发音、拼读。由于聋童不能像普通儿童或重听儿童那样直接从听觉渠道学习汉语拼音,他们在学习过程中会出现许多困难和问题,因此,教师必须在课外给予个别辅导,有条件的还应要求家长给予积极配合。有关辅导聋童学习汉语拼音的技术问题将在本专题的第三个问题中详述。

(2)重视抓好从字词到句子的过渡:句子是由词或词组构成,用于表达完整意思的语言单位。听觉障碍儿童在学习字词上与普通儿童相比差距还不算大,而从字词到句子的学习要爬一个"陡坡"。许多教师反映听觉障碍儿童写的句子经常颠三倒四,其原因是由于听觉障碍,他们(尤其是聋童)缺少大量通过听觉学习语言的实践,不容易掌握好句子的语法关系与逻辑关系,往往难以把握句子的结构。如何抓好从字词到句子的过渡呢?通常采用以下的做法。

加强句型练习,帮助听觉障碍儿童逐渐把握准确的句型结构。例如,帮助他们掌握"……但是……"这个句型时,可以制作一张卡片,让其"照样子写句子"。

明明	帮妈妈包饺子,		包得不好。
小红	练习自己洗衣服,		洗得不干净。
东东	经常受到老师表扬,		从不骄傲。
小马	想过河,	但是	不知道河水有多深。
	想去公园玩,		突然下起了大雨。
王方	想去新华书店买书,		

"照样子写句子"的句型结构清晰,句子内容贴近儿童的生活,可从具体到抽象。当听觉障碍儿童填好卡片后,要让其反复训练,直至能正确地背诵(默写)下来。一张张卡片凑在一起,可以像玩扑克牌似的自我抽测练习。如果教师能紧密结合语文教材和生活实际,帮助听觉障碍儿童日积月累,慢慢地从量变到质变,达到熟练地掌握几十个句型,他们就会逐渐"悟出"什么是正确的句子结构了。

(3)加强读写训练:提高读写能力要通过大量的读写实践来培养,这点对于听觉障碍儿童有着特殊的意义。因为读写训练是引导学习者参与读写实践的有效形式,听力障碍儿童借助读写可以"以读助听"、"以写助说",进行大量的信息交流,积极参与校园生活和社会生活。有人说,"在康复医学还不能真正解决聋人复聪以前,阅读就是聋人最好的助听器"。听觉障碍儿童具备了较好的语言基础,运用联想与迁移还有助于提高其听话、看话的能力。可以说,听觉障碍儿童具备了较强的读写能力后,就像掌握了打开知识宝库的金钥匙。

下面是一些加强听觉障碍儿童读写训练的具体做法。

指导听觉障碍儿童学会整理知识。每隔一段时间,可以把学过的课文中的造句、要求背诵或默写的课文等分类整理,也可以制成学习卡片。需强调的是,整理知识不是重复做作业,而是在新的水平上的提炼或升华。

培养听觉障碍儿童写日记的习惯。以身边生活为素材,每天坚持写几句话或一段话。教师或家长应给予及时批改、指导,并鼓励他们经常整理批改过的日记。比如,可以抄录在另一个本子上,配上一些插图,起名为"我的生活趣事"。

培养听觉障碍儿童的读写兴趣。教师、家长可以鼓励他们背诵(默写)

小诗、佳句、名篇,让他们多读有意义的课外书、摘抄或写读书心得。选择上述内容设计板报或自编小报,举办展览等。

(4)听写时对听觉障碍儿童的个别对待方法:如果听觉障碍儿童与普通儿童一起做听写练习会相当吃力,教师可尝试使用下述方法。

要求听觉障碍儿童认真记准听写词、句的序号,凡听不见或听不清的先空着,待课后由老师给其补念漏掉的词、句。

教师课前将听写的内容写成汉语拼音形式的篇子,在全班听写时,让听觉障碍儿童按篇子上的拼音内容写出汉字的词或句。

(五)听觉障碍儿童的作文教学

听觉障碍儿童(尤其是聋童)与普通儿童在写作文水平上的差距是显而易见的,这是因为作文是学生语文综合能力的体现,听觉障碍儿童语文综合能力低是作文水平不高的主要原因。与许多普通儿童的作文相比,听觉障碍儿童的作文水平差距较大,越到高年级差距越明显。

听觉障碍儿童能不能写好作文呢?回答这个问题应该讲两句话:第一,听觉障碍儿童能够写好作文。因为事实上真有听觉障碍儿童写的文章十分优秀。第二,听觉障碍儿童写好作文需要克服的困难比普通儿童多得多。事实同样告诉我们,大多数听觉障碍儿童的作文都存在着这样或那样的问题。

怎样培养随班就读听觉障碍儿童写好作文呢?作文教学中,不论是指导写作还是讲评作业,教师适时、适当、适度地给予个别学生方法上的指导是应该的。但作文教学不像语文教学,它的实践性更强,很难要求教师仅仅通过课堂作文教学,既不影响普通学生学习又培养听觉障碍儿童的作文能力。也就是说,指导听觉障碍儿童写好作文"功在课堂教学之外"。在具体做法上,应该从培养语文综合能力和培养作文技巧两大方面入手。关于培养语文综合能力,在上一个问题中已经作了介绍,这里侧重介绍一下培养听觉障碍儿童作文技巧的几点做法,供教师参考。

1. 留心观察身边的人或事并用语言表述

留心观察身边的人或事并用语言表述,可以说是培养作文能力的基础,就像学习美术创作要从透视、素描开始训练一样,学习作文就要扎扎实实地从留心观察身边的人或事并用语言作表述开始训练。

身边的人或事应该是儿童作文素材的源泉。"听而不闻"是听力障碍所致,要防止"视而不见"惟有通过教育。要培养听觉障碍儿童的观察兴趣,留心发生在身边的事情,并渐渐"悟出"运用语言是可以准确表述它们的。比如,学校组织学生参观博物馆,根据听觉障碍儿童的不同情况,有的可以写一句话,有的可以写一段话,有的可以写一篇文章。初始训练时,不要苛求语病,而应该多鼓励他们,激发写的欲望。可以让听觉障碍儿童身边备一个小本子、一支笔,见到什么都可以写;不知怎么写就问。这样引导比抽象地讲解更实际,这种方式能潜移默化地使听觉障碍儿童渐渐领悟出语言是能够准确描述客观对象的重要工具。

2. 学会围绕一个中心写人或事

在训练留心观察身边的人或事,并用语言表述的基础上,应提高要求,指导听觉障碍儿童有选择地写。比如,学校组织学生参观博物馆,就不宜写参观途中看见了什么(尽管它也是真实发生的事),也不宜写参观中看见的每一件展品,应该围绕感受最深的一点来写,这就是要抓住中心。低年级听觉障碍儿童可以练习围绕一个中心写几句话;随着年级升高,可以练习围绕一个中心写一段话,直至学会围绕一个中心写一篇文章。需要教师注意的是,听觉障碍儿童语文综合能力普遍较低,语句不通顺或错别字时有出现,不宜将这些混杂在一起评价他们写的作业。既然是指导听觉障碍儿童学习围绕一个中心写人或事,评价标准就不能是"多中心",应就是否抓住了中心来评价,其他问题不是不指导,而是指导的时间、方式要恰当。

3. 学会具体地写人或事

听觉障碍儿童身边发生的事情总表现为一个过程,描述这件事就要按照事情发生、发展的顺序来写,这就是具体地写事。要写身边的同学,就要抓住他的特征,比如他的外貌、动作、语言,等等,这就是具体地写人。要写一件玩具,就要介绍它的名称、形状、颜色,是由哪几部分组成的,怎么操作,等等,这就是具体地写物。进行这一步训练遇到的障碍会很多,也最富有挑战性。教师在指导听觉障碍儿童时要把训练内容定得越具体越好,训练目标要非常明确,评价作业时要紧紧围绕训练目标在给予鼓励的前提下指出其不足。不要为偶尔一次作业的优劣而过喜过忧,应为经过一段较长训练过程显现出的进步而高兴。

4. 确保一定的阅读量和写作量

俗话说,"熟读唐诗三百首,不会作诗也能吟"。没有一定的阅读量和写作量,作文水平就不会提高。在一般状态下,听觉障碍儿童很少阅读书报,就连语文课本也没有读好。缺乏读写训练的实践,上面介绍的几点作文技巧就成了无本之木。因此,对于听觉障碍儿童,特别是对低年级的听觉障碍儿童,当他们还不能认识到阅读的意义和价值时,教师和家长就更需要引导他们多读书、勤练笔。要让听觉障碍儿童认识到:"我可以写好作文,我只有通过刻苦训练才能写好作文!"

(六)在数学教学上满足听觉障碍儿童的特殊需求

1. 听觉障碍儿童学习数学的主要困难

数学知识具有系统性强、逻辑严谨的特点,一些概念、性质、法则、公式、数量关系和解题方法等基础知识必须扎实地学好。听觉障碍儿童不仅因听觉言语障碍影响其与人沟通,而且理解知识的速度、准确性与接受知识的容量也受到不同程度的限制。在数学学习中,因为缺乏语言支持,听觉障碍儿童的思维过程往往混乱、残缺。例如,不少听觉障碍儿童看到题目中有"一共"就做加法,有"比"就做减法。如果题目问"弟弟7岁,哥哥比弟弟大2岁,哥哥几岁?"许多听觉障碍儿童能计算为"$7-2=5(岁)$"。若进一步要求回答:"哥哥几岁?弟弟几岁?"他们则回答:"哥哥5岁,弟弟7岁"而不觉得有错误。

听觉障碍儿童在运算速度、准确性、灵活性方面通常也落后于普通儿童。如果计算"$1+2+3+4+5+6+7+8+9=?$"许多听觉障碍儿童是按顺序逐一相加,而不会运用加法结合律作简便运算。在劳技课上统计产品数量,数量一大他们往往就会数错。

在几何形体的空间位置关系上,听觉障碍儿童往往不能抓住概念的内涵作出正确判断。比如,在同一平面上端端正正地画出一个直角三角形,听觉障碍儿童知道它是直角三角形;如果再画一个同样大小、同样形状的直角三角形,只是随意调换一下空间位置,看着有点儿不端正,他们在判断它是不是直角三角形时就犹豫不定。

当然,听觉障碍儿童学习数学的主要困难还可以再列举一些,而导致问题的根本原因是他们的语言存在问题。

2. 在数学学习上如何满足听觉障碍儿童的特殊需求

(1)严格要求会用准确的语言表述数学基础知识:在数学教学中,教师应指导、要求听觉障碍儿童会用准确的语言表述数学基础知识。比如"多位数的读法",听觉障碍儿童往往把 43275 读成"四、三、二、七、五",教师应严格要求其读成"四万三千二百七十五",这不仅是规范读法,而且有助于他们理解同一数字在不同的数位上表示不同的概念。这绝不是苛求听觉障碍儿童,如果放松要求,他们对于许多概念都是似是而非,渐渐地就会形成恶性循环。

(2)加强说题训练:听觉障碍儿童因语言障碍往往不愿意"说题",而说不清楚题目中的数量关系和运算过程将直接影响其逻辑思维的严谨。长此下去,他们头脑中的数学概念和数量关系将是混沌不清的,势必在运算过程中连猜带蒙,导致其数学越学越难,越学越厌学。教师应该在课堂上适时、适度地给听觉障碍儿童说题的机会,像本专题第三个问题中付老师的做法就很到位。

(3)提倡借助线段图分析应用题:应用题可以将生产、生活中的问题抽象成数学问题,揭示相关的数学概念、法则等规律性的知识。解答应用题要用分析、综合的方法确定已知条件与问题之间的数量关系。借助线段图,可使图文结合,清晰地显现出题目中数量之间的关系,有助于培养儿童的审题、解题能力。借助线段图,容易抓住关键点,特别有助于儿童(尤其是听觉障碍儿童)以图为依托,一步步分析问题,从而思路清晰地找到答案。

张老师在三年级数学课上是这样训练听觉障碍儿童小王(左耳 80dB,右耳 85dB)借助线段图分析应用题的。

一辆汽车每小时行 75 千米,一列火车每小时比汽车多行 30 千米,一架飞机每小时行的是火车的 5 倍,这架飞机每小时行多少千米?

张老师让小王借助线段图分析、计算这道题的步骤分为以下几步(括号中的文字是要求其口述的)。

汽车 ┠──┨ (这条线段表示一辆汽车每小时行 75 千米)
　　　75 千米
火车 ┠──┼──┨ (这条线段表示一列火车每小时比汽车多行 30 千米)
　　　　　30 千米
飞机 ┠──────────────────┨ (这条线段表示一架飞机每小时行的是火车的 5 倍,求这架飞机每小时行多少千米?)

(可以这样想:知道火车每小时比汽车多行 30 千米,可以先求出火车每小时行多少千米。又知道飞机每小时行的是火车的 5 倍,就可以求出飞机每小时行多少千米。)

1)火车每小时行多少千米?

$$75+30=105(千米)$$

2)飞机每小时行多少千米?

$$105\times5=525(千米)$$

综合算式:

$$(75+30)\times5$$
$$=105\times5$$
$$=525(千米)$$

答:这架飞机每小时行 525 千米。

如果坚持像张老师这样要求听觉障碍儿童解应用题时画线段图,标明题目中数量之间的关系;再要求他们一步步用语言把解题过程叙述清楚,养成良好的解题方法和解题习惯,最终他们是可以学好数学的。

需要注意的是,开始训练时难度不要太大。如听觉障碍儿童水平较低,可先在课外进行辅导,有基础时再在课堂上进行。如果是聋童且语言清晰度很低,可以让其用书写方式叙述思维过程。这是很麻烦的事情,但又很有必要。具体做时教师要控制好训练的难度、频度等。

(4)提倡在动手操作中理解数学知识:动手操作不仅有利于调动学生多感官参与学习,而且使学生在直观体验的过程中理解知识,这种学习方式特别适合语言沟通困难的听觉障碍儿童。比如,前面提到的有关直角三角形的例子。如果教师让听觉障碍儿童用纸片剪一个直角三角形,先把它端正地摆在桌面上。教师问听觉障碍儿童:"这是什么图形?"答:"这是直角三角形。"教师接着让他把这个直角三角形在桌面上随意摆放几个不同的位置,再问:"这是什么图形?"他就不会犹豫不定,而会很快肯定地回答

"这是直角三角形"。这时教师再讲"直角三角形在同一平面上任意变换位置,还是原来的直角三角形",听觉障碍儿童就容易理解了。

此外,像在掌握了长方形面积公式的基础上,新学三角形、平行四边形、梯形面积公式时,都可以让听觉障碍儿童参与到学习小组中,动手用分割、拼合的方法探究三角形、平行四边形、梯形的面积公式。这样做比仅看教师在黑板上做演示的印象要深刻得多。

(七)助听器的使用与保养

1. 正确使用助听器

助听器是通过增加声音强度来改善听力的专门装置。像戴眼镜、装假牙一样,用助听器也有一个适应期,一般为1~2个月。佩戴者一定要坚持使用,切忌一曝十寒。初次使用助听器时音量不宜过响,要力图把注意力集中到所听的声音上。对于听力损失严重的聋童,必须学会识别和接收由助听器加工后的信息概念,逐渐熟悉声音的意义并区分出哪些是背景噪声,哪

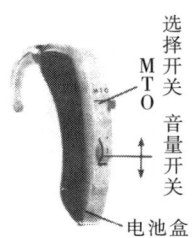

耳背式助听器

些是要选听的声音。使用大功率助听器的听觉障碍儿童最好每隔3个月做一次听力检测,及时跟踪听力是否有变化,防止听力下降。注意,千万不要在商店里随意购买助听器,应去医院验配。

训练应是循序渐进的过程。训练初期,可以在安静的室内辨别各种声音;过一段时间,可以在常态环境下训练;直至适应在公共场所戴助听器。可以参照以下步骤逐步训练。

第一步:听单音。在静室内听比日常谈话稍低的音节、拍手声、电话铃声等,使患耳逐渐习惯于听助听器的声音。训练时声音不宜过大,不然易产生听觉疲劳。

第二步:听句子。在静室内练习听句子,由简到繁。

第三步:辨别音色。室内安排两三个人谈话,训练辨别出不同人的声音。开始可看口型,逐步过渡到不看口型。

第四步:辨别声音的方向和远近。受训者闭眼,训练者在其前、后、左、右、远、近不同方位讲话,令其辨别出声音的方向和远近。双耳戴助听器受

训效果比单耳戴助听器要好。

第五步：听日常生活中熟悉的声音，听各种场合的声音。

每天早上，家长或教师应确认一下孩子的助听器是否在正常工作状态，具体做法是"五音测试"或"语言测试"，详情可见本专题第二部分"课前准备"的有关内容。

2. 助听器的保养

（1）适时更换电池。如果使用中发现助听器的声音变小，并伴有"嘟嘟"声时，表明电池用尽了，应及时更换。安装电池时要按提示标识接准正负极。不用助听器时要关掉电源，长期不使用助听器应将电池取出。

（2）助听器要保持干燥，防止进水。现在许多听觉障碍儿童使用的是耳背式助听器，在洗脸、洗澡时，要将助听器取下，防止进水。

（3）防潮、防霉、防高温暴晒。在潮湿、多霉、高温环境下使用助听器，要注意保持助听器的干燥。

（4）不使用化学溶剂清洗助听器的外壳，不给助听器内部加润滑油。

（5）不要跌撞助听器。

（6）非专业人员不要擅自拆修助听器。

培训活动建议

1. 小组讨论：不论是聋童还是重听儿童，扎扎实实地学习好书面语言非常重要。请你围绕此观点谈谈自己的看法。

2. 小组交流：请学员介绍某个随班就读听觉障碍儿童在语文或数学学习上的困难，教师是如何有针对性地给予指导的。

三、听觉障碍儿童的训练与潜能开发

（一）早期语训

1. 早期语训的必要性和重要性

多数听觉障碍儿童只是听觉器官有障碍，他们的发音器官还是正常的。他们应该能够说话，但是却说不好话或不会说话。只要适时、得法地进行康复训练，他们的语言能力都可以得到明显的提高，其中有些听觉障碍儿童还可以做到聋而不哑。所谓"适时"指的就是要重视抓好早期语训。

它是对听觉障碍儿童实施有效康复训练的一项非常重要的措施。

对于早期语训的必要性和重要性应该从以下两个方面理解。

一是对于听觉障碍儿童来说，最佳的康复训练期是在四五岁以前，如果有条件应该是越早越好。因为如果错过了最佳语训期，随之而来的不仅仅是听觉障碍，还会有语言障碍，以及由于沟通困难逐渐导致的心理障碍和智力障碍。这些对于他们的成长发展都是极不利的。

二是一旦发现儿童出现了听觉障碍就要及早干预（治疗、训练、教育，千万不要乱投医或相信鬼神），不论孩子几岁，绝不能耽误。这对于家长来讲就是要理智、果断地面对孩子听觉障碍的现实，正确地选择康复之路。对于承担随班就读工作的教师来讲，就是要了解、学习、掌握有关听觉语言训练的一些方法。把对学生的爱化作教育行为，争取家长配合，抓好早期语训。

2. 早期语训的方法

不要把"早期语训"简单地理解为只是教听觉障碍儿童说话，它是紧紧围绕促进听觉障碍儿童成长与发展而进行的比较系统的康复训练，通常包括听觉训练和语言训练。

（1）听觉训练：听觉训练是指导听觉障碍儿童运用其残存听力以感知、分辨环境中存在的各种声音，使其语言和交往能力获得发展。训练是改进听觉功能的有效办法。

有些随班就读听觉障碍儿童的残存听力保存尚好，对这部分学生进行听觉训练的简易步骤主要有以下几方面。①激活听觉。训练他们聆听日常生活中的各种声音。②辨音能力训练。例如，听鸡叫声时，同时出现鸡的图片或文字，建立条件联系，形成条件反射。再将多种声音混杂在一起做分辨选择训练。③语音辨析能力训练。让听觉障碍儿童配合看话或阅读文字聆听相对应的语言，经过一段较长时间训练后，直接聆听语言。

有些随班就读听觉障碍儿童听不见声音，对这样的学生就不要只满足于由教师对其做简易听力测查，而应动员家长带孩子去医院或聋儿康复中心请专业人员进行标准化听力测查。经过科学诊断表明学生确实听力损失的程度极高，根据他的客观情况，不一定把主要精力花在听觉训练上，而应采用下面介绍的一些方法通过视觉、触觉等对其进行语言训练。

（2）语言训练：对于很难通过听觉途径学习语言的听觉障碍儿童，就要采取特殊的方法激活、锻炼他们的发音器官,进行语言功能训练。主要的方法、步骤包括以下几点。

● 语言技能训练:主要包括呼吸训练、发音诱导和发声训练。呼吸训练内容有深呼吸、吹气等。训练方法可采用示范模仿、实物辅助、做呼吸游戏等。发音诱导常用的方法有通过触觉感受发出声音、控制气流等。发声训练常用的方法有拟声练习,模仿常见的物体或动物的发声等。

● 汉语拼音字母发音指导:①观察法:指导者带听觉障碍儿童在镜子前,让其从镜中观察指导者和自己的口型、舌位,比较、模仿发音。②比较法:把两个或几个声母、韵母放在一起比较其异同,靠区别来突出发音要领。如"z、c、s"和"zh、ch、sh"比较,前一组音舌要平伸,后一组音舌要翘起。③触感法:利用触觉器官助其发音。如发"b"和"p"时,可让他先将手贴于胸前,感觉气流从胸腔直接进入口腔,再将手背靠近嘴前,发"p"时感觉有强气流冲出;而发"b"时手背感觉到的气流要弱得多。④局限法:练习发音时,设法使发音器官的某一部分受到限制,以利于正确发音。如发"n"和"e"时,一个是鼻音,一个是边音。捏着鼻子发不出"n",松开手才行;而发"e"时要捏着鼻子,以防变成鼻音。

● 拼音训练指导:①支架法:拼音时声母不出声,只是做好发音准备(支好架);发音时一张口就紧接着把韵母冲出来,一口气拼成一个音节。如双唇紧闭准备发"b",紧接着发"a",就成"ba"音。②碰音法:把声母和韵母连在一块儿读,反复拼合,由慢至快,越读越快,最终拼成一个音节。如发"ba"时,"b(bo)"中的"o",因为读快了,还没有来得及发出,韵母"a"已经赶上来直接与声母"b"相拼,就发出"ba"音。③音节本位拼读法:不采用上述拼音方法而直接认读一个个音节,通过强化训练将汉语拼音的四百多个音节形成直呼技巧。此法虽然枯燥,但目的是要却是掌握汉语拼音这一学识字、学说话、学电脑输入的工具。

3. 进行早期语训应注意的几个问题

要因人而异,采取适当的训练方式。随班就读听觉障碍儿童的早期语训在训练时间和训练方式上不能完全照搬聋儿康复中心的做法,要结合日常教学活动进行。一般来讲,对于低年级的听觉障碍儿童(尤其是残存听力保留较好的重听儿童)应多花些精力做这项工作,而对于中高年级学生则应把主要精力放在看话训练和培养实用语言能力上。

要制订一个训练计划。针对听觉障碍儿童的具体情况制定切合实际的训练目标,把训练目标分解成一个个训练点位,扎扎实实、一步步地训练。对训练的结果要及时评估,以不断地调整训练措施。

要做好训练者的工作。如果学校建有资源教室,此项工作可以在资源教师的指导下进行。尚不具备这方面条件的学校,训练者通常由听觉障碍儿童的班主任或语文教师承担;最好应该把有关情况通报给其他各位任课教师,也请他们适当协助。最后特别强调的是要请家长积极参与,应该把早期语言训练作为随班就读听觉障碍儿童家庭辅导的一项重点工作进行,教师应该给家长有力的指导。

(二)读唇(看口)训练

读唇(看口)对于健听人来说,其效能是很难体会的。承担随班就读工作的教师可以向聋校教师了解有关情况,更重要的是要留心了解所教的听觉障碍儿童在这方面的感受,以更好地指导他们学习。

1. 读唇(看口)训练的方法

读唇(看口)训练是培养听觉障碍儿童掌握一种特殊的交往技能,即利用视觉观察说话人的口部活动及面部表情来理解说话的内容;未配戴助听器的听觉障碍儿童在普通班就读,掌握看话技能尤为重要。训练看话的方法步骤主要有以下几点。

显示口型,借助词语或句子卡片正确显示训练者的口型让听觉障碍儿童观察。这里所谓的"口型"包括可见的唇、齿、舌位及伴随的面部肌肉的收张状态,是一个稳定的"型态",它与特定的语词构成条件联系。听觉障碍儿童"读唇"或"看口"就是读懂特定"型态"所代表的语义。

演示(讲解)词语或句子的意思使其理解。这一步其实是对上一步操作的细化,其目的是要帮助听觉障碍儿童读懂特定"型态"所代表的语义,而不是仅仅让其理解词语或句子的意思。

让听觉障碍儿童模仿训练者的口型说话,不必刻意要求语音质量,务必要求其模仿的口型要正确、稳定。

强化训练,由慢速到中速,由简单到复杂,逐渐形成技能。例如,可以变换看口的角度(正面看、侧面看),也可以变换说话人,以提高听觉障碍儿童的看口技巧。

2. 读唇(看口)训练应注意的问题

光线和距离适当,训练者的口型要正面朝向听觉障碍儿童。只有在进行提高看口技巧训练时方可以做朝向角度的变换。

可适当创设理解语言的情景。捕捉讲话的主题或讲话的情景对读唇(看口)效果是非常重要的。许多看口技能很高的聋人都一致认为,读唇(看口)不是要机械地、百分之百地看懂说话人的每一个词,事实上这是做不到的;关键是要在看口的开始,力求最快捷地抓住说话的主题,这样可以在一个相对稳定的词汇范围中去读唇,以调动看话人的有效思维活动。

口型显示要自然、准确,不宜过分夸张。在学习新词新句时,教师可以把口型适度夸张,语速适当放慢;在平日作为沟通的一种手段而言,口型、语速以自然为好。

看话是一项技能,需要通过一定时间,有计划地培养和训练才能掌握。

(三)训练语言的方法

1. 训练语言的方法

(1)激发听觉障碍儿童学习语言的兴趣

听觉障碍儿童进入普通学校学习,乍一开始向老师和同学打个招呼都很难,沟通成了他们随班就读遇到的第一困难。解决沟通障碍的有效方法就是通过训练培养他们掌握语言,而激发学习语言的兴趣则是学好语言的前提。

一些有经验的教师总结出了激发听觉障碍儿童语言学习兴趣的有效方法。

• 从训练使用礼貌用语和学校常规用语入手,使听觉障碍儿童建立"我能说话"的信心。"老师好"、"(某同学名字)早"、"对不起"、"没关系"、"再见"等礼貌用语和点名答到等学校常规用语最容易显现训练效果,使他们成功地迈出学说话的第一步。

• 创设群说的活跃氛围,及时给听觉障碍儿童积极评价。低年级的小学生最好群说,教师应鼓励他们课上随同学们一齐说,千万不要"离群"。

只要他们能开口,就给予积极评价。

- 在群体面前请听觉障碍儿童表演儿歌节目,表扬他们说话有进步。
- 请家长与听觉障碍儿童一起看儿童电视节目,特别引导其观察小朋友说话的情景。如有条件,可建议家长用摄像机录制听觉障碍儿童表演的儿歌节目,在家中或班会活动中播放。

(2) 口语训练的方法

- 在说话中学会说话:掌握口语是一项技能,在说话中才能学会说话。教师可以请同学,特别是助学伙伴每天都要和听觉障碍儿童说话。生活中有许多话题,诸如进餐、值日、游戏,等等都要和他们用口语交流,不要单纯地指指点点仅靠动作传情达意。如果班上的大部分同学每天都和他们讲两三句话,那么他们就会有大量的语言实践活动,长此下去对其掌握口语技能是很有好处的。

需要说明的是,对于听力损失严重且发音困难的听觉障碍儿童,也要进行口语训练,但在训练目标上不要刻意追求语音的清晰,而应要求其口型正确、稳定。在训练方法上,要训练其注意看说话人的口型,并可以边说边辅之自然手势或体态动作达意。在训练时间上不要花得过多,而应把重点放在书面语言能力的培养上。对这类儿童进行口语训练不是追求形式,其作用是:第一,有助于识记正确的口型,培养读唇技能;第二,有助于形成语言动觉反射,支持书面语言学习。

- 加强朗读训练:选择语文教材中的句、段、篇,指导听觉障碍儿童朗读,材料的难易程度因人而定。朗读指导的重点如下。①通过控制呼吸体验什么是自然的语速。②通过发音器官的动觉感受体验如何控制音量。③通过读出、读好每一个词语,识记句子的词序,学习讲通顺的话。④通过朗读时的感情表达,逐渐明白语言是表达思想感情的工具,口头语言是最便捷的表达方式。

- 加强背诵训练:选择语文教材中的句、段、篇,指导听觉障碍儿童背诵,材料的难易程度因人而定。在具体的指导方法上与指导朗读基本相同。应该特别提及的是:训练的目标不要定得太高;背诵时可以辅之自然手势;对个别讲不清的词语可以用书空方式注明。除了语文教材作为背诵的材料外,还可以因人而异地选择儿歌、诗词、名言、佳句,甚至名篇,供听觉障碍儿童背诵,这对于其提高阅读写作能力是很有好处的。

- 实地表达:这是训练口语表达的最高形式,诸如参加讨论、口头回答问题、演讲等。在指导上主要是及时给予积极、中肯的评价。

(3)书面语训练的方法

- 从抄写句子开始。最简单的训练形式是抄写语文课本中的句子,进而抄写礼貌用语和学校常规用语。通过抄写练习,使听觉障碍儿童逐渐感悟到表达某个意思除了口头说,还可以用笔写。

- 练习造句。这是培养听觉障碍儿童书面语能力最基本、最重要、最有效的方法。在指导方法上应与普通儿童有一定的区别。一是造句的词语不要太多。比如说要求普通儿童的作业要用两个词造句,听觉障碍儿童只用一个词造句就可以了。二是每个词造句的数量要多。比如,要求普通儿童的作业每个词造两句话,听觉障碍儿童起码要造四句话。因为听觉障碍儿童虽然生活经验与普通儿童相差无几,但语言经验却薄弱得多。只有同一词多造句,才能显现其用词中的问题;只有订正了一系列个别问题,听觉障碍儿童才算是较好地掌握了该词的用法。三是指导听觉障碍儿童造句一定要"实",囫囵吞枣将积重难返,给日后的作文埋下隐患。

- 加强默写练习。默写的最大优点是重现别人的文字作品,将书面语言定格,便于自我评价,也便于他人指导。对于口语能力差的听觉障碍儿童,默写练习是帮助其学习语言的最有效形式之一。在默写练习中,听觉障碍儿童容易从抄录他人的文章升华为自己写文章,逐渐掌握书面语言这一重要的沟通手段,可以说是终生受益。

- 养成写日记的好习惯。写日记应从低年级起就培养,但不要要求太高。每天写一两句话也好,但一定是真实的事情。最好给听觉障碍儿童准备两个同样的日记本,一本是"原作",另一本是誊写修改过的"作品"。可以引导孩子在日记本上插画涂色。家长或教师应坚持给孩子批改日记,鼓励其将一本本日记保存起来。日记伴着孩子成长,日记将帮助孩子渐渐地形成书面语言能力。

2. 训练语言应注意的问题

训练语言要和日常的教育教学任务相结合。随班就读教师的工作量都很大,如果游离于日常的教育教学任务之外单搞一套训练方案,既不实际,也不可能。平日的教育教学都要以语言为最主要的学习、交际工具,结合此法进行语言训练是再好不过的了,但要在"得法"上下功夫。

要充分发挥家长的作用。有条件的家长应承担起训练听觉障碍儿童语言的主要任务,教师应在咨询、指导上给予协助。即使有的听觉障碍儿童家长在指导的技术、方法上力所不及,也还是可以做很多工作的。比如给孩子提供一个适宜的学习环境,督促孩子在家做朗读、背诵、默写练习,主动向老师反馈孩子在家学习的情况等。

要循序渐进、持之以恒。学习语言是要下苦功夫的,而且学无止境。健听人学习语言如此,听觉障碍儿童学习语言更是如此。

培训活动建议

"听觉障碍儿童的训练与潜能开发"这个问题重点是要解决"怎么做",请每位学员结合自己的工作从早期语训、读唇(看口)训练、训练语言的方法这三个问题中,选择一两个实例并认真准备,在小组中交流。

(四)恰当地运用手语

手势是听觉障碍儿童学习语言和表达语言的一种辅助手段。在普通学校,那些听力损失严重且看口能力不强的随班就读听觉障碍儿童,用手势配合参与学习活动是有益的。在普通学校课堂教学中使用的手势,不是完全意义上的《中国手语》词目[①],它只是常人习惯、自然形成的形象手势动作。例如,数学课中学到"3"时,很自然地伸出三个手指头表示。说到"吃饭"、"睡觉",大家习惯用"吃"、"睡"形象的动作表示。随班就读课堂教学使用手势的目的,主要是调动学生的多种感官参与学习,它不仅不会影响普通儿童学习,而且能调动听觉障碍儿童的视觉功能以弥补听力缺陷,提高其对教学内容的理解和记忆效果。关键的问题是要恰当地运用手语。

怎样做才是恰当地运用手语呢?下面介绍的是笔者在普通学校听随班就读课时,了解到的一些做法。

1. 用手势辅助组织课堂教学

普通学校的教师仅靠口语讲解,听觉障碍儿童理解起来有困难;仅靠

[①] 注:《中国手语(修订版)》2003年出版,书中提供了常用词汇的手势动作,是规范的手势。

书面语授课,时间又不允许。为了保障听觉障碍儿童能够与普通学生一道学习,又不影响正常的班级教学进度,有些教师尝试在教学时,根据听觉障碍儿童的需求,在不同的教学环节使用一些师生双方共同约定的手势,给他们一些特别的提示。这种模拟形象的自然手势是师生彼此间的约定,起到信号的暗示作用。例如,在课堂教学中,教师要求学生"朗读"、"默读"、"提问"时,可以用一手指指嗓子表示"朗读",用手指指紧闭的双唇表示"默读",在空中划"?"表示提问。实践表明,这样做有助于听觉障碍儿童跟上正常的教学进度,参与学习活动。

2. 用手势辅助传递学科知识

在听觉障碍儿童就读的课堂教学中,为了提高教学效果,有些教师依据教学任务和听觉障碍儿童的特殊需要,在传授知识时,采用不同的方法进行教学。例如,有的教师采用图片、实物或者电教媒体设备展示教学内容;有的采用创设情景,通过表演进行教学;还有的老师采用实践操作的方法,让学生在动手体验中掌握知识。此外,还可以尝试用手势辅助传递教学信息,帮助听觉障碍儿童建立一些学科抽象概念。自然手势形象生动,可以使思维活动外显,对思维活动起到支持作用。例如,数学课教学"已知部分求整体"的加法概念时,教师将抽象的"部分"、"整体"、"加法"等数学概念变成具体形象的手势。有的教师与学生约定:双手掌相对,手指微曲,如抱着一个小球,表示"部分";双手掌相对,手指微曲,在胸前同时画弧线,如勾勒一个大球,表示"整体"。先在胸前左侧打出"部分"的手势,再在胸前右侧打出"部分"的手势,最后打出"整体"的手势,即是"求一部分与另一部分的和用加法"。课上,让全班学生,特别是听觉障碍儿童边口述边用手势表示"部分"与"部分"的和是"整体",教师用这种方法帮助听觉障碍儿童理解有关数学概念。

3. 用手势辅助反馈教学效果

在提倡多种感官参与教学的理念下,许多教师在课堂教学中,挖掘形象、生动、有趣的手势,让学生用手势反馈学习效果,以达到提高学习兴趣的目的。例如,为了了解学生的学习效果,教师提出判断问题后,全班所有学生用手势"√"与"×"表示答案。这样教师一方面可以省时、快捷地掌握全体学生的学习情况,同时还可以关注听觉障碍儿童学习的效果;当然,也有助于转变班上全体学生对使用手势的认识。另外,在运算过程中,可以让听觉障碍儿童用数字手势"1、2、3"等表示计算结果;在分析应用题过程中,可以让听觉障碍儿童用运算符号"＋、－、×、÷"判断对应用题的理解程度。

使用手势辅助教学时应注意以下几个问题。

- 根据听觉障碍儿童的实际需要,选择适当、适量的手势,促进听觉障碍儿童参与学习活动。
- 使用手势是手段,其目的在于帮助听觉障碍儿童理解学科知识和有关指令,最终使其掌握学科知识且语言得到发展。
- 借助手势,加强听觉障碍儿童与普通儿童之间的沟通与交往,特别是在小组学习、伙伴助学等方面的沟通。
- 要提倡普通儿童与听觉障碍儿童相互尊重,不用不礼貌的手势讥笑对方。

(五)劳动职业技能训练

劳动职业技能训练是促进听觉障碍儿童全面发展的一项重要教育任务,它不仅有助于培养听觉障碍儿童正确的劳动观点,养成良好的劳动态度和劳动习惯,而且能为他们完成义务教育后继续接受中等职业技术教育或直接参加工作打好基础。

1. 听觉障碍儿童劳动职业技能训练的内容和方法

对低年级的听觉障碍学生主要是训练他们学会简单的生活自理,并能够做一些简单的公益劳动,如自己会穿脱衣裤、洗漱、进餐、如厕;与同学一起做值日、浇花等。其次是向他们渗透初步的职业性向教育,如让他们知道,售货员是卖东西的,医生是给病人治病的,交警是维护交通秩序的,邮递员是送信的,等等。上述教育训练抓得好,可以使听觉障碍儿童从小就锻炼独立生活的能力,注意观察社会生活。

对中年级的听觉障碍学生主要是训练他们学会一般的生活自理,并能够参与一些简单的公益劳动和生产劳动。如学会洗小件内衣、袜子,能够准备一些不需要煮炒的食物,会简单地整理房间等;做值日能够把地面扫干净,把课桌椅摆放整齐,能够与其他值日生分工合作;学习做一些诸如编织、拾麦穗、饲养小动物、糊信封等简单的生产劳动。对中年级听觉障碍学生的职业性向教育应该比低年级更进一步。如应该让他们知道，商店的售货员是卖东西的，收银员是负责收货款的，经理是负责经营管理的；医院的医生是给病人治病的，护士是做护理工作的，化验员是负责化验的；交警是维护交通秩序的，派出所的民警是维护治安的；有的邮递员在邮局里工作，有的邮递员外出送信，等等。上述教育训练抓得好，可以使他们随着年龄增长，开始体验简单的社会生活，锻炼独立生活的能力，注意细致地观察社会生活，为他们的社会化形成良好开端。

对高年级的听觉障碍学生主要是训练他们学会生活自理，能够参与一些公益劳动和简单的生产劳动，并在劳动中培养一些职业技能。如学会洗衣物，能够准备一些简单的饭菜，会整理房间，能独自购买一些简单生活用品等。能够给校园里的花木浇水，擦拭某些公共设施。能够参加学校组织的勤工俭学活动，能够帮助家长做些简单的生产劳动。对高年级的听觉障碍学生应该从当地的实际情况和孩子自身的特长考虑，培养他们掌握一些劳动技能或职业技能。如编草帽辫儿、编果篮、剪纸、织补、家庭饲养、电脑绘画、电脑打字等。在劳动中应训练听觉障碍学生严格遵守操作规程，确保安全。在劳动中培养勤劳、耐心、细致的好品质，培养认真负责的质量意识，渗透产品、商品、等价交换等初步的经营常识，诚信守法的职业道德。上述教育训练抓得好，可以使听觉障碍儿童随着年龄增长，初步了解现实的社会生活，为其日后步入社会做好早期准备。

2. 听觉障碍儿童劳动职业技能训练中应注意的几个问题

坚持参加班级统一安排的劳技活动。随班就读不仅是听觉障碍儿童与普通儿童同学习，而且是同生活。将听觉障碍儿童的劳动职业技能训练纳入普通学生的同类活动中才是完全的随班就读。但在活动中，教师要留心听觉障碍儿童的劳动安全，做好组织指导工作，发挥助学伙伴的作用。

依托家长加强对听觉障碍儿童劳动职业技能的个别化训练。强调听觉障碍儿童在学校应与普通儿童一起接受劳动职业训练，并不意味着可以放松对他们的个别化训练。从现实考虑，听觉障碍儿童掌握某种劳动职业技能，才有助于将来自立于社会；从某种意义上讲，这比他们掌握多一点或少一点文化知识更重要。依托家长可以更有针对性地对其进行社会化的劳动技能训练,可以使听觉障碍儿童获得直接、真实的劳动体验。例如,有的听觉障碍儿童从小在家随母亲搞编织加工,有的随父亲学大棚种菜,他们实际上已经参与了社会生产劳动。因此,家长在这方面的作用是不能低估的。应注意的是,教师要了解有关情况,给予正确引导,防止简单地把听觉障碍儿童当劳动力使用,要注意孩子的身体健康。

在劳动职业训练中培养听觉障碍儿童的语言。劳动实践提供了大量的沟通机会,教师和家长应充分利用好这个真实的语言环境补偿听觉障碍儿童的语言缺陷,多和他们进行语言交流,防止单纯依靠指点比划作为主要的沟通手段。此外,还可以引导听觉障碍儿童以劳动训练为素材练习写句子、写日记等。

(六)优势潜能开发

每个人都有多种能力,各种能力呈现相对不平衡状态,其中有的较强,有的较弱。潜能就是潜在的能力。优势潜能就是指个体潜在状态下较强的能力。随着新一轮课程改革的不断深入,对加德纳的多元智能理论了解的人越来越多,开发优势潜能成了支持新课改的理念之一,为广大教师所熟悉。在这里重点介绍有关随班就读教师在开发听觉障碍儿童优势潜能方面的一些做法。

1. 全面地了解听觉障碍儿童,发现其优势潜能

深入学生,在日常学习及各种活动中留心观察,发现听觉障碍儿童的优势潜能。例如,有的听觉障碍儿童造句不通顺,但字写得很工整;有的听觉障碍儿童擅长舞蹈,在学校联欢活动中为班争光,赢得师生赞誉等。

通过问卷调查,分析听觉障碍儿童的优势潜能。例如,有的教师围绕语言、数学逻辑、视觉空间、身体运动、音乐、自然观察、人际关系等几项智能编成调查问卷,分别向全班学生和他们的家长做调查,在此基础上分析每个学生的智能分布状况,进而了解每个学生的优势潜能,当然也包括听觉障碍儿童在内。

2. 把优势潜能开发作为教学的着眼点

有些教师对听觉障碍儿童(对普通儿童亦如此,因不作论述重点,故从略)不是单纯地从补偿缺陷入手,而是从扶持、开发其优势、特长着眼,通过

"扬优"来"补缺"。例如,教师请字写得很工整的那位听觉障碍儿童为班上抄写板报稿,表扬其字迹工整、态度认真,使他有成就感,更加认真地抄写板报。抄写就是书面语言实践,经常认真抄写,对提高该听觉障碍儿童的书面表达能力无疑会起到促进作用。经过一段较长时间的培养,那位听觉障碍儿童写句子的能力明显提高。

3. 把优势潜能开发作为促进听觉障碍儿童社会化的突破口

有些随班就读听觉障碍儿童爱劳动,如果教师抓住他们的这个长处,培养其逐渐具备某种劳动技能,进而形成职业能力,这对他们将来服务社会成为自食其力的劳动者是很有好处的。例如,有些教师通过做家长的工作,让听觉障碍儿童学服装剪裁、理发、修自行车等技术,为将来从事个体服务性劳动做准备,这样做都是值得提倡的。

培训活动建议

请学员们谈谈各自学校对听觉障碍儿童的劳动职业技能训练和优势潜能开发,既可以交流经验,也可以提出一些问题讨论。

四、争取帮助与支持

(一)听觉障碍儿童对资源教室的要求

资源教室与一般中小学的专业教室不同,它是设在随班就读学校的一个资源中心,承担着辅导、训练随班就读儿童的作用,也从特教专业角度支持教师并为家长提供咨询服务。这个资源中心不仅包括一些设施、设备、资料,更重要的是有在那里服务的资源教师,这是最宝贵的人才资源。听觉障碍儿童对资源教室有哪些要求呢?

1. 在资源教师指导下制订实施个别化教学计划

前面谈到听觉障碍儿童在课程、教学计划上的特殊需要时,曾提到给听觉障碍儿童制订个别教学计划,并在相应学科的班级学期教学计划、单元教学计划及课时教学计划中都要插入兼顾听觉障碍儿童的特殊内容。此项工作的直接承担者是相关的学科教师和班主任老师,由于这些教师接受特殊教育专业培训有限,在某些技术问题上就需要得到资源教师的指导。例如,学科个别化教学计划中评估标准的制定、评估方法的选择以及评估结果的使用等。在实施个别化教学计划过程中，资源教师可对学科教师给予特教方面的专业指导，特别应以听觉障碍儿童发展为本，对几个相关学科的个别化教学计划提出协调性建议，避免以学科为本位各搞各的，以使学科教师形成合力，制订并实施好个别化教学计划。

2. 补充课堂教学的不足

听觉言语障碍使听觉障碍儿童随班就读会遇到一些特殊的学习困难，比如前面提到的，汉语的拼音、从字词到句子的过渡、读写练习、数学学习中"说题"，等等。就大多数随班就读听觉障碍儿童来讲，要完全靠课堂教学就解决好上述的特殊困难是不现实的，因此需要学科教师、家长和资源教师相互配合。课外学业辅导应由学科教师和家长承担。资源教师主要承担的应是：第一，从实施个别化教学计划的角度给学科教师和家长以指导和服务（提供资料等）；第二，从教师们反映的听觉障碍儿童课堂学习的问题中分离出属于资源教师应承担的康复训练内容，将其融入个别化训练计划并加以实施。需要注意的是，不要把资源教师变为"补课教师"，也不要把资源教师当作"万能教师"。听觉障碍儿童在哪个学科中出现的学习问题，还是应由该学科教师来解决。

3. 在资源教室接受听觉语言康复训练

听觉障碍儿童在资源教室接受听觉语言康复训练是在资源教师指导下有计划地进行的。资源教师在对听觉障碍儿童诊断性评估的基础上，制订听觉言语康复训练计划。根据听觉障碍儿童的训练需求和资源教室的设备条件，综合考虑应采取的训练措施。比如，有的资源教室配有先进的听觉语训设备，听觉障碍儿童可以使用可视训练系统接受单独训练。但是大多数学校限于经费投入不足，需要因地制宜、因陋就简，创造条件对听觉障碍儿童有效地进行听觉语言训练。比如，在资源教室一隅挂一面镜子，镜子前摆上两把椅子，资源教师在镜子前面对听觉障碍儿童进行个别听觉语言训练，通过镜子听觉障碍儿童可以观察自己的口型与老师口型的异同，以便仔细模仿。

语言沟通应是听觉障碍儿童在资源教室接受训练的主要内容，提倡通过多种方式特别是在游戏活动中进行生活化的自然、真实的语言沟通。比如，资源教师和两三名听觉障碍儿童一起聊天、做"接龙"游戏、玩益智玩具、表演说唱小节目,等等。资源教师在与听觉障碍儿童活动过程中,应留心观察听觉障碍儿童的听觉语言反应,及时评估其听觉言语水平,以便有针对性地调整个别化训练计划。在实际工作中,资源教师最好能设计一些观察记录卡片,以极简练的文字或符号做好记录,通过资料的积累客观分析、评估听觉障碍儿童听觉语言康复的训练效果。对于听力损失严重且听力补偿不好的聋童,进行听觉语言训练效果甚微,教师可对其侧重进行笔谈训练,提高书面沟通能力。沟通的手段与途径是多方面的,追求的目标是实用效果,而不是表面形式。下面提供的是一张语言训练记录参考样表。

听觉障碍儿童语言训练观察表

编号:

语训内容:						
姓 名	不学	学习	学会	熟练	优秀	备注

填表人:_____   填表日期:_____

(二) 沟通与辅导

1. 沟通

什么是沟通?"沟通主要指通过言语和非言语形式的信息交流过程。它包括人际沟通和大众沟通两个方面。人际沟通指个人对个人的信息交流过程,往往是直接的,面对面的沟通。大众沟通则指通过大众媒介的信息交流过程。"[①]"沟通在教育和心理学科中,主要指人际沟通,其核心内容

---

① 孙晔. 社会心理学. 北京:科学出版社,1987.

就是信息交流"。① 沟通对儿童的身心发展起着至关重要的作用,因为在人的社会化过程中须臾离不开沟通。人类沟通可以有多种方式和途径,其中最重要、最便捷、最准确的工具或手段就是语言。本专题涉及的许许多多问题都与沟通有关系。本节我们将集中从支持与帮助的角度谈谈听觉障碍儿童的沟通问题。

听觉障碍儿童在随班就读中对沟通有特殊需求。听觉障碍儿童在普通学校随班就读,置身于普通人群的沟通环境之中。课堂教学和课外活动,师生间使用的沟通工具是大量的口头语言和书面语言。听觉障碍儿童要适应这个环境需要克服相当大的困难,也正是在克服困难的过程中,他们的沟通能力才会得到逐步提高。支持和帮助听觉障碍儿童克服沟通困难,主要应从以下几方面做起。

- 培养语言沟通的欲望:在自然状态下,大多数听觉障碍儿童对语言沟通消极而被动。因此,教师应鼓励听觉障碍儿童积极参与和同学、老师、家长的语言沟通。教师和家长应明白,听觉障碍儿童的沟通态度比沟通方法更重要。特别在开始培养阶段,只要听觉障碍儿童开口说话就应鼓励表扬,不必过细地指正其言语表达中的毛病。在具体做法上可以灵活多样,但要保证一定的沟通量和沟通频度。比如课上教师留心观察听觉障碍儿童的沟通表现,提醒其积极参与读书、回答问题等学习活动,鼓励听觉障碍儿童提问质疑,对其沟通表现给予积极评价。课下引导同学与听觉障碍儿童一起游戏,增加沟通机会。在家中,不论做什么,家长都要主动与听觉障碍儿童用语言交流,等等。

- 提高沟通能力:通过朗读课文、背诵佳句及日常生活用语等训练口语。训练内容由简单到复杂,直至能较流利地朗读(或背诵)一篇课文,能进行简单的口语会话。这项训练应坚持每天进行。它不仅能提高听觉障碍儿童的口语技能,而且能积累知识,为其提高沟通能力打好基础。

看、听、说相伴参与沟通过程。即使是重听儿童,在听觉感受上与普通儿童也是有差别的。听觉障碍儿童在沟通时伴随看话,看到对方讲话的关键之处,再相随默诵,可以大大地提高沟通效果。这主要是因为在多感官

---

① 张宁生主编. 听力残疾儿童心理与教育. 大连:辽宁师范大学出版社,2002.

参与下更容易捕捉、处理来自对方的信息。在口语表达时可伴随姿势、动作辅助说话。在沟通遇到困难时,可辅之以笔谈,甚至借简笔画相助。此时能够沟通是最重要的,不要拘泥于沟通的形式。

对几乎不能通过听觉言语渠道沟通的聋童,千万不要误认为他们丧失了沟通手段。要知道语言的形式不仅仅是口头语言,书面语言形式更准确、更稳定。对上述聋童应侧重下功夫培养其笔谈能力。有位文字能力很强的聋人特级教师曾感慨地说,"聋人语言不通顺并非手语之过,而是他们没有学好书面语言。"总之,我们强调的是,听觉障碍儿童需要语言沟通,听觉障碍儿童能够语言沟通,听觉障碍儿童学会语言沟通要下苦功夫,听觉障碍儿童采用什么手段进行语言沟通要因人而异。

2. 辅导

(1) 对听觉障碍儿童辅导的主要内容

课堂学习及课外作业的辅导。对于课上听觉障碍儿童还未掌握或掌握不牢的知识、技能安排一定的课外时间给以辅导是必要的。例如,从他们的实际水平出发,放慢速度、深入浅出地将知识的重点再讲解,使其在理解的基础上掌握;对其作业中经常出现的错误,每隔一段时间集中进行一次面对面的指导;利用课外时间训练听觉障碍儿童的朗读或口算技能等。

此类辅导更重要的是应着眼于听觉障碍儿童的发展,而不仅仅是立足于补救。有经验的教师从不简单地要求听觉障碍儿童把作业中的错误一题一题地改正过来,而是将错题题型的内容降低难度,重新设计一份练习,每一题型由三四道题为一组,每组第一题为提示范例。在弄懂每组范例题的前提下让听觉障碍儿童一组一组地做练习,经过这番铺垫再让其分析原作业中的错误并加以改正,听觉障碍儿童就学得扎实得多。当然,这样做师生付出的精力要多一些,但这样做比较符合学习规律,否则欲速则不达。

开发优势潜能。俗话说"短于此未必不长于彼",随班就读听觉障碍儿童也是如此。比如,有的听觉障碍儿童身体好、有力气,可以培养其劳动技能;有的听觉障碍儿童擅长书画、手很巧,可以培养其艺术特长等。如果教师注意到这些,全面地了解每一个随班就读听觉障碍儿童,扬长补短开发其优势潜能,有助于他们的身心发展,成为有用的人。

康复训练与行为矫正。随班就读听觉障碍儿童的个别听觉言语训练主要应在课外进行,这方面的内容已在本专题的第三个问题中详述。由于听觉障碍,听觉障碍儿童往往行为比较莽撞,如开关门窗时用力过猛,搬桌椅时不知轻拿轻放。对他们的此类行为应及时提醒并给予示范,通过加强正面实践使其养成良好习惯。还有个别的听觉障碍儿童沾染上不良行为,如损坏别人东西、贪小便宜等,对这类问题应及时教育,防患于未然。

(2)对听觉障碍儿童辅导的实施

● 教师对其辅导,任务包括以下几方面。

①制订实施辅导计划。包括学期计划、单元计划及每次辅导的具体方案。这种形式的辅导实质上相当于个别教学,因此,在具体做法上应注意针对性、计划性,定期进行评估。

②随时辅导。根据需要进行面批作业、学法指导等。也可以结合有关教育活动现场辅导,此种辅导是生活化的,应有机地融于教育活动之中。

③随时辅导不等于随意辅导,应坚持做好简要记录,注意积累材料,并在这个过程中对随班就读听觉障碍儿童的辅导效果及教师的辅导方式方法进行评估。

随读生课外辅导记录(参考样表)　　　　编号:

姓名		辅导日期		辅导时间	
辅导内容		辅 导 效 果			备注

辅导教师:_____

● 助学伙伴对其辅导,任务包括以下几方面。

①帮助听觉障碍儿童完成课外作业、解答学习中的疑难问题、检查预习效果。

②配合老师帮助听觉障碍儿童进行康复训练与行为矫正。

③与听觉障碍儿童一起游戏,参加简单的力所能及的服务性劳动。

● 家长对其辅导,任务包括以下几方面。

①辅导孩子学习,包括指导预习、复习,检查作业并给予辅导等。

②指导孩子进行家庭康复训练。
③培养孩子良好的生活习惯和劳动习惯。
④培养孩子的兴趣特长。
⑤矫正孩子的不良行为。

(三) 残健互助

残健互助是随班就读取得成功的重要经验之一,它指的是鼓励普通儿童与特殊儿童彼此间在学习、生活的各个方面互相关心、互相帮助、共同进步、共同发展。

1. 提倡残健互助的重要性

随班就读强调特殊儿童与普通儿童在同一班级中同学习、同生活,使他们都能受到适合自身发展所需要的教育,综合素质得到全面提高。听觉障碍儿童被安置在普通班随班就读,既不能以影响普通儿童的发展为代价,也不能把听觉障碍儿童视为在保障普通儿童发展之外的兼顾对象。在培养对象上坚持健残共同发展是学校和教师必须信守的根本理念。

普通班级安排了一两名听觉障碍儿童随班就读,势必在课堂教学、教育活动和班级管理等方面出现一些新的问题,有些问题要解决好不是很容易的。提倡残健互助就是坚持普通儿童与听觉障碍儿童都作为参与主体,共同创设平等、互助、和谐的学习环境。提倡残健互助就是强调人文关怀,调动教育对象的积极性和主动性,培养普通儿童和听觉障碍儿童助人为乐的品德,具备助人为乐的能力。

提倡残健互助对听觉障碍儿童随班就读还有其特殊的意义,这就是增加沟通机会,使听觉障碍儿童在自然环境下使用语言,学习语言,这是很好的听觉言语康复形式。在某种意义上讲,听觉障碍儿童与普通儿童互助,犹如获得了一个"信息源",这是任何助听器都不能与之相比的。

2. 残健互助的一些做法

学习上的互助。现在比较普遍的做法是结成"助学伙伴"。课堂上普通儿童与听觉障碍儿童同桌,在教师讲课时,听觉障碍儿童有哪些地方听不清,普通儿童可以适当给以提示。小组讨论时,助学伙伴可视情况放慢语速、显示口型,帮助听觉障碍儿童克服沟通障碍。在课外学习中,助学伙伴可与听觉障碍儿童一起做作业,辅导听觉障碍儿童语言训练等。有的听觉障碍儿童只是听觉障碍,智力很好,学习成绩不错,也可以帮助普通儿童学习。

生活中的互助。生活中的互助是相当广泛的,比如,普通儿童与听觉障碍儿童一起游戏玩耍,一起为班集体做好事,一起参加有意义的活动等。在这方面一定要发挥各自所长。比如,有的听觉障碍儿童擅长书画,可为班上写板报;有的听觉障碍儿童个子高,有力气,在做值日和公益劳动中主动帮助普通儿童等。

在完成共同任务中互助。随着新一轮课程改革的推进,培养儿童的创造能力越来越受到教师的重视。有的学校组织学生搞小发明、小制作,为环境保护献计,设计贺卡比赛等等兴趣活动,教师应抓住契机,鼓励引导普通儿童与听觉障碍儿童共同承担某项任务,在完成共同任务中互助。

3. 在残健互助中教师应注意的一些问题

贵在培养儿童残健互助的意识。有的教师觉得残健互助的理念很好,但在实践中行不通。因为不少听觉障碍儿童不仅听不清、说不好,而且各方面都不理想。让他帮助普通同学是不可能的事。我们认为,儿童身心发展的素质基础是客观的,那些素质基础差、"什么也不行"的听觉障碍儿童是无错的。在这样的听觉障碍儿童身上同样存在着个体内的差异,存在着优势潜能。我们教育者的使命就是要点燃这类听觉障碍儿童优势潜能的星星之火,使其不断进步。

小赵是个聋童(左耳100dB,右耳110dB),口语沟通困难,智力也一般,各科学习成绩都不理想。因为本地没有聋校,只能在普通学校随班就读。小赵守纪律,爱劳动。班主任徐老师安排她负责教室的卫生保洁。小赵不仅经常检查教室环境,发现掉在地上的纸屑就拾起来放进纸篓,而且她从家里拿来许多小抹布发给各个值日小组长,提醒同学们做值日时要把桌椅抹干净。徐老师经常表扬小赵热心为集体做好事,同学们也为小赵的行为所感动。全班同学没有一个人认为小赵不努力学习,助学伙伴都能耐心地帮助她。小赵不仅在班上与同学们相处得很好,而且经过一段时间学习也有了进步。

在班主任徐老师的教育理念中,而不要求互助行为与效果的对等,而是重在培养健残儿童互助的意识。徐老师的做法是值得提倡的。

尊重儿童选择助学伙伴的权利。在许多随班就读班级里,听觉障碍儿童的助学伙伴是由班主任老师安排的。班主任老师了解学生,能够全面考虑,为听觉障碍儿童挑选合适的助学伙伴,实践表明这种做法是可取的。但是,在确定助学伙伴时,班主任一定要征得普通儿童与听觉障碍儿童双方同意,不要简单生硬地办事。据了解也出现过这样的情况(一般多在中学):班主任给听觉障碍儿童挑选的助学伙伴,听觉障碍儿童不同意,听觉障碍儿童自己选择的助学伙伴班主任老师又认为不合适,双方各持己见,出现僵持局面。我们认为,教师应该尊重儿童选择助学伙伴的权利,不宜硬性规定,但也不宜撒手不管,重在引导教育。有的教师担心听觉障碍儿童挑选的助学伙伴不是"助学",而是脾气秉性相投,也许还可能一块儿做些不该做的事。这种担心是可以理解的,但不宜马上将其转化为教师的决定,强制学生照办。而应该尊重学生自己的选择,注意观察结成助学伙伴后的表现,及时引导教育。如果伙伴双方越做越好,说明他们确实进步了;如果伙伴双方不仅不"助学",反而起了不好的效果,在客观事实面前再教育听觉障碍儿童调整助学伙伴也是可以的。要知道,教师可以为学生指路,但不能替代学生走路;确实有的学生走了弯路,只要他能从中学到经验就好。

残健互助的方式是多样的。残健互助在具体做法上应该从实际需要和可能出发,可以采取多种实施方式。

- 固定的一对一的助学伙伴。这是最普遍的一种做法。通常是由一名普通儿童做听觉障碍儿童的同桌,结成助学伙伴。
- 相对固定的一对一的助学伙伴。为了培养普通儿童扶残助残的好品德,有的教师请普通儿童轮流做听觉障碍儿童的助学伙伴,结伴期为固定的一段时间,比如两周或一个月。
- 几个普通儿童与同一名听觉障碍儿童结成助学伙伴。有的教师请几名普通儿童各自从一个方面与同一名听觉障碍儿童结成助学伙伴。比如有的普通儿童从学习方面相助,有的从康复训练方面相助,有的从课外活动方面相助等。
- 小组助学。有的教师把全班学生分成几个小组,将听觉障碍儿童安排在一个固定的小组内。不论课堂学习、讨论、课外活动等都以小组的形式进行。

不论采取哪种残健互助方式,教师都要加以引导、加强指导。例如,有的教师鼓励普通儿童和听觉障碍儿童把有意义的助学实例写成《我成长的故事》《助学趣事》等,利用班会、板报交流,在家长会上介绍,使残健互助越做越好。

(四)家庭配合

1. 家庭配合的重要性

在本专题前面的许多内容中,都要求家长应积极参与到听觉障碍儿童随班就读工作。家庭配合在搞好听觉障碍儿童随班就读中所起的重要作用主要有以下几点。

共同营造良好的教育环境。听觉障碍儿童如果只能在学校里接受到良好教育,在家庭中缺乏适合的教育环境,学校与家庭在教育上势必脱节,听觉障碍儿童就不能置身于全时空的成长环境之中,学校的教育效果就会大打折扣。因此,家庭教育作为随班就读支持保障体系的一个重要领域,占有重要的地位。

家长和教师都是教育听觉障碍儿童的主体。家庭教育是学校教育的基础、延伸和补充。听觉障碍儿童家庭康复训练及教育做得如何,对其进入小学后的学习有着重要影响。另外,学校教育在许多方面都需要向家庭延伸。比如预习、复习、语言训练、发展特长、培养良好习惯,等等。家庭教育跟得上,听觉障碍儿童健康成长的效果就非常明显。

听觉障碍儿童家庭教育的重担自然要由家长承担。有的家长认为教育普通儿童还可以,教育听觉障碍儿童实在无能为力,他们对学校和教师抱有过分的希望。殊不知这种错误认识会把家长拖向更加被动的境地。教师应该指导、帮助家长教育孩子,但教师替代不了家长的角色。就培养教育听觉障碍儿童来说,家长和教师都是教育者,都是教育的主体。

2. 家长如何配合学校做好听觉障碍儿童随班就读工作

教师应充分认识家庭教育的作用,并指导家长在以下几方面配合学校工作。

学习一些特殊教育的基本知识和技能。特殊教育是研究如何满足特殊儿童特殊需要的教育。家长如能了解一些特殊教育的知识,就会知道孩子残疾并不等于残废。尽管与普通儿童相比,听觉障碍儿童身心发展存在着不同程度的障碍,但他们同样是成长发展中的儿童。只要提供良好的环境和教育,他们可以通过特殊的手段与方式学习并获得良好的成绩。就某个听觉障碍儿童来讲,其自身的潜能也是不平衡的,家长应从孩子的终身发展与立足社会着眼,重视开发孩子的优势潜能,扬长补短,使孩子成长为对社会有用的人。要做到这些,就需要家长了解有关听觉障碍儿童心理与教育方面的知识,知道如何通过满足听觉障碍儿童的特殊需要,促进其健康发展。总之,家庭中有了听觉障碍孩子,家长应该从培养人的角度,从孩子的现实状况与自身特点出发,通过特殊教育的手段,努力把孩子潜在发展的可能性转变为现实性。

认真实施学校对家长提出的有关要求。学校提出的要求有的是针对全体学生提出的,也有的是针对听觉障碍儿童提出的。比如说,学校请家长参与给听觉障碍儿童制订并实施个别教学计划,家长工作再忙也要挤出时间持之以恒地做下去,并做好必要的记录,及时向教师反馈情况。

定期给孩子做听力检查。家长应每隔一定时间(一般是半年或一年)带孩子去专科医院,请医生给孩子做听力检查,同时做助听器的检测。这样做,一是保护孩子的残余听力,防止继续恶化;二是使助听器发挥最佳的增益效果,帮助孩子学习。家长应了解助听器的使用常识,提醒听觉障碍儿童正确地使用助听器。

家庭中的听觉语言训练。对于听觉障碍儿童来说,教师不可能在课堂上过多地指导其听觉语言训练,这项工作也不能完全推给资源教师(况且许多学校还没有资源教师),家庭训练是绝对必要的。应当承认,许多家长至今还不会指导孩子的听觉语言训练,这些家长应该认识到,学习就是从不会到会的桥梁。

在非常情况下配合学校采取补救措施。有的听觉障碍儿童在某一学科学习的过程中遇到了特殊困难(例如数学应用题的综合练习),家长可以主动与教师联系采取补救措施。比如可以有选择地随堂听课了解情况,便于家庭辅导。在听觉障碍儿童因病漏课时,家长更应主动与教师联系,采取有效的补救办法。

培养听觉障碍儿童良好的品德习惯。家长要配合学校,在家庭生活中培养听觉障碍儿童良好的品德习惯。比如教育孩子要孝敬父母,与邻里小朋友和睦相处,互相帮助;教育孩子诚实正直,有错就改;教育孩子要爱劳动,讲卫生,爱护公共设施,保护环境等。

培养听觉障碍儿童的兴趣特长。家长要重视培养孩子的兴趣爱好,激发其天资特长,特别是与劳动技能相关的天资特长。比如书画、编织、修理等。有些农村的听觉障碍儿童制作的竹编制品非常精美,引导得法,就可以使其掌握一技之长,为长大后自立于社会打好基础。

经常主动与学校联系。为了培养好听觉障碍儿童,家长要经常主动与学校联系。要做好这项工作,除了思想重视外,还要注意以下几点。

- 要如实向班主任老师反映孩子家庭学习、生活情况。但有些不宜当着孩子的面讲的问题要注意避开孩子。
- 如果在教育孩子的某些具体问题上,家长与教师认识不一致,应在尊重对方、坦诚求实的前提下,通过讨论加以解决;如一时难于统一意见,可先观察,待情况发展得较清晰时再做决定。
- 向学校提要求、建议时一定先要把情况搞清楚,要全面地考虑问题。有的问题如不易搞清楚,应向学校说明。当然,学校也要理解、尊重家长,应与家长形成合力,共同培养好听觉障碍儿童。

(五)充分运用社区资源

办好教育是全社会的共同责任。特殊儿童的义务教育更需要得到政府的领导、支持,社会的关注、参与。学校主动争取社区支持,充分运用社区资源是搞好随班就读的一项重要工作。这里所谓的"社区"在农村通常指自然村或乡、镇,在城市通常指居民小区或街道。

1. 学校要主动联系社区

学校主动与社区联系,宣传、展示随班就读工作,以得到社区的支持。比如有的农村乡镇小学安置了听觉障碍儿童随班就读后,抓住开学典礼、助残日、爱耳日等时机,请当地的党政领导、残联领导、企业家、知名人士等参加学校活动。校长向领导、来宾汇报随班就读情况,听觉障碍儿童和其他儿童一样平等参与表演小节目,以此加强学校与社区的联系。再比如有的城市小学接纳听觉障碍儿童随班就读后,把有关随班就读应知的常识编入家长学校教材,使全校学生家长都知道什么是随班就读。上述这些做法虽有所不同,但都鲜明地显示了"主动"与社区联系的特点。

2. 学校要充分运用社区资源

要做好这方面工作,要求学校一是要有发掘社区资源的意识,二是要有发掘社区资源的能力。下面介绍的一些做法供参考。

聘请社区知名人士做名誉校长或顾问。他们有能力帮助学校办一些实事。比如说,学校接纳了听觉障碍儿童随班就读后,需要得到聋教育方面的专业技术指导。知名人士会通过各种办法帮助学校找到所需的技术力量。学校在向知名人士提要求时要实事求是地讲明情况,求助的资源并非仅仅是物质方面的,人才资源、信息资源等也应是考虑的范围。

与社区联合开展扶残助残公益活动。关注弱势群体本该是全社会的一种美德,每年社区都要搞一些扶残扶弱公益活动。学校应抓住契机,与"残健互助"活动有机地结合起来,积极参与社区组织的有关活动。比如慰问烈军属、给残疾人送温暖、社会咨询等活动都可以组织普通儿童和听觉障碍儿童参加。这样做的目的不仅可以让社区了解学校,还可以在社会实践活动中增加普通儿童和听觉障碍儿童的情感体验,使孩子受到教育。

举办学校开放日。每学期选择适当日期,学校通过开放日活动向社区开放,请社区各方面人士来学校参观听课。对学校工作提意见。学校可以搞一些小展览、小演出向社区人士介绍办学情况,宣传包括特殊人群教育在内的有关教育和保护青少年的法律法规,借以密切和社区的联系,征求社区对学校的办学意见和建议。在这个过程中,不要过分凸现残疾儿童,他们只是学生中平等一员。

利用社区资源编写乡土教材。学校可以把上述各项活动和社区的历史、乡土民俗、经济发展等作为鲜活生动的素材编写成校本教材供学生学习,特别是可以为听觉障碍儿童编写语言训练教材和阅读教材(此项工作可由学科教师或资源教师来做)。听觉障碍儿童的语言训练内容越贴近实际,越容易帮助他们与周围的人沟通。

培训活动建议

1. 小组讨论:

(1)听觉障碍儿童为什么需要在资源教室内单独安排听觉语言训练?

（2）你可能注意到了，过去在有关特殊儿童随班就读的材料中提到的都是"助学伙伴"，如今发展为提倡"残健互助"，这种提法的改变意味着什么？谈谈你的看法。

2. 请搜集一两个家长教育听觉障碍儿童成功的案例，并分析他们的认识和做法有哪些与本节介绍的一致。

3. 请介绍一下你们学校在"主动联系社区、要有发掘社区资源的意识、要有发掘社区资源的能力"等方面的经验和做法，与大家分享。

附录　　　　　疑似听觉障碍儿童调查表

姓名：		性别：		民族：		出生日期：	年　月　日
家庭住址：						邮政编码：	

家庭成员姓名	关系	职业/工作单位	联系电话

孩子耳聋发生/发现的时间和经过（用文字简述）

孩子耳聋发生的原因（在□内划√）
□家庭遗传　　　□父母近亲结婚　　□患地方病　　　□听觉器官发育畸形 □药物中毒　　　□患病发高烧　　　□母亲妊期患病　□用产钳引产 □双耳中耳炎　　□外伤　　　　　　□噪音　　　　　□不详 其他需要说明的原因（用文字简述）：

孩子耳聋后检测、诊断情况（在□内划√）
1. 家长是否带孩子去医院（聋儿康复中心）检查过：　　　□是　　　□否 2. 如检查过，是在哪一级医院（聋儿康复中心）检查的： 　　□乡级　　　□县级　　　□市级　　　□省级　　　□国家级 3. 如检查过，医院（聋儿康复中心）检查的结果如何，是否接受过治疗（用文字简述）： 4. 孩子是否戴了助听器：　　□是　　　□否 5. 如孩子戴了助听器，助听器获得的途径是： 　　□在商店买的　　　□在专卖店买的　　　□在医院（聋儿康复中心）验配的

续表

孩子学前教养情况(在□内划√)
1. □一直在家,家长不知道该如何对其进行教育。 2. □一直在家,家长曾尝试对其进行过简单的教育。 　　请用文字简述教育的内容: 　　教育效果是否明显　　□不明显　　　□稍有效果　　　□明显 3. □在普通托儿所、幼儿园接受过教养。 4. □在聋儿康复中心接受过听力语言康复训练。 　　请用文字简述在哪所聋儿康复中心接受的训练: 　　训练时间　　□半年以下　　□不满一年　　□一年　　□二年　　□二年以上 　　康复效果是否明显　　□不明显　　　□稍有效果　　　□明显

孩子的语言沟通情况(在□内划√)
1. 和家长的语言沟通 　　□极少沟通　　□主要靠体态动作沟通　　□能用简单语言沟通　　□能用语言沟通 2. 和邻里小朋友的语言沟通 　　□极少沟通　　□主要靠体态动作沟通　　□能用简单语言沟通　　□能用语言沟通

如孩子已经入学,在学习过程中发现听力异常,请孩子的班主任老师用文字简述其听力异常的表现:

综合印象(由调查人用文字简述):

调查人签字:＿＿＿＿＿＿＿＿　　　　　调查日期:　　年　　月　　日

专题二　促进视觉障碍儿童学习和发展

本专题讲述的是作为普通学校的老师在教育随班就读的视觉障碍儿童时,应掌握的有关知识和怎样帮助视觉障碍儿童有效地学习和发展的方法和策略。本专题分四部分,正确认识视觉障碍儿童、视觉障碍儿童随班就读、视觉障碍儿童的训练与潜能开发、争取帮助与支持。

老师们可通过自学、小组讨论、听讲座、实际操作等形式学习。若能按照各部分的培训活动建议去思考、讨论、操作、练习,会有实在的收获。

一、正确认识视觉障碍儿童

(一) 视觉障碍的概念和分类

1. 视觉障碍

视觉障碍是指由于各种原因导致双眼视力低下并且不能矫正或视野缩小,以致影响日常生活和社会参与。

视力包括远视力和近视力。用来测量远视力的工具是远视力表,例如《标准对数视力表》;用来测量近视力的工具是近视力表,如《标准近视力表》。视觉障碍的分类,是以远视力值的大小为依据的。

最佳矫正视力是指以适当镜片矫正所能达到的最好视力,或以针孔镜所测得的视力。视野是指当眼球向正前方固定注视时,所能看见的空间范围。

按照中国的视力分级标准,通过常规屈光矫正(如戴合适的眼镜),最好的一只眼视力低于0.3就是视力残疾。视力残疾包括盲和低视力两类,盲分两级,低视力分两级。

2006年第二次全国残疾人抽样调查视力残疾标准

类别	级别	最佳矫正视力
盲	一级	无光感—<0.02 或视野半径小于5°
盲	二级	≥0.02—<0.05 或视野半径小于10°
低视力	三级	≥0.05—<0.1
低视力	四级	≥0.1—<0.3

在学校,称呼视觉障碍儿童,最好和其他儿童一样,直呼其名;研究问题时可称盲童、视觉障碍儿童、低视力儿童、视障儿童、视碍生;千万不要称瞎子。

2. 常见问题

一只眼看不见,另一只眼正常不是视觉障碍。因为最佳矫正视力是指戴上合适的眼镜,最好的那只眼所能达到的视力。因此,只要戴上合适的眼镜后,有一只眼视力能达到0.3及以上时,就不属于视觉障碍。

戴眼镜的孩子不一定是视觉障碍。如果孩子戴着合适的眼镜,视力能达到0.3及以上时,就不是视觉障碍;如果达不到,就是视觉障碍。

弱视与低视力不是一回事。弱视[①]是一种眼病,当其严重到视力低于0.3又等于或高于0.05时,才属于低视力。而低视力是视觉障碍程度较轻的一类,不少眼病都可能导致低视力。

色盲不一定是视觉障碍。在中国,单纯色盲不是视觉障碍,但有些致残眼病会导致色觉障碍。

造成视觉障碍的各种眼病会遗传吗?不是造成视觉障碍的各种眼病都一定会遗传。不同的眼病成病机制不同,遗传的几率也不同。具体到某种眼病是否遗传,要请教医生。

(二)疑似视觉障碍的表现

1. 眼部异常

眼外观:睁不开眼,眼过分突出或过分凹陷,眼总是分泌物过多或红肿等。

---

①注:在港台部分有关书籍中所谈到的弱视指的是低视力。

眼球:眼球表面有白斑,通过瞳孔向内看到白斑;瞳孔不圆,不能随光的强弱变化大小。

如有以上异常,怀疑有眼疾,经治疗无效,再根据视力水平判断是否有视觉障碍。只有光感或全盲的儿童可确诊为视觉障碍。

2. 行为异常

- 在看东西时,总希望离得近些,例如,上身常前倾、颈部前伸或极力向前凑,甚至把东西拿到眼前连摸带看;总把东西放远些看;常斜眼或闭上一只眼看;感到物体是双的。
- 在看小东西时,出现揉眼、皱眉、眯眼、眨眼等小动作或表现出焦躁不安的神情。
- 在抄板书时,总抄错,或总问同学。
- 总把颜色说错,或搞不清不同颜色的区别。
- 读书时,常找不到指定的位置、跳行、跳字、读错、重复读一些字、读颠倒一些字等;一个字一个字地读得很慢(除一年级外),读得流畅时,眼睛没有看字,是在背书。
- 常抱怨头疼、眼疼、怕光。
- 写字时,常写出格、丢笔画、左右颠倒、串行、对不齐等。
- 走路时,常磕磕碰碰、深一脚浅一脚、躲闪明显不会碰到的物体,在下台阶、下山、下坡时表现出特别紧张等。

如出现以上情况之一二,应做具体的观察和分析,排除普通近视、智力障碍、不良习惯、肢体障碍、心理障碍等问题后,可怀疑视力障碍。最好由眼科医生对儿童进行进一步的眼科综合检查。

注意,一方面,不要把眼睛有点问题的儿童都当作视觉障碍儿童;另一方面,对眼睛有问题的非视觉障碍儿童要给予关注,谨防病情加重而致残,或引发其他问题。

(三)视力评估

从医学角度进行的视力评估最好由眼科医生进行。一旦医生诊断儿童为视觉障碍后,教师要对其进行非正式的视力评估。

建议学校组成由校医、教学业务管理人员、班主任组成的视力评估小组,由该小组对视觉障碍儿童进行非正式视力评估。该小组可与听力评估小组、智力评估小组合并。

1. 进行非正式视力评估的意义

非正式视力评估是指教师从教学角度(非医学角度)对视觉障碍儿童的用眼能力、视力水平及视觉障碍特点进行粗略评价和估计。通过对视觉障碍儿童的视力评估可以大致了解他对光线的要求、用眼能力,他是否可以学习明眼字,学到什么程度,他在生活能力的哪些方面需要训练,教师、家长及儿童本人应注意什么等。为给视觉障碍儿童制订个别教育计划提供依据。

2. 非正式视力评估的方法和步骤

非正式视力评估的方法和步骤是简单易行且有效的。具体方法步骤如下。

第一步:准备

(1)明确目的意义,引起思想上的足够重视。

(2)准备用具:

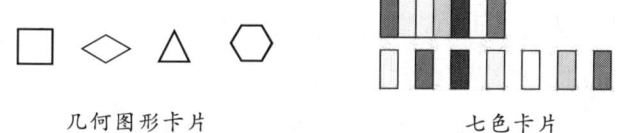

几何图形卡片　　　　　七色卡片

笔形手电筒 2 支,简单的几何图形卡片 2 套(自制),图形大小 3×3 厘米^2,七色卡片 2 套(自制),近视力表一张,远视力表一张,从小到大的印刷体汉字卡片一张(可自制),卷尺 1 个,直径 2 厘米的彩色球 1 个,记录表格 1 张(可自己设计)。

第二步:评估

(1)询问:教师向视觉障碍儿童提出问题,通过儿童的回答,了解他的自然情况以及他的自我感觉。

(2)观察:教师观察视觉障碍儿童的视觉器官及动作,了解他的视损部位及视觉障碍对其行动的影响。

(3)检测:教师利用简单的器材,对视觉障碍儿童进行测试,观察他的反应,从而了解他的用眼能力。

第三步:分析

(1)对原始资料进行分析。

(2)做出结论。

第四步:报告

把评估结果有选择地报告有关教师、家长以及儿童本人。

3.非正式视力评估的项目及目的

非正式视力评估的项目的选择可根据评估侧重点的不同由教师决定。作为对视觉障碍儿童的第一次非正式视力评估,可参选下列项目(记录表格附后)。

(1)眼病名称:询问家长或查看儿童病历,以医生诊断为准。

根据不同的眼病,对儿童采取不同的防护措施。

(2)发病时间:询问或查看病历。

不同的失明时间,对儿童的生理、心理等有不同的影响,教学上应采取不同的教法。

(3)病因:询问家长或查看病历。

(4)发展趋势:询问家长,以医生诊断为准。

据此可为儿童制订切合实际的教育计划。

(5)眼外观:观察双目是否对称,眼裂是否正常,眼睑有无下垂、外翻、炎症等。

一些儿童的不良习惯动作,起因于眼部炎症。

(6)眼球:观察有无眼球,大小如何;有无角膜、晶状体浑浊否;瞳孔是否规则,大小如何;有无眼球震颤,程度如何等。

了解视路遮挡情况。严重的眼球震颤将使儿童不能注视物体。

(7)远视力:包括裸眼视力和矫正视力。使用远视力表进行测查。

(8)瞳孔对光的反射:首先询问儿童是否怕光,若很怕光,就不要查了;否则,用笔形手电筒分别快速照射其两瞳孔,观察瞳孔是否正常反射。

若儿童瞳孔对光无反射,且瞳孔较大,则其很可能怕光;若儿童瞳孔对光无反射,且瞳孔较小,则其很可能需要高亮度照明。

(9)确定光位:对有光感的儿童,教师用笔形手电筒,在距儿童脸20厘米处照射其脸,让儿童用手指出光线来自何方,并摸到手电筒。

了解儿童是否能根据光线来自的方向定向。为制定定向行走训练方案提供依据。了解其是否有立体感。当双眼视力悬殊很大,一只眼视力几乎没有时,辨别远近、深浅发生障碍,下台阶、下山困难。

(10)辨别光束:在儿童面前20厘米处,教师两手各拿一支笔形手电筒,随机打开一或两个,不要让儿童听见拨动开关声,让儿童说出有几束光。若不能辨别光束,也就不能用眼辨认物体。

(11)看手运动:教师在儿童面前15~20厘米处伸出一手指,缓慢地从一侧移动到另一侧,观察儿童是否能注视手的运动。

了解儿童是否能通过头部的调节帮助眼睛注视运动的物体。若不能,则其在看教师顺次指点黑板上的文字时,可能有困难;而视野小的儿童将很难应付运动而来的物体。

(12)跟踪:让儿童正视前方头不动,教师在其面前15~20厘米处伸出一手指,缓慢地从一侧移动到另一侧,儿童靠眼球的运动跟踪手指的运动。若儿童不能跟踪,则其在阅读明眼字时会有困难。

(13)交替注视:让儿童正视前方,头不动,教师在其面前15~20厘米处伸出两食指,以中线为对称轴,两指间隔15~20厘米,让其靠眼球的转动交替注视两食指。若不能交替注视,则用眼不灵活。

(14)斜视:让儿童正视前方,教师观察儿童双眼瞳孔位置是否对称,或用光反射法检查。若有斜视,则用眼时头位不正,或观察物不能放正。

(15)视野:看病历上医生的报告。或让儿童正视前方,头、眼球都不动,教师立于儿童背后,手持笔形手电筒,在其眼部同高度的水平面上,距离头30厘米远,分别从两侧,由后向前缓慢移动,记录其刚看到光的位置。然后测上下,手电筒沿中线由上至下,后反之运动,记录其刚看到光的位置。

大致了解儿童视野是否有损伤。若有,教师在给儿童看图、看物时,应避开视野损伤的部位,训练儿童能迅速把观察物放在有效视野的范围内。若儿童为管状视野,就要注意其行走时可能会发生碰撞或没有发现迎面走来的人而产生误会。

(16)远距离搜寻:在一宽阔平整的地面上,背对着儿童,在离他5米远的地面上放一彩色球后,让其面向彩色球,并开始搜寻。观察其搜寻的方式是否有序,离多远时发现了彩色球。根据儿童的搜寻情况,确定是培训用眼搜寻能力,还是培训不用眼搜寻能力。

(17)近视力:用近视力表分别检测双眼近视力。对于低视力教学,了解儿童近视力比了解远视力更重要,它关系到儿童是否能阅读明眼字,是否需大字课本、助视器等。

(18)形状配对与近距离搜寻:在儿童面前的桌上摆放一套图形卡片,教师拿另外一套相同的卡片,教师将卡片一张张地给儿童观察,让他把每张卡片放在桌上相同的卡片上。做完后,让他按两套卡片收起。教师观察他近距离的搜寻是否有序,有无配对能力,能否辨认图形。

若不能辨认图形,则无法学明眼字;若无配对能力(非视力原因),则可能智力有问题;若近距离搜寻无序,则需制订计划培训。

(19)颜色配对:在儿童面前的桌上摆放一套七色卡片,教师拿一套相同的卡片,教师将卡片一张张地给儿童观察,让他把每张卡片放在桌上相同的卡片上。教师观察颜色配对有无错误,是什么颜色配错了。问儿童喜欢什么颜色,白底什么色看起来最舒服。

了解儿童有无色觉障碍,若有,则不需让其做辨色训练。此类儿童对观察用色彩做图形分界线的图画有困难。了解儿童喜欢什么色,白底什么色看起来最舒服后,可建议他选用他认为最清晰、最舒服的颜色的笔写字。

(20)可见明眼字体号:给儿童看从大到小的印刷体汉字卡片。在最佳矫正视力下,让他指出最小能看清哪行字的笔画。了解儿童是否需要大字课本,多大的字体合适。

(21)明眼字掌握程度:了解儿童上过几年学,现在几年级就读,会多少明眼字,以便制订相应的教学计划。

(22)用眼时的感觉:问儿童用眼多长时间开始有不舒服的感觉。如:头疼、晕、胀、眼疼、酸、流泪、睁不开等。了解儿童用眼疲劳的时间,让他在开始疲劳前休息,以保护眼睛。若儿童用眼不到半分钟就不舒服了,则今后他学明眼字可能有困难。

(23)照明要求:问儿童是否怕光,在教室里读书亮些好还是暗些好,哪个方向来光舒服,冷光源好还是热光源好。若儿童说不清,可让他试试。了解儿童对照明的要求,以便满足之,这可减轻用眼疲劳程度。

(24)助视器:问儿童医生配给的近用、远用助视器是否有效。若没有,教师提供各种助视器试戴,并记录合适的近用助视器的屈光度和远用助视器的放大倍数。

结论:通过以上对儿童的询问观察检测,对儿童用眼能力有了初步了解,教师将所得信息进行分析整理,做出结论,记录下来。结论包括:视觉障碍类别,用眼注意事项,对文化课、体育课、生活课教师和班主任的建议,对儿童的要求,对家长的建议。为个别化教育计划的制订提供依据。

4. 评估技巧

在评估过程中,怎样才能得到真实可靠的信息呢?首先,教师与儿童要在一个和谐的气氛中开始。教师要告诉儿童将要做什么,对低年级儿童应适当使用儿童语言,以便得到儿童的配合。若儿童的回答有可疑处,可让他多做几次辨别,从中发现问题,但不要重复太多,以免儿童厌烦而不配合。儿童的活动可表现出许多问题,因此,在测查某一项时,顺便观察前面有关项目的情况,以便纠正或证实前面得到的结果,另外,还可为后面的测查提供线索。

5. 分析

对评估结果进行分析,并写出报告,有侧重地报告给教导处、班主任、任课教师、生活老师、家长及儿童本人,以供参考。

6. 几点说明

这种视力评估是非正式的,是初步的,是非医学的,因而不严格,只能作为定性了解。对儿童的视力评估不是进行一次就可以了,因为儿童是在不断地变化着的,需要定期评估,为教学提供参考。评估项目的选取可根据需要来定,参见非正式视力评估表。

培训活动建议

1. 小组交流:对视觉障碍标准,你还有什么疑问?

2. 小组交流:描述自己所教儿童中疑似视觉障碍的表现。

3. 两人一组,互相为对方做非正式视力评估。

非正式视力评估表

姓　　名				性别		出生日期		
眼病名称				发病日期				
病　　因				发展趋势				
眼外观				眼球前				
远视力	裸眼	右：	左：	矫正视力		右：		左：
瞳孔反射				确定光位				
辨别光束				看手运动				
跟　　踪				交替注视				
斜　　视				视　野				
远距离搜寻								
近视力	裸眼	右：	左：	矫正视力		右：		左：
形状配对				近距搜寻				
颜色配对				喜欢颜色				
会多少明眼字				可见字号		清晰色		
用眼时的感觉								
照明要求								
配用助视器	视远：			视近：				
结论：								
测查者：			测查日期：					

（四）视觉障碍儿童的心理特点

有视觉障碍的人与普通人一样，只是由于视觉缺陷而有一些特殊需要。他们因生理的特殊性引起认识、情感、意志等心理过程的与众不同，但从人的个性心理特征（气质、性格、兴趣等）来说，不会因为视觉障碍而成为其独有的个性心理。视觉障碍儿童表现出的个性心理倾向，在普通人那里也能看到。其实，每一个人在不同的方面、不同的时期都会有特殊的需要。平等地关注每一个人，是我们应有的态度。

1. 视觉障碍儿童的认识活动

人的认识活动始于感觉，通过感觉器官（外部感觉器官、内部感觉器官、本体感觉器官）产生感觉，经过大脑的分析综合产生知觉，进而实现对客观世界的认识。

视觉在人的感性认识活动中起着主导作用，是人类获得信息的主要渠道。它使人们能够感知物体的形状、大小、色彩、明暗、动态变化方向，以及物体之间的关系和联系,并且是在一定距离上完整、同时地从长、宽、高三个维度观看到物体。普通人获得的信息有80%以上来自视觉,视觉缺陷会影响对其他知觉所吸收的知识的组织、消化,从而影响知识的掌握水平和学习速度。

普通儿童出生不久,视觉功能就很快发展起来,能在日常活动中,对周围的事物进行广泛的视觉感知,逐步积累起大量、丰富的视觉信息。同时,这些信息又以不同的方式和听觉的、触觉的、动觉的信息结合起来,组成对有关事物的完整形象。这些感性经验是儿童的认识活动及思维活动正常进行和发展的重要基础,也是他们在学校里学习知识的基本保证。视觉障碍儿童的视觉感知渠道完全或部分受阻,难以获得有关外界事物的视觉信息。他们的认识活动主要依靠听觉、触觉、味觉、嗅觉等感觉功能来实现。听觉在认识事物方面只能提供声音信息,而声音只能作为物体的补充特征,难以使视觉障碍儿童了解物体的具体形象。例如,视觉障碍儿童能听到不同的鸟叫声,但无法知道每种鸟的样子。嗅觉和味觉所能提供的信息量很有限。对于视觉障碍儿童,手作为主要的触觉和动觉器官,在认识活动中起着主导作用。所以,视觉障碍患者自古就有"以手代目"之说。

手可以代替眼的部分功能。触摸物体可以使视觉障碍儿童感知到除色彩、明暗以外的眼所能获得的所有信息,而且还能获得眼睛难以看清的一些信息,如物体表面特点(密度、光滑、粗糙、软硬、弹性、温度等),物体的角、凸起和凹进等。但是,手和眼睛相比,在认识活动方面有一系列不足。

(1)触摸受到手和手臂长度的限制。眼睛能从远处观察物体,而借助手来认识物体,必须对物体进行直接接触、翻转。有许许多多的物体靠摸感受不到,或摸不全、摸不着,如天体、云、山脉、建筑物、细菌等。还有些东西对皮肤有害,也不能触摸。

(2)触觉一般由点到线再到面,由局部到整体进行认识活动。手对物体的各个部分只能逐一地进行触摸,再根据记忆把对各部分的印象综合为整体,这必然妨碍所得表象的全面性及完整性。而视觉能做到"一目了然",在把不同的物体属性结合成一个完整概念方面起着关键作用。例如,儿童听到狗的叫声及喘气声,看到狗的皮毛情况,摸到狗的身体,闻到狗的气味,最后能把这些属性都同"狗"联系起来,形成有关"狗"的完整概念。

视觉在这里起着桥梁作用。

（3）手只能一点点地顺序触摸，速度较慢。视觉发生于瞬间，能同时从不同的方向看到一个或几个物体，比用手触摸感知速度更快。

（4）触摸需要视觉障碍儿童主动探索。明眼儿童只要睁开眼，千姿百态的事物就映入眼帘。他所看到的东西鼓励他进一步深入环境，进行探索。而视觉障碍儿童，尤其是盲童，就缺少这种便利条件。如果不主动伸手去上下左右进行探索，就不能知道近在咫尺的东西，就不会进行触觉感知活动，也就不能获得丰富的感性信息。

（5）触知觉过程较为复杂，需要进行训练。视知觉比较简单，只要睁开眼睛，就看到这样那样的东西，并认识它们。观看事物的过程也就是视知觉发展的过程，一般不用专门的训练；而视觉障碍儿童通过手摸，达到对物体的认识，比用眼看要复杂得多。因为客观物体相当多样，形状、大小、轻重、厚薄、长短、动静各异，构造有简有繁，构成材料和表面性质变化多端，用手去认识，需要针对具体对象采取不同的触摸方法。有时要借助手掌的形状变化，从不同的方向触摸物体的角、凸起与凹进，或借助手指的伸缩感知物体的结构；有时要将拇指以外的四指伸直并拢，轻轻从物体表面滑过，或者用拇指和食指在物体表面一块一块地探摸；有时需要手指和手掌协同活动，或者加上手臂甚至全身的活动；有时可以对物体进行整体感知，或者一部分一部分地进行感知等。所有这些技能，视觉障碍儿童很难自发形成和掌握，必须经过专门的训练。

就现在的技术水平，一个从没见过光的人，无论你用什么方法描述光，他都不会对光形成感觉。因此，一个先天全盲的人，在他的头脑中不可能有物体的视觉表象，只可能在他的头脑中形成触觉、嗅觉、听觉、味觉等表象。

由于以手为主的感性认识过程有很大的局限性，若其自幼的活动范围很小、接触事物的机会很少，视觉障碍儿童在感性认识经验的积累上就会既慢又贫乏。他们对许多事物的认识可能会不准确、不完全，或不正确、有错误。许多东西只知其名，全无具体印象，对物体内部及物体间关系的认识更差。

有残余视力的盲童和低视力儿童的情况则要相对好一些。有残余视力的盲童即使只能获得很模糊、不完整，甚至是歪曲变形了的视觉信息，但是将它们和触觉、听觉及其他的感觉信息结合起来,经过大脑的分析综合,就能得到较为全面准确的物体形象,形成较为完整的物体概念。与全盲儿童相比,其感性知识较为丰富多彩。在失明前有过一段用眼经历的视觉障碍儿童,能在很大程度上利用以往的视觉经验,大大减少靠触觉和听觉认识事物遇到的困难。

低视力儿童的境况更为有利。在助视器的帮助下,他们可以把视觉作为感知周围世界的主要手段,得益于视觉相对触觉的优越性,而且在遇到困难时,还可以寻求触觉的支持。在感性认识活动中,他们表现出与明眼儿童更多的共性,但在认识经验的广度及深度上远远不及后者。低视力儿童的视觉功能毕竟不完全,很多东西还是看不清,有的儿童由于不注意使用眼睛,也不善于观看,有的儿童虽然好奇、爱看,但却粗心、不专心。有时表现为:视而不见;对老师的面部表情变化常无反应,看不出眉眼高低;遇到同学不理睬,显得不合群;写字丢笔画等。所以不少低视力儿童不能有效地使用视觉,头脑中缺乏清晰的视觉记忆。因此,这些儿童需要视觉功能的训练。

2. 视觉障碍儿童的言语和思维

视觉障碍儿童的语言形成和发展条件与明眼儿童有所不同,主要是因为失去视觉的协同合作而基本依靠听觉。就言语表达能力的发展而言,听觉起着关键作用。能够听到别人说话,儿童有了模仿学习的榜样,就能把自己的言语同成人的做比较,及时发现和矫正自己的错误。聋童就是因为听不到别人的语言,才无法模仿学习,有的失去言语。但是,儿童在对词义的理解上,视觉起着极重要的作用。儿童首先是结合视觉形象来理解词义的。同时,视觉在儿童掌握说话技能,尤其是在学说难发的音时,也表现出不可忽视的作用。

视觉障碍儿童虽然靠着听觉能通过自然的交往途径掌握语言,但是离开视觉功能的积极配合,其言语发展总要受到一定的影响。对词义的理解只有得到视觉形象及其他感性经验的支撑,才显得全面、准确、实在。从上面谈到的感知活动特点可以知道,视觉障碍儿童的感性经验贫乏,事物形象积累得慢。但是,他们的言语由于与周围人们的语言交往,发展得相当迅速,词汇的积累很快。结果,在词汇和事物表象之间发生脱节现象——

对大量词义的理解缺少相应的表象基础。出现语意不合(verbalism)现象,即:视觉障碍者对词意的理解与词的本意不一致。

在视觉障碍儿童的词库中,有些词完全没有表象基础,如表达色彩的词;有些词仅以听觉信息为依据;有些词仅靠一些关于物体的零碎片段的认识作支撑。苏联盲教育家卡斯秋切克曾就视觉障碍儿童的词汇表象基础做过调查:请50名(1年级~5年级各10名)视觉障碍儿童,说出所知道的飞禽和野兽及它们的具体情况。结果,他们能说出的名字相当多,但对其中的一半没有任何表象。不过,当让他们说出所知道的劳动工具及它们的形象时,情况就大不一样,几乎对说出的全部工具都有具体印象。因为他们在家庭生活中和学校的劳动课上,经常使用或接触劳动工具。这也说明,视觉障碍儿童的这个语言特点是可以改进的,关键是增加他们的认识和生活经历。

概念不完整、不准确是视觉障碍儿童思维活动的第一个特点。视觉障碍儿童的感知活动特点和言语发展缺少表象基础的特点,必然反映到他们的思维发展上。因为思维的正常发展,要以丰富的感性认识和完善的语言工具为基础。利用语言对感性材料作抽象概括,形成正确的概念。有了正确的概念,才能进行正确的判断推理。

从词义的理解来看,一个词的词义就是它所表达的概念。既然视觉障碍儿童对大量词汇的理解缺少扎实的表象基础,那么他们就很难把握住词汇所表达的概念。从概念的形成来看,人们在占有大量感性材料的基础上,把同类事物的共同特点抽象出来,加以概括,就成为概念。视觉障碍儿童缺少这方面的扎实基础,往往根据听到的一些似懂非懂的知识及自己的少量经验,作出错误的概括,形成错误的概念。例如,把所有带轮子的物体(拖拉机、汽车、火车、飞机等)都归入"汽车"的范畴,把所有会飞的东西(蜻蜓、蜜蜂、麻雀、蝴蝶等)都叫做"鸟";还会把自己熟悉的物体特点错误地迁移到陌生的东西上(如"处处闻啼鸟"理解为"处处蚊子叫小鸟")。

视觉障碍儿童形成空间概念更为困难。空间概念反映物体内各部分的位置,物体之间的相互位置及其联系等。认识这类空间现象是触觉的最大弱点,这就使视觉障碍儿童在掌握空间概念方面明显比明眼儿童差。比如,一般明眼儿童3岁能够辨别上和下,4岁时开始辨别前和后,5岁时就能以自己为中心辨别左和右,而视觉障碍儿童在入学初期,对这类方位概念的认识还很差。

思维活动发展相对落后是视觉障碍儿童思维的第二个特点。国内外学者在这方面做过不少研究。全盲儿童虽然从小掌握了语言,但是这并不能完全弥补他们视觉和动作协调方面的缺陷。因此,他们的智力运算水平等,可能要落后于一般儿童。

但是,视觉障碍儿童的语言及思维发展特点并不是固定不变的,合理的教育干预可以使他们对事物表象的感知得以丰富,语言质量和概念得以提高,思维发展滞后状况得以扭转。这也是对视觉障碍儿童实施早期特殊教育所追求的一个重要补偿目标。

3. 视觉障碍儿童的个性心理

人的个性是在个人自然素质的基础上,通过社会对人的活动的影响而形成的固定的心理特征的总和。因此,人的个性发展受到遗传、环境、教育和实践活动等多方面的影响。视觉障碍及儿童所处的特殊的社会环境与教育,必然给儿童的个性发展造成明显的限制。

(1)视觉障碍儿童的气质倾向。视觉障碍儿童可以具有各种气质类型(例:胆汁质——兴奋型、多血质——活泼型、黏液质——安静型、抑郁质——敏感型)。曾有实验表明,在视觉障碍儿童中,胆汁质和多血质类型的人数较少,黏液质和抑郁质类型的人数较多。

(2)视觉障碍儿童的性格。良好的教育及环境影响,可使视觉障碍儿童对现实有积极健康的态度,否则容易引起一些不良的个性心理。

(3)视觉障碍儿童的兴趣。大多数视觉障碍儿童的生活是愉快的,他们多有某一方面的兴趣。对声音有较强的兴趣,关注声音,制造声音;对音乐有较高的情趣和爱好;多数视觉障碍儿童学习文科的兴趣高于学习理科,尤其在高年级;视觉障碍儿童手的特殊兴趣表现为:因渴望得到更多的信息,养成了爱摸、爱拆的习惯,东西坏得快。从整体上看,视觉障碍儿童的兴趣还不够广泛。

(4)视觉障碍儿童的能力。不了解视觉障碍儿童的人往往认为他们是缺乏能力的。这是因为视觉障碍儿童在一些主要依赖视觉发展的能力方面普遍表现得较为薄弱,给人留下无能的印象。事实上,视觉障碍儿童的能力表现是全方位的，在某些方面或个体能力方面可能强于普通人。

一般视觉障碍儿童的听觉分辨能力、触觉能力、嗅觉能力比普通儿童高些，这是他们实践的结果。他们通过听觉辨声源、方向以及说话人的喜怒哀乐；视觉障碍儿童手指的触觉两点阈为1毫米左右，普通儿童则为2毫米。他们通过辨别气味及其变化，帮助定向行走、做饭、认人等。

视觉障碍儿童的听觉、触觉、嗅觉能力较强并不是视觉缺陷的必然产物。如果视觉障碍儿童不更多地使用这些器官，这些器官的能力也不会得到较好的发展。若普通人刻意地锻炼这些器官，也会达到甚至超过视觉障碍儿童的水平，因为普通人的视觉会帮助其他感官的使用，例如：调音师、品酒师等。

一些视觉障碍儿童的语音模仿能力较强，这与其对声音的兴趣、较强的听觉能力有关。

视觉障碍儿童的听觉记忆能力强。例如，有的视觉障碍儿童听一遍乐曲即可演奏，盲校学生多数靠听进行全班同步的快速考试。

视觉障碍儿童定向行走能力薄弱。原因是不容易找到定向的参照物（坐标），行动的反馈不及时，甚至没有。

视觉障碍儿童应变能力弱。视觉障碍使儿童很难预测危险和及时躲避危险。可能遇到的危险有：行动中遇到的障碍物（沟、电线杆的斜拉线、树枝等）；运动着的物体（车、飞来的石子等）；变化的物体（伞的打开和关闭，秋千等游乐设施，镁的燃烧等化学实验等）。

视觉障碍儿童防范意识增强的原因是曾遭到伤害，因而难以预测。例如，路人没征得视觉障碍儿童的同意，好心地拉其过马路，常被其不友好的动作拒绝。

部分视觉障碍儿童的操作能力弱。学习日常生活技能、自我服务技能、家务劳动技能等有一定的困难，但不是不能掌握，而是要早学。视觉障碍儿童的操作能力受到限制的根本原因是其寻找操作的参照物有困难。他们一旦确定了参照物，定向、操作就容易多了。行动困难导致一些视觉障碍儿童不爱运动，不爱动手，影响操作能力的发展。

视觉障碍儿童适应社会的能力弱。视觉的缺陷或丧失可能改变一个人对世界的理解，同时也影响其认知、语言、社交和动作等几方面能力的发展。一个明眼人很难想象一个先天全盲的人心目中的世界是什么样的。

特别是在与明眼人的交往中,视觉障碍儿童处于不利的地位。他们主动与人交往受到一定的限制;明眼人常不自觉地与跟随视觉障碍儿童的明眼人交谈这个视觉障碍儿童的事,不与视觉障碍儿童本人说;明眼人常不自觉地不征得视觉障碍儿童的同意支配视觉障碍儿童的行动。例如,不征得其同意,就被拉来拉去。

视觉障碍使儿童的行为养成受到影响。视觉障碍儿童缺乏视觉模仿能力,对自己的行为不能及时通过视觉反馈来调整,若缺乏指导,易产生一些不良行为,并缺乏正常的礼仪行为。例如,在与人沟通时缺乏面部表情、体态语言、眼神、微笑等;不善于恰当地点头、摇头、摆手、招手、握手、鞠躬、敬礼、作揖等。

总之,视觉障碍儿童不会因视觉障碍而具有标志性的、独有的个性心理特征。一些视觉障碍儿童身上出现的消极的个性心理特征不是必然的,那些消极的个性心理特征在普通人身上一样能找到。我们在研究视觉障碍儿童的个性心理特征时往往会不自觉地、更多地注意消极的个性心理特征。实际上,在视觉障碍儿童身上存在更多的积极的个性心理特征,我们要全面地认识、正确地对待视觉障碍儿童。视觉障碍儿童个体间的差异也是很大的,应帮助他们发现自己的优势潜能,补偿视觉缺陷,扬长补短。

4. 视觉障碍儿童的障碍感觉

人们很早就发现,大多数视觉障碍儿童在独自走路时,能发现离自己尚有一定距离的物体,即使它们没有任何声音或气味。依靠这种能力,视觉障碍儿童可以及时避开障碍,以保证行走的安全。研究者把视觉障碍儿童及时察觉障碍物的能力叫做"障碍感觉"。现代生理学和病理学的研究证明,视觉障碍儿童对前进道路上障碍物的准确感知不是单一感觉功能活动的结果,而是感觉器官间的系统性联系发生作用的结果。

视觉障碍儿童行走时,要感受到一系列的信号,如自己脚步声的变化、来自脚掌的动觉信号、外部空气及温度的变化使脸上获得的触觉与温度觉信号、来自一定距离外及不同方向上物体的声音、某一特定客体的特殊气味等,也就是外界各种刺激对视觉障碍儿童的听、触、动、嗅等感官外围感受器的同时或先后的作用。这些信号在其大脑皮质不同中枢之间留下复杂的联系痕迹。以后进入这个联系系统的任何外部刺激物,再作用于视觉障碍儿童的某一感官时,都会引起复杂联系痕迹的再现——把熟悉地点的复杂情况再现出来。曾经用过眼睛的视觉障碍儿童还有可能再现该地区的视觉图像。这样就能使视觉障碍儿童确定自己所处的方位及周围环境的情况,避免迷失方向和发生危险。这种能力还可以迁移到新的环境中,使视觉障碍儿童能在从未到过的地方独立行走。

视觉障碍儿童的定向方式取决于外部条件及个人的经验。虽然他们对不同感觉器官的利用取决于外部刺激的性质,但是每个人对同样外部刺激的作用有不同的反应。由于个人经验的差异,各种外部作用对每个视觉障碍儿童具有不同的信号意义。对于用过眼睛的视觉障碍儿童,起主导作用的应该是视觉和听觉联系及其他带有视觉因素的联系;对于从没有用过眼睛的视觉障碍儿童,起主导作用的应是听觉、动觉、触觉及其他联系。而且对于先天视觉障碍儿童和幼小时失明的视觉障碍儿童,这个联系系统中的各个因素所起的作用也不一样。所以,并非每个视觉障碍儿童的定向行走中都是听觉在起主导作用。

视觉障碍儿童的障碍感觉并不是无条件的,它受一系列主客观条件的制约。

- 物体的高度。视觉障碍儿童最容易分辨的是与自己的头同高的物体。高出头部 1~1.5 米的物体,或者低于头部的物体,视觉障碍儿童就难以觉察。
- 天气的情况。明朗天气便于视觉障碍儿童发现道路上的障碍物,下雨、刮风、炎热和寒冷的天气,不利于视觉障碍儿童的空间定向。另外,不同眼病的视觉障碍儿童在白天、傍晚、黑夜的感觉不同。
- 地面的性质。地面干燥,土质坚硬,比地面泥泞、松软的土质,较有利于视觉障碍儿童的障碍感觉。例如,地面有一层压硬的积雪比刚刚下过雪后,视觉障碍儿童较容易发现障碍物。
- 声音的强弱。微弱的声音便于视觉障碍儿童发现前面的物体,强烈的声音则相反。
- 视觉障碍儿童的主观状态。自我感觉好、情绪好时,容易发现障碍物,而自我感觉差、情绪不好时则相反;注意力集中时,容易及时发现自己主动靠近的物体,但对于向着他靠近的物体,就难以发现。

障碍感觉对于视觉障碍儿童虽然很重要,但只能起辅助作用。仅靠障碍感觉,视觉障碍儿童还是不能很自如地行走。所以,视觉障碍儿童小的时候要有明眼人带领,长大后要更多地使用盲杖。

5. 盲相

盲相或叫盲态,是指视觉障碍儿童因早期干预不当而造成的一种姿态和行为表现。它主要包括两个方面的表现。一是行走时的异常状态。不敢独自走路,行动迟缓,动作笨拙,手脚不协调,面无表情,低头垂肩,弓膝弯背,步态畸形或身体后倾等。

- 低头或垂头(根据能量最低原理,低头是人类减少体能消耗而产生的生理保护反应)。
- 耸肩缩颈(为自我保护,经常耸肩缩颈并养成了习惯)。
- 弓背弯腰(有过微弱视力的视觉障碍儿童,为安全寻物探路养成的习惯)。

以上为视觉障碍儿童感觉最安全、最舒适、最省力的姿态,是缺乏早期干预的结果。

- 行姿异常:鸭步(稳)、侧行(扶)、弓形(探)、后倾行(怕)。

二是重复性呆板动作。持续地摇头,按揉眼睛,注视光源,用手指在眼前不停地晃动、绕圈子等。这种动作不仅仅为视觉障碍儿童所有,在严重智能障碍和心理失常的明眼儿童中也有表现。对呆板动作的解释主要有三种。

- 感觉剥夺的结果。儿童的感觉刺激水平较低时,就试图通过自我刺激的方式予以补偿。研究发现,视力很差的儿童比视力较好或正常的儿童,揉眼睛的频率要高,因为通过对眼睛的按压获得的神经冲动可增加其感觉刺激。
- 社会剥夺的结果。有人发现,即使感觉刺激正常,社会剥夺也会使个体借助呆板动作来增加自己的刺激,如家长不让孩子出门等。
- 受到压力时向熟悉的行为模式的倒退。即使明眼儿童有时也有退回到不够成熟的行为方式的现象。

不少视觉障碍儿童的呆板行为可能是这几种因素综合的结果。

盲相并不是每个视觉障碍儿童都有的姿态,在每个人身上的表现程度也并不相同。这种外部状态应通过一定的教育和训练加以改变。

(五)低视力儿童的心理特点

低视力儿童是其视力水平处于全盲与正常之间的边缘状态的儿童。他们的心理过程很大程度上依赖视觉,但又不同于明眼儿童。

1. 与盲童相比较

低视力儿童认识事物的方式与盲童不同,更接近于明眼儿童。视觉在他们的日常生活、学习、娱乐活动中起主导作用。

低视力儿童学习的媒介与盲童不同。他们大多不必摸读盲书,主要用眼看书、观察事物。一般低视力儿童的情感反应和活动能力与盲童不同。与盲童相比,他们更加开朗活泼、充满自信,有优越感,活动能力比盲童强。

低视力儿童与盲童相比多表现为注意力不集中,常被各种环境信息干扰。一般低视力儿童的书写速度慢于盲童,阅读速度常比不过盲童。

2. 与明眼儿童相比较

低视力儿童认识经验的广度和深度受到限制,对事物只是模糊的感觉,看不清也不会看(若没经过视功能训练),好奇而粗心,爱看而不专心。

年幼的低视力儿童由于视觉经验的不足,常看不懂画面的表面意义。说话不完整,语言表达能力有的甚至不如盲童。

低视力儿童常缺乏完善的社会适应。在社会交往方面常比不过明眼儿童,在活动能力方面与明眼儿童也有较大的差距,在日常生活技能方面常不如明眼儿童。部分低视力儿童对自己的行为不能控制,表现出过分的依赖和退缩、不恰当的自信及优越感等过度的情绪反应。

一般低视力儿童的阅读速度和书写速度慢于明眼儿童。

3. 引起这些差异的因素

生理因素。视觉障碍造成视觉感知的不完整和视觉经验的不足,而日常的生活、学习又依赖视觉。

心理因素。视觉感知的效果较差,视觉表象不清晰,视觉记忆能力较差;手眼协调能力差。

环境因素。家庭、学校过度地保护,对其要求较低,没有提供早期训练。一些家长错误地认为保护眼睛的方法是不用眼睛,限制低视力儿童使用眼睛,致使其用眼能力低下。

(六)视觉障碍儿童的学习方式和特殊需要

在学习方式及需要方面,视觉障碍儿童特别是盲童,与明眼儿童有一定的差异。他们需要通过听觉、触觉和残余视觉,尽量听到、听清、听懂、摸到、摸懂。

1. 学习方式

在班级授课形式中,视觉障碍儿童主要是通过听老师讲课、听各种媒体信息、摸盲文课本及盲文资料、摸各种教具学具、手工操作等来获取知识、掌握技能。残余视力起着非常重要的辅助作用。

2. 教学设施的特殊需要

视觉障碍儿童需要特殊的学习媒体,如与明眼文课本同版本的盲文课本,与发给明眼同学相同内容的盲文资料、盲文试卷,与同学们看到的图形大致相同的凸起的用来触摸的盲图,有可摸标志的教具学具,有声读物,用于书写盲文的盲板、盲笔、盲纸等学习工具和媒体。

为了便于视觉障碍儿童在校园、教室里自如地行走,方便地找到常去的地方,可在书桌、门口、扶手、路口等处安放标志物。标志物可就地取材,不拘一格。系一个布条,按一个图钉,挂一个铃铛,路面质地的变化都是标志物。

无障碍设施作为新校园建设中重要的设计内容,是有利于全体儿童、保证校园安全的重要保障,应大力提倡。

3. 学习盲文

视觉障碍儿童中不能读写明眼字的儿童,首先要学会盲文,这是文化学习的前提。视觉障碍儿童若需学习盲文,就要在入学初期用最短的时间学会盲文,根据儿童的智力水平和年龄,大约需要1~3个月的时间。使用盲文的熟练程度,需要在长期的实践中提高。

(七)低视力儿童的学习方式和特殊需要

低视力儿童的学习方式与明眼儿童大致相同,都更多地用视觉感知事物,并辅以听觉和触觉,但根据不同的眼病,有不同的需要。低视力儿童的学习需要尽量看到、看清、看懂。

1. 教学设施的特殊需要

助视器的选配(详见本专题中"助视器的选择与使用")。

教材、学习资料及试卷的制作。根据低视力儿童的需要,放大尺寸、增加对比度、选择合适的颜色复印制作大字课本、学习资料、试卷。另外,纸张不要太光滑,以免产生眩光。

教具、学具的配备。自制的教具、学具应适合低视力儿童的需要。可对现成的教具、学具进行着色、放大字体等加工,以便满足低视力儿童的需要。

校园内的各种标识要醒目。校园内的标识要在醒目位置,且大小、颜色搭配方便低视生看到。

2. 保护视力,提高用眼能力

像其他儿童一样进行视力保护,例如每天做眼保健操等。要坚持进行视功能训练(详见本专题中"视觉功能的训练"部分)。注意经常观察低视力儿童的表现,并定期作视力评估,发现问题及时分析原因(生理的、心理的、思想的、物质需求等方面),与家长配合,采取措施(就医,心理引导,做思想工作,满足合理的物质上的需要等),及时解决问题。

3. 低视力儿童的识字

识字是文化学习的前提,是阅读和书写的基础。汉字量大,结构复杂,笔画繁多,对低视力儿童来说,难度较大。

对低视力儿童进行识字教学时,教师要以培养识字能力为中心,即培养用汉语拼音读准字音的能力,用构字规律分析记忆字形的能力,借助字典、上下文、生活实际理解字义的能力。对低视力儿童识字量的要求可略低于普通小学语文课程标准的要求,允许用汉语拼音代替繁难的汉字,以弥补识字量的不足。打好书写笔画、笔顺、独体字的基本功,利用构字规律帮助儿童掌握字形,突出字中易错的笔画或部分,培养精细辨别能力。

4. 低视力儿童的写字

对低视力儿童来说,写字比识字难,因为他们普遍存在手眼协调能力差、看不清老师的示范过程、分不清相近笔画间的微小差别、动作缓慢等问题。制作大字卡片,有助于低视力儿童看清字的结构。

要手把手地教低视力儿童握笔姿势、运笔方法,对各种笔画的写法,特别是运笔方向,要让儿童看到并掌握。要让儿童掌握笔顺规律和字的间架结构。之所以这样要求,是因为低视力儿童往往看不清老师的示范,不得不照着书上的字像临摹图画一样画出来。专门演示汉字书写的计算机软件,可更清晰准确地演示每一个字的书写笔顺,避免教师在示范时的遮挡。

5. 低视力儿童的阅读

低视力儿童由于近距离看书视野小、眼球震颤等原因,阅读速度低于盲童和明眼儿童。对低视力儿童的阅读训练可从朗读开始。开始训练时,可把尺子放在所读行下,或用阅读视窗,用手指着字,一个字一个字地读,以防找不到行或漏字。当低视力儿童有一定的朗读能力后,学习默读。

培训活动建议

1. 思考:你感到视觉障碍儿童的哪些心理活动表现得不可理解?
2. 思考:如果你是一位近视患者,不许你戴眼镜,你在课堂上会有什么样的心理感受?
3. 只靠听老师读考试题,全体学员同步答题,感受答题的过程。
4. 小组交流:不遮挡儿童视线的板书方法。

二、视觉障碍儿童随班就读

(一)创设安全、宽松、和谐的学习环境

安全、宽松、和谐的学习环境对视力障碍儿童至关重要。视觉障碍儿童由于视觉障碍,对环境的适应能力大大降低。陌生的环境给视觉障碍儿童带来的困扰,我们明眼人可以想象一下。

怎样让视觉障碍儿童在迈进学校大门时遇到的困扰少些呢?我们的思路是,从视觉障碍儿童随班就读的需求出发,创设满足其特殊需要的学习环境。

1. 创设安全的物质环境

来到一个新的环境,视觉障碍儿童需要比明眼人更长的熟悉时间,他的恐惧和不自在是可以理解的。视觉障碍儿童需要一个无障碍的教室及

校园环境。

教室里的桌椅、物品摆放的位置要固定下来,便于视觉障碍儿童安全行走和尽快熟悉环境。大家都要养成物归原处的好习惯,在不得不临时把东西放在走道等处时,一定告诉视觉障碍儿童,注意安全。房门不要半开半闭,以免磕碰。老师要有意识地训练视觉障碍儿童把自己的物品按顺序放好、相同的书本做上自己好区分的记号(看的、摸的都可以)。

校园布局要合理。娱乐游戏的场所,应方便特殊儿童的使用,并有专人定期检查。校园中没有乱堆的杂物,没有危险的碎玻璃、铁丝、损坏的体育器械等。要提醒视觉障碍儿童,在没人带领下,不要到秋千等能摆动的体育器械旁玩耍,以免发生伤害事故。学校的卫生间应方便视觉障碍儿童使用,墙壁干净能摸,最好有扶手,有标志物,便于视觉障碍儿童触摸定向,地面要防滑,避免学生掉进便池。整洁、文明的校园环境会给视觉障碍儿童带来安全感。

2. 创设宽松的适合视觉障碍学生生理、心理需要的环境

视觉障碍学生首先需要尽可能地看见、看清周围的物品、景物。特别是低视力学生,常常是视而不见。他看了,但看不清;他看了,但没看全。由于眼病的不同,有的学生远视力不好但近视力好,有的学生近视力不好但远视力好,有的学生近视力、远视力都不好;有的学生视野有损失,有的学生视野没损失;有的学生喜欢亮一些,有的学生喜欢暗一些;有的学生用眼能力强些,有的学生用眼能力弱些;有的学生眼病在向好的方向发展,有的学生眼病在向不好的方向发展,有的学生病情稳定,等等。每一名视觉障碍儿童的情况都是不一样的,需要仔细观察和了解。适宜的照明,色彩鲜明、对比度高、容易观察到的室内装饰和家具,易于满足视觉障碍儿童的生理、心理需要。

3. 创设和谐的人际环境

视觉障碍儿童需要老师的理解和尊重,需要得到与其他同学一样平等的对待,需要共同学习的、嬉戏的、友善的伙伴,需要一个良好的家庭环境和社会环境。

班上有一位视觉障碍儿童随班就读,对教育教学工作是一个挑战。眼睛是心灵的窗户,漂亮的眼睛惹人喜爱,而视觉障碍儿童往往从外观上就

给人不漂亮的第一印象,再加上视觉障碍带来的生活、学习困难,会给我们平添许多麻烦,这些让我们立刻喜欢上一位视觉障碍儿童是不现实的。但教师应有关爱弱者的美德,应恪守教师的职业道德,时时处处表现出对学生的爱心。这种爱心不只是对视觉障碍儿童的同情心,而是站在客观角度上的、理智的爱心,这爱心往往体现在耐心和恒心上。教育视觉障碍儿童是艰苦的,要花费更多的时间、精力,要牺牲许多个人利益,但成绩并不一定显著,这就容易使我们失去耐心和恒心。因此,我们要理智地接纳视觉障碍儿童,理解视觉障碍儿童的困难,科学地探求教育视觉障碍儿童的方法,在实践中培养对视觉障碍儿童随班就读工作的热爱。

理解和尊重视觉障碍儿童的人格是接纳视觉障碍儿童最基本的要求。我们在教学中往往愿意以视觉障碍儿童的良好表现来激励其他学生,在责备某个学生时会脱口而出:某某(视觉障碍生)眼睛都那样了,都会做,你怎么不会?潜台词好像是说视觉障碍儿童不会挺正常。不少视觉障碍儿童对类似这样的说法不满意,认为老师看不起自己,不尊重自己的隐私。这是因为教师没有过多地、设身处地考虑过视觉障碍儿童的感觉,无意中伤害了他。

随班就读的视觉障碍儿童是班集体中平等的一员,对待视觉障碍儿童要有平常心。视觉障碍儿童只是由于视觉缺陷而有一些特殊需要。其实,班里的每一名学生在不同的方面、不同的时期都会有特殊需要。平等地关注每一名学生,包括视觉障碍儿童,是我们的职责。

教师对视觉障碍儿童的态度,客观上对班集体中的其他同学的影响很大。如果我们在课堂上过度地表扬或不愿理睬视觉障碍儿童,或在课余抱怨视觉障碍儿童给自己添了麻烦,同学们就会对其另眼看待,视觉障碍儿童也不会对班级有认同感,让自己游离在班集体之外。例如,有一位普通学生在课下说:"某某(视觉障碍生)是老师的大红人",表现出对老师的不满和对那位视觉障碍同学的不接纳。再如,盲人学校经常接收从普通学校转来的视觉障碍儿童,他们中不少人常对老师的要求无动于衷,原因是过去在普通学校时,老师、同学说的事自己都可做可不做,最终是不做,老师不闻不问。久而久之,视觉障碍儿童养成了不良的习惯。

随班就读教师有一个非常重要的任务,就是帮助班级中的普通儿童接纳视觉障碍同学。这里不仅有情感、态度问题,而且有理解和工作方法问题。有的儿童初次看见视觉障碍同学害怕,有的儿童觉得视觉障碍同学不会明白自己说的话,有的儿童的父母不让其与视觉障碍同学一起玩,等等。我们要给儿童们讲解视觉障碍同学的眼病和需求,让儿童们认识到视觉障碍同学和大家一样,有值得大家学习的地方,也有需要别人帮助的地方,要创造良好的班级环境,互相帮助,互相学习,让视觉障碍同学感受到大家对他的友好、关心和尊重。视觉障碍儿童大多在主动交流方面存在困难,虽然他们看不清或看不见身边的景物,但他们很愿意了解周围的世界,很愿意有更多的朋友。教师要通过启发教育打消学生的顾虑,但要注意不能当着视觉障碍儿童的面讲这些。在家长会上,教师要向其他儿童家长介绍班里视觉障碍儿童随班就读的简况,争取家长们的支持和配合。

与视觉障碍儿童交往要讲求科学的方法,教师自己不仅要知道正确的做法,而且要教会其他儿童。以下是几种情况。

向视觉障碍同学提供帮助时,一定要征得他的同意,不能把我们的意志强加给他。当见到视觉障碍同学时,应主动与他打招呼,不必通过他身边的人转达。与视觉障碍同学初次见面,要主动介绍自己和周围的同学。视觉障碍同学对周围事物变化的预见能力不足,因而不要在他无思想准备时碰他的身体,以免吓着他。离开时要告诉他一声。

与视觉障碍同学交谈时,不必刻意回避"看见""看书""看电视"等字眼,不要用贬意的"瞎子"称呼他。

当视觉障碍同学来到一个新的环境时,要按一定的顺序给他描述布局和物品摆放位置,并尽量带他一一摸到。

带视觉障碍同学行走时,要让他握住你的肘关节处,在你后半步同行,他能凭你的动作感觉走的是平路还是台阶。如果我们像搀着病人那样搀着他行走,会使他不能自主,且缺乏安全感。带视觉障碍同学落座时,要把他的一只手放在椅背上或凳面上,让他自主坐下。被别人按在椅子上的感觉是很不好的。

给视觉障碍同学描述方向时,要说清前、后、左、右、上、下,如果我们用手指着说"这边""那边""这个""那个",他是不会理解的。

学生们可自愿组成"爱心小组",帮助视觉障碍同学在校内行走,放学后和他一起回家,一起做功课,读书给他听……要主动向外班同学倡议,善待、帮助视觉障碍同学。

视觉障碍儿童有入少先队、共青团的权利,有被评优、评先的权利,有当选班干部的资格。视觉障碍儿童应该像其他同学一样积极参加各种班级活动和校级活动,如班会、春游、劳动、参观及其他综合实践活动等。根据视觉障碍儿童的兴趣爱好,可以给板报、刊物投稿,可以做校园广播台的播音员等。不少视觉障碍儿童爱好音乐,在班级文艺演出中是活跃分子。有的视觉障碍儿童还是体育锻炼的积极分子。

组织儿童活动时,安全问题是老师最担心的,特别是班上有一名视觉障碍儿童。因此,制订好活动的安全预案是非常重要的。老师要组织各种互助小组,为视觉障碍儿童安排助学伙伴是非常有效的措施。争取社会上的志愿者帮助视觉障碍儿童参加活动,也是很好的办法。

(二)为视觉障碍儿童有效学习做好课前准备

1. 充分的备课是顺利授课的保证

教师要试着换位思考:如果我看不见,我能理解这个内容吗?对视觉障碍儿童来说这个内容的难点是什么?用什么方法能攻克这个难点?要为他制作什么样的教具或学具?他的助学伙伴在这节课上要做什么?助学伙伴有准备吗?在面向全体的同时怎样照顾差异?……

2. 给视觉障碍儿童学习提供所需的学习工具、助视设备等条件

给盲生配备用于书写盲文的盲板、盲笔、盲纸。这些盲文书写用品可在中国盲文出版社购买。为了节约经费,可用稍厚的挂历纸、宣传纸、印废的书籍封面纸、包装用的牛皮纸等代替。

根据低视力儿童的需要安排座位,畏光者把座位选在远离窗户的一边,喜光者把座位选在靠近窗户的一边。可让低视力儿童自己寻找不晃眼的位置。若视觉障碍儿童两眼视力差距较大,则选择面向黑板视力较差的那只眼的一边的前排位置,即保证充分利用视力好的一只眼能在课堂上充分发挥作用。

支持家长为低视力儿童配备助视器,例如,近用助视器(像老花镜)、手持放大镜、远用助视器(望远镜)、阅读架、台灯、大字作业本、粗笔、裂口阅

读板等。

3. 准备适合视觉障碍儿童的课本、学习材料

随班就读的视觉障碍儿童使用的教材内容基本与普通儿童相同。可按低视力儿童的需要复印与普通课本相同的大字课本；全盲儿童使用相同内容的盲文教材。盲生用的盲文课本需要到上海盲校购买。

将发给其他儿童的学习材料、试卷等制作成视觉障碍儿童所需要的大字版或盲文版，以保证视觉障碍儿童有效地参与课堂学习。

4. 为视觉障碍儿童改造、自制教具和学具

为了补偿视觉障碍儿童的视觉缺陷，提高课堂教学效率，我们要亲自动手为视觉障碍儿童改造、自制教具和学具。例如，制作大字卡片、大字试卷，录制有声读物，在普通教具上贴一些可摸的标记，涂上对比鲜明的颜色，收集可作为教具的物品，等等。

改造、自制教具和学具的原则如下。

- 安全。确保人身安全和设备安全。视觉障碍儿童在使用教具、学具时不会伤害到感官。教具结实耐用，表面无毛刺，刀口、尖端有保护。音频范围要控制在人耳对声音最灵敏的中频段，音强不要过大。气味要对人体无伤害。

- 可摸，或可听、可嗅、可看。充分利用视觉障碍儿童的触觉、听觉、嗅觉以及残余视觉等各种感觉器官，认知和操作教具、学具。

- 结构简单、大小适度。视觉障碍儿童需触摸或看的精细部分不能小于视觉障碍儿童手的触觉两点阈（即1毫米），或视力可及的尺度。物体最大一般不超过两手臂同时触到物体最大边长的尺寸或视野可及的范围。

- 坐标明显，便于视觉障碍儿童定向。例如，平面教具方位标志在右上角，立体教具方位标志在底座的右上角等。方位标志易摸出或易看到。

- 色彩、对比度适宜，便于低视生使用残余视力。不同的眼病，不同的学生，用眼能力不同，按照视觉障碍儿童的需求，选择适合的色彩和对比度，能减轻用眼疲劳，提高教具的可用性。

(三) 促进视觉障碍儿童有效学习的策略

针对视觉障碍儿童的特殊需要，我们在教法上要采取相应的措施和方

法,也就是要有切实可行的、有效的教学策略。要促进视觉障碍儿童有效地参与课堂学习,必须具体问题具体分析,没有一成不变的教学策略。不同的学生,不同的教学内容,不同的教学目标,应有不同的教学策略;即便相同的学生,相同的教学内容,相同的教学目标,在不同的时间、环境、心情下,也应有不同的教学策略。但在实践中我们会发现一些规律性的东西,遵循一般性规律,就能更好地处理课堂教学中的具体问题。

1. 课堂上的组织管理

在课堂上,我们尽量站得离视觉障碍儿童近一些,以便指导他读书或使用学具、教具。需要低视力儿童仔细看的板书,要写大些,粉笔颜色要与黑板颜色的对比度大些,保持黑板的清洁。允许学生到黑板前看。请助学伙伴适当帮助低视力学生寻找物品等。允许视觉障碍儿童写字出格,允许低视力学生眼离书很近地阅读。合理安排教学程序,在其他学生做练习时,抽出一定时间指导视觉障碍儿童。视觉障碍儿童也和其他学生一样要完成作业,但作业的内容和数量可因人而异。

2. 教师的语言直观

视觉障碍儿童更多地通过我们的语言来体会我们的情感、态度,很多视觉障碍儿童是因为喜欢听老师的声音而喜欢老师、喜欢老师教的课的。因此,教师的语言水平直接影响到对视觉障碍儿童的教学效果。教师讲课时在语言方面要注意哪些问题呢?

除了作为教师一般的语言基本功外,为了让视觉障碍儿童听懂我们的讲解,应特别注意语言直观。板书时,要边写边读;要区分同音字、词,如讲解"一种"与"异种"的区别;通过语言停顿表达不同的意思,如读"1千克"与"1000克"时,数字与单位之间要有停顿;指着实物或方位讲解时,尽量少用"这个""那个""这边""那边"等指示代词,要说实物的名称、上下左右前后等方位词;对视觉障碍儿童说话时,要先叫出他的名字,因为他可能注意不到我们转向他的目光等问题。这些在教学实践中都要特别注意,并总结规律。

教师要有意识地训练学生学会集中注意力、抓重点地听,即学会听。例如,在众多的声音中,专注听老师要求听的内容,忽略噪音。关注老师音量、音调发生变化的地方和重复的地方,这可能是重点,也可能是提醒儿童要注意的地方。注意老师板书了什么内容,可能是重点或难点。学会边听边思考,对听不懂的地方要多问。

3. 尽量使视觉障碍儿童获得更多的感性认识

为了补偿视觉障碍儿童因视觉障碍带来的视觉感性认识的缺乏,要尽量多地指导视觉障碍儿童使用直观教具、学具,增加其实际操作的机会,帮助其学习。在视觉障碍儿童观察教具前,要明确观察目的,提醒视觉障碍儿童所观察的教具有什么质感(如很凉的、很热的、软的、毛的、活的、死的、真的、假的……)、声响等,以免引起学生不必要的恐惧。明确观察方位,如前、后、左、右、正、反、上、下等。根据不同的教具,指导观察顺序。一般用手观察模型的顺序是:从整体到部分,再到整体;一般用手观察植物的顺序是:从下到上。根据不同的教具和教学需要,还可采用从上到下、从左到右、从前到后、从外到里等顺序用手观察。告诉视觉障碍儿童模型的材料、大小与实物的区别。给其他学生观看的教具、实验现象,尽量让视觉障碍儿童离近些看或摸。无论是让学生看的还是摸的教具、实验现象都要以安全为前提。特别是视觉障碍儿童预见危险的能力差,更要注意保护他们手指的皮肤及眼睛不受伤害。如需我们手把手地教视觉障碍儿童操作时,一定要与他同向操作,减小他学习操作技能的难度。

(四)盲文教学

1. 盲文

盲文是视觉障碍人用手摸的文字。盲字也叫点字,是由法国盲人路易·布莱尔在 1829 年创造的,所以,盲字也叫布莱尔点字(Braille)。一个盲文字母占一方,一方由六个点位按三排两列排列组成(如 ⠿)。六个点位按有无凸起的半球形盲符点构成 64 种符形,不同的语言用其表示不同的字母和符号。中国盲文(汉语盲文)是用不同的盲文符形表示汉语拼音的 21 个声母、34 个韵母、4 个声调符号和若干个标点符号的,因此,中国盲文是对汉语普通话语音的文字表示,是不区分同音字的。

一个汉字由一至三方组成,第一方为声母,第二方为韵母,第三方为声调。"zhi、chi、shi、ri、zi、ci、si"七个音节可只写声母,不写韵母;所有的韵母都可以独立成音节,不写声母;声调可写可不写,一般在易发生歧义时写,盲文出版物的标调率约为5%。

汉语盲文按照分词连写规则,用空方将词与词分开书写,目的是更清晰准确地表达语意。分词连写的基本规则是:符合汉语语法;符合语言的逻辑性和习惯性;考虑音节长短适度,适当减少一些零散的单音节词。

汉语现行盲文字母表

声母:

b⠆ p⠏ m⠍ f⠋　　d⠙ t⠞ n⠝ l⠇
g⠛ k⠅ h⠓　　　　j⠚ q⠟ x⠭
zh⠌ ch⠡ sh⠩ r⠱　　z⠵ c⠉ s⠎

韵母:

a⠔ o⠕ e⠢　　　　i⠊ u⠥ ü⠳
ai⠪ ao⠖ ei⠮ ou⠳　　ia⠫ iao⠜ ie⠑ iu⠎
ua⠿ uai⠽ ui⠺ uo⠕ üe⠾
an⠧ ang⠦ en⠫ eng⠼　　ian⠞ iang⠳ in⠣ ing⠩
uan⠻ uang⠶ un⠒ ong⠲　　üan⠷ ün⠬ iong⠖ er⠗

声调:

阴平⠁ 阳平⠂ 上声⠄ 去声⠆

英文字母表

a⠁ b⠃ c⠉ d⠙ e⠑　　f⠋ g⠛ h⠓ i⠊ j⠚
k⠅ l⠇ m⠍ n⠝ o⠕　　p⠏ q⠟ r⠗ s⠎ t⠞
u⠥ v⠧ w⠺ x⠭ y⠽　　z⠵

大写字母号⠠　小写字母号⠰

标点符号

。句号⠐⠆　　　,逗号⠐　　　、顿号⠠
;分号⠰　　　?问号⠐⠄　　　!感叹号⠰⠂
:冒号⠒　　" "引号⠘ ⠘
( )括号⠰⠆ ⠰⠆　　——破折号⠠⠤
……省略号⠐⠐⠐　　—连接号⠤
﹒着重号⠠　　《 》书名号⠰⠆ ⠰⠆
〈 〉内书名号⠰⠄ ⠠⠆　　·间隔号⠠
﹡注释号⠔　　　黑体号⠈

数　字

0 ⠼⠚　　1 ⠼⠁　　2 ⠼⠃　　3 ⠼⠉　　4 ⠼⠙　　5 ⠼⠑

6 ⠼⠋　　7 ⠼⠛　　8 ⠼⠓　　9 ⠼⠊

123 ⠼⠁⠃⠉　　12.3 ⠼⠁⠃⠲⠉　　2/3 ⠼⠃⠌⠉　　10^2 ⠼⠁⠚⠔⠃

数学符号

+加 ⠖　　　　　−减 ⠤　　　　　×乘以 ⠦

÷除以 ⠲　　　．小数点 ⠨　　　·点乘号 ⠐

：比号 ⠐⠒　　∝正比于 ⠰⠰　　< 小于 ⠈⠣

> 大于 ⠈⠜　　≤ 小于等于 ⠈⠣⠶　　≥ 大于等于 ⠈⠜⠶

= 等于 ⠶　　≠ 不等于 ⠈⠶　　≈ 约等于 ⠘⠶

｜绝对值 ⠸　　／分数线 ⠌　　％百分号 ⠨⠴

( )小括号 ⠰⠄ ⠠⠆　　[ ]中括号 ⠷ ⠾　　{ }大括号 ⠨⠷ ⠨⠾

2. 摸读盲文

姿势：身体坐正，书本放于桌面且摆正；双手食指指尖靠拢呈八字形斜放在盲符上，感知盲符，双手其他手指略微弯曲，与食指并排自然地放在盲符上，帮助辨别行次。

动作：按照正确的姿势，把手指放在行首，从左到右顺次移动双手。初学者，双手摸读到行尾时，右手食指不动，左手食指沿本行回到行首后，下移一行，摸到行首，右手食指放到左手处，继续摸这一行。熟练者，双手摸读到行中时，右手继续向右摸读，左手沿本行回到行首后，下移一行，摸到行首，待右手摸至行尾时，把其放到左手处，继续摸下一行。高水平者左右手都能单独摸读，可实现左手摸书右手写字。在实践中识别记忆，可以提高摸读的准确率和速度。

认识方和行：⠿⠿⠿⠿⠿⠿⠿⠿⠿⠿
　　　　　　⠿⠿⠿⠿⠿⠿⠿⠿⠿⠿

认识点位：1●●4
　　　　　2●●5
　　　　　3●●6

读作：123456 点

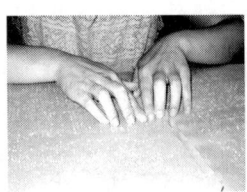

摸读

例如：⠏ 读作：125 点； ⠜ 读作：345 点。

记忆不同点位代表的字母或符号：

例如:⠏读作:1234点p。

3. 书写盲文

盲文手写板(也叫写字板、盲板):上下两片板由铰链连接。上片为盖板,其上有长方孔,每孔为一方;下片为底板,其上有与盖板长方孔对应的凹下的点子模,每方六个凹点,点位如下。

4○○1

5○○2

6○○3

底板的四角上各有一个挂纸钉,用于固定盲纸;盖板上左右各一个小孔叫笔眼,用于反面书写时上纸定位。

盲笔:锥式的笔。

上纸:把盲板放于桌面,左边为铰链;用左手向左打开盖板,将盲纸与底板对齐,放于底板上,用力把纸按在挂纸钉上,合上盖板,即可书写。一板写完后,打开盖板,把盲纸上移,让刚写完的一板上的下排挂纸钉压出的凸起,挂在这一板的上排挂纸钉上,合上盖板,即可书写,这叫做换板。

执笔:用右手的大拇指和中指夹住笔杆,食指弯曲顶在盲笔笔杆的顶端。笔杆垂直于纸面,上下运动,让笔尖落在凹下的点字模中,使盲纸变形凹下。

书写:从上到下,从右到左,顺序书写。行首在右,行尾在左。

练习按中国盲文国家标准书写盲文字母、字、词、句、文。

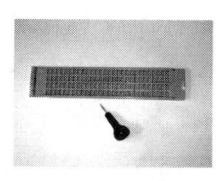 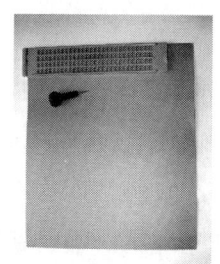 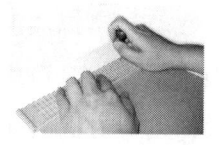

盲板、盲笔　　　　　　上纸　　　　　　执笔、书写

4. 盲文的教与学

如果班里有一位视觉障碍儿童不能读写明眼字,则需学习盲文。这可以与教授其他儿童汉语拼音同步进行,或在课外提前教授。教授盲文的方

法可参考盲校语文课本第一册和相应的教参。在学习盲文字母时要读写结合,让儿童逐步建立盲文摸读与书写的点位对应关系。一旦儿童能熟练地认读和书写盲文,就可以读课文、写字,不会遇到生字问题。但是,由于盲文是拼音文字,不区分同音字,这给儿童的摸读理解带来不少困惑,老师要给予解释。

培训活动建议

1. 两人一组,交替地把眼睛蒙起来,走出教室,再走进教室,找到自己的座位;吃一顿饭或倒一杯水;在自己的提包里找到事先放进去的笔;分辨磁带的正反面……另一人做安全保护。写下自己的感受,想想应该在哪里做一些可摸的记号。做出一两个,试试好用否。

2. 把任意一只眼睛挡住(戴眼镜的老师把眼镜摘掉),在教室里找最合适自己的座位。想想,为什么?

3. 自制一个可摸的教具。与其他学员交换,摸一摸,摸得明白吗?

4. 在现行盲文字母表中,找找规律,帮助记忆。用盲文写一句话,与其他学员交换,试着读一读。

(五)语文教学满足视觉障碍儿童的特殊需要

大多数视觉障碍儿童喜欢学习语文,这是非常好的心理状态。为了让他们能学好语文,全盲儿童首先要学会盲文,低视力儿童首先要通过训练提高近距离的用眼能力。

1. 教学要求

按照普通学校语文课程标准的基本要求,对视觉障碍儿童进行教学。但在给汉字标注汉语拼音、识别错别字等的练习中,可不要求全盲生掌握。根据低视力儿童用眼易疲劳、手眼协调能力有限的实际情况,在识字量、书写速度等方面可做适当调整,允许用汉语拼音代替繁难字的书写。

(1)摸读速度要求(仅作参考)

等级	一级	二级	三级	四级	五级	特级
每分钟摸读音节数(对应汉字数)	40	65	85	100	130	200

（2）听写速度要求（仅作参考）

等级	一级	二级	三级	四级	五级	特级
每分钟书写方数（双音节、四方、12点词）	40	50	60	65	70	90

2. 教学方法

课文中对动作的描述。《捞月亮》中"老猴子倒挂在树上，拉住大猴子的腿"的内容，我们可事先作图或用皮筋、纸、橡皮泥、玩具猴等做模型，展示给全班儿童及视觉障碍儿童。再如，挥手、弯腰等动作，可由儿童模仿，视觉障碍儿童触摸并学做。

课文中对形状的描述。《数星星的孩子》中对"那七颗星，连起来像一把勺子，叫北斗星"的描述，我们可事先做出能摸的图，上课时学生们看大屏幕演示的同时，视觉障碍儿童摸、看特意给他做的图。讲《挑山工》中"折尺形"时，给儿童们看折尺后，让视觉障碍儿童摸，我们也可以边讲边拿着视觉障碍儿童的手在桌上比划折尺形。

课文中对声音的描述。自然界中的各种声音，可做录音，放给儿童听。大多数视觉障碍儿童对声音的模仿能力较强，可让视觉障碍儿童给大家做口技表演。

课文中对颜色的描述。对于全盲或色盲的儿童，不可能感知，但要告诉他，人们通常赋予不同的颜色不同的感情。课文中全盲生不可感知的事物，例如《捞月亮》中"月亮掉在井里啦！"的内容，我们可做触摸图表现，让全盲生认可这个事实，等到上中学物理课时再讲道理。

同音字、词的区分。例如，"树木"与"数目"的区别。教师可通过组词的方法讲字，让儿童理解。用盲人计算机来帮助儿童学习区分同音字、词，将有助于儿童提高学习的积极性和主动性。例如，在盲人计算机编辑器中输入"shumu"，会出现同音的不同词：树木、数目、书目……按下特别定义的快捷键听对每个字的解释，从而选择所要写的词。

作业。视觉障碍儿童必须做语文作业。教师应掌握盲文的基础知识和阅读技能，刚开始实在不熟悉盲文，可让盲生把作业念给我们听。对盲生要有盲文书写、摸读的准确性和速度的要求。低视力学生的作业量可根据情况适当减少。

（六）数学教学满足视觉障碍儿童的特殊需要

1. 教学要求

按照普通学校数学课程标准的基本要求，对视觉障碍儿童进行教学。由于视觉障碍儿童定向能力、形象思维能力的发展受到影响，又由于盲文书写是反写正摸的，所以使用盲文的视觉障碍儿童在学习数学时会遇到较大的困难。

小学数学中的竖式计算法，用盲文书写很困难。因此，在对全盲儿童的数学教学中，不要求儿童掌握竖式计算法，要求学生掌握珠算，以代替竖式计算。这部分内容教材中没有，教师要做补充。为了加快计算速度，降低解题难度，可教给视觉障碍儿童使用语音计算器。学生解四则混合运算题和繁分数题困难较大，要多给他一些时间。重在掌握方法，免做过复杂的题目。

2. 教学方法

要充分利用直观教具、学具，增加视觉障碍儿童的感性认识，帮助儿童理解数量关系、几何图形、数学规律。例如，用数不同的实物的方法理解数量关系。用摆小棍、捆小棍的方法理解数字的进位关系。再如，认识平面上的三角形。先让学生摸三角形纸板，再摸贴在纸上的三角形纸板，进而摸用线条在纸上粘贴出的三角形轮廓线，从而达到教学目的。制作可触摸的几何图，可以培养训练儿童用手识图的技能。再如，首先找盲图正确摆放的标记（例图的右上角是缺角），按标记摆正图；再大致摸图的全貌，在头脑中形成一个整体印象；根据图的整体结构特点，按一定的顺序摸图的细节，加深对图的认识；最后再摸图的全貌，对图形成一个完整的、正确的认识。

在图表教学中，我们不但要给视觉障碍儿童可摸的图表或大字图表，还要用语言按顺序描述。可以这样描述：从表格的左上角开始，第一横行的各格内容依次是……第一竖列的各格内容依次是……按从上到下、从左到右的顺序读各格中的内容。

在长度测量的教学中，我们可以用粘贴橡皮膏条、钉钉子、打眼等方法改造普通直尺为可摸刻度的直尺，手把手地教视觉障碍儿童测量方法。

在指导盲生写盲文数字时,要提醒学生区别数字的"123"与文字的"一二三",以及降位的(小写的)"123"。

(七)其他课程的教学

随班就读的视觉障碍儿童一般应参加本班各门课程的学习。可根据视觉障碍儿童的需要和为其制订的个别教学计划,适当调整教学内容。

1. 艺术课

低视力儿童可以画图画,全盲儿童可以用粘贴的方法作画。他们可学会纸工、泥塑、粘贴、编织等各种手工技能。当其他儿童用画笔描述一个主题时,视觉障碍儿童可用其他材料表现同一个主题。

我们在手把手地辅导时,要站在儿童的后面,与儿童同向操作。注意安全,防止刀、剪、针等的伤害。

音乐是大多数视觉障碍儿童喜爱的课程,我们应充分发挥儿童的积极性,挖掘他们的优势潜能。

2. 体育课

体育课对视觉障碍儿童的生长发育是很重要的。跑、跳、投、器械运动、游泳……他们都可学会。但我们要提前为视觉障碍儿童预见危险,规避危险。上课前,检查视觉障碍儿童兜里的物品,把钥匙、小刀等物品拿出来。视觉障碍儿童在队列中,可用胳膊感觉自己的位置。

全盲生在短跑和急行跳远时,我们要用哨音引导,周围保持安静。长跑时,要有领跑,声音、绳等都可做领跑信号。

投掷时,我们要给视觉障碍儿童摆好方向。教育视觉障碍儿童,没有老师的口令,不许投掷,以免伤及同学。

器械运动要特别注意安全,要检查器械有无损坏。器械位置要告诉视觉障碍儿童,特别要告诉他起固定作用的斜拉铁丝的位置。不要常移动器械的位置,以免发生意外事故。

在教授形体动作时,要同向示范。异性师生上课时,要注意触摸身体的礼仪。

要让视觉障碍儿童相信自己能上体育课,培养视觉障碍儿童勇敢、顽强的精神。

3. 其他课程

科学、英语、品德与生活、品德与社会、地理、历史、生物、物理、化学、综合实践活动等课程,视觉障碍儿童都能参与学习。此外,最好在资源教室为视觉障碍儿童专门开设定向行走、生活劳动技能、社会适应等训练课程。

通过各门课程的教授,培养视觉障碍儿童良好的学习行为习惯,例如,会对物品进行合理分类,有序地摆放物品,在使用的用具、书本上做可摸、易看的标记等,以提高视觉障碍儿童的学习效率,减少挫败感。培养视觉障碍儿童良好的学习心态,减少学习的困难。

(八) 助视器的选择与使用

1. 助视器

低视力儿童由于不同的眼病需要不同的助视设备——助视器。所有可以改善低视力者活动能力的装置或设备都可以叫做助视器。助视器的种类很多,可分为光学助视器和非光学助视器,也可分为近用助视器和远用助视器。

放大镜是一个用于观看近距离物体的凸透镜。它的样式很多,有手持式的、镇纸型的、眼镜式的、支架式的、胸挂式的;有带照明灯的、不带照明灯的。它们有不同的放大倍数,多用于阅读、观看微小物体以及精细的手工操作。

望远镜是一组透镜组成的观看远距离物体的光学助视器。它有单筒和双筒之分。低视力儿童多使用单筒望远镜,常用放大倍数为 6～8 倍。望远镜的式样也很多,有手持式的、固定在眼镜上的、挂在眼镜上的,多用于观看远处物体,如黑板、张贴的广告等。

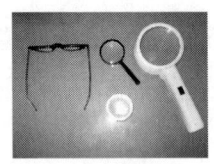

放大镜

望远镜

闭路电视放大器(电子助读器)是利用闭路电视镜头把要观看的文字或物体的像传输到显示器上的助视器。它的放大倍数、对比度、文字与背景的颜色都可以调节。

闭路电视放大器

计算机屏幕显示
放大软件

计算机屏幕显示放大软件版本很多，可以把计算机显示的内容按使用者的要求放大，同时也可以改变颜色、对比度等。

根据低视力儿童不同眼病对光线的需要情况，改善周围环境的照明情况，从而增强视功能。例如，台灯、窗户、窗帘、遮阳帽、眼镜上的遮阳板等，都可以根据需要加强照明或减弱照明。

制作大字课本、大字学习资料、大字试卷，把教具、学具、物品、建筑上的标识文字或图案放大。把阅读架（斜板）放在桌面上，将阅读材料放于阅读架上，使低视力儿童不必低头弓背地读书，减轻由于近距离阅读带来的疲劳，同时避免不良姿态的形成。

把黑色的硬纸板按照阅读文字的行宽和行距剪出一个长方形的窗口，即为阅读视窗（阅读裂口器）。将其放在文字上，固定阅读位置，从而减小因眼球震颤或视野窄小带来的阅读困难。

阅读架

阅读视窗

怕光的儿童可以佩戴滤光镜来减少进入眼睛的光线，把浅黄色的透明胶片放于文字上，可增强对比度。

2. 助视器的选择

由于各种眼病的特殊性和每一位儿童的视力、视野、用眼能力及年龄的差异，助视器的选择必须因人而异、各取所需。助视器绝不是越亮越好、越大越好。要让低视力儿童充分地尝试各种助视器，以便选择最适合他的助视器。每一名儿童可以有多个不同用途的助视器，如看书的、看黑板的、看电视的、做手工的等。

在选用光学助视器,特别是眼镜式助视器时,要请眼科医生(最好是低视力门诊的医生)和专业验光师来确定种类和倍数。

放大镜用于一般情况时,可选用 4× 镜;阅读较小字体(例如字典)时,可选用 7× 镜。当然,也可根据需要选择带灯的。

由于低视力儿童两眼视力多不一样,很少能双眼并用,单筒望远镜轻巧、便宜,深受儿童喜爱。一般选用 2×～10× 的望远镜。倍数越高,视野越小,因此,要让儿童根据需要自己选择。鼓励儿童选择较低倍数的望远镜,以确保更大的视野和更容易的搜索。

3. 助视器的使用

要让助视器充分发挥作用,必须对儿童进行使用助视器的指导与训练,特别是年龄小的儿童更要如此。

(1)放大镜的使用。教儿童调节放大镜与书、眼睛与放大镜之间的距离,直至看清文字。若用手持式放大镜,则鼓励儿童把放大镜移近眼睛,以便增大视野,然后调节读物与放大镜之间的距离,直到看清为止。若戴眼镜式放大镜,则先把读物贴近眼镜,然后慢慢远离,直到看清为止。鼓励儿童随身携带放大镜,便于随时使用。

(2)望远镜的使用。把望远镜的目镜贴近眼睛,调节焦距,直到看清前面的景物。若在室内,可将肘部放于桌面,拇指贴近鼻梁,以便稳定地调节望远镜;若在室外,可将持镜的手臂贴近身体,增加调节望远镜的稳定性。

用望远镜看景物时,视野大大缩小了,距离拉近了,刚开始使用时会不习惯。首先要训练儿童用望远镜观看固定的景物,如楼房、树木等。然后训练搜索移动的物体,如汽车、行人等。接着训练追踪移动的物体,直至远离视野范围。随后训练观看移近的物体。在教室里,训练学生用望远镜观看黑板上的字,逐行逐字地看,提高持镜移动的稳定性。使用眼镜式的望远镜可以解放双手,但不美观,儿童不太接受。在使用望远镜时,不能行走,以免发生危险。每次训练时间不宜过长,防止用眼疲劳,以不超过 15 分钟为宜。

4. 光学助视器的保养

光学助视器,如放大镜、望远镜等,其主要元件是光学镜片,镜片易磨损破碎,需要仔细保护,保持清洁。当镜片脏了时,要用柔软的、不带毛的眼镜布擦,不要用手擦。放置眼镜时,不要把镜片直接放在桌面上,以防磨损。有灯的光学助视器不能用水冲洗。

培训活动建议

1. 任选一科一课,写一份有视觉障碍儿童听课的教案。与其他学员交换阅读,找找在哪个教学环节照顾了儿童的差异。

2. 用放大镜读书,用望远镜看黑板上的字,你有什么感受?

三、视觉障碍儿童的训练与潜能开发

(一)心理康复

在婴幼儿时期就已发生的视觉障碍对学生心理的影响随着年龄的增长、自我意识的不断增强,而逐渐产生。视觉障碍儿童在与同龄伙伴的游戏中,在家长的言语、邻居的态度、旁人的话语中,逐渐发现自己与同龄伙伴的不同,会感到自己在不少方面的无能为力,特别是面对同龄人的讥笑、家长对自己行为的限制、娇宠时,容易产生自卑、自大等负面心理。

学龄期因某种疾病造成的失明对儿童的打击是强烈的,年龄越大,这种心理打击越强烈。因为他有看得见与看不清,甚至看不见的强烈对比。这种心理上的痛苦是怎么形容都不过分的。因此,对这样中途失明的儿童进行心理康复尤为重要。

如果我们的家长、老师、同学、社会上的其他人能理解视觉障碍儿童的心理,为他创造一个良好的身心发展环境,视觉障碍儿童是能够以良好的心态健康地成长的。

1. 视觉障碍儿童的家长要有良好的心态

孩子有视觉障碍,父母的心情完全可以理解。为了孩子的健康成长,父母必须从悲伤、歉疚中解脱出来,面对现实,积极、科学地抚育孩子,使其成为除眼病外身心健康的学生。

父母及家庭的其他成员对孩子视觉障碍的各种不正确认识,会深刻地、直接地影响视觉障碍儿童的健康成长。曾听到家长这样说:"这孩子废了","他还能干什么?""我不指望他","我养着他"等。孩子听了这些话,就会真以为自己不行，自己没用，爸爸妈妈不喜欢自己，父母就该养着自己，甚至怨恨父母等。

近年来，我们欣喜地发现，不少视觉障碍孩子的父母能理智地接受现实，在积极为孩子寻求治疗的同时，主动找盲校咨询，学习教育视觉障碍孩子的方法，他们希望自己的孩子像普通孩子一样能健康地成长。

2. 帮助孩子接受视觉障碍的现实

当孩子发现自己视力的缺陷时，心里痛苦是很正常的。特别是听到别人叫自己"瞎子"、受到欺负时，不同个性的孩子产生不同的负面心理是可以理解的，但这不是必然的。家长和老师要以平和的心态，在日常的生活和学习中，有意识地让孩子知道自己视力的缺陷，让孩子接受这个现实，要让孩子在实践中感到：自己虽然眼睛不好，但只要努力，自己和其他小朋友一样是能学会许多东西的。特别是对中途失明的孩子，要特别细心地引领他认识生命的意义，感受生活的快乐和幸福。这有助于视觉障碍儿童树立自信心，克服自卑心理。

要让孩子认识到每一个人都是站在自己的角度认识事物的，因此，每一个人对事物的认识都是有局限的。自己由于视觉障碍，对事物的认识不全面是很正常的。因此，要主动发挥自己其他感官的作用，尽量全面地认识事物，同时要重视倾听别人的意见。这有助于克服视觉障碍儿童盲目自大的毛病。

对每一个人来说，客观正确地认识自我都是不容易的，让视觉障碍儿童客观正确地认识自我难度更大。家长和老师要在儿童的成长过程中不断帮助他理智地认识自己的长处和短处，找到自己的优势，尽量缩小理想与现实的距离，为其选择职业走向社会打好基础。

3. 克服依赖心理

依赖心理的形成往往与家长的教育方式有关。不少家长因为心疼孩子，或没有时间，或没有耐心，或低估孩子的学习能力等，而不给孩子实践的机会。家长对孩子在日常生活中遇到的各种事务过多包办，养成了他的依赖习惯，使其逐渐形成了依赖心理、无能感、无责任感和懒惰。"自己的事情自己做"应是对孩子从小进行的教育。家长和老师要特别注意视觉障碍儿童的学习方式与普通儿童的不同，要手把手地、耐心地示范。

4. 感知觉的训练

为了让视觉障碍儿童能充分发挥各种感官的功能,最大限度地增加感性认识,我们要对儿童进行触觉、听觉、嗅觉、视觉等感官的训练。训练的原则是由简到繁、由易到难,并注意安全。

触觉训练。通过用手辨别物体的材料质地、大小、形状、粗糙程度等,提高手指的触觉分辨能力,提高手的灵巧性,在头脑中形成对物体的触觉表象。

听觉训练。通过敲打不同材料、不同大小、不同形状的物品发出的声音,形成依靠听觉辨别物体质感、大小、形状的能力。聆听各种不同形式、不同内容的音乐和语言声响,形成对音色的辨别能力。学会依靠声音分辨人、物等。通过听来自不同方位的声音训练,掌握依靠听觉辨别方向的技能,提高声音定向能力。

嗅觉训练。训练孩子通过嗅觉辨认不同的气味,如认识水果、蔬菜、洗涤用品、化妆品、饭菜、厨房、卫生间、理发馆等物品和场所的气味。这方面的训练不仅有助于认识事物,同时也是定向的线索。在训练中要特别注意安全,对强酸、强碱及有毒气体等气味的识别和防护方法,要由化学老师按照科学的方法指导训练。

视觉功能训练(参见本专题第三部分的内容)。

5. 培养视觉障碍儿童积极健康的性格

视觉障碍儿童由于视觉障碍,更多地从自我出发考虑问题。这种现象是可以理解的,但是,家长和老师要告诉学生他人的存在,做事情、想问题要有为他人着想的意识,自己的行为应尽量不妨碍他人。当因为自己的原因给别人带来麻烦时,要表示歉意;当别人(包括父母等家人)为自己做事时,要有感激之情,并表示感谢;当被人误解或非恶意的伤害时,要有宽容的情怀,学会心理的自我调节;当受到恶意伤害时,要知道怎样捍卫自己的尊严,用法律保护自己。

要让儿童感到生活的美好,使其友善地对待他人,愿意广交朋友、亲近社会。这就要家长或老师尽早地、经常地把儿童带到各种友善的人群中,使其学习与人交往的技能和各种礼仪规范。视觉障碍儿童在与人交往中要学会尊重别人的隐私,不刻意听别人的窃窃私语,不疑心别人在说、在做不利于自己的事,遇事尽量往好处着想,培养自己豁达、开朗、平和的性格。

给儿童讲述优秀残疾人的事迹,鼓励儿童以他们为榜样,克服困难,善始善终地完成各种力所能及的工作,在实践中培养儿童坚毅顽强的性格。

6.培养视觉障碍儿童广泛的兴趣爱好

视觉障碍限制了儿童的活动范围,家长和老师要有计划地带领儿童参加各种不同类型的有益活动,让儿童广泛了解各种事物和社会,通过实践培养儿童的兴趣爱好。在这个过程中,注意发掘儿童的优势潜能,增强儿童的自信心。

(二) 常见行为问题及矫正

视觉障碍儿童由于缺乏观察别人的行为举止的机会,容易养成一些不当的行为习惯,对此应该理解,但要矫正,否则不但影响视觉障碍人的形象,而且影响儿童自身的成长,影响他今后与明眼人的正常交往。家长及教师常出现的问题是,对视觉障碍儿童出现的不当行为采取包容、体谅,甚至放任的态度,这对视觉障碍儿童是极为有害的。

儿童的行为习惯是从小养成的,家长及教师应在培养儿童良好的行为习惯、防止不良的行为习惯上下功夫,不要等到儿童已经养成了不当的行为习惯再去矫正。在儿童表现出不当的行为时,要及早纠正,把坏习惯消灭在萌芽中。

下面列举一些视觉障碍儿童不当的行为习惯和矫正方法建议。

(1)用手指压眼睛。这在视觉障碍儿童中是常见的。有的是因为眼睛不舒服所致,有的是为了寻求感官刺激所致,久而久之,被压迫的一只眼变形塌陷,甚至萎缩,不仅不美观,而且影响眼睛的发育。

矫正方法建议:暂时给他配戴一个平光镜或墨镜类的眼镜,让其手不容易触到眼睛;给他安排一些事情做,转移其注意力。

(2)不自觉地摇摆、拍打自己的身体。这是视觉障碍儿童寻求运动的表现。随着活动能力的提高、活动范围的扩大,这些行为可能会减少。但是,如不纠正,有些视觉障碍儿童会形成习惯,让别人很难接受,影响正常交往。

矫正方法建议:适当劝阻;不过分限制孩子的正常活动;带领他参加各

种体育活动。

用手指压眼睛

不自觉地摇摆、拍打自己的身体

（3）站姿探头驼背。这样的姿势省力、舒服，但养成习惯会影响脊椎的正常发育，以致变形。

矫正方法建议：进行头、背、脚靠墙站立的训练，以及背贴椅背、手放背后的坐姿训练。鼓励视觉障碍儿童多做抬头挺胸的动作。

4. 不面向听者说话。常见到视觉障碍儿童不面对听者说话，因为他不能进行视觉交流，进而不知道对方需要看到自己的面部表情，也不知道这样做是不礼貌的。有时可看到有的儿童总用固定的一侧耳朵对着声音发出的方向，这时最好去看耳鼻喉科医生，检查一下另一侧耳朵是否有问题，若有问题积极治疗。

矫正方法建议：告诉儿童面向对方聆听和说话是对对方的尊重；进行声音发出方向的判断训练，学会面向声音。

站姿探头驼背

不面向听者说话

（5）用嘴感知小物品。舌头、嘴唇是触觉最敏感的地方，视觉障碍儿童用其感知物品是可以理解的。用嘴感知物品不仅不雅观，而且存在很多危险，如中毒、窒息、细菌侵入等。

矫正方法建议：讲述把物品放入嘴里的坏处；制止这种行为；对幼儿可采取无害的措施，让他感到这样做的痛苦。

（6）用手摸别人的身体。有些视觉障碍儿童不经允许，喜欢用手摸别人的脸部及身体,以了解别人的模样。这样很不礼貌。如果是为了学习某个动作,在指导者的允许下,可以触摸。

矫正方法建议:告诉儿童不经允许触摸别人的身体,那是很不礼貌的行为。要想知道对方的情况可以直接问,或征得对方同意后再摸。

(7)八字脚走路。不少视觉障碍儿童走路时两腿间距离较大,两脚呈外八字形。这种走路姿势可使他的重心移动范围比较大,不易摔倒,但不美观。

矫正方法建议:告诉他正确优美的走路姿势,训练他身体的平衡,用手扶住他的双脚,一步一步地矫正他的姿势。

(9)用脚探索身边的物体。有的视觉障碍儿童懒得用手去探索身边的物体,便用脚去踢,这样不仅会把鞋子弄脏弄破,还会踢坏东西,甚至对自己造成伤害。

矫正方法建议:告诉他这样做不文明,应该用手去探索。

(9)走路时双手在身前乱摸乱扫。这是由于视觉障碍儿童害怕前面有障碍物。

矫正方法建议:告诉他这样走路不雅观;教他行走保护法。

八字脚走路

用脚探索身边的物体

走路时双手在身前乱摸乱扫

以上矫正训练都要让视觉障碍儿童逐渐明白为什么不能那样做而要这样做的道理。启发视觉障碍儿童自觉地养成良好的行为习惯,做有修养的、受人欢迎的、被人尊敬的人。

(三)视觉功能的训练

视觉障碍儿童只要有光感,就有利用光线帮助行动、提高生活质量的可能。对其进行视觉功能训练是康复工作的重要组成部分。

视觉功能(简称视功能)是视觉障碍儿童用眼看东西的能力。它与视觉障碍儿童的视觉能力(视力、视野、眼球运动、大脑功能)、个性以及环境

(亮度、对比度、色彩)等因素有关。

视觉功能包括视觉基本能力(视觉认识能力、视觉记忆能力)和视觉基本技能(视觉定向技能、视觉定位技能、视觉搜寻技能、视觉追踪技能)。

1. 视功能训练的依据

人的视觉是在光刺激下发育成熟的;视觉器官与人体的其他器官一样,遵循用进废退的规律;适当的视觉功能训练,可提高人的用眼能力。

2. 视功能训练的目的

使视觉障碍儿童学会科学地使用眼睛,掌握视觉技能;学会有效地使用助视器;能充分利用视觉技能独立生活、完成学业、胜任工作。

3. 视功能训练的原则

环境舒适,气氛轻松愉快;循序渐进,训练内容先易后难;训练时间按儿童注意力能集中的时间长短来定;具体问题具体分析,根据每位儿童实际用眼能力和视觉障碍的主要方面选择训练起点和内容;训练结果及时向儿童反馈,增强其信心,积极配合训练;训练方法安全,无伤害。

4. 视功能训练前的准备

了解医生的诊断及儿童的视力、视野、用眼能力的评估报告,了解配用助视器的情况;了解视觉损伤的时间,判断其视觉经验的多少;了解儿童身体健康状况,有无其他残疾、疾病,体质如何,确定每次训练时间的长短,避免过于疲劳;了解学生的文化水平及训练的目的要求。根据以上儿童的具体情况,制订切实可行的训练计划,准备训练材料、设备。

5. 视功能训练的内容和方法

(1) 视觉定像技能的训练。视觉定像就是把景物的像成在视网膜上最好的地方,使视网膜上得到一个最清晰的像。

第一步,用投影仪在银幕上呈现出清晰与不清晰的像,使儿童明确什么是清晰。

第二步,教师与儿童相距1米以内相对而坐,教师迎着光线,以便儿童看清老师的脸。结合儿童视力评估报告中视野损伤情况,帮助他找到看清物体时眼球的最佳位置。

教师:"头不要动,也不要转动眼球,看着我的脸,你看到了我脸上的哪些部分?"

儿童:"鼻子、眼睛、嘴、左边的耳朵。"

教师:"头不要动,转动一下眼球,上下左右,体会一下眼球转向哪个位置看我的脸最清楚?"

第三步,训练儿童看清桌面上由大到小放置的实物或图片等。

最终使被训练者在头不动时知道怎样看东西最清晰,看到的细节最多。这一训练为配戴助视器后能从镜片的中央看清物体做准备。

(2)视觉定位技能的训练。视觉定位就是把目光集中到指定方位。

第一步,让儿童明确上、中、下、左、右、前、后、正面、反面、侧面等方位词的概念,理解这些概念的基本条件是会选择参照物,例如一条桌边、一个人、某一物体等。例如:教师:"把你的左手放在桌上,好吗?"儿童先伸出右手,犹豫了一下,又改左手。

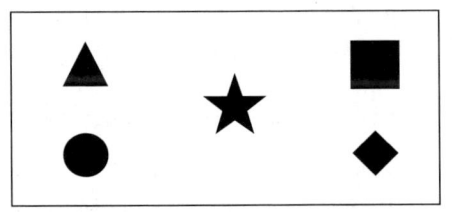

平面图

第二步,当儿童对方位词理解准确无误后,将儿童认识的色彩鲜明的一些物品放在桌上的某些位置,让他用眼睛找到桌上指定位置上的物品,并说出物品的名称,同时拿到此物。例如,教师问:"你看看桌子右上角放着一个什么东西呀?"儿童的目光移到桌子的右上角,同时手也拿到,并说:"苹果。"

第三步,定位注视的物品由少变多,由大变小。

第四步,当学生能较顺利地定位注视立体目标后,就可以开始训练在平面图上定位注视。训练方法同立体目标的训练方法相仿。例如:教师:"这张图片正中间画了个什么?"儿童目光移到图片中间,手指到图片中间的五角星,说:"五角星。"

视觉定位技能的训练,使儿童的目光能迅速准确地集中到指定点定像,为阅读时找到文章的开头、找页数、看图标等做准备。

(3)视觉认识能力的训练。有了一定的视觉定像、定位技能后,就可通过训练,提高儿童的视觉认识能力了。

第一步,让儿童明确形状、长短、大小、曲直、薄厚、颜色等概念。例如,教师与学生同坐于桌边,桌上放有一长一短的积木,让儿童学习区别长短。

第二步,训练学生认识图中所画的物体。让儿童讲图中画的是什么东西,以及这个东西的每一部分。

对视觉经验不丰富的视觉障碍儿童来讲,看图画是不容易的,因为从立体的实物抽象到平面上的图形是一个认识上的飞跃。

第三步,进一步加大画面的难度,看懂有背景的图画。认识物体的整体与部分。例如,教师:"这个小房子是由哪几个部分组成的?"儿童指着图说:"三角形、正方形、长方形。"

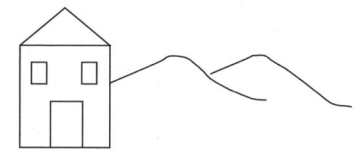

山前的小房子

随着视觉认识能力的提高,视觉经验不断增加,儿童会越来越容易看懂图画所描绘的景物。

(4)视觉记忆能力的训练。一个人若不能把所看到的景物记住,形成视觉表象,就看不懂一切。视觉记忆包括对物体的形状、颜色、部分与整体的关系的记忆。

第一步,让儿童先看图案,然后由老师把图剪成几片,让学生凭记忆把图案拼起来。这一过程可以通过拼图游戏来实现。

第二步,让儿童先看图案,然后凭记忆把图案再画下来(难度较大,要求不要太高)。

训练时给儿童看的图案要由简到繁。这样的训练,不仅能提高儿童的视觉记忆能力,而且能培养他们细心观察、认真学习的良好习惯,为识字、写字做准备。

(5)视觉搜寻技能的训练。视觉搜寻就是用目光有序地寻找固定目标。一般搜寻目标的顺序是从左到右,从上到下,从前到后。

第一步,在桌面上放一些不同的物品。例如,教师:"杯子在哪里?你能找到它,拿给我吗?"儿童按顺序找到杯子,拿给老师。

第二步,在纸上画一些规则的折线,让儿童的目光沿着线条移动。

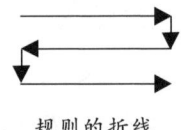

规则的折线

第三步,在纸上画一些不规则的曲线,让儿童的目光沿着曲线移动。

不规则的曲线

为了提高儿童的训练兴趣,可把这种训练编成游戏,如顺藤摸瓜、找算式、走迷宫等。视觉搜寻技能的训练,使儿童能用目光迅速、准确、有序、无遗漏地搜寻到固定目标,为顺利地阅读,特别是有效地换行做准备。

(6) 视觉追踪技能的训练。视觉追踪就是用目光追随注视运动的目标。

第一步,让儿童头尽量不动,目光随着眼前40厘米左右距离的物体的移动而移动。追随注视的目标按笔形手电筒、实物、图片的顺序呈现,且呈现物由大到小。

第二步,让儿童把自己的手放在眼前看得见的位置,头不动,目光追随手的移动。这也是手眼协调能力的训练。

第三步,用笔在两条相邻曲线间画线。要求在画线过程中不要提起笔,要一笔画下去。两线间距离由宽到窄,最后能在一条线上描画。

视觉追踪技能的训练使儿童能用目光顺利地追随运动目标,为书写做准备。

以上训练都是近距离用眼能力的训练。

(7) 远距离用眼能力的训练。远距离用眼能力的训练包括视觉远距离的定像、定位、搜寻、追踪等。它们的含义同近距离的相应训练相仿,但目标在1米以外。因此,这些训练常常使用远用助视器,如望远镜。由于助视器的使用将不同程度地缩小视野,这会给视觉定位、搜寻等带来很大困难,因而需要加强训练。

第一步,定像训练。练习调节望远镜的焦距,直至尽量看清要观察的物体。要让儿童知道只要观察的目标相对自己的距离发生改变,就需要调整望远镜的焦距。

第二步,定位训练。儿童用望远镜看黑板上写的字,并读出。

第三步,搜寻训练。儿童可做站在楼前数窗户,站在街道边找车站牌等练习。

第四步,追踪训练。儿童可站在高处,观察一个人、一辆车的运动,并用语言描述看到的情景。

以上是儿童静止地观察静止的或运动的物体的训练。

第五步,不用望远镜,在运动中观察静止的物体的训练。儿童可边走边数路旁的树,可在街上边走边找某路汽车站牌,找到后,停下来,用望远镜看站牌上的字。

第六步,不用望远镜,在运动中观察运动的物体的训练。在空旷的场地上,儿童用眼看着老师,跟在老师的后面走。在人不太多的场地上,儿童跟在老师的后面走。在人来人往的街道上,儿童跟在老师的后面走。

从以上视功能训练可以看到,视功能的训练往往是综合性的,眼、手、脑将得到同步发展。同时,各种训练应是循环进行的,不要追求一种训练一步到位。

培训活动建议

1. 小组交流:描述一位您遇到过的视觉障碍儿童的心理状况,您认为需要对他进行哪些方面的心理培养?选择一个方面,设计一个培养方案。

2. 设计一个矫正视觉障碍儿童不当行为习惯的方案,在小组内交流。

3. 对一名视觉障碍儿童(可由一名教师代替)进行视觉功能训练,学习视功能训练的方法。

(四)定向行走的训练

视觉障碍儿童因为视力原因带来的最大困难之一就是难以辨别方向并且自如地行走。家长和教师要帮助他,让他掌握定向行走的技能,提高生活质量。

1. 辨别方向

视觉障碍儿童首先要建立方向、位置的概念。通过阳光、建筑、植物等参照物知道东、南、西、北四个基本方向,以自身为参照物,知道上、下、左、右、前、后六个基本位置,进而知道物体与物体之间的位置关系。例如,甲物体在乙物体的旁边;甲物体在乙物体的上边等。

确定身体的方向。背向墙壁、门等固定的平面,贴近站立,双手臂在体侧展开,触及平面,感受自己与平面的位置关系和身体的方向。向着垂直于平面的方向直行。注意,这个平面也可能只是很矮的路沿石,需要只靠两脚后跟确定自己的身体方向。

2. 自我保护法

为安全起见,视觉障碍儿童在行动之前,特别是在陌生的地方,要学会自我保护。

以门为参照平面

上部保护法。目的是保护头及面部。具体动作是抬起一侧手臂,前臂与上臂成120°,上臂略高于肩,前臂横于面前10~20厘米处,手指自然并拢,掌心向外,指尖略超过对侧肩。

上部保护法　　　　　下部保护法　　　　　躯干交叉保护法

下部保护法。目的是保护身体下部。具体动作是一侧手臂自然伸直,手指自然并拢,掌心向内,手掌在身体中线处下垂,与身体保持约25厘米的距离。

(3) 躯干交叉保护法。目的是保护全身。具体动作是用一侧上肢做上部保护,用另一侧上肢做下部保护,就是躯干交叉保护法。

3. 取桌面上的物品

坐于桌边,双手摸到身边的桌沿,辨别方向;一手手背向外,小指边放于桌面,由近及远、慢慢地探索桌面上的物品。当手背触及物品时,若感到扎痛、烫等不适时,立即向相反方向离开;若无不适,即可取用。

用手背触及杯子

注意:不要手心向下、贴于桌面、快速滑扫搜寻,否则有损伤手部、损坏物品的可能。

4. 寻找掉落的物品

在物品掉落时,立即停止其他动作,转身面向物品掉落时发出声音的方位,用一侧手臂做上部保护动作,身体竖直蹲下,用另一侧手臂向掉落声方向,由近及远,手背向外,搜寻失物。

注意:不要直接弯腰拣拾掉落的物品,以免面部受伤。

寻找掉落的书

5. 入座

从后边接近椅背,一手摸到椅背,另一手摸到桌边,将椅子从桌下拉出,摸着椅背的手向下摸到椅面,用手背探索椅面,确认安全后落座。

注意:离开时要把椅子放回桌下,以备下次使用,同时防止椅子磕碰到行人。

入座

6. 沿物行走

面向行走方向,体侧离墙面(或桌边等)约20厘米,靠墙一侧的手臂伸出,与身体成45°角,略向外展,手自然并拢稍弯曲,无名指与小指背轻触墙面,沿墙行走。

注意:当手触及到障碍物时,要立即停下,以免受伤。

7. 进出门

走到门前,面向门站立,靠近门轴一侧的手寻找门把,握住门把,把门打开;握门把的手换握另一侧门把,同时一脚向前探知是否有门槛,若有,则迈过门槛;进出门后,顺势将门轻轻关好。

注意:走到门前时,防止门半开着,磕伤面部。

(1)开门　(2)过门　(3)关门

进出门

(1)准备　(2)到顶

上楼梯

8. 上下楼梯

上楼梯。走到楼梯口处,面向楼梯站立,用手扶住扶手,或按沿墙走的方法把无名指与小指轻触于墙面;一脚轻触第一台阶的竖面,探知台阶的高度和深度;按照沿物行走的方法逐级而上,根据扶手变化以及脚下的感觉,判断是否到了最上面一级台阶,用一脚前伸探知是平地后再前行。

下楼梯。走到楼梯口处,面向楼梯站立,用手扶住扶手,或按沿墙走的方法把无名指与小指轻触于墙面;一脚轻探到第一级台阶的边缘后,两脚尖近于台阶边缘站立;按照沿物行走的方法逐级而下,根据扶手的变化以及脚下的感觉,判断是否到了最下面一级台阶,用一脚前伸,探知是平地后再前行。

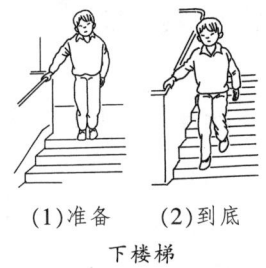

(1)准备　(2)到底

下楼梯

适宜的盲杖长度

9. 使用盲杖行走

(1)盲杖。盲杖是视觉障碍人行走的辅助工具,正规的盲杖可分为腕带、手柄、杖体、杖尖四部分,杖体红白相间,长度以地面到使用者心窝处为宜。竹竿、木棍、藤条等简单的棍棒都可当作盲杖来使用。而标准的盲杖还起交通警示的作用,告知路人和车辆,执杖者是视觉障碍人。

(2)执杖法。执杖法分直握法和斜握法,直握法又分为握拳法和握笔法。

握拳法　　　　握笔法　　　　斜握法

握拳法:执杖手虎口向上,向握拳头那样握住杖柄,杖体垂直于地面。

握笔法:执杖手像拿毛笔那样拿着杖柄,杖体垂直于地面。

斜握法:执杖手套进腕带,食指伸直指向杖尖贴于杖柄的扁平一侧,拇指与其他三指握住杖柄,手背向上,手臂紧靠身体前伸,执杖手位于身体中线前,手腕自然内收外展,使杖尖能在体前一步远处,沿地面摆动或点击探索。

（3）执杖行走。以右手执杖为例。右手按斜握法执杖,杖尖置于体前左侧略超肩宽的地面,左脚起步向前迈进时,执杖手腕外展,使杖尖沿地面略呈弧形,移向体前右侧略超肩宽的地面;右脚迈进时,执杖手腕内收,使杖尖沿地面略呈弧形,移向体前左侧略超肩宽的地面。如此交替前进,呈现:杖尖在左时,迈出右脚;杖尖在右时,迈出左脚。通过杖尖提前一步探知路面情况。

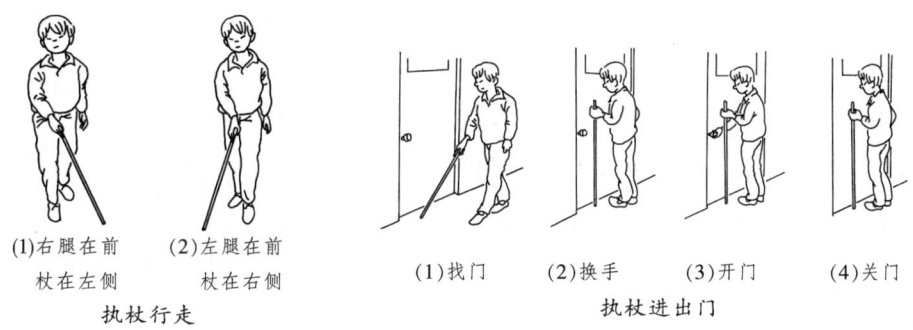

(1)右腿在前　(2)左腿在前　　　　(1)找门　(2)换手　(3)开门　(4)关门
　杖在左侧　　杖在右侧
　　　执杖行走　　　　　　　　　　　　　执杖进出门

①执杖进出门

斜握法执杖走至门前,杖尖抵住门底边,探索门宽,盲杖交于门把一侧的手中,改换直握法,竖起盲杖,按照徒手进出门的方法进出门,只是可以用盲杖探索是否有门槛及门槛的高低。

②执杖上下楼梯

上楼梯:斜握法执杖走到楼梯口,用杖尖探触第一级台阶的宽、高、深,改换直握法,将盲杖提起,杖尖触到第二级台阶的边缘,上楼梯过程中,杖尖始终触及上一级台阶的边缘,当触及不到台阶时,表明再上一级台阶就到顶了。

执杖上楼梯

执杖下楼梯

下楼梯:斜握法执杖走到楼梯口,用杖尖探触第一级台阶的宽、高、深后,杖尖触及下一级台阶的前沿,下楼过程中,杖尖始终触及下一级台阶的前沿,直到探到平地时表明再下一级台阶就到底了。

执杖上下楼梯与徒手上下楼梯的方法结合起来使用会更安全。

10. 在明眼人的引导下行走

通常情况下,明眼人带领视觉障碍人行走是最安全的行走方法。

(1)引路的基本动作。明眼人要带视觉障碍儿童行走,必须征得他的同意。引导者与视觉障碍儿童并排而立,引导者用靠近儿童的手背轻触其手背,儿童被触及的手沿引导者的手臂上移至引导者的肘关节处,儿童四指在引导者手臂的内侧,拇指在外侧,轻轻抓握引导者的肘关节。儿童后退半步,站在引导者的后侧方,抓握的手臂的上臂与身体靠拢,与前臂成直角。当引导者迈步时,视觉障碍儿童可根据抓握手的感觉跟随行进。

建议引导者站在左边,视觉障碍儿童站在右边,因为我国的交通规则是右行原则,视觉障碍儿童应走在安全的一边。

(1)示意　(2)随行

引路的基本动作

(2)换边。视觉障碍儿童需要从引导者的一侧移动到另一侧,有两种方法。这里以视觉障碍儿童要从引导者的左侧移动到右侧为例。

逐步换握法:儿童用左手替换下握住引导者左臂的右手,右手用手背沿引导者的背部向右移动,摸到引导者的右臂,同时身体向右移动,左手与右手交换,使儿童的左手握住引导者的右肘部,站于引导者的右后方。

(1)　(2)　(3)　　　　　　(1)　(2)

逐步换握法　　　　　　　直接换握法

直接换握法:儿童直接将左手从自己的手臂上方、引导者的背部向右移动,握住引导者的右肘关节处,放开右手,同时身体向右移动到引导者的右后方。

(3)向后转。引导者告诉视觉障碍儿童要向后转了,并抬起被抓握的手臂示意,两人同时转90°成为面对面站立,儿童用另一侧手抓握引导者的另一侧手臂肘关节,同时松开最初的抓握手,两人同时再转90°成为同向,儿童后退半步,站在引导者的后侧方。

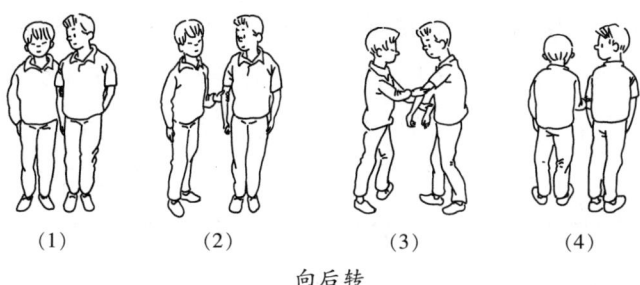

向后转

(4)引导过狭窄通道。当要通过狭窄通道时,为了安全,引导者把视觉障碍儿童引导到自己的身后行走。

引导者将被抓握的手臂向身后弯曲贴于腰部,儿童根据引导者手臂的变化,将抓握手移到引导者的前臂,在引导者的身后行进。当道路宽敞后,引导者放下弯曲的手臂示意,学生恢复原来的行走姿势。

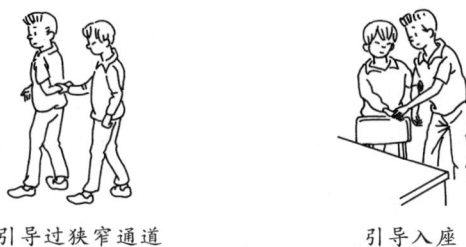

引导过狭窄通道　　　　引导入座

(5)引导入座。引导者把视觉障碍儿童带到椅子的后边,把儿童的一只手放在椅背上,另一只手放在桌边;儿童自己调整桌椅间距离,并确定椅面上没有杂物,自行坐下。

(6)引导进出门。来到门口时,引导者根据门轴的位置,示意儿童用换边法调整两人的位置,使儿童站在门轴一边;引导者用被握臂的手摸门把,

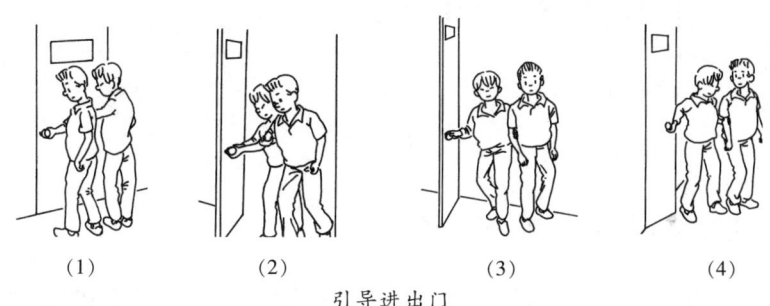

引导进出门

儿童用门轴侧的手顺着引导者被握臂找到门把并握住,同时,引导者放开门把,由儿童把门打开,过门后,再由学生把门轻轻关上。

(7)引导上下楼梯。走到楼梯口处时,引导者稍作停顿,语言提示要上(下)楼梯了。视觉障碍儿童上前半步,与引导者并排面向楼梯站立。

上楼梯:引导者先一步上楼梯,儿童根据手臂的感觉跟随晚一级上楼梯。当引导者上完最后一级台阶时略加停顿,示意儿童还有一级台阶就到平地了,儿童上完最后一级台阶站稳后,引导者再带领行进。

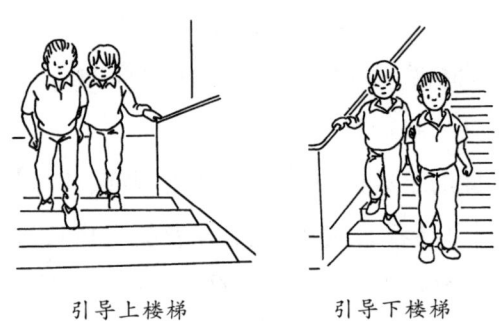

引导上楼梯　　　　引导下楼梯

下楼梯:引导者先一步下楼梯,儿童根据手臂的感觉跟随晚一级下楼梯。当引导者下完最后一级台阶时略加停顿,示意儿童还有一级台阶就到平地了,儿童下完最后一级台阶站稳后,引导者再带领行进。

(8)引导上下电动扶梯。来到电动扶梯口处时,引导者要告诉视力障碍儿童是上还是下。引导者把儿童的空闲手放在扶手上,先一步上梯,儿童握紧扶手跟随迈步上梯。当儿童感到扶手变平缓时,略翘起一只脚尖,当这只脚的脚底达到接合处时,向前迈出,另一只脚跟随下梯,引导者接应。

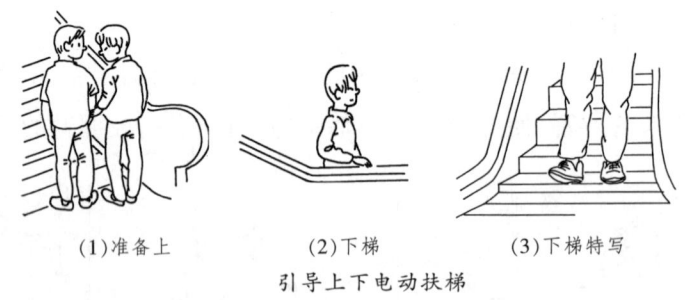

(1)准备上　　(2)下梯　　(3)下梯特写
引导上下电动扶梯

(五)生活、劳动技能的训练

生活能力是人最基本的能力,是一个人为满足生理需要和精神需要所必须具有的自我服务能力,是发展其他能力的基础。一个缺乏生活能力的人不仅无法独立生活,也不可能坚持正常的学习和工作。培养视觉障碍儿童生活能力的目的是提高其生活质量。

1. 培养视觉障碍儿童生活技能的途径

家庭是最好的培养儿童生活技能的地方,因为它完全是真实的、有意义的、自然的,能够享受到成果的,但没有系统性、规范性。

生活指导课、认识初步课、劳动课、社会课、劳动技术课等课程,其主要目的是培养儿童的生活能力。儿童的生活技能训练、自我服务性劳动技能训练以及适应社会生活能力的培养是系统的、规范的,但较多的模拟使儿童的实践缺乏真实性和自然性。

住校生活是一种集体生活,它与家庭生活不同,在集体生活中生活能力的培养与在家庭中是不同的。住校生活更注重自律和对同伴的宽容。生活能力强的儿童会赢得更多同伴的欢迎。因此,在住校生活中进行生活技能的训练,可在同伴中产生互相激励的效果。

2. 生活自理能力的培养

普通儿童更多是在观察并模仿大人的活动中学会生活自理的,而视觉障碍儿童生活自理能力的培养要靠父母、教师手把手地训练。

熟悉环境。视觉障碍儿童以自我为中心,即以自己为坐标原点去了解周围环境,是可以理解的。这也是其了解环境、建立方位感的开始。因此,先要让儿童知道自己的前面有什么,后面有什么,上、下、左、右各方有什么,某房间、楼、学校、城市、国家在自己所在地的什么方向。然后再学习跳出自我这个中心,以房间里的桌子为坐标原点,搞清室内物体分别在桌子的什么方位;以自己家为坐标原点,搞清学校、商店、医院等在自己家的什么方位;以北京为坐标原点,搞清某城市在北京的什么方位;以中国为坐标原点,搞清某国家在中国的什么方位……逐渐在视觉障碍儿童心中建立一个由近及远的心理地图,使儿童做到对环境心中有数,有安全感。当视觉障碍儿童来到一间陌生的教室时,老师或同学要按顺序给他讲解教室的布局,并带他一一摸到。

盥洗梳漱。相当多的视觉障碍儿童不太注意自己的仪表,不主动或不愿意盥洗梳漱。因为他们没有对其他人是否整洁的视觉感受,不觉得不整洁有什么不好,只是听别人在说。因此,家长、老师要给他讲仪表整洁的道理。首先,让儿童体会不干净和干净的手、脸、脚、头发的手感区别,体会刷过牙与没刷过牙时口腔、牙齿的感受,找到干净时舒服的感觉,产生要把自己洗干净的愿望。然后,教他认识毛巾、盆、香皂、洗发液、浴液、牙刷、牙膏、漱口杯、护肤品、梳子等物品,学习这些物品的用途、使用方法。通过实践掌握洗手、洗脸、刷牙、洗脚、洗澡、梳头等的方法步骤。在教法上要特别注意操作的细节。

饮食。视觉障碍儿童在倒开水、盛饭、夹菜时存在较多困难和不安全因素,要教给他们具体的方法,特别是怎样用听觉辅助操作。视觉障碍儿童开始时最好不用盘子和筷子吃饭,用深一些的碗及勺子吃饭比较方便、安全,逐步训练用盘子和筷子吃饭。暖水瓶最好是有全包的塑料外壳,以防暖水瓶破裂时开水立即流出,烫伤学生。吃饭时碗、勺、菜等放在固定的位置,以便于儿童自取。教育儿童讲究饮食卫生,不吃不卫生的食品,不暴饮暴食。

使用卫生间。首先要让儿童熟悉卫生间的布局、各种用具的功能和使用方法。有些儿童在家里使用坐便器或便盆,而学校多使用蹲便器,因此,要教儿童怎样找到脚踏的位置,怎样防止踩空,怎样冲洗,以及如何便后洗手等。对年龄小的学生要教育他不能随地大小便,上课时有便意一定要告诉老师。教师应配合家长指导女生月经期的护理和卫生。

着装。多数年龄小的视觉障碍儿童不注意着装是可以理解的。作为家长和老师要给儿童讲述着装的意义和礼仪规范,教他学会怎样辨别衣服的前后正反、鞋子的左右、干净衣服和脏衣服,并让其学会扣扣子、系鞋带、拉拉锁、使用尼龙搭扣等。老师要告诉家长不要给年龄小的孩子穿着佩戴带有别针类饰物的衣服和饰品,以免在活动中发生危险。

3. 日常家务劳动能力的培养

日常家务劳动能力是一个人最起码的劳动能力,是生存的基础。对于视觉障碍儿童来说,日常家务劳动能力关系到其今后的生活质量。视觉障碍儿童日常劳动能力需要专门培养。

整理打扫房间。首先要让儿童感到房间里哪些地方乱了,哪些地方脏了,哪些地方容易脏乱。乱容易感受到,而脏需要让儿童通过区别干净与脏的手感或气味来建立概念。整理的规矩是秩序、归类、物归原处。打扫则要先认识工具,擦布、刷子、笤帚、吸尘器、洗涤液、去污粉等的用途、用法。视觉障碍儿童在打扫房间时一定要找好起点,并记住,按顺序清扫。在打扫房间时一定要注意安全,不要磕、碰、扎、割伤,不要触电。同时,也要保护好物品,不要损坏。

洗衣物。首先要能用手和鼻子分辨衣物是否脏了,知道衣物什么地方容易脏。知道洗衣盆、搓板、洗衣机、晾衣架、肥皂、洗衣粉、消毒液、柔软剂等的用途和使用方法。学会手洗方法和机洗方法。

做饭。这里所谈的做饭是最基本的饭菜的做法,不谈高标准的烹饪技艺。由于做饭大多需要加热,操作不当易造成烫伤;做饭常用刀具,使用不当易造成割伤;做饭常用明火,使用不当易发生火灾;做饭用电一般功率较大,使用不当易发生断路、触电等事故。因此,做饭有一定的危险。另外,极其重要的是饮食卫生,要让儿童学会辨认食物是否腐败变质。在教视觉障碍儿童做饭时,首先要教会儿童自我保护,知道危险可能来自何处。

钱的使用和管理。让视觉障碍儿童学会钱的辨认、收藏、存、取,学会记账,并逐步学习怎样选择商品,怎样商讨价钱,怎样付款,怎样退货,怎样求得保修,怎样电话或网上购物,怎样交电话费、水费、电费、煤气费等。

4. 职业劳动技能的训练

对视觉障碍儿童的职业劳动技能的训练一般在九年义务教育完成后进行。根据当地的实际情况,也可在初中高年级结合社会实践课或劳动技术课进行。视觉障碍儿童可选择的职业劳动种类与其用眼能力、个人爱好、其他身体条件等有关。在发达国家,视觉障碍人正在从事的工作种类很多。在我国,视觉障碍人从事的工作正不断增加,主要有:按摩师、残疾人工作者、盲文印刷出版工作者、教师、演员、钢琴调律师、播音员、电话咨询员、手工编织工作者、种植、养殖、商业经营、计算机软件开发等。

在城市,大部分视觉障碍人从事按摩工作。中国幅员辽阔,各地都有别具特色的工作供视觉障碍人选择。像按摩师、钢琴调律师等专业性很强的职业,要在九年义务教育后进入中等专业学校学习,甚至进入大学学习;手工编织、种植、养殖等工作,可以在九年义务教育之后参加短训班学习,或在义务教育期间的高年级劳动技术课、社会实践课学习。在教学中,要指导视力障碍儿童如何进行职业选择,让他们对未来充满信心,并能切合实际地选择职业。

(六)优势潜能的开发

由于视力低下,视觉障碍儿童往往给明眼人貌似无能的感觉。走路,要拉他一把;落座,要带到凳前;找东西,替他完成;穿衣、吃饭等日常生活自理行为能力受到明眼人的怀疑。甚至还有人问:"盲人?他听得见吗?"好像眼睛不好了,耳朵也会不灵。明眼人对视觉障碍人士的这种认识是可以理解的,因为他站在自己的角度想问题,假设自己看不清或看不见会是怎样的感受。我们常常不自觉地把自己的想法当作视觉障碍儿童的感受,因而降低了对视觉障碍儿童的要求。实际上,根据多元智能理论,应该全面评价视觉障碍儿童。视觉障碍儿童除了视觉障碍外,其他感官功能和智力都是正常的。在良好的家庭教育和学校教育下,他们会有良好的心态和健康的体魄,他们会更多地利用听觉、触觉等其他感官认识事物、学习知识与技能。

当我们静下心来认真观察视觉障碍儿童时,会发现他们像其他儿童一样具有许多优势潜能,一旦把这些优势潜能挖掘出来,将不仅促进视觉障碍儿童的发展,而且还会深刻地影响其他儿童的发展。

1. 早期的、科学的听觉、触觉训练及大量的实践,可使视觉障碍儿童拥有比同龄学生灵敏的听觉和触觉。

视觉障碍儿童大多善于借助听来辨别人及人的态度,借助摸来辨别物体。通常情况下,他们的听觉和触觉比其他同龄人要灵敏一些,这不是视觉障碍的必然结果,而是早期大量实践的结果。

我们在教学中要特别注意视觉障碍儿童的听觉、触觉优势在其参与课堂学习中发挥的作用。例如,在读课文时,让视觉障碍儿童注意听其他同学朗读中的情感表达,可请他做评价。在全班同学看多媒体课件时,让视觉障碍儿童从听觉的角度体会课件所展示的内容,让他讲给同学们听,很可能他的感受正是其他同学所忽略的。在美工课或劳技课上,可加强对视觉障碍儿童触觉辨别力的训练,他在此方面的能力往往超过其他同学。音乐是大多数视觉障碍儿童的所爱,常比其他同学更快地学会一首歌或某种乐器的演奏。

2. 单纯的视觉障碍儿童没有语言障碍，其语言表达能力一般能够正常发展。

培养视觉障碍儿童的语言表达能力和声音摹仿能力，利用他们良好的听觉记忆力、分辨力，向同学们复述听到的内容，摹仿听到的声音。训练视觉障碍儿童用自己的真情实感写作文，并勇于与同学们交流，不仅对其自身写作能力的提高大有好处，而且可让全班同学有机会了解从不同的角度认识事物的感受。

值得注意的是，先天全盲的儿童会出现语意不合的现象。因为他听了许多对事物描述的语言，但没看见过，对听来的对事物的语言描述不能形成视觉表象，因此，我们不知道他使用一个词时是否与我们的理解一样。这一点表现在他的作文里的不当用词。为了使视觉障碍儿童对语言有正确的理解，我们在教学中要尽量利用他已有的感性认识讲解，利用实物教具辅助讲解，使他们对事物认识的概念建立在具体的触觉、听觉及视觉表象的基础上。

3. 视觉障碍带来的逆境磨练着视觉障碍儿童的品格，其行为感染着其他儿童。

视觉障碍儿童比其他儿童经历了更多的磨难。要基本达到和其他儿童一样的学习标准，必须付出更多的时间，克服更多的困难，这是对他意志品质的磨练。经受住考验，坚强地走过来的同时也造就了他的坚毅品格。在良好的教育环境中成长起来的视觉障碍儿童，大多具有顽强的克服困难的毅力和自立自强的精神，这正是其他儿童应该好好学习的品德。我们在教学实践中要激励并帮助视觉障碍儿童勇敢地克服困难，并用视觉障碍儿童勇敢坚强的、生动的表现，教育其他儿童，让全体儿童在互相鼓励、互相学习、互相帮助中共同发展。

4. 视觉障碍儿童在各种活动中发现并发展着他的特长。

鼓励视觉障碍儿童参加课外活动和各种社会实践活动，特别是与同学们一起做游戏，是发掘其优势潜能的好时机。在校园广播中，可以听到视觉障碍儿童的声音；在学校的舞台上，可以看到视觉障碍儿童的表演；在运动场上，可以见到视觉障碍儿童的身影；在板报栏中，可以看到视觉障碍儿童的作品;在郊游的队列中,在劳动的场地上……都应有视觉障碍儿童。让视觉障碍儿童在参与各种集体活动中,发现自己的优势,培养自己的爱好,发展自己的特长。

曾有一位先天全盲的儿童在北京的一所普通中学随班就读,他弹得一手好钢琴,各门功课均很优秀,特别是同学们都认为难学的物理、化学,他也学得很好。他凭着心算,老师读完一题,他能很快说出正确的答案,比其他学生还快。他成为全班同学学习的榜样。经过努力,他考上了大学,毕业后在一家出版社工作,后来又到国外留学,现在他在国外工作。

培训活动建议

1. 通过对一名视觉障碍儿童(可由一名教师代替)进行定向行走技能的训练,学习定向行走技能的训练方法。

2. 设计一个教视觉障碍儿童刷牙或扫地等内容的训练方案,在小组内交流。

3. 想想自己班里的视觉障碍儿童有什么优点,他可能有什么优势潜能还没被发现,怎样帮助他找到自己的优势并开发出来。

四、争取帮助与支持

(一) 视觉障碍儿童对资源教室的要求

当前,随着我国医疗卫生事业的发展,视觉障碍儿童特别是全盲儿童大量减少,有的县只有几名,有的县甚至没有,因而在普通学校随班就读的视觉障碍孩子数量不多。普通学校的普通教师,包括视觉障碍儿童的任课教师一般担负这些学生德、智、体、美全面发展的任务,而了解他们的特殊需要和身心特征,针对其需要提供特殊的教具学具、学习材料等,并对他们进行各种能力的培养以及缺陷的补偿的任务,主要由普通学校的资源教师或班主任承担。资源教师和普通教师各有自己的特定任务,既分工又合作,共同搞好视觉障碍儿童随班就读工作,所以了解资源教室和资源教师的作用很重要。

1. 为视觉障碍儿童建立资源教室

资源教室是在普通学校中为随班就读儿童进行特殊教育的一种设施。

我们可以这样理解:普通学校随班就读实际上就是在普通学校实施特殊教育。针对普通学校教师对特殊教育知之甚少,面对随班就读的特殊儿童,特别是面对视觉障碍儿童不清楚应怎样帮助他,应怎样进行教育教学的情况,专家提出了设立资源教室的方案:通过资源教室所具有的资源教师和教具学具等为特殊儿童提供特殊的教育教学;为普通教师提供特殊教育的教学方法和手段。实际上,资源教室是特殊教育向普通教育过渡的一种措施。国内外大量实践也证实了,资源教室在为学校随班就读提供支持方面,使随班就读特殊儿童"留得住、学得好",对防止"混读"起着重要作用。

"资源教室"一词是由英文翻译过来的,在日本也称"支援教室"。顾名思义,资源教室就是要为随班就读的儿童提供各种资源,包括教育教学资源、教具学具资源等。资源教室是指在普通学校中设置,专门为有特殊教育需要的儿童提供适合于他们的个别化教学活动的场所(教室)。

资源教室应有1~2名专职或兼职的专门推动特殊教育工作的资源教师,并应有一间教室以及各种特殊的教材、教具、教学媒体、图书设备,如适合视觉障碍儿童的录放机、实物投影仪、盲文打字机、不同放大比例的放大镜、大字书籍、盲文书籍、诊断用的测验工具、资料柜、储藏柜、课桌椅等。儿童在特定时间到这里接受特殊教育。资源教室与特殊教育学校和特殊教育班最大的不同是,儿童只是部分时间到这里上课,其他时间仍在普通班中。所以资源教室的目标是:为有特殊需要的儿童和普通班教师提供教学的支持,以便使儿童能继续留在普通班级,并帮助这些儿童保持比较稳定的情绪,在学习方面也能有一定的进步。

资源教室的功能有两点:一是运用教育诊断的技术,分析特殊学生学习能力的长处及短处,并通过个别化教学,对这些儿童的问题采取补救的教学与辅导。二是培养提高特殊学生的社会适应能力,使其能较好地适应普通班级和学校的生活。

在我国,资源教室的设置由各县市教育行政部门根据各地区实际需要在中小学确定,并先行试点,了解考察效果,再全面实施。资源教师应当选择受过特殊教育专业训练的教师担任。他们的职责一是直接指导(辅导)随班就读的视觉障碍儿童(见下文);二是指导和协助担任随班就读教学的教师搞好视觉障碍儿童的教育教学工作;三是指导其他普通儿童正确对待视觉障碍儿童,并能融洽相处;四是巡回指导资源教室服务辐射面的学校(即周边普通学校)的随班就读教育教学。资源教室的教学时间应配合学校上课时间进行统筹安排。资源教室对随班就读视觉障碍儿童的教学方案,由资源教师与普通班教师共同拟定并实施。

一所学校的盲教资源教室,内有盲文打字机2台,资源教师1名,儿童在每周固定的时间到教室接受个别指导。

北京一所普通学校被区教委指定为随班就读骨干学校,学校建立了资源教室,学校的资源教师责任心强并接受了特殊教育的培训。在学校领导的推动下,资源教师装备了资源教室设施,并很快针对全校每个特殊儿童残疾类别的不同和教育的需求列出了个别教学和训练计划。由于这位教师肯于钻研,资源教室在学校的随班就读工作中发挥了重要作用。但几年后,由于这位资源教师调离,学校的资源教室在一段时间内活动停止,随班就读工作受到了很大影响,直到学校又培养了另一名资源教师,资源教室才重新开始了运作。

以上案例说明了资源教室的建立最重要的是人,即资源教师。

香港随班就读的盲生一般是寄宿在盲校内。他们每天早晨从盲校出发到各普通学校去上学,放学后又回到盲校。这样他们可以充分利用盲校的盲用电脑等仪器设备完成学习作业,并随时接受盲校教师的辅导。每有8名盲生到普通学校随班就读,教育署就增派1名资源教师。这个资源教师的工作非常繁忙:帮助盲生熟悉到各随班就读的中小学校的路程(定向行走认识路);给盲生刻印盲文教材和考试卷;辅导盲生学习;指导普通学校教师如何进行教学,指导普通学校教师和学生怎样和盲生和睦相处等。总之,资源教师要帮助解决盲生在随班就读中学习、交往等方面遇到的几乎所有问题。资源教师每周的活动和课程是固定的,也安排了课程表和工作表(见本专题附录)。

2. 资源教师对视觉障碍儿童的帮助与支持

(1) 全面了解视觉障碍儿童的基本情况。

对刚入校的儿童本人的了解和对其家庭的了解。家庭情况包括:父母职业、文化程度、家庭成员及对盲童的态度。视觉障碍儿童的个人情况包括:性别、年龄、父母生育该儿童时的年龄、分娩情况、出生后得过的疾病;视力情况:有否残存视力、失明原因、失明时间;入学前情况包括:从小由谁照顾,平时所处环境是可以自由活动还是关闭在家,性格及平时爱好,生活自理情况,自我行走能力;儿童目前情况:目前具备的能力,特别是在学科方面的能力,如计算、语言表达、记忆能力、理解能力。根据以上情况对视觉障碍儿童各方面有一基本的评估,并将评估结果作为为其制订个别教育计划的依据。

对视觉障碍儿童的视力进行检测。资源教师与家长、校医,最好包括眼科医生一起对儿童的视力做一次全面调查和检测,目的一是根据儿童视力情况确定对他的教育手段,二是为视觉障碍儿童提供特殊服务。通过对特殊儿童本人和家长的调查,通过医生的诊断,确定造成儿童视觉障碍的病因,应特别注意造成儿童眼睛残疾的疾病是否仍在进行或发展。对低视力儿童,如果其眼疾不再发展,儿童即可使用视觉学习,如可以使用放大镜、印刷体大字课本等;如果儿童的眼疾仍在发展,其结果可能失明,在日常的学习中,他应以触摸觉、嗅觉等为主要学习手段,需要学习盲文。当然,无论儿童的眼疾是否在发展,对视觉障碍儿童的残余视力(即使是仅有光感)都应特别注意加以保护,同时,教育儿童本人小心爱护。

（2）对视觉障碍儿童进行各种基本能力的评估。

自理能力的评估:包括进食、如厕、穿脱衣服、睡眠、卫生和安全等基本活动的能力。定向行走能力的评估。社会交往能力的评估,即如何与别人沟通和相处。是否会使用剩余视力,教其如何使用剩余视力的技能。

（3）指导盲生熟练掌握盲文。

盲生是否能熟练掌握盲文取决于资源教师能否适当地教学。前面已讲到现行盲文的基本点位和字母等基本知识。一般情况下,资源教师学会记住现行盲文并不难,只要一星期时间,通过练习就可以熟练掌握。但如何将盲文的字母和点位教给盲学生是难点,特别是如何教会盲生建立盲文"方"的概念。

四川一位农村教师,自己学盲文觉得很容易,没想到无论怎样讲,她的盲生就是搞不懂"盲文六个点为一方"是怎么一回事,老师急得哭了。后来她想出了一个办法:在军棋的木方块后面挖了六个点,告诉学生:木方块就如同盲文的一方,六个点就相当于盲文的六个点位。这个办法真灵,她的盲生很快学会了"方"的概念和字母点位,并在短时间内掌握了盲文。还有的教师用长方形硬纸板,在上面缝上六个纽扣,这个方法也很好。

(4)通过对特殊儿童的教育诊断,确定随班就读的视觉障碍儿童不同的特殊需求,从而提供不同的支持。

安排合适的座位。全盲儿童的座位应安排在靠近讲台的地方,并能使他较容易独立找到座位,且远离噪音。对低视力儿童,座位的安排应使他能够在需要时走近讲台、黑板、电视等,同时,应根据他对光线强度的需要选择安排在窗前或远离窗户的地方。另外,座位的安排便于教师对视觉障碍儿童进行个别指导。

提供视觉障碍儿童需要的教具、学具。针对视觉障碍儿童教育的特殊需求,资源教室应提供普教所不具备的教具、学具:如盲生需要的盲文写字板、盲文写字笔、盲文教材、盲文课外阅读书籍、盲文试卷,以及带有凸起标志的测量仪器(尺子、量角器等)。低视力儿童需要的放大镜(放大倍数应根据儿童的需要而不同)、望远镜、台灯(应能够调节明暗程度的)、书架、印刷体大字教材、课外阅读书籍和大字体试卷等。总之,要依据教材内容,提供课堂教学所需要的直观教具、学具、玩具,具体帮助教师准备教具和教学辅助材料。如语文课文《认识五星红旗》,盲童要通过触摸知道什么是五星红旗,因此需要准备真实的五星红旗。又如课文中说"毛主席站在天安门上",盲孩子不理解怎么能站在"门上"?上海盲校请木工制作了天安门的模型,问题便迎刃而解。又如语文教材有《春笋》一课,讲课时正是南方的春天,教师将一棵已发芽的春笋带到了课堂上,同时还带有一根竹竿,他边讲边让盲生触摸春笋和竹竿,并告诉盲生和同学们:春笋长大了就成为竹子……有条件的资源教室应配备盲人专用电脑、动物标本、物体模型等。资源教师需要为盲生自制些教具、学具:如地理课需要的有特殊标志的河流、山川、铁路、公路、矿产等等的触摸地形、交通图等。上海盲校多年来积累了大量教具、学具:如动物(包括鸟类)标本:麻雀、公鸡、母鸡、小老虎等;制作并收集建筑模型:天安门、毛主席纪念堂、赵州桥等。

对视觉障碍儿童进行感知觉训练。对儿童进行触摸觉的训练,经过训练,使盲生掌握触摸的规律,如对没有危险物体的触摸规律:先整体,后局部，再整体后，再按物体结构从上到下、从左到右，一步步按顺序触摸。学生应反复进行这样有规律的、一次次的触摸训练，直到掌握这一方法。这一触摸法可使盲生较全面、较快地认识所触摸的物体。

为盲生提供特殊课程。如定向行走课、生活技能训练等，以提高盲生生存技能，提高其融入社会的能力。学习定向行走可使盲人学会辨认环境、方向和独立行走的方法，定向行走是盲人终生需要的重要技能。

黑龙江一农村全盲女孩，14岁。她除在自家院里活动外，平日几乎不敢出门，不敢上街。偶尔上街还不敢站着走路，每次走出自家院门后，就蹲在地下，伸出两臂，用两只手在面前一边划拉着，一边往前挪步，唯恐被前面的障碍物碰伤。学习了定向行走技能后，她终于挺起了腰板，用盲杖拄着走；没有盲杖时，也知道怎样用两个手臂分别试探和避免前面的危险。与她不同的是，盲文出版社的几位盲人工作者，他们经常外出参加各种会议，由于掌握了熟练的定向行走技能，每到一个旅馆他们先自己熟悉旅馆环境，了解厕所、开水房和出口等位置，走过一次后，再次行走就熟悉了，完全不用靠他人帮助。这些都充分证明了上好定向行走课将使盲童（盲人）终生受益。为此，资源教师必须为每一个盲生制订教学计划，即需要将定向行走课的内容，由易到难安排在盲童随班就读的不同年级完成。

具体的定向行走课一般可在普通学生的体育课、写字课等时间进行，即其他学生上体育课时，资源教师带着盲童单独训练。训练的顺序是先易后难，先校内后校外，直到盲生能在各种环境中行走自如。在教学中要重视教会盲生掌握盲杖的使用方法。

3.资源教师协助普通学校教师，为视觉障碍儿童制订个别教学计划，安排课程和教学

盲童、低视力儿童由于在学习中会有很多特殊情况，因此，他们在普通班随班就读时完全依靠课堂的集体教学，达到学习知识、掌握技能的目的还是有困难的。必须在集体教学的同时提供适于他们需要的教具、学具和方法，有计划地进行缺陷补偿，以弥补班级教学的不足，使不同程度的视觉障碍儿童都能完成普通学习的任务。因此，需要为随班就读的视觉障碍儿童制订个别教学计划。

根据视觉障碍儿童的学习能力，确定在每学年（或每学期）视觉障碍儿

童应达到的学习目标。一般智力正常的视觉障碍儿童,在低年级或入学的一段时间内,他们会有书写、阅读速度慢等问题,应降低对其教学目标的要求;随着年级升高,书写、阅读速度会逐渐加快,对其教学目标的要求可与普通学生接近或相同。

资源教师可帮助任课教师上好体育、美术等课程。一些学校在上体育、美术课时,常常认为随读的盲生有困难,因而放任自流,任其待在一边。久而久之,盲童缺少锻炼,身体素质降低,同时,失去了很多学习动作、参加活动的机会,不利于他(她)们自身的成长,也不利于与普通学生的融合,严重的会使盲童失去对学习、对学校的兴趣,导致辍学。因此,如何使盲童上好体育、美术等课程是资源教师应重点帮助任课教师的内容。体育课除安排盲生的定向行走课外,可以在安排了全班同学的活动内容后,由体育教师对盲童进行个别指导训练,如做操、跳高、跳远、跑步等各种运动。重要的是,教师要向盲童讲清楚各种动作的要领,并在盲童做动作时,在其左右做好保护的准备。对做操、跳绳等不易发生危险的活动可在盲童学会后放心让他自己活动。总之,部分体育活动是盲童与全班同学一起听讲、练习;部分活动是需要教师帮助盲童单独练、手把手教。

美术课教师可以安排盲童做手工,如剪纸、泥工(用泥捏各种物品、动物、人物形象)、木工等,这方面盲校有教材可供参考。

(二) 沟通与辅导

1. 与视觉障碍儿童的沟通

与视觉障碍儿童的沟通是建立在了解、理解、关心、帮助的基础上的。由于生理方面的缺陷,进入普通学校随班就读时,面对周围普通儿童,视觉障碍儿童容易缺乏自信心,并伴有自卑感,总觉得低人一等,不敢接近老师,也不愿与普通学生为伍,恐怕受人歧视。但在他们的内心深处却非常羡慕沸腾的校园生活,渴望得到同学、老师的关心与帮助,老师如能在这时关心和体贴他们,是与视觉障碍儿童沟通并建立良好和谐关系的重要一步。对视觉障碍儿童的关心一般要从他在学校遇到的问题和困难入手。

作为教师特别是班主任教师要了解视觉障碍儿童每天在校的活动是如何进行的;去厕所是否有同学引领;上下学如何行走,是家长接送还是需要同学帮助;课间如何活动;是否有同学主动一起玩等等。学习方面:教师应了解讲课内容盲生是否能听懂,有哪些困难;盲生的教材、书写用具是否有问题;低视力儿童应配备的放大镜等是否已配好、是否合用等。这些问题的解决有的需要教师直接帮助视觉障碍儿童做,有的则可以安排班内表现好的儿童帮助视觉障碍儿童做好。

视觉障碍儿童进入普通学校后,胆小、自卑等不良情感的克服要靠教师的关心,同时,教师、校长应注意做好普通学生的工作,使他们尊重视觉障碍儿童,积极主动和视觉障碍儿童沟通交往,热情地关心他们的学习和活动,帮助他们解决学习活动等方面的困难,从而达到普通学生和特殊儿童互相学习、共同进步的融合局面。如河北一个普通学校,在视觉障碍儿童入校时,教师及时教育全校儿童不歧视盲孩子,不乱给盲孩子起外号,主动与盲孩子打招呼、游戏等。盲孩子入校后,全校学生很快接纳了他们,他们也较快地融入了学校的集体中。相反,有的学校没能事先做好普通儿童的工作,盲孩子入学后,受到其他儿童的讥笑、欺负,盲孩子的家长很生气,甚至将孩子领回家,使动员其入学等工作前功尽弃。教师应注意要求全班(校长应要求全校)学生爱护、尊重视觉障碍同学,注意表扬关心视觉障碍儿童的好人好事,从而在全校、班内形成爱护、帮助这些有特殊教育需要儿童的良好氛围。

视觉障碍儿童取得成绩时,即使是一点点进步,老师也要不失时机地予以表扬,这样做有利于打消其自卑的心理,逐步树立起他们的自信心,同时,也有利于提高他们在儿童中的地位。视觉障碍儿童在教师同学的帮助下,一旦体会到学校、集体的温暖,会逐渐变胆小、畏缩的心理,变被动为主动、活泼,愿意与老师和同学交谈、沟通。

视觉障碍儿童在中小学随班就读过程中,在学习与各种活动中会不断遇到很多困难和问题,教师只有发自内心地关心并体贴他们,和他们不断地保持良好的沟通,才能切实了解他们的感受和需要,也才能有针对性地解决他们的问题和困难,达到事半功倍的效果。

由于大多数任课教师随班就读班的教学是生疏的,在教育教学过程中就需要充分发挥教师集体的智慧,确保随班就读教育教学的质量。因此,作为随班就读的任课教师,需要经常与其他教师包括班主任教师沟通视觉障碍儿童的情况,开学初主动向班主任教师或资源教师了解视觉障碍儿童的本人和家庭等情况,特别是视觉障碍情况;了解该生在其他学科的听讲、作业等情况,并与教师们一起讨论研究课堂教学各个环节应如何兼顾视觉障碍儿童。

2. 对视觉障碍儿童的辅导

对视觉障碍儿童的辅导主要是心理辅导和学习辅导两方面。心理辅导使他们树立自信,逐步具有自尊自强的意识和品质;学习辅导主要是针对他们由于视觉障碍造成的学习困难,而采取的补救措施。

心理辅导。入学时有些视觉障碍儿童到新的环境中比较兴奋,但学习中的障碍又会使他们自卑。如全盲儿童如厕、上课间操、上下学时行走的困难,盲文学习的困难;低视力儿童因看不清教师板书、作业书写混乱而成绩落后,缺乏学习兴趣,严重的甚至自暴自弃等等。这些问题都需要教师及时做好辅导工作。教师要和视觉障碍儿童保持良好的个人关系,鼓励他们克服困难,正确对待自己觉力障碍。

视觉障碍儿童进入青少年时期,会对自己的容貌、缺陷比较敏感,特别是低视力学生。这一阶段,教师主要是教育儿童如何能积极面对人生,使他们明白残疾是不能改变的,但人生却可以因个人的积极态度、不断地努力拼搏走向辉煌,改变残疾带来的种种不利,成为对社会有用的人。教师要让他们知道作为一个人,心灵美比外表美更重要等,帮助视觉障碍儿童逐步树立正确的人生观。

视觉障碍儿童毕业时,又会面临就业的选择,在这方面教师也应给予辅导,使视觉障碍儿童正确认识自己的残疾,正确认识和对待社会上对残疾人还存在的种种偏见,从而比较妥善地处理就业与择业中遇到的问题。

学业辅导。全盲儿童在学习过程中,会遇到每门课程出现新的内容,如数学四则运算后的分数、百分数等,这些知识应如何用盲文的点位表示,都是数学教师需要不断学习的内容。只有教师掌握了这些知识才能教给学生,才能辅导学生。由于视觉障碍,全盲儿童在接受新知识的初始阶段,其认识会经历一个比较长的过程,速度会落后于普通儿童。教师要充分认识到这一差异,当增加新的课程,如小学中高年级出现的历史、地理等课程时,给全盲儿童多提供练习的机会,并充分发挥视觉障碍儿童听觉优势和语言表达的优势,使其顺利地学习新知识,最终完成义务教育学业。

对于低视力的儿童来说,则应辅导他们正确利用为他们创设的学习条件。如正确使用配置的可升降的桌椅,保持正确的读写姿势;学会使用阅读架,阅读时眼睛与书本的距离保持在规定的范围内;会调试台灯,以保持合适的光线,以及如何使用放大镜、望远镜等助视器。教学方面,根据低视力儿童的需要,为他们提供必要的支持。如识字是低视力儿童的难点,为做好这部分教学,教师在课堂上应为低视力学生单独准备的小黑板或硬纸卡,用来书写放大的生字和板书上的重要内容。识字教学主要教低视力儿童掌握汉字的偏旁部首,每节课对低视力儿童的识字量要求应比普通学生少,课下书面作业量要少,增加书空量的练习,达到既掌握了知识,又使儿童视力不致过度疲劳的效果。

(三) 残健互助

1. 残健互助的意义

残健互助是指特殊儿童与普通儿童在学习、活动等方面互相帮助、互相促进、共同进步。视觉障碍儿童随班就读为促进残健互助提供了很好的形式,而残健互助是提高视觉障碍儿童随班就读质量、搞好随班就读工作的重要的一个方面。因此,学校在这方面要有目的、有组织地做工作,如建立助学伙伴等形式,使残健互助能持久、深入地开展下去,从而使健残双方都受到教育、得到提高。

2. 助学伙伴帮助盲童的内容

教师要帮助他们了解对盲童的帮助一是行动方面,包括帮助盲童熟悉学校环境,教室、座位、讲桌、厕所、校门、操场等,带领盲童各处走一走;带领盲童上下学,熟悉道路交通,特别注意避免危险,并提示他一些地方的特殊标记,如气味、声音等。二是学习方面,如课上帮助抄写黑板上的练习题,课前或课后帮助盲童触摸各种教具模型,为盲童查找词典的词义,读报刊、书籍等。

3. 如何互助

首先,必须让普通儿童了解盲生的优点,如做事专心致志,触觉灵敏,听觉敏锐、口头表达能力强等。了解盲童和他们是一样的儿童,能学习、能活动,不同的只是眼睛看不见。同学们应帮助盲童克服学习上的困难、行动上的不便,使他们也能顺利地完成学习任务。其次,需要教给普通儿童与视觉障碍儿童交往的技巧,在给助学伙伴明确助学任务的基础上,指导一些具体的方法,如简单的引领盲童走路的方法,帮助盲童触摸实物的方法等。要教育学生与盲童平等相处,要使助学伙伴懂得助学不是替学,帮助不是包办,关键是通过帮助使盲童逐步学会自立。如走路,可先帮后扶,由近到远逐步放手,告诉盲童路面的高低等等。

4. 应注意的问题

普通儿童与盲童相处,要平等友爱,既不凌驾于盲童之上,又不是纯服务性的帮助,要让盲童自然地融入集体中,成为集体的一员。同时,也应教育盲童正确对待别人的帮助,防止他们产生自我独尊思想,从而树立自强自立的志向,并发挥自己的长处去帮助其他同学。普通儿童应帮助盲童逐步克服依赖性,如果有些事情盲童可以独立完成,普通儿童决不能越俎代庖,否则,会使盲童一次次失去独立行走或做事的机会。例如,在一次现场会上,只见十来个大人前呼后拥,有人牵着盲童的胳膊,有人扶着他的肩膀,还有人在后边推着他,盲童几乎是被架到了大家面前。长时间这样做就会使盲童产生依赖心理。许多低视力儿童的自尊心也很强,一般他们不肯接受别人的帮助,因此对他们的帮助要恰当。同时,要教育儿童认识到帮助是双方的,接受帮助或帮助别人都应注意适度。

(四)家庭配合

1. 家庭配合的重要性

教育孩子是学校、社会、家庭共同的责任,父母是孩子的第一任教师,家庭教育是人的教育的起点,又是学校教育的延续和补充。对随班就读的残疾孩子,家庭的责任和作用不可低估。因为家长的教育与学校的配合,对特殊儿童顺利融入学校生活,较好地完成在普通学校接受教育的任务起着重要作用。因此,家长、社会的配合成为随班就读支持体系中一个不可或缺的方面。为此,在学校里,资源教师和班主任要积极争取家长的支持和配合。

2. 争取家长配合学校教育的几个方面

指导家长正确对待自己视觉障碍的孩子。视觉障碍对人的一生影响非常大,被公认为程度最严重的残疾。因此,孩子一旦视觉障碍,特别是全盲,对家长是莫大的打击。家长忧虑、担忧,同时,又有深深的负罪感,以为是自己给孩子带来了痛苦。不少家长唯恐孩子磕着、碰着,总以为把孩子紧紧地抱在怀里、拉在身边,就是对他最大的爱护;有的家长不愿带孩子出门、逛街,认为不光彩;还有的对孩子态度冷漠,置之不理等等。这些想法和做法都是由于不能正确认识和对待孩子的残疾而造成。学校要通过做工作使家长正确认识造成孩子眼疾的原因,正视孩子的残疾,除积极配合医生治疗外,更要注意保护孩子残余的视力(如果孩子是低视力),还应主动学习有关视觉障碍儿童训练的知识和方法,配合幼儿园和学校逐步培养孩子今后适应社会、独立面对人生的能力。

使家长认识到教育对视觉障碍孩子发展的重要意义。不少视觉障碍儿童家长认为孩子的眼睛失明或只有残余视力,"一辈子就完了""废了",认为孩子只有靠父母和家庭其他成员养活。例如,广西百色地区教育部门干部为动员一个盲童入学,8次上山到盲孩子家,并带上书包、文具盒、铅笔等用品。由于错误地认为盲孩子读书没有前途,前几次家长让孩子藏起来,后来终于明白了道理,也被干部的精神所感动,高高兴兴送孩子上了学。因此,必须通过讲述国家对残疾人受教育权利的法律规定和盲人受教育并成才的实例,让家长明白一是盲孩子同样有受教育的权利。孩子虽然眼睛看不见,但既然出生到这个世界上,同样是人,他的生命应受到同样的尊重;国家法律规定家长有让子女接受教育的义务,否则就是违法。二是视觉障碍孩子(包括全盲孩子)同样可以受教育,同样可以成为祖国的建设者,甚至成才,使家长认识教育对视觉障碍孩子成长的必要性和可能性。三是向家长宣传我国残疾孩子受教育的几种形式:可以进特殊教育学校,进普通学校附设的特殊教育班,或进入普通学校随班就读。四是讲述盲孩子随班就读成功的范例。五是在盲孩子学习有了一定成绩后,如会摸读盲文了,会写盲文了,都应让家长了解孩子的这些情况,如可以通过孩子给家长读书、写信等形式,向家长展示孩子接受教育后的变化。请记住,儿童学业有成是对家长最好的教育,也是获得家长支持的最重要最有效的保证。

总之，盲童能否顺利入学和学习，家长的认识和态度很重要，学校要耐心细致地做家长工作，赢得家长的支持。

使家长了解如何配合学校。一是要建立和谐、健康的家庭环境；二是指导并培训家长学习视觉障碍儿童教育的基本知识和技能；三是指导家长重视培养视觉障碍孩子自立的能力，适应集体和将来适应社会的能力；四是配合学校对视觉障碍孩子进行缺陷补偿，克服盲态；五是注意爱护孩子的眼睛或存留的视力，如眼疾未彻底治疗，应定期到医院检查，特别是对低视力孩子的视力应不间断地检查。

（五）充分利用社区资源

社会、街道、村委会的支持是做好随班就读工作的重要方面，也是我们建立随班就读支持体系不可缺少的一个方面。因此，我们的学校和教师一定要积极争取他们的支持。

首先是创造关心、关注特殊儿童受教育的良好氛围，形成残疾人受教育的权利应给予保障的舆论。可以用出黑板报、张贴宣传画、书写标语等形式，宣传《宪法》《义务教育法》《残疾人保障法》等国家相关法律，鼓励并表彰积极支持残疾孩子上学的家长，批评不重视残疾子女受教育的错误做法等。

二是学校举办开放日，让社会、居民，特别是家长，了解特殊儿童、视觉障碍儿童如何随班就读，在学校如何学习、活动。残疾孩子随班就读，家长往往不放心，担心孩子受欺负，担心孩子不适应，特别是在孩子最初上学的一两个星期。所以学校开放日最好放在刚开学的第一周后，学校新学期秩序等都基本正常了，视觉障碍孩子对学校有了初步认识，助学伙伴等都已安排妥当。开放日请家长到校，让家长了解视觉障碍儿童在学校一天的学习和活动，包括上课、下课、班会、娱乐、游戏、体育活动等等。家长对孩子在校的一切活动有了了解后，会主动积极地支持孩子上学，并积极支持配合学校的工作。实践证明，已有学校通过这样的做法收到了事半功倍的效果。

三是对入学的贫困残疾孩子的家庭予以帮助。一般情况下，视觉障碍孩子的家庭，特别是农村家庭贫困的比较多。一些地区采取帮工等形式，或者采取免征这些家庭某项税收等优惠政策，支持残疾孩子完成学业，保障其享受九年义务教育。要做到这点,学校和教育行政部门需要积极争取当地政府部门或村委会的支持。

四是目前国家对随班就读教师的待遇还很难做出明确规定,有的乡或村由当地民政、卫生、村委会等共同筹措,每月适当对教师予以补贴。这些做法充分利用了政府和有关机构的资源,其他地区可以效仿。

如何调动当地政府和一些相关部门的积极性,发挥他们支持特殊儿童随班就读的作用,关键是随时让这些部门了解学校随班就读的各方面情况。这就需要多宣传学校工作,请各方面领导了解随班就读工作的成绩,同时,摆出困难和问题,取得领导的理解和支持。

培训活动建议

请围绕以下问题组织讨论:

1. 如果您班上有视觉障碍儿童,想一想,您会在哪些方面需要资源教师的支持。

2. 结合本校情况谈谈为什么说对随班就读的支持应是系统支持。

3. 怎样做到对随班就读的视觉障碍儿童既要提供支持帮助,但又不越俎代庖?举例说明。

附录

香港某盲教资源教师一周工作时间表

	24/11	25/11	26/11	27/11	28/11
8:30—9:05	\\\\\\\\\\\\		\\\\\\\\\\\\	‖‖‖‖‖‖‖‖	
9:05—9:40	\\\\\\\\\\\\		\\\\\\\\\\\\	‖‖‖‖‖‖‖‖	
9:40—10:15				‖‖‖‖‖‖‖‖	
10:15—10:25				‖‖‖‖‖‖‖‖	
10:25—11:00				‖‖‖‖‖‖‖‖	
11:00—11:35	‖‖‖‖‖‖‖‖			‖‖‖‖‖‖‖‖	
11:35—11:45	‖‖‖‖‖‖‖‖			‖‖‖‖‖‖‖‖	
11:45—12:20	‖‖‖‖‖‖‖‖			‖‖‖‖‖‖‖‖	
12:20—12:55	‖‖‖‖‖‖‖‖			‖‖‖‖‖‖‖‖	
12:55—2:05	‖‖‖‖‖‖‖‖		‖‖‖‖‖‖‖‖		‖‖‖‖‖‖‖‖
2:05—2:40	‖‖‖‖‖‖‖‖		‖‖‖‖‖‖‖‖		‖‖‖‖‖‖‖‖
2:40—3:15		\\\\\\\\\\\\		\\\\\\\\\\\\	
3:15—3:25					
3:25—3:40				\\\\\\\\\\\\	
				#######	

注:表中空白格表示在盲校内教学;"‖‖‖‖‖‖"表示到其他学校探望随班就读的盲学生、巡回指导;"\\\\\\\\"表示在盲校内准备教材;"######"表示会见放学后回宿舍的随班就读儿童。

专题三 促进智能障碍儿童学习和发展

如何使智能障碍儿童在普通班中能够顺利地学习并得到发展,这是本专题的主要任务。我们首先要对随班就读的主要对象——智能障碍儿童有一个正确的认识。本专题将介绍智能障碍的概念、分类;如何进行鉴别评估;从他们的心理特点和学习现状中,分析智能障碍儿童的学习特点和相应的特殊教育需要。

其次,还要系统介绍在普通学校中,如何对他们进行教育和教学;如何为他们提供全面与有效的教学资源;在班级教学的同时,对他们实施个别化的教育,充分利用特殊教育的手段,进行课内、课外的教育训练,开发他们的潜能,使他们在普通教学班中切实得到发展。

最后,还要介绍如何形成一个旨在提高随班就读智能障碍儿童全面素质的问题,涉及到学校、家庭、社区、社会等多方面整合的支持系统,确保智能障碍儿童随班就读的质量。

本专题所涉及的内容是广泛而深入的,但有很多问题仍需教师在实践中艰苦探索。在学习本专题过程中,建议读者关注如下问题:正确理解智能障碍的概念,并进一步了解概念的发展;正确理解智能障碍分类的目的并学会分类的方法;学习为随班就读智能障碍儿童建立民主和谐的学习环境的方法;在主要课程(语文、数学)上,如何使随班就读学生达到基本要求,并学会对智能障碍学生正确进行评估的方法;学习提高随班就读学生的学习能力、行为改变训练、心理教育以及技能训练等方面的特殊教育方法,以及如何充分利用各种教育资源构建一个支持辅助系统,使随班就读学生能得到更多的帮助和支持。

在学习本专题的过程中,要联系自己的工作实际,并从案例分析中总结经验和规律。注重开展交流和讨论,集思广益,加深理解,从而获得更多的经验。

一、正确认识智能障碍儿童

理解"智能障碍"（或智力障碍）的概念并不是一件很容易的事情，就像人们理解"精神""颓废""强壮""虚弱""好人""坏人"一样的抽象概念，不能单纯从一些参数、病原、测量去理解描述。这个概念至今仍是人们在不断探索的课题。本文先从我国大陆目前使用的定义说起，再进一步说明概念发展趋势，供读者学习。

（一）智能障碍的概念

1. 我国智能障碍的定义

我国大陆法规，原采用1987年国务院颁布的智力残疾人的定义。此定义主要参照了美国智能不足协会（AAMD）1983年的定义和世界卫生组织（WHO）的定义，即："智力残疾是指人的智力明显低于一般人的水平，并显示出适应性行为的障碍，包括发育期间（18岁之前），由于各种有害因素导致精神发育不全或智力迟缓；智力发育成熟后，由于各种有害因素导致的智力损害或老年性的智力明显衰退。"

作为教育工作者，我们的研究教育对象主要是儿童、青少年中的智能障碍人群。十几年来，特殊教育工作者在不断的实践研究中，吸取国际先进特教理念，结合本土的实际，也在不断发展这一概念，加深了对它的理解。2007年第二次全国残疾人抽样调查，智力残疾又定义为："是指智力显著低于一般人水平，并伴有适应行为的障碍。此类残疾是由于神经系统结构、功能障碍，使个体活动和参与受到限制，需要环境提供全面、广泛、有限和间歇的支持。"智能障碍包括：在智力发育期间（18岁之前），由于各种有害因素导致的精神发育不全或智力迟滞；或者智力发育成熟以后由于各种有害因素导致的智力损害或智力明显衰退。

2. 智能障碍的概念演变及相关定义

为了对"智能障碍"有一个较为深刻的理解，我们有必要对几百年来人类对这一群体的认识过程作一个简要的回顾。

对于智能障碍人群这一人类社会的共生体,人类开始只是任其自生自灭,野蛮时代甚至采用"杀婴"之残酷方法对待。对其最早的研究是从医学生物学开始的,注意点集中在发生的病因上,尤其是在器质性的缺陷上。17世纪以前把智能障碍视为"精神病"。18世纪开始才逐渐将他们分开,当时称为"痴呆""白痴",一般认为是"大脑中枢神经紊乱"、"发育不全"所致。随着19世纪、20世纪在生理学、医学、心理学、教育学的不断发展,人们逐步认识到智能障碍发生的原因是多方面的,有先天因素,也有后天因素;有生理原因,也有心理原因。当时西欧、北美开展了智力测验的运动。认为"智力"是个体认知发展水平,是可以通过测验来确定的,因而开始从心理学、教育学、社会学等各种角度深入研究"智能障碍",逐渐认识到"智能障碍"是心理发展水平迟缓。

1905年,比纳和西蒙发表了第一个智力测验量表。智商,亦称智力商数,是表示个体智力发展水平的一种数量指标。以前采用比率智商,即用个体的心理年龄除以生理年龄所得到的商数表示。后来常采用离差智商,即将个体与其同龄人总体平均智力进行比较得到的分数。

1954年,世界卫生组织(WHO)建议将称谓改为"智力低常""智能不足",后来称谓也在逐渐"人性化",以尊重这个弱势人群,如"智力残疾""智力发展迟缓""智能障碍"等等。

1959年,在国际上具有影响力的美国智能不足协会(AAMD)首先引入"适应行为"概念。在定义"智能障碍"时建议对"智能障碍"的评估由"智商"一项内容,改为"智商"和"适应行为"两项内容。AAMD不断推出研究成果,曾对"智能障碍"先后推出过10版定义,现介绍有代表性的几版定义。

1983年定义:"智能障碍是指一般智力功能水平明显低于平均水平,导致适应性行为的缺陷,或与之同时存在,并表现于发展时期。"这个定义的内涵(智商、适应性行为、发展期)被国际认可,至今很多国家(包括中国)仍在借鉴此定义。定义的特点是:明确判断"智能障碍"要有智力功能低下与适应性行为缺陷,并同时存在,缺一不可。表现于儿童发展期(0~18岁)。回避了病因学和将来发展的问题,强调儿童目前的实际表现状况。

1992年,美国智能不足协会(AAMD)改为美国智能障碍协会(AAMR)后提出的定义:"智能障碍是指现有的能力水准存有实质的限制,其特征为:①显著低于平均之智力水准。②同时具有下列各项适应技能领域两种或以上的限制:沟通、自我照顾、居家生活、社交技能、使用社区、自我引导、健康与安全、功能性学科能力、休闲和工作。③发生于18岁以前。"

这个定义的新意是建立在功能性模式上,着眼于个体与其所处环境中的互动情况。就是说"智能障碍"只是对现有功能、能力的一种描述,是智力、功能、能力受到限制的一种特殊状态,而不是天生的特性、永不改变的状态。1992年定义将称谓由"智力落后"改为"智能障碍"——这一人性化的积极名称,不仅有利于激励教育,促进社会支持,而且隐含地提出对"智能障碍"人士建立"支持系统"的概念,强化支持力度,以改变其功能状态。定义还将"适应性行为"的内涵具体分为10个领域描述,更便于操作,所以不少学者认为这是一个具有"革命性"变化的定义。

2002年,AAMR提出第10版定义,定义内容是"智能障碍指在智力功能和适应行为上存有显著之限制而表现出的一种障碍,所谓适应行为指的是概念(conceptual)、社会(social)和应用(practical)三方面的技能,智能障碍发生于18岁之前"。

2002年的定义基本是按1992年定义的"革命性"深入研究的结果。定义保留了"智能障碍"的称谓;注重生态和功能取向的特征,即智能障碍是一种特定的功能状态,坚持诊断三要素:智力、适应性行为、发生年龄。保留了"支持系统"概念及其支持计划的重要作用。但也提出了新见解,主要有:①将没有得到充分实证研究的10项技能领域,精简为3个领域,即概念、社会、应用。②智能是一般心理能力,智力功能的限制是指个体在标准化测验上的表现,在测定时要考虑多方面因素,考虑测量标准与误差及使用工具的优缺点等等。③要在个体与环境(物理的、人文的)互动中、个体在社会中扮演的角色表现中进行评估,即参与、互动和社会角色问题。④健康是一种生理、心理、社会性的综合性状态,在分类系统中要注意运用。⑤情境(背景)涉及到相关系统对个体的影响。

综上所述,定义的演变给我们提供如下启示。

- "智能障碍"名称的出现,显示了人性化的力量,促进了社会对这一弱势人群的支持理念的建立。

- 应坚持诊断的三要素:智力、适应性行为、发生年龄。

- 诊断过程中重视"临床诊断",从概念、社会和应用三方面,以个体在研究中参与、互动和扮演的社会角色进行综合判断。
- 使用多元分类系统,并为他们设计支持性训练计划,促进个体的功能改善(分类问题详见下文)。

(二)智能障碍的分类

关于是否要对智能障碍儿童进行分类,目前学术界的意见并不统一,在此不加以叙述,我们认为对分类问题应有正确的认识,不要一概而论。

首先,应明确分类的目的是为了对儿童的实际状态进行分析研究,进而为其制订出切合实际的个别化教育计划,最终改善他们的现状。其次,从管理、科学研究的视角,有一定的分类也便于工作和研究。

当然,如果分类的话,应防止"贴标签"的消极影响,不应把儿童的发展看成是一成不变的现象。作为人人享有的隐私权,不应将分类及其情况公布于众,更不应作宣传之用。分类的问题也是一件十分严谨的工作,会影响到儿童一生的生活,我们应当尽可能做到客观、公正、科学、准确。下面介绍目前常用的分类标准。分类标准是随着定义的演变而变化的。

初期的分类从单纯的生物学、医学观点,按病因分为:先天性智能障碍与后天性智能障碍。智力测验盛行时期,当时单一从智商分数(IQ)分为:"白痴"(IQ 在 25 以下)、"痴愚"(IQ 在 25~50)、"愚鲁"(IQ 在 50~70)。上世纪 60 年代开始,在相当长时期内,智能障碍分类是使用两个内容综合起来的方法,即智力商数和适应性行为缺陷,这也是我国目前法规规定的分类标准。

轻度智残(IQ 为 50~70 或 55~75,而且轻度适应性缺陷);

中度智残(IQ 为 35~50 或 40~55,并且中度适应缺陷);

重度智残(IQ 为 20~35 或 25~40,并且重度适应缺陷);

极重度智残(IQ 为 20 或 25 以下,并且极重度适应缺陷)。

在评定中,如果智商与适应缺陷不一致,一般定为较轻程度。比如:某儿童智商为 43,而适应缺陷为轻度,应定为轻度智残。

在实际教育中常出现一些误区。比如,某个学生学习成绩不好,经常不及格,尤其是数学成绩更差,一般人将他视为"笨孩子""傻孩子",开展随班就读工作后,有的老师就把这个孩子列入"弱智生"的行列。这种草率的做法是不符合科学鉴定规定的。

上世纪 90 年代后,由于美国 AAMR 的第 9 版、第 10 版定义的出现,分类的理念有所变化,不少学者提出,从"支持辅助"所需程度进行分类,分为四类。第一类,需间歇性支持辅助:以一种零星的视需要而定的方式对其提供支持辅助,即在其生命某个阶段需要支持辅助,比如:急病状态,失去工作时等等。第二类,需有限的支持辅助:支持辅助仅限于某些经常性但短时间的需求(时间上有限,但并非间歇的),如短时就业训练,转介时期的支持等。第三类,需广泛性的支持辅助:在某种环境中有持续的、经常性的需要,而且没有时间上的限制。如工作时要有专人负责指导,而下班后的日常生活就不用支持。第四类,需全面性支持辅助:在多种环境之中需要提供经常的、程度较高的、有可能是终身的支持辅助。这种分类对于培养智能障碍人士的社会适应能力,促进全社会建立对智能障碍人士的支持系统有着积极的作用。

我国第二次全国残疾人抽样调查智能障碍的分级

级别	分级标准			
	发展商(DQ) 0~6 岁	智商(IQ) 7 岁以上	适应性行为 (AB)	WHO-DAS 分值
一级	≤25	<20	极重度	≥116 分
二级	26~39	20~34	重度	106~115 分
三级	40~54	35~49	中度	96~105 分
四级	55~75	50~69	轻度	52~95 分

(三)对智能障碍儿童的调查分析与评估鉴别

我国有关文件明确规定:"招生时应由教育部门、学校、医务、心理等专业人员和家长共同参与,对推荐对象进行筛选,详细了解其病史、家族史及日常表现,并进行医学检查、智力测定、教育鉴定与行为鉴定。在此基础上对各项材料进行综合分析,从严掌握,以确定是否属于轻度弱智儿童,对有争议或一时难以确定的儿童,一律视为正常儿童……不要轻易给戴上'弱智'的帽子,也不要单纯以智商或其他单项材料草率判定……"

概括地说,我们作鉴定要有充足的材料,一般要有如下四方面内容:①医学方面:发育史、患病史、家族史、出生的情况,以及各种生理检查等。②教育方面:在日常学习生活中的实际表现,如学习态度、学习行为、学习成绩,对教师的态度,对环境的反映等。③心理方面:智商测查,适应性行为水平,学习能力等。④社会方面:家庭教育状况(父母文化水平,经济情况,对孩子教育方法及期望),在社区生活的状况等。

以下是评估鉴定的一般程序。

(1)转介。即根据家长和教师提供的情况,对认为可疑的孩子,经由家长提出申请,可介绍到相关的医院和教育部门作进一步评估。

(2)筛查。对可疑儿童进行初步评估,提出疑似案例,但无鉴定功能。有条件的学校可由经过专业培训的教师实施,或送到专门医疗机构进行。

筛查所用的简易表,只需经过短期培训就可以掌握,结果可作为重要参考,但可靠性相对正规心理测量就要差一些。目前常用简易智力筛查量表有:丹佛智能发育筛查量表(DDST)、绘人测验、简易儿童智力筛查40项、社会适应能力简易量表等。

(3)测查鉴定。将疑似个案转送到专门鉴定机构(一般是由政府认定的专业性医院、医院中心专科、专业性教育评估机构等),进行正规的测查鉴定。

(4)复查。由于被测儿童的心理状态、测定时环境因素以及测试人员的专业水平等多因素影响,测查结果有可能存在问题,因此一般要求测查不能只做一次,还要经过一段时间的行动评估和测查复审,才能最终完成较为客观、科学的鉴定。所谓"行动评估"就是儿童生活在自然生态环境中(家庭、学校、社会等),对其自然性的表现进行长期观察记录,一般情况需几个月左右的时间,并对行为进行评估。最后,再对照测查结果进行综合分析,研究决定。

在普通班级中,常常会发现一些学生学习成绩一直不好(称学业不良),学习行为较差,不愿意学习,或者虽经过努力,但在某些科目上总进步不大。有的教师把这些学生一律视为"智能障碍学生",不进行具体分析和测查就将他们归入"弱智"行列,这是一个认识上的误区。

对于这些学习成绩不好的学生,我们要认真调查、分析。目前教育界的研究正在不断深入，这些学生中有相当一部分是属于"学习障碍""学习困难"，而不是"弱智"。对于这类学生目前还没有公认的统一称谓。我国教育界的学者们一般泛称为"学习困难"，定义为"智力正常，但学习效果低下，达不到国家规定的大纲要求的学生"。在美国相似的情况称为"学习障碍"，其实也是一个不同的学习异常的通称，其定义为"特殊学习障碍是指在理解和使用口头语言或书面语言方面存在一种或几种心理过程的障碍。这些障碍可能表现为听、说、阅读、思维、书写、拼写和数学计算能力的不完善。包括认知缺陷、脑损伤、轻微脑功能失调、诵读困难和发展性失语症等，但不包括那些由于视、听、运动缺陷、智能障碍和情绪等引起的学习困难，也不包括那些主要由于在经济、文化、环境等方面处于劣境而广泛的学习困难。"

显然我国教育界一般认为的"学习困难"至少要符合3个条件：①智力正常或接近正常，因潜能没有发挥出来，而造成低成就现象。②学习困难不是由于残疾造成的。③学习困难的学生无法在正常教学条件下进行有效学习，必须接受特殊教育的服务。

我国目前普通班级中发现的多动症、语言障碍、情绪行为问题等相当一部分属于学习困难范畴，而并非智能障碍儿童。据调查估计，这类学生的比例远远高于智能障碍儿童。我们在教育过程中要将他们区分开来，学习困难儿童也应引起我们广大教育工作者的高度重视。

为了使读者进一步理解智能障碍概念的涵义，以及如何促进智能障碍人士的发展，现在举一个来自发达国家的智障人士（JI）的成长例子。

JI是出生于上世纪70年代的男士，以当时的"定义"被诊断为中度智能障碍，智商在35~40之间，而且伴有孤独症。在有压力情况下常有攻击性行为，表现为打人、抓自己头发，而事情过后也感到难过。他希望生活在常规不变的环境之中，变化了就不喜欢。比如：平时在学校生活有规律就能适应，而到了放假就不适应了，出现狂躁与抑制的双相情感障碍症状。如果按上世纪80年代的定义，中度智障是不会阅读的，他又是多重残疾，有可能是终身庇护，不会对社会有什么贡献。JI在学校毕业后可以进入庇护性工厂，他也曾试过在那里工作，但是他十分不喜欢那种单调的工作环境，因为与普通人社区隔离太多，在庇护工厂工作的人，都被视为低能，JI

常发生攻击别人的行为。

JI 的母亲是学校教育工作者,她在 1992 年定义的理念指导下,用全新观点去教育他,为他创造了一个正常的社区支持系统,把他当成普通人去看待。

JI 成年后,有了自己的单独公寓,与一位普通人一起生活,而且得到他的支持和帮助。母亲为 JI 在一所大学里找到一份独立的辅助性工作(收发材料等)。从此,JI 开始了普通人的生活,有正常工作,生活在普通人的社区中,与普通人一起休闲娱乐。他的妈妈认为 1992 年定义告诉我们,智障只是一种功能状态,强调功能与环境的相互作用,功能在不同环境中表现出来的,是动态性的、可变化的,不像以前用的"智商"是固定的、基本不变的。正常生活的 JI 在不同环境的支持中呈现出需要不同的支持辅助类型。

比如,JI 具有音乐天赋,这是他休闲的主要内容;他还可以自己整理房间,使用洗碗机等。在朋友的支持下,JI 的休闲与生活自理应属于间歇性的支持辅助类型(相当于轻度);JI 原不会乘车上班,在朋友支持下学会了认路标,并在司机协助下,学会了乘公共汽车上下班,在这方面应属于有限性支持辅助类型,若按过去理念,智商 34 是不可能自己上班的;有专人负责支持辅助指导 JI 的工作,因为有了工作,他有自己的工资收入,过着有成就感的普通人生活,但是他需要广泛性支持辅助才能完成;工作时攻击行为有时发生,这一点就需要支持辅助人员对其进行全面观察,根据行为发生前兆现象,给予辅助,防止攻击行为发生,如果常常发生,不仅是他的失败,也是支持系统的失败,就这一点上,他又属于全面性支持辅助类型。

这样一个中度智能障碍人士能够在社会支持系统的辅助之下过着普通人的生活,这难道不是新理念下革命性的成果吗?

培训活动建议

1. 分组讨论:智能障碍概念的演变有什么意义?我国现行的智能障碍定义中有几个要素?

2. 学员分别介绍所在学校是如何确定智能障碍学生的,有什么经验或问题。

(四)轻度智能障碍儿童的一般特点及其特殊教育需要

从总体来看,轻度智能障碍儿童与普通儿童在生理发育、心理发展上基本上是一致的,只是发展速度及质量有不同程度的差别。从多元智能理论看,轻度智能障碍儿童也有自己在某一领域的能力优势,需要教育者们悉心观察、发现并挖掘,这一点与普通学生是相同的。几十年来对智能障碍的定义及分类中,专家们都一致认为轻度智能障碍学生,可以进行系统教育训练,所需的支持辅助也属于间歇型。实践也证明,轻度智能障碍儿童可以随普通学校班级学习、发展。为了保证学习质量,就应当分析其特点,对其进行有效的支持辅助。本节主要从轻度智能障碍儿童生理、心理上的弱势特点加以分析,并非否认其优势的存在。

在生理发育上,轻度智能障碍学生几乎与普通学生没有差别,他们同样有发展的几个阶级(婴幼期、童年期、青少年期、青年期),在各年龄段中身高、体重、外貌、动作协调、步态运动技能等没有太大差别,轻度智能障碍学生有的在体格上比普通学生还好,只有中、重度智能障碍学生,在语言、体态、运动协调等方面呈现出与普通学生的较大差别。在心理发展上,轻度智能障碍学生呈现出与普通学生的差别有如下几点。

1. 感知觉发展的特点

感受性是指感觉分析器(如听觉器官、视觉器官)对刺激物的感受能力。感官的感受性较差是轻度智能障碍儿童普遍存在的,如对声音高低、颜色度的分辨。视觉变换适应速度,感知分化选择,时空的知觉,感知的整体性等,都与普通儿童存在一定的差距。比如:普通儿童从4岁开始就能分清红、粉红、大红、紫红,到了三四年级对色度区分水平已达到较高水准,但轻度智能障碍儿童有的到三四年级才能区分。

在教学中教师应加强对轻度智能障碍学生观察能力的训练,教给他们观察感知事物的方法,养成观察的习惯,可能的话,利用课外时间进行感知觉的系统训练,尤其是低年级轻度智能障碍学生的感知训练更为重要。

2. 注意的特点

注意是指心理活动对一定事物的指向和集中,它与感知、记忆不同,不是独立的心理过程,一般是伴随着其他的心理过程,成为顺利完成的必要条件。

在轻度智能障碍学生中常看到一种现象是,不论是上课或者做一件事情,他们总是不太专心,坐不住,东张西望,搞一些小动作。有实验证明,在低年级学生中,普通学生在同一时间中可以同时注意到十几件事物,但轻度智能障碍学生只注意到5、6个。8~14岁轻度智能障碍儿童注意时间一般稳定在10~15分钟,而普通儿童5~7岁就完全可以做到。

教师在上课前都要组织教学,对一般学生只需一两分钟即奏效,而轻度智能障碍学生有的要达10分钟才能进入学习状态。因此,教师在组织课堂教学过程中,要采取一些行之有效的方法,培养轻度智能障碍学生自控能力,形成常规学习行为,多用鼓励和严格要求相结合的方法对其进行引导教育。

3. 记忆的特点

普通学生的记忆再认能力随年龄增长可不断提高。1岁时的再认记忆可保持几天,3岁可达几十天,有的可达几个月,4岁时可达一年之久。记忆从机械性记忆过渡到理解性记忆的比例如下:一年级为72:28,六年级为55:45,初三可达17:83。轻度智能障碍学生的记忆发展顺序基本与普通学生相同,但是发展水平比较低下。由于他们对记忆内容理解不深或难于理解,因而遗忘快。理解能力差,直接影响了理解性记忆。轻度智能障碍学生一般依靠机械性记忆、直观形象记忆,而且要反复练习才能记住。记得快,忘得也快,是他们的特点。有专家曾做过调查,经过九年义务教育,轻度智能障碍学生可识字2600个左右,只相当于小学五年级的水平。短时记忆相对于长时记忆还好一些。表象记忆指不是由直接刺激作用于头脑中出现的事物形象,而是通过知觉的基础形成,留存在头脑中具有形象性和概括性的一种记忆。轻度智能障碍学生在这方面,无论在数量和质量上都不及普通学生。有人曾做试验将普通学生和智能障碍学生放在一个房间中,测试他们对房间的表象记忆,普通学生对房间特点的直接再现率为76.2%,30天后再现率为41.9%,而智能障碍学生直接再现率为16.7%,30天后变为0。

教师在训练智能障碍学生的记忆力时,要注意加强记忆的目的性训练,科学组织知识,复习方法多样化,有时也可以采用游戏方法,帮助智能障碍学生提高记忆质量和数量,并且不断鼓励他们所取得的记忆成就,建立其自信心。

4. 思维的特点

智能障碍儿童的思维发展,长期停留在直观具体的形象思维,而抽象概括的逻辑思维发展很缓慢。有实验证明,8~11岁轻度智能障碍儿童的抽象概括能力只接近于五六岁普通儿童,比如概括不出小鸡与小鸭的不同特点。思维品质也比较低,如思维对行动的调节、敏捷而灵活、独立性、批判性等发展不足。比如,课堂上如果有的同学回答3×6等于16,他也会跟着说16,如果老师追问他,可能改口说15或20,或18,类似情况课堂上常会出现。

教师在教学中应注意一方面从直观形象入手,帮助他们去理解知识,另一方面还要有计划地通过多种方法,在发展他们形象思维的基础上培养抽象思维。比如,可以通过发展口语来促进思维的发展水平,通过实物操作形成概念,通过实际问题解决发展推理概括能力等等。在美工、音乐等课上,还可以通过形象生动的书画、音乐发展他们的想象力、联想力,逐步开发思维的潜能。

5. 言语和语言特点

言语是一个人运用某种语言进行思考,并用以表达自己思想情感和影响他人的过程,是人类特有的交际活动。

轻度智能障碍学生大多数在不同程度上存在着言语和语言障碍。一般来说,这些学生小的时候,说话比较晚,发展迟缓。有统计表明,轻度智能障碍学生的语言发展比普通儿童慢2~3年,有的在两三岁才开始说单字,五六岁才会简单的疑问句,他们在言语的接受理解、发音、语法结构、词汇等方面,都存在较大的问题。比如,从"名称"过渡到"概念"需很长时间,会叫"奶奶"但含义不清。又如,讲到"晚霞""倒映"等词语,会背、会读,但是如果不结合实际去教,他们是难于理解的。有的音长期发不准,如"d,t,l"。鼻音重,音调不准,重音不对也是常见现象。但是轻度智能障碍儿童的言语与语言发展与普通儿童的发展规律是一致的,并无本质的差别,存在着极大发展空间,只要老师在教学中坚持训练,一般可达到五六年级水平,有的还会更高。

在言语与语言训练中,要采用系统科学的方法。首先,要注意其发音器官是否有病变,排除后应从言语发展特点进行训练,而且要结合实际生活和各门学科教学进行。不但要在学校训练,而且还要坚持在家中训练,有时还可以采用游戏、说童谣、竞赛等方法,使他们喜欢说,有表现欲望,教师要不断地加以鼓励。

6. 其他心理特征

智能障碍儿童一般情感发展迟缓、不稳定、自控力差,情感体验不深。有相当一部分智能障碍儿童出生时很少有激动的表现,到六七岁才会表现喜、怒、哭、闹,有的表现极端情绪,大哭、大闹、发脾气频率高,有的情感表达不当,甚至有时"顽固不化"。比如,一个12岁智能障碍学生很喜欢一位中年女教师,上课下课都眼不离她,下课跟随到办公室,甚至自己吃糖时,见到这位老师,会把糖从嘴里拿出来给她吃。另外,他们意志薄弱,自觉性、毅力较差,缺乏主动性,易受暗示。

智能障碍儿童的需要、动机、兴趣、性格等方面的发展与普通学生基本一致,只是发展慢,比如,长期停留在"低层次需要"上,即常关注物质生活需要,今天吃什么、喝什么,对他们训练时使用的强化物一般也与食品有关。从低层次需要过渡到较高层次需要,如口头表扬、荣誉感需求、奖励一本书等等,要经过一定时间的训练才能达到。在学习动机、兴趣的广泛性等方面,都要经历较长的培养过程。智能障碍儿童有的显现出性格问题,比如,过度兴奋,过强抑制,行动怪异,内心外露,极易疲倦,胆小孤僻,易伤心落泪等。

以上是就智能障碍儿童的一般特点而言的,实际上,智能障碍儿童在需要、兴趣、动机、性格等方面个体差异也很大。在培养智能障碍儿童健康的个性品质过程中,要坚持创造良好和谐健康的教育环境(包括家庭环境),多关心、引导、鼓励他们,使他们生活在愉悦的、平等的生态环境中,通过细心培养改善他们的心理状态的。

(五)轻度智能障碍儿童的学习特点

我们分析了智能障碍儿童的心理发展水平低于普通学生的一般性特点,这些特点表现在学习上就较好理解,也能"对症下药"地帮助他们。

在普通学校学习的智能障碍儿童，一般反映出以下特点：学习兴趣低，成绩差，学习知识不容易理解掌握，学习的速度慢，尤其是记不住东西，观察力和迁移能力都比较差。由于理解力、思维能力差，数学学科的成绩普遍差，对抽象材料的理解较难。有的学生语文成绩相对好一些，有的则在音乐、体育、美工学习上相对来说比较好一些。

上课表现一般是不易集中精力听课，表面上不闹，可能思想上"开小差"。不少智能障碍学生没有养成良好的学习习惯，如不爱做作业，作业潦草，不会整理文具，桌子上总是乱糟糟、无条理。有了问题不能及时问老师、问同学，总是比较被动、盲目。智能障碍学生在班上来说往往没有特别要好的朋友，交往中常常有困难，同学不爱跟他玩，所以他有被孤立感和被冷落感，严重的甚至不想上学，有的还出现固执、退缩、压抑、拒绝等行为，甚至有自伤、咬物、舔手等不良习惯，更造成了与集体的隔阂。

智能障碍学生生活、学习在普通班级中，其实最需要的是友善、温暖、平等、关爱的环境，这是促进他们发展的关键因素。只有在这样良好的环境下，才能使他们感到自己是集体中平等的一员，别的同学能做到的事情，自己也能做到，逐渐建立起一种"我能做一个好学生"的自信心。在这个前提下，再去有计划地支持辅导他们，才能取得成效，学习问题、行为问题才能逐一解决，个性潜能才能发挥。

北京某校学生李某，1993年12月生，四年级，因为从一年级开始该生的学业成绩一直是"待合格"，三年级时老师建议家长带他到北医三院诊断，智商测查结果为68，被确认为智能障碍儿童。他的父母均从事商业工作，平日十分繁忙，他出生3个月后，因父母难于照顾，他被送到河北一山村的姨母家中寄养，直到上幼儿园才接回北京。他平日很少与父母交谈，父母只关心他的学习成绩，其他很少过问。晚上他在家做作业很不专心，常常拖拖拉拉到十二点钟。由于学习成绩不好，常被父母抱怨是"笨儿子"。

在校上课时，他总是不停地玩铅笔、尺子、橡皮等，或做一些其他小动作。语言能力差，从他四年级的一篇作文片断中可看出："我的老姨，她长得非常美，圆圆的脑袋上嵌着一双美丽的眼睛，翘翘的眉毛，她的头发黑溜溜的，小小的嘴口，她的身材是中等的，看起来非常神态，所以我最喜欢我的老姨。"

他学习知识遗忘快,思维不灵活。如在刚讲完小数点的性质后,问他:在小数点的什么地方添上"0"或去掉"0",小数的大小不变?他回答不上来。学习应用题时,老师曾问他:学校里有故事书50本,科技书30本,一共有多少本书?他能回答出80本。又问:学校里有50本故事书,和科技书合起来共80本书,那么,科技书有多少本?他答有130本。

平时课上,教师不能满足他的特殊需要。我们曾调查第一周到第三周,在数学、语文、英语(共27节课)课上提问他的次数,结果是只有语文课上提问过他一次,而且提问的问题较难,他没有答出来;后来又了解到,全班只有一个成绩较好的同学能答出来。

调查全班40名学生中,只有3名学生表示出不讨厌也不喜欢他,其余36名同学都表示讨厌他。有时上课自由组合讨论时,往往只剩下他一个人没有参与的小组。体育课做游戏,他总是排在最后,自己一个人活动。

李某是一个自尊心强的学生,第一次调查时,曾在班主任的办公室碰到过他,他与另一同学正在屋内补作业,开始他是做数学作业,看见调查者进来,又在打量自己时,就把数学作业换成了语文作业。后来调查者曾问过他这样做的原因,他承认,因为自己数学作业缺漏多,错误也太多,不愿意给陌生人留下一个坏印象。

二年级时家长曾为他请过家教,是位大学生,因他的学习能力差且"太笨",家教辞职了。

我们从以上李某的表现,分析其学习特点如下。①注意力不集中,易分心。②上课时自控力差,小动作多。③认知能力发展慢,如阅读有障碍(常读漏字、蹦读等),速度慢,理解不深。④学习动机弱,无兴趣,丧失学习信心。⑤同学关系差,没有要好的伙伴,常被同学嘲笑,因而很自卑。⑥没有形成良好的学习习惯,如写作业不认真,不整理书包、衣物,不能按时完成作业;个人生活自理也做得不太好(如穿衣、吃饭、卫生习惯等)。

如何根据这些特点对李某提供支持辅助呢?其主要特殊教育需要是什么呢?研究者为李某制订了个别教育计划,旨在促进他的学习状况的改善,主要从以下方面着手。

改善教育环境。学校教师应多关心帮助他,针对他的问题实施个别化教育,如有条件,学校应设有资源教室。应建立一个友爱和谐、关心他人的集体氛围,同学之间应懂得相互关爱、相互帮助,尤其对学习困难学生更应关心帮助,不应有嘲笑、讽刺的态度,鼓励那些富有同情心、正义感的同学主动与李某交朋友,结成学习伙伴、生活伙伴,支持帮助他,学校和老师要大力提倡这种助人为乐的风气。父母要正确分析孩子的特点,鼓励他全面发展,挖掘潜能。学习成绩低是一种暂时现象,不能因此否定孩子的其他能力和优势,应善于发现他的优点,比如可利用他强烈的自尊心去调动他的学习积极性等。

采取具体的特殊方法,帮助他克服学习上的困难,尽快提高认知水平,跟上全班的学习进度。李某是有一定学习基础的,尤其是语文相对好一些,针对他在数学学习中的困难制订个别教育训练计划,如课前进行铺垫性辅导,课上老师适当关注,讲课从具体到抽象,从易到难,多采用直观形象化教法,课后及时进行补漏性辅导。除老师帮助外,要发动同学和家长对其帮助等。

严格要求,帮助他养成良好的学习习惯,要求李某按时上课,注意听讲,按时完成作业,学会有条理地学习和生活,如整理书包、打扫卫生等。

利用适当的表扬,激励其学习,建立自信,培养学习主动性。各科教师都要关注他的学习表现,通过提问,互动学习,激发他的兴趣,有了进步及时表扬,让他享受成功的快乐。开始时试卷可以单独给他设计,从考试分数的提高鼓励他的自信心。通过一定努力,再考虑逐步与普通学生的考试同步。

总之,对李某的教育要坚持不懈、循序渐进,我们相信以上方法能够促进他更好地发展。

培训活动建议

1. 调查一个智能障碍随班就读学生的行为情况,相互交流,分析研究他们的心理特点和学习特点。

2. 在你的班级中选择学习成绩不好的学生对其进行智力筛查(可用几种方法进行比较分析,将智能障碍学生与学习困难生区分开)。

3. 试分析调查一个智能障碍学生的学习特点,并说明他所需要的特殊教育,然后和同事们一起交流共享。

二、智能障碍儿童随班就读

（一）创设宽松、和谐的学习环境

"宽松、和谐的学习环境"是随班就读学生能够顺利在普通学校就读的重要条件。有人把宽松、和谐的学习环境称为适应性环境，实质上都是指"学校和班级都要建立良好的助残环境，接纳特殊儿童，亲近他们，给予他们平等的学习权利与机会"。一般说来，特殊儿童随班就读可能会有心理障碍，他们可能在过去的生活与学习中，受到过种种伤害，心理十分脆弱，承受能力很差。尤其在开始阶段，表现更为强烈。如何处理好随班就读学生与学校、班级的关系，处理好随班就读学生与教师、学生的关系就显得十分重要了。普通人对特殊人群容易产生两种截然相反的错误态度：一种是歧视与冷漠。把他们视为"另类"，在情感上表现出来的是不接纳、不尊重，甚至因厌恶而产生严重的隔阂；在称谓上会出现"傻子"、"呆子"等鄙视的字眼；在行为上有意躲避、疏远。另一种是过分的"关照"与"呵护"。虽然这种态度的出发点是好的，是善良的，但是由于表现的方式过分密切，也会带来相反的结果，引起他们的反感。那么，什么才是正确的态度呢？首先，我们要认识到他们和我们一样，是人，是具有生存权和发展权的人，这是我们认识他们的基本点。其次，要把他们看成是同普通人一样，能够平等享受一切教育资源的学生，他们同普通人一起学习与生活，不是对他们的特殊照顾，而是他们与生俱来的权利。我们要以一颗平常心去看待他们，要像对待普通人那样去接纳他们。这样，就可以建立起良好的环境。从许多学校的实践经验看，在建立良好的助残环境以后，随班就读学生都能进得来、留得住，而且也会有相当的发展。特别是班级的环境，对他们的影响最大，所以，培养一个健康向上的班集体，也是使随班就读顺利实施的重要条件。

学校应该在随班就读学生刚一进校时，就让他们体会到，他们渴望进入的校园是充满友善、关爱的地方，使他们尽快地融入集体之中。例如，北京安外三条小学的校长，特意在开学前对全体老师进行宣传、动员，唤起老师们的爱心和责任感。开学的那一天，校园里彩旗飞舞，锣鼓喧天。随班就读学生一走进学校大门，师生们就迎上前，有的随班就读学生行走困难，老师一下子把他抱起来,送到教室。校领导问寒问暖,老师语重心长,同学亲亲热热,仿佛他们回到亲人之中一样。这样的开学,会在他们的心里留下深刻的印象,有利于他们与集体的融合。

建立良好的班级助残环境是更加重要的工作。班集体的风气即"班风",不仅影响学生的学习和生活,而且影响着学生的态度、价值观和心理状态。如果随班就读学生是在一个充满友善安全、和谐的班集体学习和生活,对他们克服心理障碍、增强自信心、改善人际关系会大有好处。

北京市和平里二小李苏燕老师的经验是从两方面做工作得来的。"首先,创设有利于随班就读学生就读的物质环境。学生在这方面客观条件不一样,相同的条件对不同学生的心理也会产生不同的影响。所以,有特殊需要的学生对学校环境、班级环境往往有不同的要求。对于智能障碍学生需要提供有利于他们认知的各种学习辅助工具。其次,鼓励学生间的合作与互助……注意挑选助学伙伴,对这些学生进行培训,一是对随班就读学生态度的培训,二是对助学方法的培训……"当然,仅此两点是不够的,还要从加强教育、转变观念、开展活动等多方面进行工作,只有这样,才能建立一个良好的班级集体。

创建包容随班就读学生的教学环境,并使他们有愉悦的心理环境也是重要的。随班就读学生是普通教学中的一员,不是游离于普通教学之外的特殊成员,所以,在教学中一定要设法让他们与普通学生融合于同一个教学活动之中,互相影响、互相促进,达到双赢,也就是我们一直强调的"面向全体,兼顾差异"。

北京市东城区教委在小教科总结的经验中,强调了环境融合的重要性:"环境融合指学生成长环境的建设、调整和改善,尤其重视硬环境和软环境对学生的影响。环境融合强调要精心打造物理环境和人文环境,不贴标签、不划分'隔离'地带或区域,不出现歧视迹象。环境融合要求学校教育环境要突出整体性、协调性、适应性和个性,体现对所有学生发展需要的包容和引导,形成反映随班就读教育特点和现代教育理念的环境特色。"

我们一方面要创建良好的学习环境,主动去适应随班就读学生的特殊性,另一方面我们也要注意教育、影响随班就读学生有意识地改变自己,克服困难,主动地融入到集体之中。因为他们在走入社会以后,将会遇到比平常人更多的困难、挫折,甚至失败,所以从小就要锻炼他们的承受能力和主动适应的能力。如果只是强调为他们创设宽松、和谐的学习环境,忽略对他们自强、自立精神的教育与培养,是不够的、不全面的。

(二)了解智能障碍儿童学习的起点

对随班就读学生进行课堂教学,首先,要了解随班就读学生的学习起点。所谓"学习起点"就是指随班就读学生在课前具备与学习本课教学内容有关的知识、技能、心理、生理等方面的基础或条件。了解随班就读学生的学习起点,要从刚接触随班就读学生时开始。首先,要系统全面地了解他们的基本情况;其次,还要在日常教学中,随时注意并观察记录他们各方面的变化。经常进行比较、分析,准确地掌握他们的发展水平,进行有效的教育。这方面的工作做得好了,每堂课前要了解随班就读学生的学习起点就容易多了。教师在每一堂课前都要对本班全体学生的有关情况进行分析,然后再结合教材的内容要求,制定本课的教学要求与目标。在这个过程中,一定要了解随班就读学生的学习起点。

了解随班就读学生学习起点的方法有以下几个方面。

查阅随班就读学生的各种档案资料,了解他们的学习成绩以及实际水平,心理、生理缺陷以及程度等情况。

教师根据本课的教学内容,了解随班就读学生在学习本课教学内容时有什么困难,教学的难点在哪里,他们对哪些教材感兴趣,对老师有什么要求。还可以向助学伙伴了解随班就读学生的学习困难,他们对本章节学习的态度等问题。

把学习本课教材所必须掌握的基础知识、基本技能,编一些简单的题目,让随班就读学生笔答,以了解他们存在的不足,这是经常采用的方法。

通过对随班就读学生上一节课作业的检查,找到他们的知识漏洞,进一步掌握他们学习新知识的难点和困难。

借家访的机会,向家长了解随班就读学生在家的学习表现,平时感兴趣的事物以及对学校、教师的态度与意见等。

以上方法并非每次都全部用,而是要根据具体情况灵活选择,只要达到了解随班就读学生学习起点的目的就可以了。

(三) 智能障碍儿童的座位安排和课前准备

1. 座位安排

合理安排随班就读学生的课堂座位,可以有效地照顾他们的特殊需要,有利于师生之间、学生之间的交往。安排学生的课堂座位一般有三种方法:行列式排列法、马蹄形排列法、小组排列法。教师要按照教学的需要,选择其中一种。无论哪一种方法,教室里的座位都分成不同的座位区,每个区域所受教师影响的程度是不同的。有些区(图中●处)与教师的视线接触最频繁,师生之间信息交流也比较方便。而有些区(图中○处)则恰好相反,是较少受到教师影响的座位。

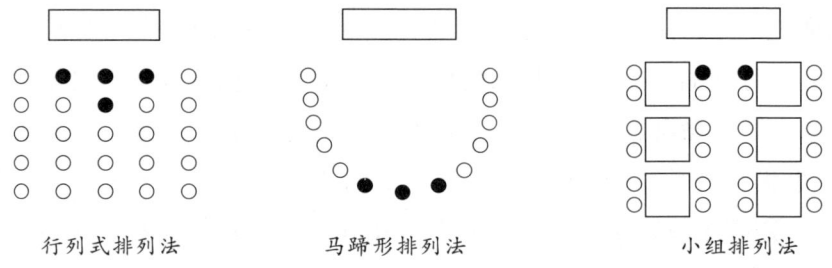

行列式排列法　　　马蹄形排列法　　　小组排列法

教师安排随班就读学生的座位时,一定要考虑到他们的心理特点与缺陷,把他们安排在有利于自我调节,又能兼顾他们学习方便的座位上。一般是把他们安排在教室里光线充足、比较靠前、行动方便、旁边有助学伙伴、有利于与教师交往的座位上。

座位安排也要具体问题具体分析,要符合随班就读学生的具体情况。随班就读的智能障碍学生,如果没有心理障碍,与人交往就不会产生困难,也少有畏惧、怕羞的现象,我们要充分利用他们在这方面的优势,把他们安排在与教师信息交换比较容易的地方,这有利于他在课堂上的学习。如果有心理障碍,这样的安排就不合适了,要有意让开课堂上那些显眼的地方,以免让他们感到不舒服,甚至反感。但是又不能把他们安排在课堂上很少被教师照顾到的地方,那样做又会加重他的心理障碍,所以安置在中间地带是最恰当的了。

2. 课前准备

这里讲的课前准备是指随班就读学生的课前准备,但需要教师的指导与帮助。大体上可以分三个层面来进行。首先是学习目的的教育与学习动机的培养。学生的志向水平和价值观,会对他们的学习产生重要的影响,随班就读学生也是如此。这方面的教育要与家长配合好,要坚持不懈,要采取多种多样的形式,切忌空洞的说教。学习动机的培养主要是在教师的教学过程中进行,需要家长配合。一方面是想方设法激发学生学习的兴趣,另一方面是给他们创造成功的机会,让他们时常有学习成功的体验和喜悦。其次是做好预习,教师应给予关注、指点,助学伙伴或家长要具体辅导,主要是巩固旧知识,弥补漏洞,为学习新知识做好准备,特别是认知前提的准备。这样就可以缩小与普通学生的差距,提高学习新课的效率。第三是物质方面的准备,除了一般的学习用品以外,还要考虑到随班就读学生的特殊需要,准备专用的学具、工具、材料等。不要小看这方面的准备工作,一时疏忽可能会使随班就读学生整堂课无事可干,白白浪费学习时间。

(四)随班就读的教学设计

教学的设计包括:教学目标的设计,教材的调整,教学方法与过程的设计,教学媒体的设计等。

1. 教学目标的设计

教学目标包括学科知识、基本技能,过程与方法,思想情感等三部分。

学科知识目标是指要学习的知识范围、数量、程度,学生的认知能力发展水平。学科知识目标可以确定为不同的层次,如低水平的学生需要了解、知道等。中等水平的学生需要领会、理解、运用等。高水平的学生需要分析、综合、解决问题等。学习的知识范围、数量、程度,学生的认知能力发展水平两方面要综合在一起表述。

基本技能目标一方面是指学习的基本能力,如听、说、读、写、计算、绘图等,另一方面是指动手能力(操作、制作、使用工具与仪器设备),还有运动、表演能力(跑、跳、体操、舞蹈、唱歌)。当然不是每一堂课都要包括两方面的内容,要根据教学的需要来选择。要观察了解随班就读学生的学习过程、学习特点、学习方法,并给予指导。帮助他们掌握一些学习方法策略,逐步学会计划、监控、反思自己的学习,提高学习能力。

思想情感目标是指对学生进行思想品德教育,在情感、态度、意志等方面的具体培养要求。

教学目标首先要完整、全面地体现教学内容的基本要求。因为任何教学目标都不是孤立的,它是教学目标体系中的一个有机组成部分,是与其他目标联系在一起的。纵向关联,也就是本学科内容的前后联系;横向关联,也就是本课所学习的内容与其他学科是否有联系。两方面都注意到了,才能确保教学目标的完整性。其次,课堂教学目标要有针对性,对不同层次的学生要有不同的教学目标。除了对随班就读学生要分出层次外,对普通学生也应该分出不同的层次。第三,课堂教学目标要十分具体、准确,具有可操作性,要便于测查。特别是在知识的范围、数量、程度上一定要具体、准确,不能有模糊的表述。第四,课堂教学目标要有激励性,目标不可定得过高或过低,要让随班就读学生感到这个目标经过努力可以达到,符合自己的具体情况与学习水平,由此产生学习的兴趣与主动性。随班就读学生的教学目标设计,就应该包括在这个整体目标之中,他们只是其中的一个层次,符合他们的实际水平的层次,并不见得是最低的层次。对随班就读学生的关注应该是教师备课中随时都要注意的。

北京市西总布小学蒋丽老师,在《她是我的朋友》一课的设计中是这样确定教学目标的。

	普 通 学 生	随班就读学生	
		听障学生	智障学生
教学目标	知识与能力: 了解课文内容,并有语气地朗读; 能抓住阮恒的动作表情,体会他的内心活动; 能联系上下文为医生补充语言。	初步了解课文内容,学习通过抓住人物的动作表情,体会他的内心活动。	初步读课文,了解课文讲了谁的事情。
	过程与方法: 抓住描写阮恒献血时动作表情的语句,体会他的内心活动。在此基础上有语气地朗读课文,感受真挚的友谊。	在老师的帮助下,了解人物神态动作,体会人物的内心活动。	在老师和同学的帮助下,学习朗读重点语句。
	情感态度价值观: 感受朋友之间真挚的友谊,树立正确的友情观。	感受朋友之间真挚的友谊。	了解朋友之间存在友谊。

这样确定的教学目标,就是符合设计要求的教学目标。它不仅全面细致,而且能够清晰地分出层次,符合学生的情况与实际水平。

北京市崇文门中学刘燕燕老师,在初中几何课《过三点的圆》一课中是这样确定教学目标的。

	普 通 学 生	随班就读学生
教学目标	知识目标: 通过本节课的学习,使学生理解"不在同一条直线上的三个点确定一个圆"的定理,并掌握它的作图方法。理解三角形的外接圆、三角形的外心以及圆的内接三角形的概念。	使学生了解"不在同一条直线上的三个点确定一个圆"的定理,并初步掌握它的作图方法。了解三角形的外接圆、三角形的外心以及圆的内接三角形的概念。
	能力目标: 培养学生的观察、分析、概括能力;准确简述自己观点的能力;动手作图准确的操作能力。培养学生学数学、用数学的意识。	培养学生观察、分析、动手作图的能力,以及与同学、老师之间的交往能力。
	德育目标: 通过新课引入,激发学生的爱国热情和学习兴趣,培养学生树立知识来源实践又反作用于实践的辩证唯物主义观点。	通过学会知识,学会作图,增强学生学习数学的兴趣。

本课教学目标的设计,基本上使随班就读学生掌握最基础的知识与能力,应注意到随班就读学生在一定程度上和普通学生有所区别,虽然只是"理解"和"了解"之差,却能使教学从实际出发,收到良好的效果。

2.根据随班就读学生的情况调整教材内容

随班就读学生一般使用的是普通中小学的教材,以及地方教材、校本教材等。教师可根据学生的实际情况把教材内容作适当地调整。调整教材,应该与课堂教学的整体设计一起考虑。在明确了课堂教学设计思想以后,首要的工作就是对教材运用的设计。当随班就读学生的实际水平与班级的一般水平相近时,就使用相同的教材。但是,当随班就读学生由于生理、心理的缺陷,存在各种不同的困难与特殊的教育需要时,就要照顾他们,调整他们学习的教材。调整的原则是不打乱教材的逻辑关系,不影响教材的科学性。主要是调整教材的深度、难度、数量、顺序、进度等方面,删除不适宜随班就读学生学习的内容,增加适合他们的特点与特殊需要的内容。

对智能障碍的随班就读学生教材调整的重点是删除难度大的,以及"扩展与提高"的部分(这部分大多在教材中的练习里,删除比较容易),充实基础知识、基本训练的部分。为解决教材中较难理解而又必须理解的部分,可以设计一些铺垫内容,减缓梯度,帮助他们克服困难,掌握重点的内容。如学"求比一个数多几的数应用题"时,教师可以在讲解例题前安排两个预备题,让随班就读学生完成预备题以后,再随全班一起学习例题。这样就可以降低难度,比较顺利地完成学习任务。

教材调整的步骤与要点如下。

(1)教师要深入钻研教材,把握教材知识和训练的要点,明确要求。一般做法是按照章节、单元进行调整,便于整体上把握教材,在调整过程中可以全面掌握。

(2)要全面深入地了解随班就读学生,掌握他们的特点、缺陷与特殊需要。这方面工作一定要提前进行,一般都是在学期开始时就摸清随班就读学生的整体情况,在单元、课时设计中做一些有针对性的分析就可以了。

(3)调整教材一般是采用同教材、同进度、异要求的模式,重点在确定不同的教学要求方面。具体调整教材时,要先把对智能障碍学生的要求具体化,然后再根据不同的要求做出适度的调整。

(4)调整中还要充分利用其他各种类型的教材作为补充,以帮助随班就读学生。

(5)教材调整后,还要进行必要的检查。分析一下调整后的教材是否影响了原教材的系统性和知识结构,并要在教学过程中进行验证,如果出现问题就必须改正,不然会影响教学效果。

教材调整的具体方法包括以下几种。

(1)删除:是指针对随班就读学生删除高于基本要求和用于扩展和提高的教材内容,减少练习数量和难度等。只要能保证基本要求,不破坏知识的系统性,就可以根据随班就读学生的具体情况,适当删除教材内容。

(2)补充:对于原有教材中的基本知识、基本技能部分要适当增加学习与练习的数量,以达到牢固掌握基本知识的目的。还可以补充有利于直观演示、动手操作的教材内容,便于随班就读学生学习。

(3)变动:主要是指对教材的顺序、进度做一些较小的变动。如对较难的教材加点预备性、铺垫性的过渡教材,或是改变一下顺序等。

(4)改进:主要是使教材的内容及形式更加适合多媒体教学的特性,帮助随班就读学生更方便地进行学习。

北京市昌平区二毛学校申静老师,在语文课《登上企鹅岛》一课中是这样调整教材的。她根据随班就读学生(智商41)的具体情况,化简教材,只保留了:①认识三种企鹅,知道三种企鹅的名字。②会读"企鹅""成千上万"两个词语。③在助学伙伴的帮助下,会打开自己的学习课件,基本完成课件内容。其他理解、读写、背诵的内容都不作要求。

这个实际教学的例子说明,在学生智力条件十分差的时候,我们可以从实际出发,大幅度地调整教材。但是,我们也不要随意大量删减教材,对于轻度智能障碍儿童,还要保留最基本的教材内容。

北京市平谷区第八中学崔彦江老师,在《列代数式》一课中是这样调整教材的。他根据学生的智商水平,只要求随班就读学生初步理解代数式的意义。列代数式时删去了复杂的内容,只保留了最简单的代数式——一般的代数式。描述代数式的意义时,只要求他们描述最简单的代数式。练习的内容与数量也相应减少了。在教学实践中检查效果时,两个随班就读学生中一个完成了学习任务,另一个只会列出简单代数式,而不能说出其意义。这说明了教师对教学内容的调整还是符合实际情况的。

3. 随班就读教学过程与方法的设计

教学过程的设计要注意将智能障碍学生的学习融入班集体教学活动中,从整体出发组织教学活动,同时兼顾随班就读学生的学习,让他们跟随集体一起学习成长。选择随班就读教学方法的依据有:教学目标、随班就读学生的心理特点、随班就读学生的知识基础、学科的特点、教师的特点等。在选择、运用教学方法时要注意以下几个问题。

课堂教学前一定要做好准备工作。准备好教学计划,准备好教学媒体,最好还要亲自操作、演练一下各种设备,机器是否好用,软件效果如何,各种常规教具是否齐备,做到心中有数。如果教学计划写得比较简单,在课前还要把每个教学环节的具体过程再熟悉一下,特别是对教师的"设问"要反复研究,教材呈现的先后顺序,教师指点、辅导的内容等都要反复推敲。准备工作越细致、越全面,教学效果越好。

课堂教学中要随时照顾到随班就读学生的特殊教育需求。关注他们,并不是说把时间和精力全部或大部分花费在他们身上。有时只是把教学过程稍加变化,用时不多,就会产生极好的效果。例如,讲语文课时常常要观察插图或挂图，或是用声像媒体放映各种软件。在观察前、观察中都要提出一些问题，引导学生更好地观察和理解。在这个教学环节中，可以设计两个层次的问题，较低层次的是具体、形象的简单的问题，留给随班就读学生回答，其他学生也在想，也在听，只不过是感到容易些罢了。较高层次的是抽象、理性、复杂的问题，要经过思考才能理解的问题，这是对全班学生提出的，随班就读学生也在想，也在听，只不过感到有点困难，一时不知如何回答。这时，如果他们认真听了同学们的回答，也许能够和大家一起理解了，这样做不就是最好的融合吗？在课堂教学中随时注意随班就读学生的学习状况，能够及时发现他们的学习困难，给予帮助。如智能障碍学生不理解、不会操作等等，教师只要稍加注意就能够帮助他们克服困难，让他们能随全班同学一起学习。

讲 20 以内数的认识时，先让学生数 10 根小棒，数好后捆成一捆，告诉他们这是一个 10，认识了十位数。这时，智能障碍学生可能还在数那 10 根小棒，根本没有把 10 根小棒捆起来，也许他们不会捆，这时需要对他们进行帮助，请助学伙伴帮他们捆起来，老师要再一次告诉他们，这一捆是十，然后再讲 11、12、13……随班就读学生也能跟着学了，不至于掉队。如果不帮他们一下，大概他们就无法认识 10 以后的数了。

课堂上要紧密结合随班就读学生的个别教育计划安排他们的学习活动。教师对随班就读的学生都要制订个别教育计划，完成这个计划的很多工作需要在课堂教学中实施。所以对随班就读学生的关注不是随意的、可有可无的，而是在个别教育计划中已经规定，并在课堂教学设计中有意安排的学习活动。

开展"合作学习"，以助学小组的形式进行学习活动。在课堂教学中我们要认真开展合作学习，不能走过场。小组学习一定要给予相应的条件，如充裕的时间、适当的题目、教师的启发、及时的鼓励等。即使延长了时间，也不要草率收场，可以从其他教学活动中去调整时间。尤其是教师对合作学习的总结一定要全面，对学习内容、学习状况、学生表现都要有所评价。教师还应充分发挥助学伙伴的作用来帮助随班就读学生。合作中也要防止随班就读学生产生依赖心理。

北京市昌平区亭自庄小学王小梅老师,在语文课《翠鸟》一课的教学中,在学生学习第 2 自然段时运用了"小组合作学习"的方法。教师先出示了学习提示:①默读第 2 自然段。②划出描写翠鸟捕鱼动作快的词语和句子。③小组内朗读,说说这些词语为什么能说明翠鸟捕鱼动作快。同时,指定一学生读一遍提示的内容,然后各组围在一起,先默读,接着就有人在书中划词语和句子,助学伙伴自己完成后就来指导随班就读学生完成。过了一会儿有的组就开始朗读和讨论了,课堂气氛开始活跃起来,6 分钟后,都完成了自学提示的任务。教师开始让各组汇报学习情况。一共有 4 个小组的代表汇报了他们选出的词语和句子,并且说明了原因,还有一个组的代表发言后,本组的同学进行补充。教师边听边写板书,把有关的词语写在黑板上。发言后,教师简单地讲解,接着让各组展示朗读成果并进行评价,其中,还有教师的范读。通过朗读进一步理解了翠鸟捕鱼动作快的词语。最后,教师画龙点睛地做了总结,汇报总结共用了 11 分钟。

教师的辅导要适当,要讲在点子上,帮在要害处,要少而精。教师如果需要较长时间的辅导,可以放在学生独立练习或完成作业时进行。大量的个别辅导需要在课下或家庭中进行,也需要学校资源教师和家长的配合。任课教师要起主导作用,根据随班就读学生课堂上的学习情况决定课后辅导的内容与方式,例如,重新讲一遍、辅导作业、面批作业,让资源教师帮助查找有关的参考资料,请家长督促学生复习与预习等。

北京市燕山羊耳峪小学张颖老师,在语文课《神秘的死海》一课中,采用了让随班就读学生参与实验演示的方法,促进他们积极地理解课文内容。当教师带领学生细读课文第 4 自然段时,学生不懂比重方面的知识,理解起来比较困难。教师在这里设计了一个小实验,让学生自己动手做演示实验,请随班就读学生做主要操作员。只见那个随班就读学生在教师和同学的指点下,先往烧杯中倒入清水,然后将鸡蛋轻轻放入水中,他举起烧杯,教师提示让大家观察鸡蛋在水中的位置,大家看见鸡蛋沉底了。接着,他又慢慢地将盐一勺一勺地加入到烧杯的清水中,这时只见清水慢慢变浑浊了,鸡蛋慢慢地浮起来,最后漂浮在水面上。实验做完了,大家开始讨论,这时,随班就读学生也很认真地听大家的发言。让随班就读学生参与学习和教学活动,教师恰当地指点,往往是辅导他们的最佳办法。

北京市宣武区上斜街小学的王彩霞老师,在语文课《一夜的工作》一课的最后,启发学生写出自己内心对周总理的认识时,采用了恰当的教学媒体,一边放送《这样的人》的乐曲,一边展示周总理和各行各业群众在一起的照片,一边进行绘声绘色、生动感人的解说。全班学生目不转睛地看着、听着,他们真的被感动了,内心的感悟自然而然地迸发了出来。随班就读学生也很好地完成检测卡中"将你最想对周总理说的话写下来"的作业。效果非常好。

以上两个教学实例中,教师没有直接辅导随班就读学生,但收到了很好的效果值得提倡,应该深入研究。但是,也要注意运用个别辅导、面批作业、伙伴助学等常用的辅导方法。

教师还要讲究教学艺术。教学艺术不是表演、不是摆花架子,而是教师个人才华恰当地运用到教学过程中的种种表现。它既不是教学经验,也不是教学技能,它是教师在长期教学中积累、探索、创造、升华而带来的宝贵财富。在教学实践中能够发挥多种功能,对提高课堂教学效率,促进学生全面发展,产生一定的作用。特别是在加强师生情感的交流、提高教学信息的有效性、因材施教等方面,更有其不可替代的作用。教学艺术的范围是很广泛的,包括教学风格、教学节奏、教学语言、教师神态、板书、组织艺术等。教师的教学艺术会在学生中产生潜移默化的影响,会给学生留下深刻的记忆。教师要在自己的教学实践中有意发掘这方面的才能,让它发挥应有的作用。

4. 随班就读中教学媒体的选择和运用

传统教学中只注意教具的使用,忽略了更多的其他手段,现代教学设计更强调运用教学媒体。教学媒体的概念是指"储存和传递教学信息的工具与手段"。狭义的教学媒体包括教科书、黑板、模型、图片、实验仪器、幻灯、投影、电影、录像、电脑等教学工具,广义的教学媒体还包括参观、实习、实验、讨论等活动。这里讲的是狭义的教学媒体。

教学媒体在随班就读教学中的功能与作用包括以下几点。

(1) 展示事实、解释原理。教学媒体可以展现自然现象、物体形态和结构,或者史料、文献等客观真实的事实,描述事物发生发展的完整过程,帮助随班就读学生获得真实的事实材料,克服原来缺少感知形象的缺陷,了解事物发生发展的原因、规律及其特征,有利于他们理解教学内容。

(2)创设情景、设疑思辨。根据学习内容,教学媒体可以提供、表现有关情节、景色、现象的真实或模拟、相似的画面(如古诗词的意境画面),使教师与学生之间建立共同经验;还可以设置疑点和问题,引发思考、探究。学生通过对媒体提供资料的感知分析,形成表象,并作为归纳、概括知识和形成概念的依据。同时,也可以作为验证或进行练习的实例,分析和解决问题。

(3)提供示范、模仿学习。媒体可以呈现一系列标准的行为模式(如语言、动作、书写或操作行为),供随班就读学生模仿和练习。

选择教学媒体的依据包括以下五个方面。

(1)依据教材特点与教学目标选择。教师运用教学媒体是为了更好地传递教学信息,使学生容易、快捷地掌握教材内容,达到教学目标。所以必须要从教材特点出发,根据教学目标来选择教学媒体。例如,语文课选择能够创设生动形象、强化感受的情景媒体;数学课选择直观、准确呈现数量关系、图形变化过程,解释计算原理的媒体;体育、音乐、美术课选择提供示范的媒体。

(2)依据学生的年龄、心理特点选择。这一点是教学媒体发挥实际作用的关键,只有从学生的水平与接受能力出发,才能激发学生的兴趣,引起他们的注意,教学媒体才能产生实在的价值。要做到这一点,教师必须从把握教材的重点与难点上下功夫,着眼于解决学生的问题,使教学媒体真正实用、有效。

(3)依据教学媒体的功能与特性选择。没有万能的媒体,每个媒体都有其突出的优势,也有其不足。在选择中一定要注意用其所长,避其所短。媒体具有表现力、反复重现力、接受范围大,学生参与性、受控性好等技术特性,以及易于引发动机、建立表象、建立概念、培养操作技能、启迪智慧、发展智力等教学特性。这些特性都应该在选择时予以考虑。

(4)依据教师对教学媒体的了解与掌握的水平。再好的媒体也要靠教师的熟练运用才能发挥其作用,否则会适得其反,在课堂上帮倒忙,影响教学效果,所以教师需要依据自己的实际情况选择媒体。从另一方面讲,教师也要积极学习、掌握更多的教学媒体,适应教学的需要。

(5)依据学校的基础条件和最低成本原则选择,不要追求形式,要从现有的条件出发,用较低的成本去获取较好的效果。课上也不是使用教学媒体愈多愈好。大力提倡自制教学媒体,教师中蕴藏着极大的积极性,在这方面大有可为。自制教具和学具应该在简洁、易操作、突出重点等要素上多下工夫,能深入浅出地呈现问题,启发思维,有效地解决随班就读学生特殊教育需求,而不必舍本求末,在表面的美观上枉费精力。

北京市房山区青龙湖中心学校宋翠霞老师,在语文课《草原》一课中,用了一组草原景色的画面,把"一碧千里""并不茫茫""无边的绿毯""流入云际"等景色表现得淋漓尽致。媒体内容选择得好,运用的时机也十分得当。如果一上课就让学生欣赏,势必会影响学生读课文时的想象,也限制了学生活跃的思维。教师是在精读写景的一段课文以后,配合教师的范读放映这组画面,还配上了舒缓、悠扬的马头琴乐曲,十分感人。画面不仅印证了学生所体会到的情景,还加深了对课文的理解。接下来学生读这段课文时,也能把自己领会的东西表现出来。所以说媒体不仅要选得好,还要运用得恰当。

培训活动建议

1. 学员阅读教材内容,并将学习心得或困惑写在教材空白处。

2. 组织学员调查周围的教师和学生,了解他们怎样看待随班就读的智能障碍学生。

3. 每位学员介绍自己在教学中兼顾普通学生和随班就读智能障碍学生的做法和经验,并以小组为单位,在纸上交流。

(五)对智能障碍儿童数学、语文的教学

1. 对轻度智能障碍学生的数学教学

对智能障碍学生的数学教学是相当困难的,因为他们都是由于大脑问题而造成的智力低下,根本不可能与普通学生一起完成课堂学习的任务。教育部颁发的《全日制弱智学校数学教学大纲》中明确规定他们要用9年的时间,学完相当小学四年级的课程。这表明小学低中年级的数学对他们来说已经是非常难了,小学高年级的数学就更不用说了。面对这样的事实,我们应该采取什么样的对策呢?

必须坚持智能障碍学生真正随班就读,不是"随班混读",不能放弃他们,要让他们学习基本知识和技能,为将来进入社会做好准备。什么是他们应该学习的内容呢?现阶段可以参照教育部在1989年颁发的《全日制弱智学校数学教学大纲》中所规定的教学内容,结合普通学校当前使用的新《课程标准》或其他教学规定的内容,在各年级教材中,寻找共同点,确定本年级学习的内容,再进行教材的调整。年级越高,这个工作就越困难。

一定要十分重视随班就读智能障碍学生在小学低年级的数学学习,打好基础。尤其是数的概念、数的分解和组成、读数、写数、十以内的加减等最基础的知识与最基本的技能,要作为我们数学教学的重点,即使放慢速度、加大练习量、延长教学时间、耽误教学进度也在所不惜,一定要把基础打好。可以采用个别教学、课后辅导、资源教室的补偿教学、伙伴助学、家长帮学等多种方式方法来提高他们的学习效果。

在课堂教学设计中,可以单独设计智能障碍随班就读学生的教学活动。做法是:在全班的教学活动中有适合随班就读学生参加的内容时,一定要吸引他们加入到教学活动中,特别是合作学习的方式,更要让他们参加,即使是他们只听不说,只是部分参与教学活动也是好的。因为只要他们参与到教学之中就能在与人交往的过程中学习、体验到不少东西。在全班的教学活动中没有适合随班就读学生参加的内容时,教师一定要单独为他们设计教学活动的内容,让他们自己学习,必要时还要请助学伙伴或其他老师照顾一下。

对智能障碍随班就读学生的课堂练习和作业,教师要进行面批、面改。随时纠正错误,及时改正,改后还要反复练习,以巩固当堂所学的知识。如果不能及时批改,一旦形成了错误的定势,再纠正起来就困难得多了。

要根据智能障碍随班就读学生的情况,降低对他们的评价标准,要让他们也感觉到经过自己的努力,可以获得成功。只要他们认真学习了,有了点滴的进步,都要给予一个积极的评价,即使他们在学习中遇到难以逾越的障碍,也要多鼓励、多帮助,不能有一丝一毫的歧视,更不能放弃。有的老师总结出"三优先,一降低"的教学策略,其中的一降低就是指评价标准的降低。在实际教学过程中发挥了较大的作用,取得了较好的教学效果。

在数学课的教学中,充分发挥教具、学具的作用,可以大大降低智能障碍随班就读学生学习数学的困难,增强学习数学的兴趣。但是教具、学具的研制不是件容易的事,一位好的教师能够在充分把握教材实质、了解学生的特点的基础上,创造出适合随班就读学生使用的、能够帮助他们突破学习难点的学具来。不少自制的教具与学具,还有利于补偿智能障碍学生的缺陷,通过动手操作教具与学具来发展他们的智力,促进身心康复。

要充分利用现代化教学媒体提高课堂教学的效率。在科学技术飞跃发展的时代,教学手段的现代化是必然的趋势,这不仅需要我们掌握现代技术,还需要我们转变教学的观念。课堂教学的水平提高了,教学的效率提高了,随班就读的智能障碍学生也会从中受益。

2.对轻度智能障碍学生的语文教学

语文教学的任务是多方面的,如果按照一般的要求学习,智能障碍的随班就读学生是难以接受的。我们不仅要安排适合他们学习的内容,在教学中注意与班级教学融合,还要在以下几方面做好安排。

要想方设法教会他们汉语拼音。学习汉语拼音可以帮助智能障碍学生识字、阅读、学习普通话和矫正语音障碍。可以说汉语拼音既是语文教学的开始,也是整个语文教学的基础。一般刚入学的小学生学习汉语拼音有两个月就可以了,但是智能障碍学生需要花费较多的时间,他们不可能跟上其他学生学习的进度。要安排他们到资源教室进行有计划的补救教学,并根据他们的心理特点,安排相应训练内容。

首先,要进行强化记忆训练,要求熟记汉语拼音的声母、韵母、声调、整体认读音节。其次,运用多种方式、方法,反复训练,让他们学习并掌握拼音方法,会拼读音节。然后,再发挥家长的配合作用,把资源教室的训练延伸到家庭,创设更多的练习机会与训练场合。要不惜时间代价,一定要求他们掌握汉语拼音。如果不是刚入学的学生,也同样训练,补上汉语拼音这一课。

要通过各种教学活动扩大他们的字、词范围,增加汉字、词汇的积累,为发展语言打好基础。教智能障碍学生生字、词汇必须与生活实际相联系,与他们的接受能力相适应,反复进行,循序渐进才会产生好的效果。

关于"听"的训练。对"听力"一般教师从来没有给予特别的注意,因为普通的孩子听力正常,不会有任何问题,也就根本不需要进行听力的训练。但是对随班就读的智能障碍学生来说,如果不注意听力的训练,就会直接影响他们参与课堂教学活动。

智能障碍儿童的听觉器官一般都没有什么器质性损伤,他们的问题是不想听、不会听,并不是有了正常的听觉器官就可以听到一切。鲁宾斯坦说过:"儿童不是用耳朵听到的,而是用大脑的颞叶部分的皮层听到的。儿童听到的东西是由事先在颞叶中形成的条件联系的性质决定的。"这正是智能障碍儿童不会"听"的原因。所以要从训练他们"想听""爱听""会听"入手训练他们听的能力。训练的方法很多,如用生动的故事、用悬念来吸引他们听,训练他们的声音听觉,为语言听觉打下基础,用多媒体生动形象地创造时机来加强听觉的训练,组织游戏、活动训练听觉等等。经过这样的训练,就要进一步培养"听一段较长的话语"能力,这就不仅是听的能力了,它包含了记忆、想象、思维等多种心理过程参加的复杂的能力,这是培养听力的新阶段。发展智能障碍学生的听觉,主要是培养学生的言语听觉能力,把别人说的话听清楚、听懂,并且能正确理解。这种能力也是学习过程中不可缺少的能力。另外,培养学生集中注意去听的习惯也很重要,有了这种习惯,能够帮助他们迅速提高听话的能力。

发展智能障碍儿童的听力,是一个循序渐进的过程。应该首先发展智能障碍儿童的声音听觉,再逐步深入发展他们的言语听觉,再由简单的言语听觉过渡到较为复杂的言语听觉,同时,伴随着集中注意力、认真去听的习惯培养,使学生的听力与其他感知、记忆、想象、思维等同步发展。这是发展智能障碍儿童听觉的一般规律。

关于"说"的训练。"说"这里指的是口头表达能力。随班就读的智能障碍学生参与正常的课堂教学,我们必须想办法训练他们说的能力。智能障碍儿童的言语发展都存在不同程度的障碍,口齿不清、咬字不准是大部分智能障碍儿童都有的毛病。有的孩子还伴有口吃或言语含混难于辨别的缺陷。口头表达更成问题。他们在家庭和学校中学习语言的机会很少,缺乏必要的基本训练,语言的毛病很多,最为普遍的是语句不完整,意思不连贯。要把一件事情说清楚,哪怕是极为简单的事情,对他们来说也是十分困难的。在这样的基础上训练提高他们的口头表达能力,只能从简单的言语能力训练入手,在适当的时机再进行口头表达能力的训练。

第一步，要深入分析学生言语缺陷的具体表现及其产生的原因。例如，说话时嘴唇不动，好像麻木一般；发音时舌头的运动和位置掌握不好；发音器官的肌肉运动障碍；精神紧张，心理压力大；记忆障碍等。这个过程不是很简单的，这就要求教师耐心细致地多角度、多方位地观察、了解情况，分析问题，必要时还得亲自辅导，只有这样才能发现他们的问题。

第二步，自己设计或向别人学习一些对学生进行"肌能"训练的方法和简单的操练。比如，指导学生口型变化的"口型操"；指导学生齿、唇动作的"齿唇操"；指导学生舌头动作的"舌操"等等。训练中要用多种形式，多种方法，避免枯燥无味的简单训练，要求有针对性，不同的问题用不同的办法解决。例如，指导学生做舌头上翘的练习时，有的学生做不出来，教师可以告诉他："你的嘴唇上沾个饭粒！"同时，用手点他的上唇，他就会去舔，这时再告诉他，这个动作就是舌头上翘，再让他照这样多练几次，就巩固了。在平时的字词教学中，要重视发音的训练，给予学生足够的时间，在理解字义、词义的基础上训练发音。有些学生很奇怪，有些字能够正确发音，说得挺好，但是在某一个场合却怎么也说不出来。有这样一个实例：一次上课，教师让学生说"笛子"一词，有个学生怎么也发不出这个音来，总把"笛子"读成"鼻子"，教师说"吹笛子"，他说"吹鼻子"，教师让他看口型，看牙、唇、舌的协调动作，再让他模仿，他还是把"笛子"读成"鼻子"，把同学逗得哈哈大笑。这时，教师突然问他："汽车的喇叭声怎么响？"他说："嘀嘀……"学得很好，发音正确。教师告诉他"笛子"就是这样发音，他终于学会了。教师在教学中应让他们多练习，多联系实际，多联系生活，给予他们更多的机会。

第三步，上面的训练进行一段时间后，就要开始进行句子的训练。对"句"的认识也要从具体的"一句话"开始，让他们知道什么是一句话，学着说话。由于他们的记忆力太差，学习说话也会十分困难，非得反复示范、反复练习才能记住。在这样的训练中，可以利用多媒体技术，用声像配合句子的教学，会收到比较好的效果。在字词教学中就要有意识地安排句子训练，我们以学习"多""少"为例：开始就要求学生观察图片（图上画的是一个大筐，里面装满红苹果；一个小盘子，里面放两个梨）。然后问他们："筐里装的是什么？盘子上放的是什么？"他们不可能用完整的话来回答，只会说"苹果"、"梨"。接着再提问："筐里装的是什么？"把筐里说得重些，意思是强调"筐里",再告诉他们回答时也要说"筐里",如果还说不出来,只好教一遍正确答案:"筐里装的是苹果!"再提问同样的问题,如果还是说不出来,就要把一句话分成三个部分"筐里""装的""是苹果"。分别练习后再连起来说,反复强化以后,再问他们同一个问题,他们就可以说正确了。接着问:"盘子里放的是什么?""盘子上放的是梨。"有了前一句做基础,这句可能比较快就学会了。进而讨论:"苹果和梨比,哪样多?哪样少?"继续学习"苹果比梨多,梨比苹果少"。提出"比"的概念,又会产生困难,需要反复训练。接下去问:"你爱吃什么样的苹果?""是谁买来的苹果?"等问题,就会把话题引向更广的范围,使他们说更多的话。

第四步,在实际生活中寻找机会练习口头表达能力。例如,早晨跑步时问:"我们在做什么?""天是什么颜色的?"在游园时的话题就更多了,我们必须利用一切机会,多和他们说话,创造练习的机会,提高他们的口头表达能力。

培训活动建议

1. 每位学员介绍自己运用多媒体等手段帮助智能障碍学生突破数学难点的做法。

2. 结合自己的实践讨论,如何提高智能障碍学生的听、说、读、写的能力?

三、智能障碍儿童训练与潜能开发

(一)学习能力的培养与训练

1. 思维形式与方法的训练

智能障碍学生的核心缺陷是思维发展缓慢,加强对随班就读智能障碍学生思维形式和思维方法的训练是课外辅导训练的一项基本内容。这方面主要是训练其分析、综合、判断、推理、抽象、概括能力,使其在日常生活中能对身边的人和事进行一些简单的观察、比较、配对、对应、排序、分类等。在做法上,教师应根据随班就读学生平日在学习、生活中的表现找出其在思维形式和思维方法上的问题,有针对性地进行个别训练。在训练时教师要善于引导学生观察、发现问题,找出被观察对象的特征,总结规律,运用规律。结合生活实例帮助学生分析并试着让学生独立分析,举一反三。

2. 重视学科能力的培养

在各学科的学习中,也要培养智能障碍学生一些专门的能力,使他们更好地参与教学活动。例如,语文学科的"阅读能力",就需要下大力气培养。智能障碍学生"读"的训练,包括阅读和朗读两个方面,尤其要强调阅读能力。苏联霍姆林斯基说过:"学生学习越是感到困难,他在脑力劳动中遇到的困难越多,他就越需要阅读。""要靠阅读、阅读、再阅读——正是这一点在学习困难学生的脑力劳动中起着决定性作用。"既然阅读这么重要,那就应该使智能障碍学生尽早、尽快地学会阅读的本领,养成良好的阅读习惯。这不是容易办到的,难点在于他们理解能力低下,对文中的语言难以理解,读不懂。所以帮助他们理解语言,培养他们的阅读能力,非要下一番苦功夫才行。对智能障碍学生朗读的训练,要从培养朗读的兴趣开始,对他们的要求不要太高,因为他们多数人识字量太少,读的机会不多,又有心理负担,害怕别人嘲笑,一般丧失了朗读的信心,看见课本就头疼,根本读不出来。要从读好一个句子的训练开始,训练中穿插放录音,听别人是怎样朗读的,等到他们能够读一个段落时就给他们录音,然后放给大家听,鼓励他们养成大胆读书的好习惯。再加上一些激励的措施,就能调动他们的积极性,培养读的能力。

帮助智能障碍学生提高理解"阅读课文"中"语言"的能力,是很不容易的事。有经验的教师常采用以下一些方法。第一种方法是"通过对事物的观察来理解语言"。

学习《老槐树》一课时,有这样两句话:"那笔直的树干撑起巨大的树冠,活像一把张开的绿色的大伞。茂密的树叶把阳光遮得严严实实,同学们最爱在大树下游戏。"这段话对于智能障碍学生来说是很难理解的。大树同伞有什么关系呢?他们是不能把这两种事物联系在一起的。怎么办呢?教师把学生带到校园里的老槐树下,告诉他们这就是老槐树。几个孩子伸出手臂抱着树干说:"真粗啊!"教师对他们说:"这就是树干,我们看看树干是什么样子的。"然后带着他们说一说,体会笔直的意思。再告诉他们什么叫"树冠",看看树叶是什么颜色的,树冠的样子像什么,从而理解老槐树像一把张开的大伞。站在树荫下,抬头看太阳,体会是什么遮住了阳光。在老槐树下讲这两句话,他们就容易理解了。这是因为老槐树的具体形象和他们自己的切身感受大大帮助他们理解了课文。

第二种方法是通过他们亲身的体验去领会课文语言的含义。

《雾》这一课中有这样两句话:"白茫茫的一片大雾笼罩着大地。周围的房屋、树木像隔了一层薄纱模模糊糊看不清。"教这篇课文时正好是初冬季节,时常下雾。教师就趁着雾天来指导阅读,让学生站在雾中观看周围的物体,他们体会出"模模糊糊看不清"了。但为什么"像隔了一层薄纱"还是不懂。可以拿白纱巾,让学生观看,体会"隔着一层薄纱"与"像隔着一层薄纱"意思的区别,学生们很快就理解了。

第三种方法是叫他们表演一下,或亲自做一做,帮助他们读懂课文。

学习《秘密学习》一课,文章中有这样一段话:"我马上跑到屋后在一棵大树下,扒去浮土,掀开砖,把课本放进事先挖好的小坑里,然后盖上砖,铺上浮土和枯叶,看上去像是没动过一样。"学生在阅读这段话时总是把前后顺序弄颠倒。为了解决这个困难,教师设计了"扒""掀""放""盖""铺"五个连续的动作,让学生一个一个地表演,体会动作的不同作用,以及先后的顺序能不能改变。然后结合书中的故事情节,把藏书的过程连续表演出来。学生就会很自然地把"扒""掀""放""盖""铺"五个动作,按照顺序做出来,也就理解了课文。

第四种方法是利用挂图、多媒体等现代教育技术手段,帮助学生理解课文。

(二)良好行为习惯的训练与培养

有心理学家称习惯为人的第二天性。智能障碍儿童已经形成的各种习惯就是他们的一切。19世纪初期的智能障碍儿童教育家谢根曾写道:"习惯就是白痴的一切,就是使白痴得以补救,或者使其彻底灭亡的一切。"(这里所说的"白痴"一词当时就是指智能障碍。)培养智能障碍儿童各种优良的行为习惯,使他们具有一般的社会公德,而且是比较巩固的,当然就可以使他们得到补救,自立于社会,并且得到社会的承认与接受。但是,如果不加强教育,那么各种坏习惯非常容易在他们身上形成,而且他们极易受他人怂恿去干坏事。行为习惯的形成在智能障碍儿童教育中起着巨大的作用。乌申斯基也说过:"习惯是教育力量的基础,是教育活动的杠杆。""只有习惯才有可能使教师把某些原则灌输到学生的性格之中、神经系统之中和本性之中。"对普通儿童和智能障碍儿童都是如此,只不过智能障碍儿童形成各种行为习惯更加困难而已。

行为习惯是慢慢形成的,它需要一个过程,操之过急、要求过高都是有害的。一般教育学中提到的形成行为习惯的四种方式,即简单重复、模仿、有意练习、与坏习惯做斗争等,都适用于智能障碍儿童的教育。一种行为习惯或一组行为习惯的培养,虽然是一个长期的过程,是由许多琐碎细小的教育行为构成的,但是绝不能零敲碎打,见什么抓什么,而是有目的、有计划的教育过程,是按照智能障碍儿童的行为规律和特点来安排的。这样做才能取得良好的教育效果,产生深远的影响,使他们知道约束自己的行为,适应社会生活中的种种规范,融入社会生活之中。这种作用也许要经过许多年才能显现出来。

对于培养智能障碍儿童良好的行为习惯,只提出要求,然后就让他们去做是不成的。因为他们的理解能力很低,在他们根本不知道老师在说什么的时候,怎么能按照老师的要求做呢?下面介绍一位教师的工作体会。

有一次在课堂上,范又在玩东西,这是她的老毛病。我问她:"你上课玩东西对吗?"她说:"对!"教师又接着问她:"上课时专心听讲好吗?"她说:"好!"我又问:"你还玩东西吗?"她说:"玩!"这样前后矛盾的话是"气人""捣乱"吗?不是!这是由于她根本不能理解老师问话的深层意思,只听懂了表面意思。每个问题的回答是对的,但三句问话联系起来是希望她不要再玩东西了,这个意思她不理解。所以说在培养良好习惯时只提出要求是不能解决问题的,一定要在培养的过程中注意他们心理发展的特点,选择适合他们的方式,这样才能收到好的效果。具体的方法有多种多样,例如,我在培养学生课堂上的好习惯时,总是把抽象的语言转化为一个一个具体的、他们可以模仿的动作,而且是极其简单容易做到的动作,一点一点地训练他们。有一次课上,我问同学们:"你们谁愿意听故事啊?"话音刚落,他们都喊起来:"我听!""我听!"有的还站起来喊,情绪高涨。我心平气和地说:"谁要是照我的样子坐好,我就给谁讲故事。"边说边坐在讲台边抬头、挺胸、目视前方。这实际上就是一个示范动作。这时候他们不再喊了,一个个坐得笔直,教室里安静极了。这时我又提出新要求:"刚才你们说的我听不清楚,下面一个一个举手来说,照我这样。"他们完全照办,很听话。我最后讲了一个《小燕子懂礼貌》的故事,满足了他们的要求,他们都很高兴。借此机会,我再让他们反复练习刚才的动作,巩固已养成的好习惯。教师的以身作则是个很有效的方法。为了培养他们讲卫生、不往地面乱扔废纸的好习惯,我就从不随手扔东西,每当看见地面有废纸时,一定弯腰拣起来。久而久之,他们看在眼里记在心上,也会这样做。

教师要采用多种多样的方法、途径来培养智能障碍学生的行为习惯。这里所说的方法,并不只是课堂教学中、班级活动中使用的方法,有些是在日常生活、学习、劳动中随时可以使用的方法。因为只靠一两次活动、会议是不可能培养学生的习惯的,教师要在与学生平时的接触中注意抓住机会进行教育。学生在每一时刻、每一处所、每一件事情上都在表现自己,他们的言行反映他们的道德品质。我们要认识到,随时都有教育学生的好时机,每一处都是教育学生的好环境,每一件事情都是教育学生的好素材。除了教师要以身作则外,还有现场分析、模仿情景中的人物表演、对坏习惯的认识、教师对错误言行的批评教育等等。总之,培养好的行为习惯绝不是通过一两次活动、一两天的帮助就能奏效的,而是要把教育工作贯穿在学生在校的所有活动之中,常年坚持,才能见成效。在培养学生的行为习惯时,还必须注意到习惯的形成对行动后果的依赖性,一个好的习惯如果给儿童带来的后果是不愉快的,那么他们就很难形成这种习惯。如果一个不好的习惯能给他们带来某种满足,这个坏习惯就很难改掉。这是由于智能障碍儿童的智力分化不够,灵活性差,情感强烈,"表现为动作和一定的体验之间建立了过分巩固的联系"。这也说明了培养好习惯,改掉坏习惯有时是很难的。

(三)潜能开发与智力、能力的培养

对智能障碍学生的培养和发展他们的各种能力,总是从他们天赋的潜能开始的。教师要在日常生活和学习活动中,认真细致地观察他们的一言一行,善于发现他们的那些"天赋的潜能",并且做出正确的评价,这样才能在这方面取得良好的效果。一般认为,观察、记忆、想象、思维是智力的基础,逻辑思维能力是智力的核心。发展学生智力的重要途径,是训练并培养他们的智力技能,进而培养他们敏锐的观察力、牢固的记忆力、丰富的想象力和良好的思维能力。

1. 培养观察能力

观察是认识过程的开始。智能障碍儿童感知觉方面的缺陷是很严重的,对培养他们的观察能力造成极大的障碍,所以我们应从弥补他们这方面的缺陷入手。从智能障碍儿童的生理、心理情况分析中可以得知他们感知觉的缺陷多数不是"接受器"的毛病,而是知觉过程的积极性、主动性消失,没有充分的感知愿望,满足于一知半解。同时,长期的惰性造成"分析器"的灵敏度差、反应慢,致使感知速度慢、范围窄、笼统而不精确,成为其主要缺陷。所以我们必须采用丰富多彩的教学方法,调动他们感知觉的积极性和主动性,使他们对感知材料产生极大的兴趣,从而弥补他们的感知缺陷,开发潜能,培养敏锐的观察力。

在教学中,发挥多媒体教学手段的优势,用形象的画面、艳丽的色彩、动听的音乐吸引他们,使他们的大脑皮层克服抑制状态,兴奋起来,在教师的引导下,按照要求去感知学习材料。例如,讲《我的家乡》一课时,教师利用多媒体出示一幅美丽家乡景色的画面,一下子就把学生吸引住了。美丽的山村,流淌的小河,水中的鱼群,再配上流水潺潺的钢琴曲和小鸟鸣叫的声音,这些同时作用于学生的各种感官,使他们积极地观察画面,完全进入画面的情景之中。一个学生说:"河里那么多小鱼在游,多好看呀!"另一个接着说:"看!山上还有好多好多果树呢!"这反映出通过观察,他们已经感受到家乡的美了。只要是方法灵活多样,克服他们的"惰性",提高"分析器"的灵敏度,加快感知速度,拓宽感知面是可能的、必然的。

要培养他们敏锐的观察力,还要训练他们如何去感知具体事物。因为在相同的环境中,智能障碍儿童感知到的事物比普通儿童要少得多,所以必须加强辅导,帮助他们掌握观察的方法。例如,在组织学生春游以后,讲《春天来了》一课,智能障碍学生还是不能说出春天的特征来。这是由于他们不会观察,得到的表象太少,没有完成对春天特征的认识。这时教师要把春天的景色,利用多媒体技术,在屏幕上再现出来。教师有意识地引导他们按照顺序观察每样景色,再用一句话说出来,加深他们的认识,形成表象。学生们在分别感知了春天的每一个特征以后,经过想象、整理,对春天特征的理解就会比较全面,新的联系也就形成了。

培养智能障碍儿童的观察能力,还要解决他们区分能力薄弱的问题,因为他们在观察中往往根据第一个偶然现象而错误地解释观察内容。例如,观察一幅情节画:一个小男孩正在折树枝玩,走过来一个小女孩,给他讲道理,劝告他要保护树木,小男孩认识并改正了错误。这样一个练习,对普通学生来说不会有任何困难,可是对智能障碍学生来说就不那么容易了。他们会说:"这两个小朋友一起做游戏呢!"或者说:"那个小男孩把树枝当大马骑。"他们的错误印象一旦形成就很难改变,因为他们把两种相似的形象区分开的本领比较差。如果让他们区分观察对象的本质特征和非本质特征,从而形成正确概念,就更加困难了。教师要在选择教学方法上多动脑筋,从观察具体形象入手,帮助他们抓住事物的主要特征来认识事物。例如,《植物妈妈有办法》一课中有这样一段话:"蒲公英妈妈准备了降落伞,把它送给自己的娃娃,只要微风轻轻一吹,孩子们就纷纷出发。"由于蒲公英是他们从未感知的事物,学生理解这段话就很困难。必须先通过蒲公英的图像让学生认识蒲公英,指导学生观察蒲公英的外观形状、颜色,然后再逐项观察它的叶子、花朵和结出来的种子,使学生对这种植物有个整体认识。如果只观察这些,学生还是不能结合课文抓住蒲公英种子的主要特征,因为图片上的种子形状是由许多种子组成的空心的圆球,无法帮助学生理解"降落伞"的概念。这时需要对一个种子进行观察,把种子放在实物投影上,一个很小的种子被放大了许多倍,便于他们细致地观察。他们会发现种子有个小柄,顶端长着许多细毛,向四处伸展,样子像个降落伞。学生认识清楚了,再拿起这颗种子向上吹,它就会徐徐降落。通过这样的观察,学生就可以比较容易地抓住本质特征,形成正确概念,理解课文也就容易多了。

除了在课堂教学中培养他们的观察能力以外,更重要的是带着他们走出教室、走出学校,到社会上,到大自然中去锻炼他们的观察能力。总之,我们要利用多种手段培养和训练智能障碍儿童的观察能力,使其养成良好的观察习惯,从而加快感知的速度,扩大感知的范围,提高感知的准确程度,为其他能力的培养打下坚实的基础。

2. 培养记忆力

记忆力的培养也是如此。"记忆"是人脑的一种反映形式,是对于过去经历过事物的反映,它是一种重要的心理过程。记忆是一切认识过程的基础,如果没有记忆,一切都将是徒劳的。对此,俄国教育家乌申斯基有个很贴切的比喻:把一个学生在学校学习到的东西,比作一个醉酒的车夫,马车上装着未曾捆扎结实的货物。车夫赶着这辆马车回家,如果他不往后看,不注意车上的货物掉没掉,只是往前面赶,结果赶回家的是一辆空马车,他将一无所获,反而却夸耀自己走了很长的路程。可见记忆在学习中是多么重要啊!

培养智能障碍儿童的记忆能力要注意以下几个问题:加强感知材料的刺激强度,加深理解,有助于提高记忆能力;利用多种教学手段调动智能障碍儿童多种感官参加识记,就能大大提高记忆的效率;利用形象和音响,可以促使智能障碍儿童记忆的再现,对改善他们的记忆功能大有益处;及时复习,经常复习,变换方式复习,可以强化记忆;把机械记忆和意义记忆结合起来,不仅可以记住所学的知识,还能够提高记忆能力。

3. 培养逻辑思维能力

培养逻辑思维能力是发展智力的核心。智能障碍儿童在思维能力方面的缺陷是明显的,主要表现在抽象思维和概括能力停留在一个较低的水平,对概念理解困难,判断不准确,不会进行推理。总之,思维障碍是智能障碍儿童的典型特征。开发他们的智力潜能时,发展思维能力就成为十分重要又十分困难的工作了。这方面要做的工作很多,现就培养智能障碍儿童思维的方法举例说明。

学习《黄鹂和山雀》这一课时,要使学生理解黄鹂和山雀都是益鸟,它们专吃害虫,保护果树。同时,还要理解凡是专吃害虫、保护树木的鸟类都是益鸟。要完成这样的任务,就要帮助他们从具体形象中将本质属性抽象出来,达到用词语进行概括的高级阶段,即用"正确的定义"掌握概念。这个教学任务是很不容易完成的。在教学过程中,要把培养学生的抽象、概括能力放在重要位置,一切活动都要围绕这个问题进行,而且要由具体事物开始。为此,首先要求学生观察"遭受虫灾的果树"图片,树上的叶子又黄又稀,有些让害虫吃得只剩下叶柄,有的叶子已经卷起来了,还有一些害虫正在果树叶子上大吃大嚼。在观察中要引导学生把注意力集中在害虫和树叶上,看清楚害虫把果树叶子糟蹋得很厉害。这时提问:"这样的果树还能长好吗?还能结出果子来吗?"学生们通过观察认识到了因为有了害虫所以果树长不好,结不出果子来了。紧接着出示第二幅图片:黄鹂飞来了,山雀飞来了,它们纷纷捉害虫吃,并且捉虫喂给自己的孩子吃。再出示第三幅图片:果树枝叶茂密,果实累累。先让学生讨论第三幅图的内容,把果树结了许多果实,水果丰收了的情景说出来。对比第二幅图片来提问:"开始果树遭到害虫的侵害,长不好了,现在还是那些树,怎么又结出这么多、这么好的果子来呢?"将黄鹂和山雀吃害虫与果树能够长好联系起来,认识到因果关系:由于黄鹂和山雀消灭了害虫,保护了果树,才使水果丰收了。接着提问:"这两种鸟好不好?为什么?"反复印证,使他们明确认识到:黄鹂和山雀吃害虫,保护果树,是益鸟。概括出这个结论还只是认识这两种鸟是益鸟,并没有抽象出"益鸟"的定义。这就需要介绍更多的益鸟,如啄木鸟、杜鹃、灰喜鹊等都是捉害虫吃、保护树木的鸟,都是益鸟。在这个基础上得出结论:凡是吃害虫、保护树木的鸟都是益鸟。完成抽象概括的思维过程,益鸟的概念也就形成了。这个概念不再指具体的个别的黄鹂或山雀,而是抽象出来的,具有一般属性的概念。有了这样的概念就可以对更多的鸟进行分析,判断它是不是益鸟。这样的过程,对普通学生来讲实在是太烦琐了,太没有必要了,可是对智能障碍学生来说,小步子教学,逐步深入,则是必须的。要培养他们的抽象概括能力,就需要教师深思熟虑、专门为他们设计教学方法。只有如此一次次地重复做下去,才能达到开发他们思维能力的目的。

教师通过多种教学方式、灵活多样的方法,安排周密的教学计划,长期培养训练,使智能障碍儿童逐步形成一般思维过程中的分析、综合、比较、抽象、概括、判断、推理的能力,使思维能力得到较快的发展。

(四)劳动技术教育和职业技能训练

智能障碍儿童的劳动教育是通过自我服务劳动、家务劳动、公益劳动、手工制作劳动和简单生产劳动的训练,培养学生的劳动观点和劳动习惯,使他们学会一些基本的、初步的劳动技能,矫正他们的身心缺陷,为将来适应社会生活和参加社会劳动打下基础。我们在随班就读的教育、教学中,要结合班级的劳动教育内容,对随班就读学生进行有针对性的劳动教育,必要时进行个别辅导。要注意开始要求不可过高,要循序渐进。

职业技能的训练要适合小学生的接受能力,在小学阶段不宜进行专门的职业技能训练。到中学随班就读可以由小学阶段的劳动教育转为职业陶冶(准备)教育,而真正的职业教育要到义务教育阶段结束后进行。

培训活动建议

1. 学员联系自己所教学科思考:本学科的基本能力有哪些?对智能障碍学生怎样进行培养?
2. 小组讨论:行为习惯的培养对智能障碍儿童有什么意义?
3. 交流讨论如何发现智能障碍儿童的优势,开发他们的潜能。

四、争取帮助和支持

除了上文所述的搞好课堂教学、课外的训练和潜能开发的系列教育教学工作外,我们还应当为随班就读学生争取更多的教育资源,形成一个完整的支持性教育系统。我们认为这个支持性教育系统,应包括两个部分:其一是直接支持,有学校、老师、班级、同学、家长及相应的学校和家庭环境;其二是间接支持,有政府的随读工作政策、社区环境、社会环境和自然环境等。

(一)教育资源的充分利用

随班就读学生应与普通学生享受共有的教育资源,各类课程学习都应参加,在教育教学中所用教材、教具应有享用权,各类活动也应积极参与,比如各类的班级活动、兴趣小组活动、劳动、军训、各种竞赛等。各类教育场所的资源应充分利用,如学校、各种专用教室、家庭的学习活动空间、社区的活动场所、社会的教育基地等。

北京市郊区一所普通小学的四年级有一位智能障碍的随班就读学生。这位女学生由于没有得到及时的早期教育,所以晚上学两年,长得又高又大,列队时站在队伍中的最后一排。老师为了更好关注她的学习,把她排在前排靠右边座位上。自上学后,班主任马老师十分关心她,三年多来,在班集体中形成良好的风气,大家对她很尊重,将她当成大姐姐和她一起玩,学习中有两个小伙伴帮助她。班里搞的一切活动她都能参加。比如,运动会上让她掷球、跑步,都为班级争得了荣誉;教师节为教师做好事,也让她积极参加。由于她表现很好,不但入了队,还光荣地当上了升旗手。在学习上,教师除了在课上给予特别关注外,课下对其进行细心辅导。比如,为了写好作文《秋天》,老师同她及学习伙伴一起外出观察秋天的美丽景色、丰收的喜悦,欣赏金黄色落叶,观看鱼塘捕鱼等,从中帮助她了解了自然生态中北方秋季的特点,使她有了丰富的素材,基本上完成了这篇作文。为了帮助她学数学,马老师经常家访,与家长一起研究教育方法,有时还帮助家长学习辅导孩子的方法。家长经常带孩子外出购物,学习识字,学习货币使用,学习应用问题,带她参观展览、博物馆等,丰富她的社会知识。过去她在所住的社区中,很少和小朋友一起玩,后来在学校的小伙伴的带动下,邻居很多同龄的小朋友也与她一起玩,一起学习。她在社区生活中,也有了伙伴,再也不孤单了。

三年多来,她在一个和谐的环境中接受了良好的教育,这使她完全融入了集体中,并且在学习上克服了重重困难,基本跟上了全班的步伐。

从这个例子中我们可以得到启发:在教育智能障碍学生的过程中应当充分利用各种资源,对学生进行支持辅助。

(二) 教师的细心辅导

对于随班就读的智能障碍学生,仅靠班集体教学是不够的,还需要教师耐心细致的辅导,尤其是班主任要协调其他教师和方方面面的人员,对随班就读学生实施有效的教学与管理。

在一所农村小学中一位叫卡的智能障碍随班就读学生,他的智商为56,矫正视力为0.6,发育正常,动作协调差,性格孤僻,不爱言语,自卑,不合群。刚入学时,上课注意力不集中,东张西望,趴在桌子上发愣,提问时不回答,下课时总是单独活动,不和同学玩耍。

班主任高老师首先通过关心他的生活去接近他。比如,天冷了提醒他多穿衣服预防感冒,下雨了提醒他带雨衣,他没吃早点给他买早点,下课时主动与他交谈,带他与同学们一起做游戏。他视力不好,高老师主动带他去医院检查,配了眼镜,又把他的座位调到中间前排位置。班中同学也学着老师的样子主动与他聊天、一起游泳、复习功课,还有几个同学主动与他成为学习伙伴。对于一个智力上相对低下、学习基础差的随班就读学生来说,更重要的关心是帮助他的学习。高老师从培养他的兴趣出发,以鼓励为主,树立他的学习自信心。如上课提问一些他能回答的问题,用激励记分方法批改作业。再如,在第一次单元检测前,有意把重点告诉家长,让家长辅导他,因此第一次数学测验他得了 65 分,从不及格到及格,他十分高兴。通过自己的努力,建立了学习信心,这使他感觉到自己也能学好。

高老师实施对卡的个别教学计划,在帮助他学习时,采用的主要做法是:基本问题独立思考,凡是卡能自己思考解决的,绝不包办代替,当他遇到困难时再去引导、帮助。如学习"简单数据整理"一课,高老师动员同学与他合作学习,一起收集、整理资料。在数据统计活动中,他学习很积极,主动看书,参与调查整理数据,学会了数据收集、整理的方法。

高老师还充分发挥家庭的作用,每学期初要请家长来校共同研究制订个别教育计划,每次放学家长来接孩子,高老师都要与家长交流,并提出家庭辅导的希望,家庭联系卡的使用也从未间断过。

由于高老师长期坚持以上做法,充分利用学校、班级、学生、家庭的资源,卡在各方面的素质大大提高,学习成绩达到及格,融入了班集体中。家长称赞说:"这回孩子可遇到好老师了。"

对随班就读学生,教师不仅要通过情感交流消除其心理障碍,而且要激发其学习兴趣,培养自信心,在发展学习驱动力上努力探索,还要充分利用同学、家长的教育资源,给随班就读学生以全面的支持。在对随班就读学生的辅导中资源教师的作用不能忽视。

北京市某区一所小学在上世纪 80 年代末至 90 年代初根据该校弱智生较多的特点,率先建立了资源教室,经过几年的努力取得了良好的效果,几年来先后吸收二十多名轻度智能障碍儿童入学,经过 6 年学习全部升入中学。

学校为资源教室选派了一位有十多年教学经验的教师担任专职资源教师,她努力克服上班路远没有经验的困难,坚持创建资源教室,经常深入课堂,深入家庭对学生实施个别化教育训练,自身不断学习,不断总结经验,取得了良好的成绩。

她注意加强辅导,补充课堂学习的不足。每学期初,她都要与任课教师一起备课,研究对智能障碍学生的教学方法,并与任课教师配合,为每个智能障碍学生制订出个别教育计划。资源教师做好课前铺垫性辅导,课中跟班上课对智能障碍学生进行及时指导,课后进行补漏性的强化辅导,并督促智能障碍学生完成作业,对个别有严重缺陷的学生进行补偿性训练,并注意发挥其长处,挖掘其潜能。如云听觉记忆很差,而视觉记忆较好,资源教师安排一系列训练活动,强化他的视觉记忆,提高记忆反应速度和范围,现在,他的视觉记忆已接近健全儿童,而听觉记忆也大大提高。刘的朗诵不好,资源教室与少先队合作办了一个广播站,老师让刘担任广播员,充分相信他能做好,刘在老师的帮助下完成了任务,建立了学习的自信心,后来数学学习也基本跟上了。金是高年级学生,数学学得不好,但画画得好,资源教师请他当美术小老师,辅导低年级的弱智生学画画,还专门为他办了一个画展,不仅提高了他的画技,还增强了他的交往能力,为他树立了学习信心。乔、景俩人节奏感强,资源教师帮他们学习小鼓和小钗,辅导训练他们的乐感和节奏变化,后来,他们都成为了学校鼓号队队员。资源教师加强对教师和家长的培训,定期出版《特教专刊》,宣传特教理念,交流工作方法,还定期组织家长学习,向家长推荐有关书籍。云的妈妈以前认为自己生了一个弱智孩子,是自己的罪过,整天抬不起头来。她学习了有关书籍、听了讲座后,认识到智能障碍只是一个常态分布的必然现象,要改善孩子的现状只有靠教育训练。从此,她努力学习教育方法,与资源教师密切配合,认真耐心地教育孩子。当她听到孩子流利的读书声时,真正地感到孩子是有希望的,重新树立了生活的信心。

实践证明,资源教室补充了课堂教学中特殊学生所需要的不足之处,充分利用各种资源,对学生施加个别化训练,达到了真正支持教育的作用。

(三) 同学的热情帮助

一所城区小学二年级有一个孤独症合并弱智的随班就读学生王,开始进入班中时,他不与任何人说话,上课还比较安静,自己的书本收拾得整整齐齐,而且永远放在固定位置,不让别人动自己的东西,下课自己就躲在一边发愣。他有一个特点是爱劳动,做值日认真,打扫得十分干净。由于智力低下,他的学习成绩不好,尤其是语文,口语能力很差,发音、朗读达不到要求,书写相对好一些。班主任和资源教师通过分析后,实施了个别化教育策略。开始由资源教师在课上坐在他旁边一起听课、辅导他,课下又给予训练指导。2个月后,他基本跟上了教学进度,资源教师又发动同座位的同学帮助他。这位小伙伴叫张,十分聪明,功课很好,好动、好玩也善于交朋友,在老师的启发下,他主动承担了帮助王学习的任务。资源教师通过自己的示范,教给张辅导学习的方法。从此两个小伙伴上课一起学习,下课一起玩耍,成了要好的朋友,王也感到了集体的温暖。资源教师后来在家访中发现,两个同学的家住得比较近,张的家庭环境很好,有自己的房间,家长也很好客。资源教师就建议王课后先到张家一起做完作业,然后再回家,这取得了双方家长的同意。在共同学习中,张的家长发现,王是个安静的孩子,而且爱劳动,每次做完作业都要把东西收拾得整整齐齐,而且还扫地擦桌子,帮助别人打扫卫生。而张收拾书包、打扫房间都是妈妈干的。在老师的启发下,张家长让自己的孩子向王学习爱劳动、收拾书包等好习惯,时间长了,张在王的影响下,也能主动地收拾房间、整理书包文具等,形成了良好的行为习惯;王在张的热情帮助下,语文成绩也跟上来了,说话也多了。他们真正地成为了一对互相帮助、共同进步的好伙伴。

随班就读学生是一个相对弱势的人群,特别需要同龄伙伴的理解、尊重和支持,伙伴的帮助、支持是一种最直接的平等权利的体现。由于有了伙伴的关心、支持,随班就读学生有了尊严,有了享受普通人生活的体验,有了克服困难的勇气,而且逐渐建立了自信心。有经验的老师都会引导同学与随班就读学生交朋友,在课堂上有小组合作学习的支持,在课下有学习伙伴,有生活伙伴,有休闲娱乐伙伴,使随班就读学生生活在人性化的和谐关系之中,促进其个性的健康成长。同时,在与随班就读学生的交往、互动之中,普通学生也能获得提升思想和深化学习的机会。

(四)家庭的密切配合

家庭是儿童少年时期成长的关键阵地,也是随班就读学生的启蒙教育阵地。在支持性教育系统中,家庭教育起着举足轻重的作用,不少成功的案例说明,随班就读学生健康成长离不开家庭的良好教育基础。

有特殊儿童的家庭是不幸的,他们要为教育自己的孩子付出比正常家庭艰辛得多的努力,要承受来自亲戚朋友和社会的不理解以及巨大的精神压力。一般来说,有特殊孩子的家庭的教育类型分为:溺爱型的教育、放弃型的教育、理智型的教育。我们要大力提倡和努力帮助这些家庭向理智型教育转换。学校教师要尽力理解他们,以平等的态度对待他们,并热心地帮助他们为孩子提供理智型的家庭教育。

首先,家长要正视自己孩子的残疾,要了解关心他的生理、心理的特点,分析残疾的原因,不仅要求医问药,更要在医疗以后把主要精力用于教育康复上,并要做好长期艰苦努力的思想准备。经验证明,目前很多智能障碍儿童的家长只是把希望完全寄托于医疗机构,总想通过医生把智能障碍治好,而往往忽略了早期干预;一旦医药无济于事,又采取了放弃态度,仍不相信教育康复的作用。等到孩子年岁大了才想到教育,这时已错过了教育的最佳时机。目前受科技发展水平所限,智能障碍儿童大部分还不能单纯从医疗技术上解决问题,教育训练仍是康复的主要途径,家长们应有理智的思考。其次,要经常鼓励孩子树立生活信心、学习信心,善于发现孩子的优点、特长,并鼓励这些优势的发挥,还要耐心克服劣势,在教育中要形成一个良好的家庭环境。父母之间,或父母与老一辈之间教育思想和方法保持一致性十分重要。在共同教育孩子的过程中去提升夫妻感情,提升家庭生活质量,提升人生价值取向。再次,要与学校保持密切的联系,经常与教师、同学沟通交流,了解孩子的表现、孩子的需求、孩子的困难,有可能的话,可以定期去学校听课,参加学校活动,让孩子感到父母的亲情,协助学校一起教育自己的孩子。最后,家长要在教师的帮助下,为孩子的学习生活有计划地做一些实际性工作。如配合学校学习要求,可以在家中帮助孩子训练技能。比如,智能障碍儿童记忆力不好,家长可以帮助他背书,教给他记忆方法。发音朗诵不好,就坚持每天回家后督促他读书练习。作业不认真就要每天检查作业,帮助他改正不良的学习习惯。在学校遇到困难和不平等待遇时,就要帮助他化解心理问题,并与学校及时联系,寻找解决的方法。家庭教育与学校的正确教育方法保持一致,才有可能形成全方位的教育支持系统,促进孩子成长。

另外,有不少智能障碍学生虽然学业成绩不理想,但是却有不少优点,如诚实守纪,爱劳动,关心别人,有的还有体育特长、音乐特长、美工特长等,而某些特长往往在学校不易被发现,而在家庭和谐的氛围中却能表现出来。作为孩子的监护人,不论是父母还是祖父母,都应注意细心观察,提供给孩子展示才能的机会,进行有意识的培养,多带孩子外出活动、参观、旅游,增长见识,让自己的孩子和普通孩子一样,享受社会的教育资源,让孩子感到自己是一个有能力的人,将来能够成为为社会做贡献的人。

一个轻度智能障碍学生由于功课不好,跟不上班,被一个学校拒收,后来家长找到一所随班就读工作示范学校。入学后由于班主任的细心辅导和同学们的帮助,她开始融入集体中。但后来发现她的成绩总上不去,有时家庭作业也完不成,班主任通过家访才发现,他的父母从事商业工作,白天很忙,晚上回家很少过问孩子的功课,问他们什么原因,他们说:"我们转到这所学校后看到孩子进步很大,老师十分负责,就放心了。"这对年轻的父母认为孩子全交给老师了,他们就可以不操心了,而且他们还迷上打牌,甚至有时在家中打,严重影响了孩子的学习。班主任发现这个问题后,十分重视,多次家访,做父母工作,又邀请父母来校听课,让他们关心孩子在学校的学习生活。父母这才发现自己孩子虽然进步很大,但与同班同学相比还有很大差距。在班主任的帮助下,父母开始重视家庭教育,两个人分别负责孩子的语文和数学学习,每天老师给家长布置训练孩子的作业,要求家长辅导完成。经过一段时间,由于家长很配合,孩子的学习成绩有了较大的进步,家长感到了自己责任重大,也觉得只有与学校配合才能从根本上提高孩子的素质。后来,母亲专门承担起辅导孩子的学习任务。

(五)充分利用社区、社会资源

社区是若干群体或社会组织,通过某种互动关系联结或某种共同文化维系在一起进行社会活动的区域。如果说家庭是特殊儿童生活的小环境,那么社区就是他们生存的中环境,社区环境是特殊儿童直接接触较多的环境。目前我国的社区环境在逐步完善,尤其是社区康复工作不断开展以后,将为特殊儿童的教育环境提供较好条件。目前社区中逐步为残疾群体提供医疗服务、就业指导服务、生活保障服务和教育培训服务,其中教育、培训方面,包括举办幼儿教育机构;逐步建立各类文化体育设施,如图书室、健身场,提供文化补习、技能培训等场所。

自1976年世界卫生组织倡议开展社区康复(CBR),为残疾人提供基本的康复服务和训练以来,我国残联、民政、教育等部门也在逐步促进我国社区康复工作的开展。我们相信,随着CBR在我国的深入开展,国家将为随班就读的学生充分享用社区教育资源提供有力的支持。

在目前社区教育资源还没有充分利用的情况下,建议学校主动与学生所在社区保持联系,调查了解社区的人才资源和物理资源。社区中有不少身残志坚的人才,也有不少关爱下一代成长的离退休老干部,他们都是我们教育资源的充足来源。只要我们学校教师能多深入、多了解,就能发掘出很好的教育资源为孩子们提供服务。

由于有《残疾人保障法》和《义务教育法》的保证,目前社会对残疾人、特殊儿童的尊重、关注、支持力度越来越大,这为我国的特教事业发展提供了越来越好的大环境。学校和家庭应充分利用社会提供的教育阵地,组织特殊儿童的学习实践。学校应制订社会实践的系统计划,取得社会教育机构的支持。同时,也要注意社会的一些负面影响对孩子的侵害。鼓励孩子们多去博物馆、科技馆、体育场馆、少年宫、图书馆活动,避免到网吧、游戏厅等场所。

培训活动建议

1. 举出一个充分利用各方面资源对随班就读学生进行支持性教育的例子。

2. 做一个调查,调查一般学生中,有多少学生常常帮助智能障碍学生,常常与他们一起游戏和交朋友,并分析其原因。

3. 做一项家庭调查,调查有多少家庭能支持辅助智能障碍学生学习,并且有较好的经验。

4. 你认为资源教师的职责有哪些。普通班教师应该怎样与资源教师合作?

专题四 促进注意缺陷多动障碍儿童学习和发展

注意缺陷多动障碍又称儿童多动症,是一种儿童时期常见的行为障碍。主要表现为注意障碍、多动、冲动,常与学习困难、对立违抗障碍、品行障碍、抽动障碍及某些情绪障碍共同存在[①]。

一、正确认识注意缺陷多动障碍儿童

在现代教育制度开始之际,人们就观察到了这类儿童多动的行为问题。早在1854年德国医生霍夫曼(Hoffmann)就第一次将儿童活动过度视作病症,并用"多动综合征"命名。此后,许多精神病学家、儿科专家、心理学家及教育家从不同的角度,对这类儿童行为问题进行了更深入的研究。1947年斯特劳斯(Strauss)发现此病与脑损伤有关,命名为"脑损伤综合征";1949年格塞尔(Gesell)等研究发现损伤只是轻微的,故改名为"轻微脑损伤综合征"(Minimal Brain Damage,简称MBD)。此后的近二十年间,不少学者在对具有这一病症的患儿实施神经系统检查时发现,约有半数人出现轻微动作不协调,以及平衡动作、共济运动和轮替动作等障碍,但没有发现瘫痪等脑损伤引起的其他体征,故认为多动症不是脑轻微损伤的结果,而是由脑功能轻微失调所引起的。于是,1962年各国儿童神经科学工作者聚会牛津大学,决定在本病病因尚未搞清之前,暂时定名为"轻微脑功能失调"(Minimal Brain Dysfunction)[②]。1966年克莱门茨(Clements)指出该病是由于脑功能轻微失调引起的;1977年国际疾病分类组织将其命名为"儿童期多动综合征";1980年美国国家精神疾病组织认为该病主要问题

[①] 苏林雁主编. 多动症儿童的科学教养. 北京:人民卫生出版社,2008.
[②] 冯江平主编. 儿童心理问题咨询与矫治. 杭州:浙江教育出版社,2000.

还是注意缺陷问题,在公布的《精神障碍诊断和统计手册》中将其命名为"注意缺陷障碍"(Attention Deficit Disorder,简称 ADD);1987 年改称为注意缺陷多动障碍(Attention Deficit Hyper – activity Disorder,简称 ADHD);1990 年国际疾病分类组织将其统一命名为"多动障碍"(Hyper – kinetic Disorder)。我国惯称为"多动症"。

(一)概念、表现及评估

1. 多动障碍的概念

关于 ADHD 的认识和观点有两种看法:一种是从广义来说,凡各种有实质性损害的大脑疾病、先天性脑发育不全,以及精神病、贫血、铅中毒等表现的多动、注意障碍、冲动任性、认知能力或协调动作障碍等症状统称为"多动综合征"。它是继发性的多动综合征,也是多病因所致的临床综合征。另一种是狭义的定义,认为 ADHD 儿童并无明显的大脑实质性损害,其智力正常,找不到明确病因,但有轻微脑功能障碍,而且有不同程度的学习困难或行为障碍。突出表现为自我控制能力差、注意力不集中,活动过多、情绪不稳定、冲动任性,有感知、认知、语言或协调动作等障碍。凡大脑有明显实质性损害疾病、儿童低能及精神病等均不属本病。[①]

2. 多动症的表现

多动症的主要临床表现为注意力短暂、不易集中、活动过度、情绪不稳定、冲动任性,且常伴随学习困难、成绩低下等问题。

3. 多动症的诊断

中华医学会 ADD 研究协作组评分量表,根据儿童的表现程度分为 4 级,即 0(无)、1(有一点)、2(较多)、3(很多),请选择其一填在括号内。诊断标准:

(1)行为量表总分≥20,为多动症。

(2)表中主要症状中的 1、2、3 项是诊断的主要依据。

(3)起病于 7 岁以前,病程持续半年以上。

(4)能排除其他精神发育障碍疾患。

[①]钱志亮. 特殊需要儿童咨询与教育. 北京:北京师范大学出版社,2006.

主要临床症状	评分
1. 主动注意力涣散	
（1）注意涣散，上课东张西望，讲课听不进	（　）
（2）注意短暂，做作业不专心，很容易分心	（　）
（3）做事不持久，常从一项活动转向另一项活动	（　）
2. 活动过多	
（4）活动过多，在家翻箱倒柜，拆卸玩具、物品等	（　）
（5）上课小动作多，下课先往外冲，放学不按时回家	（　）
（6）走路常以跑代行	（　）
（7）说话多，好插嘴，干扰别人说话	（　）
（8）上课、写作业时难以保持安静	（　）
3. 学习困难	
（9）学习成绩不稳定，时好时坏或逐年下降，学习困难	（　）
（10）语文分数：平时考分（　），期末考分（　）	
数学分数：平时考分（　），期末考分（　）	
书　　写：潦草（　），工整（　）	
4. 任性冲动	
（11）冲动任性，性情急躁，易发怒，易兴奋，爱发脾气	（　）
（12）常不顾危险和后果，爬墙登高，追攀车辆	（　）
（13）做事莽撞，惹是生非，常铤而走险	（　）
5. 行为问题	
（14）不受纪律和制度的约束，严责、打骂也无用	（　）
（15）说谎话蒙骗家长、教师，粗暴无礼	（　）
（16）严重者则有打架、斗殴、偷窃、不正当性行为，甚至违法等行为	（　）

　　DSM量表在美国使用得最为广泛。除了DSM列出的标准外，还有很多其他工具可用于测量多动症。其中康纳氏量表使用最为普遍。这套量表分三种：康纳氏父母症状问卷（PSQ）、康纳氏教师评定表（TRS）和康纳氏评分简表。以康纳氏评分简表为例，它由父母或教师填写，根据他们以往6个月中与孩子的交流来评分。如果孩子的得分超过了普通儿童样本2分以上或是有超出标准分的异常，就被认为是患有ADHD。它与DSM的不同在于它有一个用于对照的常态数据。该问卷能区分有注意困难的儿童和没有注意困难的儿童。另外，康纳氏量表还对刺激性药物的效果十分敏感，但它被批评对ADHD中的过动过于敏感。

康纳氏评分简表①

行为表现	程度			
	无	只一点	多	很多
1. 不安宁或活动过多				
2. 易激惹、冲动				
3. 打扰其他儿童				
4. 难于完成已开始的工作,注意力短暂				
5. 经常坐立不安				
6. 注意力不集中,易分心				
7. 要求必须即刻得到满足,易受挫折				
8. 常常容易哭				
9. 情绪变化迅速而激烈				
10. 易发脾气、暴躁和不可预料的行为				

注:记分方法:无=0,只一点=1,多=2,很多=3,总分15分或15分以上者,就有多动症的可能,分数越高,则可能性越大。

(二)多动障碍儿童的身心特点

1. 活动过多

与发育年龄不相称的活动过多为其特征性表现。这类儿童在婴幼儿期就表现为不安宁、过分哭闹、活动增多,如过早地从摇篮或小车内向外爬,刚会走路就迫不及待地学跑,翻箱倒柜,乱拿乱扔东西,好破坏,任何东西到了手就拆开、砸烂。稍稍年长入学后,上课时坐立不安,小动作不停,或在椅子上扭动,或不停地敲打桌面,或在桌面或课本上乱涂乱画,如老师管得严,则不停地削铅笔,或不停地涂改作业来发泄他的多动不宁。下了课则如脱缰的野马,又跑又跳又叫唤,不顾危险地攀高,或与人打逗,爱惹是生非或做各种怪样,反正一刻也不停歇。

目前不少专家将多动症分为持续性多动症及情境性多动症两大类,前者的多动行为可见于学校、家庭等任何场合,且多动较明显;后者仅在某种特定场合(多数为学校)出现多动,而在另外的场合(如家庭)没有多动行

---

① 郑晓边编译. 儿童行为障碍与矫正. 南宁:广西科学技术出版社,1990.

为，这是一种较为轻型的多动障碍。要了解儿童是否有多动行为，应结合以下几点来评定。

（1）与同年龄、同性别、同智龄的儿童比较，他的活动是否明显偏多。如一名幼儿在教室内哭闹或上课时坐不久，站起来四处走动是可以理解的，同样的行为在学龄儿童身上发生则过分了，应考虑是否有行为问题。

（2）儿童是在什么环境下活动过多。如在操场上又跑又跳，追追打打是正常的；如在教室上课时，他一个人在座位上不停地做小动作则为异常。

（3）了解儿童活动的性质。如是多动障碍，其活动行为常常唐突、冲动、冒失、富于冒险性、过分恶作剧、富于破坏性，其行为事先缺乏周密考虑，事后不顾后果如何。

（4）报告人的特性。好静的老师和同学一般会夸大儿童的活动量，用自己静的标准来衡量儿童好动的年龄特性，并将正常的活动夸大为多动。

（5）现代有不少专家研究用机械、电子垫、超声波及光电子系统等多种方法来记录儿童的活动量，他们发现患儿24小时的活动量明显高于普通儿童。

2. 注意障碍

心理学上把注意分为有意注意和无意注意，或称主动注意和被动注意。两种注意的主要区别在于：是否有目的性、是否需要集中注意力。多动症儿童的主动注意较弱，被动注意则相对较强。

普通儿童的神经系统到6岁时，自控能力可发育到70%～80%，可集中注意力20分钟到40分钟，而多动症儿童仅可维持5～10分钟甚至更短，从而在思想上开小差、不能专心做作业。因为他们的注意力（被动注意）容易受到环境的干扰，发生分散而随境变迁，对多种刺激同时发生反应，从而不能做出正确的判断、选择。

注意集中困难，表现为玩玩具一会儿就要换别的；即使玩游戏也不能坚持始终、常常中途停止或频繁地转换；上课不能集中注意力、不专心听课，常易受外界的细微干扰而分心，如教室外的脚步声、汽车声、偶尔飞进教室的苍蝇等，均可使其分心去注意，故听课常听一点、漏一片；当老师提问时，常答非所问，老师布置家庭作业，常常听漏听错，而不能按照要求完成；做作业也是边做边玩，要么东张张、西望望，要么粗心草率。当评价一名儿童的注意力时,应与相应的年龄及智力比较,一般来说,年龄愈小,集中注意的时间愈短。

值得研究的是,有些多动症儿童对自己感兴趣的事可以很好地去完成,如对有趣的电视、游戏、故事也会相对集中注意力,这算不算多动症? 这得看他在学习、上课等需要有意识集中注意力的时候,是否还能做到。一般来说,如果做不到,则上述注意应是被动注意,也属于多动障碍范围。重度多动障碍则对任何事物都不能集中注意力。对上述轻度多动障碍,应引导其对学习等事物产生兴趣,有意培养其注意力,循序渐进地取得效果。

更有意义的是,上述的注意障碍仅见于本症,而不见于单纯的品行障碍、情绪障碍或学习困难的儿童。

3. 冲动性

多动障碍儿童常常行动先于思维,遇事易冲动,想干什么就干什么,心血来潮,不计后果,全凭冲动行事。如在家稍不如意就对父母大吵大闹,摔东西,掀饭桌;上课回答问题时未等老师说完,即脱口而出;和别的同学一块玩游戏则急不可待,不能等候轮换上场,故常常破坏游戏规则,要么就不玩了。他们大多性情执拗,放任自流,行为冒失,好发脾气,倔强任性,无礼貌,爱滋事。上课时擅自离开座位,找别人讲话等;在教室突然大喊大叫,冲撞同学;横过马路,不顾有无汽车,突然横穿过去;站在高处不顾后果地向下跳。他们特别容易冲动、易激惹、情绪不稳,对一些不愉快的刺激常做出过分的反应。做作业时,常不顾对错,匆匆了事;考试时则匆匆做完,抢先交卷,即使有时间,也不愿核对一下。

4. 学习成绩不佳

大多数多动障碍儿童在智力方面不存在问题,甚至有极少部分多动障碍儿童还比较聪明,但由于他们上课和写作业时注意不能稳定,学习主动性较差,情绪易于波动,易受批评和挫折等原因,约有60%的人会发生学习困难的情况。部分多动障碍儿童会有不同种类的认知功能障碍,如语言功能障碍、视觉运动功能障碍、空间功能障碍、思维功能障碍等等。例如,这类孩子由于注意力不集中,上课不注意听讲,对教师布置的作业未听清楚,以致做作业时,常常发生遗漏、倒置和理解错误等情况。部分孩子读书时可把"6"读成"9",或把"d"读成"b",甚至左右不分。写字时,不是多一横,就是少一竖，或偏旁反写。画图时，不是比例大小失调，就是位置安排不当，这些也是造成学习困难的原因。这类孩子考试成绩波动较大，到3～4年级时，留级的可能相对较多。但因智能正常，如课后能抓紧复习、辅导，尚可赶上学习进度。

5. 神经发育障碍

大部分多动障碍儿童神经系统无明显异常，但有可能存在以下问题。

（1）运动功能异常。如动作笨拙，精细运动和协调性差——穿衣服、扣钮扣和系鞋带时动作缓慢且容易扣错，用剪刀或其他工具动作不灵活；翻掌、对指、指鼻运动不灵，闭眼站立不稳，走路摇摆不成直线，做体操跟不上节拍或做错；视—听转换困难，听觉综合困难，视—运动障碍，空间位置觉障碍，左右分辨不清等。

（2）皮肤两点辨别能力差，即当患儿闭上眼睛，分辨自己的皮肤是受到一点的刺激还是两点的刺激的能力较差。

（3）还可伴有语言发育迟滞、言语异常、发音存在缺陷等问题，如口吃、吐字不清等。

（4）眼球震颤或斜视。

（5）脑电图异常。大约有半数的多动症儿童脑电图存在异常。

6. 情绪和行为问题

多动障碍患儿情绪不稳，极易冲动，对自己欲望的克制力很薄弱，情绪波动大，易怒、易哭，个性倔强，固执，急躁。一兴奋就手舞足蹈，忘乎所已，稍受挫折就发脾气、哭闹。他们在学校会经常主动与同学争吵或打架。轻微的刺激即能引起强烈的反应，为一点小事便大吵大闹，甚至打架、伤人、破坏东西，做游戏缺乏耐心，做作业粗枝大叶，在课堂上捣乱，干扰别人学习等等。行为冲动而不顾及后果。如不顾危险从高处跳下；想喝水时不顾杯子里的水是凉是烫，抓起就喝。这些冲动有时会导致一些灾难性的行为结果。

部分多动障碍儿童伴有各种各样的行为问题，如说谎、逃学、偷窃、离家出走等等。在与同伴的交往中，不讲礼貌、干扰别人、欺负弱小、不愿受别人的制约或排斥小伙伴，因此，在同龄儿童中是不受欢迎的人。

(三) 多动障碍儿童的学习特点

1. 注意缺陷

多动障碍儿童的注意活动过程往往存在障碍,如注意力不能高度集中,注意时间短暂,注意不稳定,范围狭窄且容易分心,不善于分配注意力。

注意的选择性差,无意注意占优势,容易对周围环境的变化、出现的新刺激产生反应,该有意注意的事物却看不到。他们在家做作业时,总会听大人的谈话、窗外的吵闹声;上学路上也会被商店的玩具吸引,忘记上学。他们的注意力是不自觉的、无目的的,见到什么就去看、去做,不知道去辨别到底应不应该做。

注意难以维持,注意不能高度集中,保持时间短暂。儿童上学以后,学习对他们来说是一件持久而艰苦的劳动,没有兴趣是不行的。上课专心听讲、按时完成作业是必须要做到的,这需要注意力高度集中,不能再像过去那样贪玩了。但是,多动障碍儿童的学习主动性和自觉性很差,上课小动作不断,做作业得让父母督促。同时,他们的注意力也难以持久,对10~12岁的学生来说,一般保持40分钟连续学习并不困难,而多动障碍儿童很难做到这一点。

注意的转移性差、注意范围比较狭窄,掌握的数量明显少于一般儿童,而且注意稳定性差,难以保持注意力。他们不能掌握和理解课文的全部内容,学习成绩波动也很大,这反映出他们的注意广度不够,注意力不稳定,并不是智力低下所致。同样,他们的协调性很差,不善于分配注意力,极易分心。完成某项任务需要眼、耳、脑、手分别控制并相互配合,如上课时眼要看书和黑板,耳要听讲,又要动脑思考,动手做笔记,这时他们会显得手忙脚乱、无所适从。

2. 感知障碍

感知是人的感觉和知觉,通过视、听、触、味、嗅等感觉器官来认识客观世界的过程。其中,视觉和听觉是最重要的认知基础,然而,多动障碍儿童却对外界的事物"视而不见、充耳不闻",失去敏感,上课不能专心听讲,心不在焉,看书、看黑板常常顾此失彼,甚至东张西望,不知所从。视觉缺乏主动性和定向性,听觉缺乏分辨性和协调性,从而注意力无法集中,感觉接受发生困难。同样,时间观念的缺陷也使多动障碍儿童出现认知障碍,如上学迟到早退,忘记做作业,办事拖延,写字抄错或漏抄,没有方向意识,上下左右不分等等。

儿童感知上的缺陷使之对事物的认识和体验发生偏离,往往也使其心理变得异常,意志薄弱,情绪波动。多动障碍儿童性格往往孤僻、任性,自控力差。

3. 记忆问题

记忆包括识记、保持和回忆三个基本阶段。多动障碍儿童识记过程的速度较慢;记忆保持的时间较短,容易遗忘,记忆的再认不够准确、不够稳定,对识记材料的选择、加工和分类能力较弱。在记忆的速度、时间和稳定性等方面会发生障碍。

记忆速度缓慢,保持时间短暂。记忆的形成是建立在注意的基础上,先得感知注意到的东西才能使之进入记忆,这时的记忆也只能是短时记忆,只有注意不断持续反复才能形成长期记忆。多动障碍儿童注意力不能集中起来,不能专心听讲,所以对知识的掌握也就缓慢,背课文也要花费比一般儿童多得多的时间。有时多动障碍儿童对识记材料也能在短时间内记住,但是印象不深,容易忘记,对老师讲的内容、布置的作业都难以保持长时间记忆,学习成绩自然也就很差了。

记忆的再认不准确,不稳定,选择分类能力较弱。多动障碍儿童的记忆不稳定,不牢固,对学过的东西记得不全面,再认时漏洞百出,前后颠倒,有时记着的也会突然忘记。如平常能背出的课文到课堂上便背不上来了,平时能记忆的公式,考试时就用不上了。

多动障碍儿童记忆的选择、加工、分类能力较弱,不会有选择地记住重要的东西,对形象直观的东西能够靠机械记忆记住,但那些抽象、间接的记忆内容则易发生困难。如对数字题一般套用公式的计算困难不大,但遇到应用题就理解不了;背诵课文只背诵原文还行,让其复述段落大意就抓不住要点,困难重重了。

4. 思维发展缓慢

抽象思维发展缓慢,概括能力缺乏。多动障碍儿童的思维往往停留在具体形象思维水平,无法深刻而准确地分析感知材料,形成较高水平的抽象思维,发展速度非常缓慢。看故事只能记住某些情节而不知道其中包含的道理。写作文也是平铺直叙,不会概括或加上自己的观点。由于抽象思维发展滞后,概括、分析事物的本质形成概念就显得更为困难。他们对猫、狗等具体动物的特征把握还比较容易,能形成"动物"这个概念,但具体区别开"野兽"和"家禽"这样的概念就容易混淆了。而像数学课里的"长方形""正方形"那样的抽象概念理解起来就更难了,这是多动障碍儿童成绩提高不上去的重要原因。

思维过程连贯性和稳定性差。多动障碍儿童的注意力分散,无法长时间集中思考某个问题,从而思想时而分散,时而集中,断断续续,不连贯,不稳定。他们做作业可能做着做着就想起什么玩具,写作文写着写着就跑题了,这种情况可能是多动障碍儿童学习成绩经常波动的一个重要原因。

培训活动建议

1. 思考并讨论,评估诊断多动障碍儿童需要注意什么。
2. 交流所教班级中多动障碍儿童的种种表现。
3. 讨论:为什么多动障碍儿童往往也有学习困难。

二、多动障碍儿童随班就读

多动障碍儿童具有明显的外部异常行为表现,在普通学校就读或多或少会影响他人。

(一)创设良好的接纳环境

对多动障碍儿童的教育主要应包括家长、老师及社会,应坚持长期、个体化、正面教育为主。

普通学校应该重视加强校园环境建设,尤其是人文环境建设。要争取获得广大师生对多动障碍儿童的理解与支持,协调好普通学生和多动障碍学生的同伴关系,营造互帮互助的班级氛围,努力为多动障碍儿童营造一个接纳的人际氛围,促进多动障碍儿童取得较好的教育康复效果。

此外,学校和家庭还要注意以下几个方面的问题。

(1)了解患儿的病态。家长及老师应清楚患儿的表现有哪些是病态的，共同寻找在家庭、学校等环境中可能致病或使疾病强化的心理社会因素，并有目标地加以克服，如饮食改善、不良环境的回避等，对患儿教育应家校配合，耐心、有的放矢，切忌简单、粗暴、冷漠、歧视。

(2) 根据患儿特点，制定长期及短期教育目标。只能要求他们的行为控制在一定范围之内，而不应苛求他们变成非常安静的乖孩子，且应分期分段制定可达到的教育目标。如操之过急，过分苛求，会使儿童产生对抗情绪，造成相互间关系的紧张，以致无法推行既定的教育方案。

(3) 建立良好关系。应晓之以理，动之以情，关心帮助，耐心倾听，家长、老师应主动与患儿建立良好的关系，这样，患儿才有可能接受教育，并逐步由被动接受变为主动接受，自愿与家长老师谈心，自觉地接受帮助。

(4) 订立合理的作息制度。从小培养生活规律，保证充分睡眠时间，并从生活细节中注意培养一心不二用、做任何事都专心的习惯。如吃饭时不边看书边吃，晚上不让他看电视、玩电子游戏等至深夜不睡。因为从小对其进行的日常生活习惯的训练，无形中加强了组织性，培养了遵守纪律的习惯，对于在学校中适应集体生活、上课时集中注意等大有裨益。

(5) 规矩应简单，要求应明确。对多动障碍儿童的要求应简单明了，如克服上课时东张西望、顽皮、多动行为等。对他们的攻击性行为或破坏性行为，应像对待普通儿童一样，严厉予以批评制止，切不可姑息放纵。但不要给他们订过多的清规戒律，他们比一般儿童更难接受过于繁琐的教条。如条条太多，会使他们感到动辄得咎，不知如何才好，最后什么规律也不遵守了，则达不到教育目的。

(6) 对过多的精力给予出路。多动症儿童特别好动，有使不完的精力，故应有意识地组织他们参加一些需要消耗精力的活动，如跑步、打球、登山、游泳等各种强体力的活动，或体力劳动，使其旺盛的精力有处发泄。比如老师上课时故意将某样东西遗忘在办公桌上，一上课就先让他跑过去帮老师取过来，请他帮老师接杯水……但对在室内追打等行为应予以劝止。

(7) 对安静、守纪行为给予鼓励。对这类儿童应根据他们的爱好，逐步培养能静坐、集中注意力的习惯，如听故事、看图书、画画、弹琴等，每天逐步延长时间，但内容要集中，不可太杂，以免分心。对于表现好，能安静、守纪的行为，应及时表扬，予以强化。对他们要耐心、严格要求，不要歧视、打骂,但也不可以"病"为藉口而过分迁就,使之变得更加任性好斗。

(二)教育教学满足其特殊需要

教师对多动障碍儿童及家长应该多理解和帮助,而不是过分责备与苛求。不要因为班上有了多动障碍儿童影响课堂秩序,致使全班成绩降低,就觉得失去了老师面子,降低了老师威望,而经常训斥家长和儿童,弄得家长又羞又怒,学生又怕又恨,矛盾异常突出。

1. 课上的教育

多动障碍儿童的主要问题是注意障碍和缺乏自制力,因而上课不专心听讲,不遵守课堂规则,常影响课堂秩序和同学上课。教师应该采取措施,制定适合他们的教育内容和规则,加强对他们的指导和训练。具体有如下做法。

(1)课前教师找多动症儿童谈话,提醒他们注意自己的行为,讲清道理,要求他们专心听课。

(2)将他们的座位安排在前排或教师容易注意到的地方,尽量减少会使他们分心的刺激。

(3)改进教学内容和方法,突出重点,要求适当,抓好他们的基本训练;布置作业不要太多,要明确;上课形式应该生动多样,配以图片、实物、多媒体教育,让他们有更多的操作或练习机会,这比较适合多动症儿童好动的特点,容易引起他们的兴趣和注意,收到良好的效果。

(4)教师对多动症学生提出的要求应该适当,不要像一般学生那样严格,并且要重点突出,要求明确。平时的教育应以鼓励为主,一发现他们有进步或良好行为,就给予表扬或鼓励,增强他们的信心。对不良行为也要给予适当处分,如让他们站立听课几分钟,或收走玩物、口头警告等,但不能用羞辱或取笑的语言,更不能谩骂或殴打儿童,以防产生逆反心理和不良后果。

教师针对学生注意力时间短的特点,教学中注意使用以下策略:

- 视听动通道不断变换——使之繁忙;
- 利用暗示,如目光的注视、拍学生的肩膀——适当提醒;
- 为学生提供一个讲课纲要——有所参照;

- 教学方法的多元化——吸引注意；
- 教学技巧的多样化——适当点拨；
- 必要的提问与复述——维持注意；
- 鼓励学生利用想象力消化教师的讲课，将他们思维过程的步骤告诉老师；
- 不断重复、提示主要观点。

教师在教学过程中，为了促使学生保持注意力，建议使用以下的策略。

- 清楚地表达学习任务，越具体越好；
- 让学生知道教师对他们的学习时间的期望，并要让学生报告离开座位的原因；
- 将学生安置在一个安静的学习环境中；
- 在教室中巡视，距离学生近一些，随时回答学生提出的问题；
- 给学生适当的活动的机会；
- 了解学生为什么离开座位或分心；
- 记录学生分心的次数并通报给他们，与他们一同制定增加学习时间的对策与方法；
- 用手势、目光等方式让他们知道自己学习时经常分心走神；
- 重新设定学习任务，不给学生超过年龄发展的课业负担。

如果教师发现多动障碍儿童在课堂上"溜号"，可以采用以下方法来及时把他（她）"拽回"课堂：目光期待、皱眉谴责、瞪眼谴责、撇嘴谴责、摇头谴责、增大音量、手势暗示、课堂提问、停止口授、声向变化、缩短距离、点名提醒、规则重申、委婉提示、批评训斥、幽默暗示、创设情境、故意忽视……

2. 课外的教育

多动障碍儿童在课外没有成人管束时，容易与同学争斗或行为出格。在运动场、休息室、娱乐厅或汽车上等无约束的场合，更要对其加强管理。多动障碍儿童也知道某些规定，但往往无法控制自己的行为。教师还要阻止其他同学迫使多动障碍儿童产生错误行为的现象，以及他们对多动障碍儿童的歧视与厌恶的态度。在发生争执或纠纷时，一定要以公正的态度，妥善加以解决。

3. 社会能力训练

社会关系不良也是困扰多动障碍儿童的问题之一。其多动和冲动的行为常常使其他孩子讨厌他们,尤其是在进行合作性游戏时,他们的鲁莽、轻率和出言不逊很不受欢迎;受到挫折或感到失望时,常常做出攻击行为,使其他孩子受到威胁;由于只顾自己而不考虑他人的感受,所以往往冲撞了别人还不自知;在和伙伴发生冲突后,很容易形成敌对情绪和报复心理,结果是在邻里和同学中留下很坏的名声。多动障碍儿童常常受到同伴的排斥与轻视,学校教师应该帮助他们提高交往能力,改善社会关系。

帮助多动障碍儿童学习一些社会生活技巧。例如,怎样与同学交往、处理好人际关系、正确对待他人、相互学习;怎样参加各种课外小组活动,接受奖励或批评,处理挫折与烦恼,对待不良的感受,如失望、愤怒以及寻找问题的最佳解决办法等。

发挥集体的力量,帮助和支持社会能力较差的多动障碍儿童发展良好的社会能力。大家可以反复讨论和制定团体行为规则,讨论普遍关心和感兴趣的问题,组织各种娱乐活动小组,如体育队、舞蹈组、音乐组、美术组等,以便促进相互交往和学习,促进他们社会能力的发展。

培训活动建议

1. 讨论:多动障碍儿童在学习上有哪些特殊需要?
2. 讨论并实践:课堂上如何提高多动障碍儿童的注意力?

三、多动障碍儿童的训练与潜能开发

(一)多动障碍儿童的行为改变

行为矫正是一种针对多动障碍儿童,尤其是幼儿最基本、最有效的方法,是其他治疗方法的基础。其宗旨是改变父母的教养态度,建立一套赏罚分明的行为管理办法。治疗的成功取决于教师与父母的耐心和恒心。

行为治疗的基本方法是奖赏、消退和惩罚。①

奖赏对于所有儿童来说都是一种有力的激励方法。教师和父母可采用物质奖励(糖果、食品、玩具和衣服等)、口头奖励(直接表扬如"干得

---

①苏林雁主编. 多动症儿童的科学教养. 北京:人民卫生出版社,2008.

好!"以及间接表扬"我真为你感到骄傲")、表情奖励(微笑、点头、挤眼等)、动作奖励(挑大拇哥、耸肩、拥抱、拉手、摸头、拍背等)、活动奖励(看电视、看漫画、郊游、玩电子游戏等)、代币制(小五星、小红花、小红旗等)、操作奖励(玩玩具、拼图、跳绳、踢球等)等各种方式。在治疗过程中,要不断改变奖励的方式,以保持对孩子的吸引力为参考的标准。

消退即是对儿童的某一不良行为,采取不理睬的态度以达到使其消失的方法。首先,必须仔细观察究竟是什么因素对儿童的不良行为起了强化作用。一般来说,父母或爷爷奶奶的溺爱、无原则满足或儿童本人从不良行为中获益,都可以起到强化的作用。针对找到的强化因素,停止它,并对不良行为不予理睬,从而使不良行为自行消退。需要注意的是,在消退治疗开始时,儿童常常会出现一些比较剧烈的情绪反应,如哭闹、不良行为的频率和强度明显增加等,这个时候父母不能心软,应坚持不予理睬。对于严重的攻击或破坏行为,以及严重的自残或伤人行为不宜采用消退法。

惩罚不是指对儿童打、骂,使他们受到皮肉之苦,而是指停止对儿童的积极强化,如不赞扬、取消某些特惠、暂时孤立、不理睬、冷淡等,偶尔也可以使用儿童所厌恶的某些刺激方法,目的在于减少儿童的问题行为。

对多动障碍儿童的行为改变要注意以下几点。

及时、频繁的反馈。要对儿童的良好行为和不良行为给予立刻的有针对性的反馈。同时,多动障碍儿童比普通儿童需要更多、更频繁的反馈。在孩子完成一个任务的过程中,要不停地在适当的时机给予反馈,而不是等到任务结束后再给予一个总的反馈。

加强奖赏。多动障碍儿童比其他儿童需要更明显、更有力的奖赏,以激励他的良好行为。有的时候内在的、长远的利益不能很好地激励多动障碍儿童,因为他们往往做不到延迟满足。

先奖后罚。多动障碍儿童由于经常出现不良行为,屡教不改,单独使用惩罚对改变其行为往往没有太大的效果,他们转瞬间就忘了自己的承诺,反复惩罚反而会导致孩子的怨恨和敌意。要更多地去关注他们的良好行为,奖励他们的良好行为,该行为至少持续一周以上后,才开始惩罚或批评先前的不良行为。要表扬多于批评,奖励多于惩罚。

事先预告。为促使孩子更好地按照规则办事,父母要在做某事之前,发出预告。

保持冷静。多动障碍儿童的不好管理和不停出错有时会激怒父母,让父母失去对问题的判断力。这个时候父母要提醒自己是个成人,不断地锻炼自己的冷静能力。

宽宏大量。要尽量多地理解孩子的行为是因为疾病,而不是"坏",宽容孩子;对于指责自己孩子的不知情的那些人,体谅他们所承受的麻烦和他们的不知情,并正确看待孩子,避免孩子受到伤害;对于孩子的错误,更要保持宽容的态度和评价,努力改正就好。

连续、坚持。要采取同样的策略管理孩子的行为,并且在时间上、规则上、方法上,教师以及家庭成员之间要做到连续,坚持就是胜利。

(二)多动障碍儿童的认知行为治疗

对于年龄较大的孩子,单纯的行为矫正就不那么有效了,还需要改变他们的认知。多动障碍儿童在控制行为、制订未来的计划和执行计划方面有所不足,而认知行为疗法对于他们的自我管理训练和自我控制训练很有帮助。这种方法着眼于纠正行为和改变不合理的信念,适用于年龄比较大的孩子。

1. 语言自我指导训练

多动障碍儿童难于遵守规则和指令,想要做什么事马上就行动,而不考虑后果,这与他们控制个体行为的"内部语言"发展不完善有关。内部语言是幼儿在成长过程中把来自外界的要求和规则内化的结果,从而用来指导自己的行动。而多动障碍儿童内部语言发展不完善,不能很好地控制自己的行为。语言自我指导训练就是要训练儿童运用内部语言,使行为在自己的言语控制之下,达到自我控制的目的。训练分两个阶段进行。

第一阶段:大声说出需要完成的任务或需要执行的规则。训练时指导者给儿童示范,大声讲出心里想做的事情,例如"我饿了,我要去拿饼干吃"。让儿童在日常生活中实施这种"大声自我对话"的方法,包括对任务要求的评价,例如"我想吃饼干了,可是妈妈不让我在饭前吃饼干,我不管,我饿了,我自己去拿"等。在自我对话的过程中,儿童会回忆起家里的规则而选择不在饭前吃饼干。

第二阶段:当儿童能够做到用语言指导自己的行为时,教他从大声变为小声地说出思维内容,最后默念。反复练习,直到把语言内化,学会用内部语言检测自己的思维和行为,学习自我控制。

2. 把完成任务的重要信息外在化

多动障碍儿童的记忆有显著损害,将需要完成的任务和规则列出来是一种很好的弥补方法。如做家庭作业时,预先把重要的规定写在一张小卡片上,再把它放在桌边,随时提示自己,以便更好地指导行为。

3. 把动机外在化

多动障碍儿童的内在动机通常不能被激起,因而在坚持完成一个任务的过程中,容易感到厌烦、乏味、想拖延。教师和父母可采用一些外在动机(如及时反馈、频繁反馈、加强奖励等)去强化他们的良好行为,限制他们的多动,逐渐延长他们坚持的时间。也可以设计一些事情来让孩子感受成功,使其逐渐将外在动机过渡到内在动机,激发他们对事情本身的兴趣。

4. 学习运用问题解决策略

行为冲动的人往往不能很好地分析问题,而盲目做出反应。问题解决策略是帮助儿童学习如何认识和明确问题,设想多个不同的备选解决方案,挑选最佳方案,从而适当地解决问题的方法。

问题解决策略的实施分为以下5个步骤:①停下想一想,问题是什么;②有没有解决这个问题的办法,帮助儿童列出所有可能的解决方法;③最好的办法是什么,帮助儿童选择最可能实施并容易成功的方案;④执行这个方案,鼓励孩子付诸实施,尝试解决这个问题;⑤方案执行得怎么样,与孩子一起对问题的结果进行评价并总结经验。

在实施过程中,结合语言自我指导训练,让儿童把实施步骤讲出来,有利于自我控制。在这些训练的过程中,要及时给予儿童表扬和奖励。

5. 设身处地体验他人的情绪

多动障碍儿童因为容易冲动,遇到一点小事就大发雷霆,只顾自己的感受,不考虑他人的感受,以发脾气、攻击作为解决矛盾的惯用方式,因而常常被伙伴拒绝。因此,可通过教他们体验他人的感受来更多地理解他人。同时,可教会他们采用延迟反应的办法——遇到苦恼时数10个数,争取冷静下来的时间,然后再开始思考,再行动。

(三)优势潜能开发

多动障碍儿童一般很难在学业上有较大发展,可以在某些体育运动方面挖掘潜力,如游泳、轮滑、田径、自行车等,其中最典型的成功案例是菲尔普斯。

迈克尔·菲尔普斯从出生那天开始就没让家人省心过。调皮捣蛋的他总希望自己成为众人关注的焦点。小时候,他从来不会安安稳稳地坐着,一刻不停地说话,总是在问问题,不停地从一件事干到另外一件事。"菲尔普斯在课堂上一刻不停""菲尔普斯没有一秒钟能够安静""菲尔普斯总是管不住自己的双手"……老师们的抱怨让菲尔普斯的妈妈总是很尴尬。对于当了22年教师的她来说,欺负同学、在课堂上发出怪笑的学生是最让老师厌恶的,而自己的儿子恰恰就是这样一个混小子。菲尔普斯的多动症影响到了他的小学学习。当妈妈试着培养菲尔普斯的阅读兴趣时,这位操心的母亲又一次失望了。"你儿子干什么事都专心不了!"一位小学老师曾给出过这样的评价。深谙教育之道的菲尔普斯妈妈,选择了让孩子自由发展的道路——学习游泳。泳池成了年幼的菲尔普斯逃避烦恼的地方,在游泳池里,菲尔普斯会觉得自己也是一个无忧无虑的男孩,"在那里不会再听到争吵,不会被当作出气筒。在泳池里,我找到了'家'的感觉"。自从对游泳表现出强烈兴趣以后,菲尔普斯表示想停用利他林(多动症治疗药物),母亲欣然同意了儿子的决定。鲍勃·鲍曼在菲尔普斯只有11岁时就将游泳确定为菲尔普斯的终生职业,并充分挖掘了他身上的游泳潜力。从此,菲尔普斯一直跟随鲍勃训练,每周10次。接触到游泳运动的菲尔普斯在泳池里找到了自己的天地——先后三次参加奥运会,获得22枚奥运奖牌,其中18枚是金牌,成为现代奥运会历史上获得金牌数量以及奖牌数量最多的运动员。为此,国际奥委会为菲尔普斯颁发了特别奖"最伟大的奥林匹克运动员"。现在看来,在游泳池里,曾经的多动障碍儿童会专心致志地做一件事——拿金牌。

培训活动建议

1. 思考并讨论:多动障碍儿童的行为改变有哪些方法?在行为改变过

程中要注意什么?

2. 小组交流:行为矫正成功的案例。

四、家庭的配合与支持

对多动障碍儿童的教育训练仅靠学校是不够的,还需要家庭的配合与支持。多动障碍儿童早期训练尤为重要,这就更需要家长的参与。教师可以向家长介绍美国著名儿童临床心理学家巴克利博士的"行为矫正八步法",通过家庭对多动障碍儿童进行行为管理与矫治。行为矫正八步法适用于年龄在2~10岁之间,语言发育基本正常,没有严重对立违抗行为的孩子。

行为矫正八步法,顾名思义分为八个步骤,一般需要8~12周的时间。其中每一个步骤大约用时1周,有的孩子甚至会用1个月或者几个月的时间去完成某一步,所以不要操之过急。每一步都建立在前一步的基础之上,所以一定先完成前一步,再进行下一步,这样才会有实效。千万不要越过前面的步骤直接进入惩罚阶段,要记住前面提到的行为治疗的规则,即先奖后罚。

第一步:设置亲子游戏时间

由于多动障碍儿童的行为常常给父母带来沉重的精神压力,父母容易因此表现出急躁、不耐烦等负面情绪,并且只看到孩子的缺点,对孩子多有训斥、惩罚;同时,孩子也会很反感父母的管教,这就大大影响了父母与孩子之间的亲子关系。因此,本方案的第一步,就是修复亲子关系。父母每天拿出一段时间和孩子一起游戏,并在游戏时对良好行为给予关注,注意掌握好给予关注或撤回关注的时机,以此来改善亲子关系。

首先,选择在孩子玩游戏高兴的时候走近孩子,用2分钟的时间仔细观察孩子的游戏,然后以欣赏的口吻提问:"这很有趣呀!""我以前从没见你做过,肯定是在学校学的吧?""咦?它为什么会动?"等,然后加入游戏。在玩的过程中,可以边玩边评论,口气要简单、不过分,表达真诚的赞美,如"好球!""好漂亮""你的速度越来越快"。也可以用现场直播的方式大声地描述孩子正在做的事情,以表示自己很感兴趣,如"他上前单手投篮……

他带球后撤,现在……"要说得生动,较小的孩子特别喜欢父母的"直播",对于大一些的孩子,父母可以客观地发表自己的评论。15～20分钟后,告诉孩子你很喜欢和他玩,提出设定一个亲子游戏时间,以后每天放学或晚餐后同他一起玩。以后,到了每天设定的时间,只需简单地说:"我们一起游戏的时间到了,你今天想玩什么?"让孩子选择自己喜欢的活动(看电视是非互动性的活动,应排除),花20分钟时间和孩子一起游戏。在第一个星期里,最好每天如此,至少也要做5次;以后也要不断地与孩子玩这种游戏,争取每周3～4次。特别需要注意的是,如果父母心情不好、非常忙碌或马上有事离开,就不要做这样的安排。因为那时父母的脑子已经被事情填满了,积极关注的质量会大大下降。

注意事项:①不指导、不纠正。在玩游戏期间依从孩子的意愿,只要行为恰当,怎样玩都行。父母要做到绝对的心平气和,只是参加他的游戏,不试图改变孩子玩耍的方式,也不可对游戏指手画脚、横加干涉,否则孩子会觉得你想控制局面而产生反感的情绪。要让孩子感到亲子游戏时间是一种情感的奖赏。②不提出问题和要求,这十分关键。提问会干扰游戏的顺利进行,因此应严格限制,只用于对孩子正在做的事情不理解时要求他解释。要记住这是孩子放松地享受和父母玩耍的时间,不是受教育的时间。孩子反感父母利用游戏灌输知识或进行说教。在提问题前先问问自己:"这个问题会使他停下来不和我玩吗?"③真诚的反馈。在游戏期间,要明确具体地说出自己的满意之处,这应该做得诚恳和恰如其分,表示对他所做的事情感兴趣,自己愿意和他一起玩。例如,"我喜欢咱们这样安静地玩","我真喜欢我们一起游戏的时间","去告诉爸爸你的表现有多棒",这些都是积极合适的评论。还可以用摸摸头或肩膀,做个表示满意的手势来表达。要及时表达自己的赞许,不要延迟。同时,不仅要对孩子已经做的表示关注,还要暗示他将来的行为,例如,可以说:"我真的很高兴你安安静静地玩,不到处跑。"注意切勿以讽刺挖苦的方式表达赞许,如:"你今天玩得这么专心,要是你做作业也这样专心就好了。"这会大大降低强化孩子积极行为的效果。④如果这段时间孩子表现出严重的破坏行为,可以采用消退法,转头去看别处几分钟,这样做有可能减少孩子的不良行为,如果无效,可以离开房间,说:"今天的游戏结束了,明天当你表现好时再和你玩。"

在本阶段暂不采用其他的方法来管束孩子。

参与游戏的结果是父母会发现自己想更多地与孩子在一起。孩子也会喜欢父母的加入，他会因为父母的微笑而更开心，会为了赢得父母的夸奖而主动完成一些任务，甚至要求父母在游戏时间结束时，再陪他继续玩。这表明第一步已经获得了成功！如果父母发现自己不再试图控制、教育孩子，而是仔细地观察，与孩子一起游戏并且会表达赞扬时，就可以进入下一步了。

第二步：运用表扬使孩子服从

积极的关注并表扬可以强化孩子的服从行为。这一技巧的关键是要及时反馈，父母要改进自己的监管方式，增进孩子的自觉服从行为。在本阶段，要做的第一件事情是细致地观察他，抓住闪光点，不论何时服从了你的任何要求，都要及时表扬他："你照我说的去办我很高兴""看看你……有多能干""谢谢你……"做第二件事情是有意地利用几分钟时间训练孩子的服从行为。选一个孩子空闲的时间，发出极其简单、温和的指令，请他帮父母做一些小事，例如，"把铅笔递给我""然后去拿那个蓝色毛巾来"，我们把这些称为"取物指令"，一般选孩子喜欢做的事情，只需孩子的举手之劳。连续发出五六个这样的指令让孩子代劳，但每次只提出一个请求，若孩子干得好，一定要给予具体的表扬，比如"按我的要求去做我很高兴"或"谢谢你按我的请求去做"，接下来，再提一个要求，让孩子继续这样做下去，使孩子意识到服从命令原来是那么简单。

试着一天这样做几次，由于事情简单，大多数孩子都能胜任，这就为父母提供了发现孩子优点并予以表扬的机会。孩子有时难以应付每一个请求，可绕过这个要求提出其他要求。父母的目标不是控制不良行为，而是捕捉、注意、强化孩子的服从行为，这样做的结果是增加了孩子服从家长指令的自觉性。

注意事项：①训练孩子的服从行为要选择孩子空闲时间及情绪好时，要让孩子做喜欢做的事情，一般不选家务活；②及时反馈，要马上对行为结果进行反馈，不要走开去忙自己的事，要和孩子待在一起，及时给予他关注和赞扬；③当孩子遵从要求专心做事时，不要再给予其他的要求或问其他的问题，这会分散孩子的注意力；④假如孩子在没有指示的情况下做了遵守规则或家务之类的事情，要给予他特别的赞许，这是一个教育孩子自觉地参与家务劳动、遵守家庭规则的极好机会;⑤可以有意识地创造两三个需要他克服困难去做的事情,当他开始按这些要求去做时,应着力予以表扬;⑥如果孩子不服从,应按照平常的办法解决,不要用新的惩罚办法。

经过这一步的练习,很多家长会感到孩子们对待大人的指令有了非常显著的变化。当每一件要求孩子做的小事情都完成得很好,或是父母的大多数要求孩子都能完成,父母可以很轻松地对孩子的每一个服从行为给予强化时,就可以进入下一步了。

第三步:提出更有效的要求

让孩子学会按照父母的要求办事,可以从做家务活训练开始。也许有的家长认为不需要孩子干家务活,只要他管好自己就行了。其实,做一些力所能及的家务不仅是让儿童认识到自己是家庭的成员,用以培养对家庭的责任感的方式,也是训练孩子服从大人要求的"道具"。

给孩子制作一些卡片,上面写上最近要做到的事情,贴在显眼的地方,或把每项家务工作的步骤简单地写在卡片上。当要求孩子做家务时,把卡片递给孩子,告诉他你希望他完成这项工作。卡片上注明每一项家务的完成时间,然后启动计时器,使孩子确切地知道什么时候做什么,不要说"今天你得把这些垃圾倒掉"或者"中午之前必须把你的房间收拾干净",而是该做某件家务时,说:"该倒垃圾了,10分钟内把这件事搞定,我把时间设置为10分钟,按时完成。"

注意事项:①指令的选择。首先想想发出指令的重要性——是孩子必须马上做的吗?是孩子能完成的吗?你愿意坚持到底吗?如果这些问题的答案是否定的,就不必发出这条指令;如果答案是肯定的,就要确保言出必行,努力让孩子服从指令。②改变发出指令的方式。要用简洁、直接、公事公办的语调提出要求,不要以疑问句提出要求,如:"你可不可以拣起这些玩具呢?"或是"要吃晚饭了,把你的手洗干净,好吗?"孩子很可能回答"不"。直接的表述会更有效果,比如,"现在拣起玩具"或"吃晚饭了,去洗洗手",不必大声呵斥,只要以坚定明了的口吻提出要求即可。发出指令要求是正面的、直接的,例如,爸爸说:"别把鞋子扔在客厅中间。"孩子可能置若罔闻,当改成说:"把运动鞋放在鞋柜里。"孩子就比较容易执行。③一次不要提太多要求。大多数孩子一次只能完成一两个任务,所以最好一次只给他一项具体的指令,若需要孩子完成的任务比较复杂,可把它分成若干小步骤,一次只让他做一步。④确保孩子注意到了自己的要求。向孩子发出指令时需要目光接触,不要从屋里往外喊,如果他不在意,可以轻轻地把他的脸转向自己,让他看着自己,静听指令并观察父母的表情。为了确保孩子听到或听明白命令,要让孩子重复一下指令,这样能提高孩子对指令的注意,便于执行。⑤提出要求前要减少所有可能引起分心的因素。在提出要求之前家长应告诉孩子离开引起分心的事物,例如,把电视关掉。父母们常犯的一个错误是在电视、音响、录像机开着的时候向孩子提出要求,这时孩子沉浸在电视节目中,会注意不到父母的要求。

在第二步和第三步中,父母们开始学习给予有效指令。当父母对孩子提出要求的方式从过去的恳求变成一种中性的、不容置疑的口吻时,父母会有一种进步的感觉。进入下一步之前,问一问自己:是不是检查了孩子的任务完成情况?已经给所有的任务设置了时限了吗?写有时间规定的家务卡片对孩子有效吗?如果自己能给予孩子明确清晰的指令,设定完成任务的时限,这表明孩子能够遵从父母的指令,就可以进入下一步了。

第四步:用关注法减少对父母的干扰

家长经常抱怨他们做事时会被孩子干扰,例如,打电话、做饭或者拜访邻居,很多父母对孩子的干扰行为给予了极大的关注,而对他安静独立玩耍的行为却视而不见。但是,正是由于父母的关注强化了孩子打扰大人的行为。这一步将帮助训练孩子在父母做事时能独自玩耍。

当准备做事时(比如去做饭),直接对孩子发出两条指令:一是告诉他应该做什么,二是告诉他不要打扰自己。可以说"我去厨房做饭,我希望你待在这里看电视,不要打扰我",安排他去做他感兴趣的一些事情,比如画画、玩玩具、看书等;过1~2分钟父母停下手里的活,来到孩子面前,表扬他没有干扰自己,提醒他接着干,不要打扰自己,然后继续做事;2~3分钟后再过来表扬孩子,再接着做事,5分钟或更长时间再来表扬孩子的行为……可逐步地减少次数,逐步延长自己的持续工作时间;如果感到孩子就要放下他的事情来打扰自己了,应立即停下手里的事情,走到孩子面前表扬他没有打扰自己,然后再次鼓励他自己接着玩;家长的工作结束后,应马上表扬孩子没有来干扰自己。每个时间段结束时的总体表扬,应该比时间段内间隔表扬更进一步,除了口头表扬,可以考虑使用小的奖励。

本周可选择一两件这样的事情来实践一下,比如做饭、与邻居谈话、写信、打电话、看电视、拜访朋友、打扫卫生。如果以打电话为训练项目,可以请人每天给自己打一两次电话,如此这般,当真有重要的电话要接时,父母就可以从容接听了。

注意事项:①循序渐进。刚开始父母去强化孩子的时间间隔可以短些,以后可逐渐延长,每一次从自己的事情里抽身去照看孩子的间隔时间都要稍有增加,这种练习应该持续到孩子能够单独玩耍20分钟。培养孩子一个好的行为,例如,全神贯注做作业也可以采用这种方法,即开始强化的次数多些,而后逐步减少。②有意识地关注。有的家长觉得孩子挺安静,就忘记要去关注他,或觉得放下自己手头的事情去关注他没有必要。孩子在独立玩耍的时候需要表扬和奖励,否则随着时间的推移,他自己一个人玩的时间会减少。因为他认为你对他不在意,会令他感觉失望。因此开始的时候,必须不断停下手里的活,以便达到训练孩子的目的。

经过一周的训练,可以回顾一下,是否当自己不想被打扰时会给孩子一些任务去做,是否能很轻松地停下手头的事情去强化孩子,如果孩子可以独自玩耍而不来干扰父母,便可进入下一步了。

第五步:建立家庭代币方案

家庭代币方案可以把家庭规则细化,运用积分帮助孩子学习遵守规则和服从指令,运用扣分来改变其不良行为,并在家庭内形成制度。

方法一:家庭卡片方案

找一副扑克牌作为卡片(也可以自制卡片或五角星、小红花等),坐下来和颜悦色地与孩子讨论关于奖惩的方法,告诉孩子现在要实施一项新方案,这个方案会因为他表现良好而给他相应的奖励。

找一个贮存卡片的东西,如鞋盒子、咖啡罐等,用一些有趣的图案装饰一下。

现在制定一个奖赏方案。奖励物不仅包括每天都能享受的日常奖赏,如看电视、打电子游戏、玩玩具、骑自行车和去小伙伴家玩等,而且包括特殊的奖赏(特殊待遇),如周末看电影、滑旱冰和买玩具等。

接下来,把希望孩子参与的任务列一个清单:如饭前摆餐具,饭后整理餐桌、整理卧室、铺床、倒垃圾和其他一些家务活等。也可以列出多动障碍孩子经常引起的同父母冲突的事情，如穿衣服、洗脸、刷牙、上学、做作业、准备睡觉、洗澡等。

　　下一步是确定每项任务的卡片数量。对于4~6岁的孩子，完成一项简单的任务可以得到1~3张卡片，完成一项较难的任务可以得到5张卡片，任务越难，完成时相应挣得的卡片就越多。

　　接下来，计算在有代表性的一天中，当孩子完成了父母所指派的绝大多数任务后，能够获得的卡片数量，建议把卡片数量的2/3用于换取日常奖励，余下的1/3可积累起来换取特别待遇。要是孩子一天能够挣30张卡片，那么20张可用于换取日常奖励，10张积累起来。不要太在意确切的数字，合适即可。

　　接下来，制定特殊待遇（如星期天去滑旱冰）卡片数。把每日积累的卡片数量与期望获得一次特殊奖励的天数相乘，如孩子每日积累10张卡片，那么这项活动需要付出 $10 \times 7 = 70$ 张卡片。按照这样的方法，确定每个活动所需要付出的卡片数。

　　要让孩子知道，若是他以良好的态度完成了任务，还有机会赢取额外的卡片，并且对孩子说非常喜欢他积极的态度。但最好不要对所有的行为都如此加分。要告诉孩子，只有在第一次指令发出后完成的任务才能获得卡片，经过重复要求后才把该做的事情做完则得不到卡片。本周不能因为孩子不良行为的出现而收回他的卡片。孩子拥有了卡片，他就有权利支配它，孩子有时会在不合适的时间要求行使自己的权利，比如睡觉时要求看电视，对于这种情况，家长可以根据实际情况做出安排。

　　方法二：家庭积分方案

　　家庭积分方案适合于年龄较大的孩子，除了以分数代替扑克牌，根据每项工作的价值而使用分数以外，该方案与卡片方案相同，对日常事物的赋值从1~5分不等，对于较复杂的活动最高可以给200分，基本的给分原则是把通过15分钟的努力得以完成的任务给大约15分。以下是小兵（8岁）的任务及奖励表。

日期	完成项目	得分	奖励项目	支出	余额
	按时起床	10	看电视（60 分钟）	20	
	15 分钟内穿衣洗漱	15	玩电子游戏（30 分钟）	20	
	吃早饭不超过 15 分钟	5	在院子里玩	10	
	上学不迟到	10	骑自行车	10	
	上学不忘记带东西	5	玩玩具	10	
	饭前摆碗筷（中晚餐）	4	吃巧克力或喜欢吃的东西	10	
	吃饭不超过 30 分钟（中晚餐）	8	推迟睡觉时间（30 分钟）	50	
	饭后把脏碗放到水池（中晚餐）	4	溜旱冰	100	
	挂好衣服、摆好鞋子	4	买图书	100	
	帮妈妈洗碗（晚餐）	15	去吃快餐	100	
	一个半小时完成作业	30	买游戏碟	200	
	按时上床睡觉	10	买玩具（根据价格）	50～300	
			买溜冰鞋	1000	

估计小兵在一天的时间内通过完成日常生活自理和承担一定家务等能挣到大约 120 分，他可能把其中约 80 分用在诸如看电视、打电子游戏、在外玩耍、骑自行车以及由他控制使用的一些玩具（如遥控汽车、赛车和玩具卡车、洋娃娃等）上。其余的一些特殊待遇根据孩子积累的卡片而定。

把空白任务及奖励表复印数张，每天把孩子完成的任务记在项目中，把赢得的分数记在得分栏，然后计算收入情况；把每天享受的奖励记在奖励项目中，花费的分数记在支出栏，然后计算支出情况。当孩子用分数换取了一项特殊待遇时，把内容记在奖赏栏，分值记在支出栏，然后从总支出中减掉相应分值。规定只有父母才能填写记录，孩子可以随时审阅，但不可以擅自改动。

注意事项：①任务及奖励内容要隔一段时间重新制定，和孩子一起讨论，取消一些已经能够做到的内容，增加一些希望孩子改变的行为，奖励内容也要更新。②在孩子完成指定的任务之前不要给予其卡片或积分，无论孩子怎样强调客观，哭闹耍赖，都要坚持不给。当孩子完成任务后也不要耽搁，应尽快地奖励他的良好行为。③孩子因良好行为而获得卡片或分数时，家长要及时地告诉他父母对他的行为很满意。④巩固家庭代币方案。取得良好效果后，若太早终止这项方案，孩子的依从行为常常不能持久，故此方案要坚持应用两个月左右,甚至更长时间。

如果孩子能够完成大多数的任务,并且很喜欢这样的方案,父母也能很容易地对孩子的良好行为给予卡片或分数,就可以准备进入下一步了。根据家长们的经验,第五步通常需要历时 2 周时间以上。

第六步:用扣分法管理不良行为

遵循行为矫正先奖后罚的原则,开始用惩罚法来改变孩子的不良行为。使用卡片或积分方案 1~2 周以后,就可以开始间歇地、选择性地扣分。可以告诉孩子,任何时候如果他拒绝完成指派的任务,就要被罚卡片或分数。在这以后,孩子不遵从指令时,告诉他说"我从 1 数到 5,如果你还没有行动,你就要失去一张卡片(或分数)",然后用比较慢的速度数 1-2-3-4-5,若孩子仍没有开始有所行动,立即从他的库存卡片或记录本上扣去他完成此项任务后应得的分数,若清单上没有此工作项目,可选择一个和该行为相似的分数予以扣除。

注意事项:①不要同时去纠正很多不良行为,一段时间内只针对一两个行为,否则规则太多,孩子记不住。②不要太多、太频繁地使用扣分法,否则会很快耗尽孩子的积蓄,方案就不能继续执行了。一般而言,3:1 的策略比较合适,即奖励孩子 3 次,罚 1 次。③如果家长太频繁地使用了扣分法,方案就会失去动力和吸引力,孩子就不愿意参加卡片或积分方案了,这时可以暂停执行该方案,一个月左右之后再重新开始。要注意重新开始后不要罚得太多、太频繁。

第七步:用暂时隔离法处理严重的不良行为

暂时隔离也称暂停,指暂时停止儿童的活动,作为一种纪律约束手段,对孩子的不良行为或不遵守指令的行为进行管教。本法仅用于比较严重的不良行为或对代币方案不理想的典型的不良行为。通过终止孩子的其他活动,把他置于一个单调、乏味的地方接受一定时间的惩罚,来达到目的。

发出警告:当儿童出现了比较严重的不良行为后,首先要发出警告。发出警告时语气要坚定,眼睛盯着他,用足够高的声调,手指着孩子说:"我从 1 数到 5,如果你不按照要求去办,你就要规规矩矩地坐到那把椅子上去。"同时,手指着墙角,然后大声地数 1-2-3-4-5,如果孩子还是不听,就紧紧抓住他的手腕或前臂说"没有按我说的做,你必须坐到这把椅子上",然后迅速地把他带到隔离椅子。若是孩子反抗,可以用自己的身体约束他,将其立即带到隔离椅上;把孩子放到隔离椅子上的同时,应该严厉地说:"坐这儿,什么时候我让你下来才可以下来!"在此期间不和孩子说话,也不要让其他人与孩子交谈。隔离的时间一般是:轻中度不良行为每岁1分钟,严重不良行为每岁2分钟。如果孩子未经允许擅自离开椅子,要及时、坚定地把他放回椅子上,让他的背紧贴椅子,大声坚定地对孩子说:"如果你再次离开,我就罚你的卡片!"要是孩子再次离开,马上从他的积蓄中扣除其日收入1/4数量的卡片或分数,回过头来对孩子说:"待在那儿,直到我让你下来。"此后,如果孩子再次擅自离开隔离椅子,就不要再发出警告,而是直接扣除卡片或分数。但是,在同一事件里扣除卡片或分数的做法不要超过两次。

什么时候结束隔离,要满足以下条件:①必须要安静下来,在他安静地待上30秒钟才可以和他说话;如果他不停地争辩、发怒、喊叫、大声哭闹,则必须在隔离椅子上待更长时间。②孩子安静下来以后,必须同意做大人吩咐的事情,若是家务活要让他接着做;若是他做错了事,如说脏话、撒谎等,必须承认错误并保证改正。此时,可用柔和的语调对孩子说:"你这么做,我很高兴。"

注意事项:①隔离方式。让孩子坐在隔离椅上实行隔离。椅子要垂直地背靠着墙,放在墙角里,同时,要远离墙壁以避免孩子用脚踢墙。一些家长选择在厨房、走廊的尽头或客厅的角落安放椅子,以便在做家务时便于观察孩子。我国的传统习惯是"罚站",在角落里画个圈圈,让他面向墙壁站立,也可以把孩子关在卧室或浴室里。不论什么方式,重要的一点是让孩子理解他正在受惩罚。隔离的环境必须安静,附近没有玩具,也不能看到电视。此外,还必须注意安全,特别是当孩子一个人待在隔离室里面时。②第一次实施暂时隔离,最好选择时间比较宽裕的时候,父母双方都在场,态度协同一致。如果父母中途退却,就意味着强化了儿童的不良行为。所以,一旦开始,就要坚持到底。第一次被隔离,孩子的典型反应是愤怒、喊叫、哭闹、强烈反抗,因为他感到委屈。大多数孩子只在第一次隔离时出现强烈反抗,一般只持续30分钟~2小时的时间,就会答应按要求行事。慢慢地,孩子开始听从父母的指令,隔离的次数也相应地减少,这可能要花费几周时间。有的父母害怕惩罚会伤害孩子,但是应该认识到,从长远看,这是在帮助孩子改掉毛病。家长的角色就是使孩子成为优秀的守法公民。因为不忍心惩罚孩子而放弃了带领孩子走入社会的责任,就会成为一种极大的过失。③不要让孩子借口上厕所、喝水而离开隔离椅,不要因错过了吃饭而以零食给予补偿。

当使用此法 2～3 周,并且发现不良行为出现的频率已经降低时,就可进入下一步了,而不需要把所有的行为问题都解决后才往下走。若是孩子的行为不见好转,甚至比开始时更严重了,一定要向儿童心理卫生专业人员咨询。之后两周,不要在家庭以外的地方应用此方案。

第八步:扩大隔离法的使用范围

若家长感觉有信心使孩子在家里的行为合理地处于自己的控制之下,就可以试着扩大隔离法的使用范围。

重申规则。进入公共场所之前,应停下来,把孩子在这种场合下经常出现的不良行为和应该遵循的规则讲给他听,并让其复述。若孩子拒绝,警告他将不带他进公共场所,若还是拒绝,就让他站在外面接受隔离,但父母要留在他旁边,不要让孩子独自待着。

制定奖励规则。进入公共场所之前,告诉孩子如果遵守规则将得到奖励。卡片和分数都是奖励良好行为的方法。针对 4 岁以下的孩子,父母可以在包里放一些小食品,以便在整个过程中奖励其良好行为。另外,父母还可以许诺为孩子购买东西,但这只能用在很少的情况下,是针对特别好的行为的奖励。

制定惩罚规则。在公共场所外面,告诉孩子不遵守规则将得到什么惩罚。可以用减少卡片或分数的方法,也可以使用暂时隔离法。一进入公共场所,就寻找一个方便的隔离地点(如通往洗手间的拐角处),告诉孩子,他如果不遵守规则就在这儿接受隔离。

安排合适的活动。如果带孩子外出旅行、就餐、购物或做其他需要等待的事情,要事先给孩子提供合适的事情来做,因为等待过程中孩子会感到不耐烦。可以带一些孩子喜欢的东西,如迷你掌上游戏机、卡通书等。

当不能使用隔离法时的替代。带一个小记事本,进入公共场所之前,告诉孩子,如果有不良行为则会被记下来,等回家后视情况的严重程度给予惩罚；或带一支笔，进入公共场所之前告诉孩子当他有不良行为时将在其手腕上画一条杠，这些记号可以换成扣分或者隔离。和孩子一起出去时，对于孩子的不良行为要立即采取行动以避免其升级到不可收拾的地步，并且，在整个过程中要及时地对孩子好的表现给予鼓励和奖励。

家庭代币方案和暂时隔离法也可以扩大到学校，由老师配合打分，回家后实施奖惩。

当感到父母和孩子之间的互动变得更加积极，孩子对父母的要求更配合时，就可以慢慢试着停用八步法。如果停用一段时间之后，出现新问题或旧问题复发，可以再次使用本方案。这样，父母将会收获回报，会发现他们的孩子越来越合群、合作和友好，父母在家庭中管理孩子行为的能力得到了很大提高，其自信心也将有所提高。

培训活动建议
1. 讨论：如何帮助家长掌握"行为矫正八步法"。
2. 与家长合作并实践"行为矫正八步法"。

专题五　促进孤独症谱系障碍儿童学习和发展

近年来,孤独症①谱系障碍儿童越来越为大家关注,可能有两个原因。一是这类障碍的发生率之高,令人吃惊。例如,根据美国疾病控制和预防中心公布的历年数据显示,该障碍的发生率呈明显上升趋势,目前每88名儿童中就有1名是孤独症谱系障碍儿童,其中在亚洲地区发生率是1%②。男孩罹患孤独症谱系障碍的几率比女孩高,在孤独症谱系障碍群体中,男女的比例是4:1。二是这类儿童的身心发展具有与众不同的特点,因此吸引很多人关注他们。

有关孤独症谱系障碍的许多问题还在探索中,学习时我们要注意收集这方面的最新信息,另外要通过个案研究不断总结,提炼对孤独症谱系障碍儿童的教育规律,从而有效地促进他们发展。

一、正确认识孤独症谱系障碍儿童

(一)孤独症谱系障碍的概念及诊断

在详细说明孤独症谱系障碍概念之前,先举两个例子。

小璋11岁,就读于某小学四年级。老师和同学们有时候会用"怪人"来形容他。比如,小璋特别喜欢舰船,他了解各种各样舰船的名字、性能、载重量、出产地,等等资料,同学们都说他是班上的"船舰专家"。但是,这个"专家"在班上却交不到朋友,同学们甚至不愿意跟他说话,一是因为他

---

①注:我国大陆地区将"autism"一词翻译为"孤独症"和"自闭症"。虽然越来越多的家长、教师、学者和媒体使用"自闭症"的说法,但考虑到目前大陆出台的各类法律法规、政府文件以及医学界都使用"孤独症"一词,故在本书中也使用"孤独症"。

②注:这个比例只是美国疾病控制和预防中心的研究数据,仅供参考。

们发现小璋说话的时候眼睛躲躲闪闪,不愿意看人;二是他一开口就滔滔不绝地说各种船舰知识,而且不管其他人说什么,最后他都会绕回他喜欢的舰船话题。小璋也曾经邀请同学们去他家玩,但是小璋把同学们带到家里后,自己就躲到房间去了,他的爸爸妈妈让小璋款待同学们,他出来说了声"欢迎大家来我家玩",就又回到自己的房间了。这些事情让大家觉得没法跟小璋一起玩。老师谈起小璋,经常说:"我们觉得这个孩子挺聪明,但是他的学习成绩不尽人意。一二年级时成绩还行,到了三四年级,他学习语文的阅读和作文、数学的应用题有困难。"

小景9岁,就读于某小学二年级。2岁时,小景被医生诊断为孤独症患儿。在上小学之前,小景主要在各类孤独症培训机构接受培训,也断断续续在幼儿园学习过。小景从不看人,几乎不说话,经常拍手。小景也不愿跟同学一起活动,同学叫他一起玩游戏,他也不搭理。更让老师操心的是,小景上课的时候,会突然尖叫,或者随意离开座位在教室里乱跑,这严重影响了其他同学上课。小景的学习成绩也很糟糕,他上课似乎从不听讲,他的作业要在家长辅助下勉强完成,考试的时候需要老师在一旁指导才能完成部分试题。

小璋和小景,都是孤独症谱系障碍的学生。孤独症谱系障碍是发生在儿童生命早期的发育性障碍,会造成儿童在感知觉、语言、社会交往、行为等多方面出现问题,其中以社会交往及行为方面问题为显著特点。要理解什么是孤独症谱系障碍,一是要厘清一些名词之间的关系,二是要了解它的诊断标准。

1. 相关名词的关系

相较于孤独症谱系障碍,孤独症更为人所知。此外,还有不少人听说过孤独症、阿斯伯格综合征、广泛性发育障碍等名词。这些词说的是同一种现象吗?

我国目前对孤独症谱系障碍的诊断,主要参照美国精神病协会出版的第四版《精神疾病统计和诊断手册》(以下简称为DSM-IV)。DSM-IV将孤独症、阿斯伯格综合征、未分类的广泛性发育障碍、儿童期瓦解性精神障碍、雷特综合征等五类障碍,一同归并为"广泛性发育障碍"。但是在实践中,由于未分类的广泛性发育障碍、雷特综合征、儿童期瓦解性精神障碍非常少见,而孤独症儿童和阿斯伯格综合征儿童在某些方面有高度相似的地方(这将在下文阐述),因此人们通常将孤独症和阿斯伯格综合征并称为"孤独症谱系障碍"①。

2. 孤独症谱系障碍的诊断标准②

(1) DSM-IV 对孤独症诊断标准的描述

1) 包括①、②、③总数 6 项以上,其中至少有 2 项属于①,而②、③至少各 1 项。

①社会交往有质的缺损,表现为至少下列之二。

(a) 应用非言语性交流行为(如眼神交流、面部表情、躯体姿态,及用于社会互动的手势)有明显障碍;

(b) 无法形成与其发展水平相称的同伴关系;

(c) 不能主动寻求他人并与其分享喜悦、兴趣或成就(例如,不会炫耀、携带,或指出感兴趣的物品);

(d) 缺乏社交或感情方面的互惠。

②沟通有质的缺损,表现为至少下列之一。

(a) 口语发育延迟或完全缺失(不伴有以其他交流方式来补偿的企图,例如手势或模仿);

(b) 虽有足够的言语能力,但不能向他人发起或维持一段交谈;

(c) 刻板、重复地使用语言或特定的奇怪语言;

(d) 缺乏各种与其发展水平相称的自发性儿童假扮游戏或社交模仿游戏。

③行为、兴趣和活动呈现出有限、重复且刻板的模式,表现为至少下列之一。

(a) 沉湎于某一种或几种刻板的有限的兴趣模式,但其注意的力度或

---

①注:这一段中涉及到专有名词的英文原文如下:美国精神病协会对应的英文名是"American Psychiatric Association";第四版《精神疾病统计和诊断手册》,对应的英文名是"The Diagnostic and Statistical Manual of Mental Disorders-IV";孤独症、阿斯伯格综合征、未分类的广泛性发育障碍、儿童期瓦解性精神障碍、雷特氏综合征、广泛性发育障碍对应的英文名分别是"autism, Asperger syndrome, pervasive developmental disorder not otherwise specified (PDD-NOS), childhood disintegrative disorder, and Rett syndrome, pervasive developmental disorders"。

②注:标准的英文原文可参见 www.dsmivautism.com 上的相关资料。

集中的程度却异乎寻常;

(b)固执遵守某些特殊的没有实际价值的常规或仪式;

(c)刻板重复的怪癖动作(如,手掌或手指扑打或绞扭,或复杂的全身动作);

(d)持久地沉湎于物体的某一部分。

2)功能异常或延迟,表现为至少下列之一,而且出现在3岁之前:①社会交往;②社交语言的应用;③象征性或想象性游戏。

3)并非雷特综合征或儿童期瓦解性精神障碍。

根据上述标准,孤独症的核心症状主要表现为儿童在社会交往、言语沟通、行为三个方面具有显著缺损,人们称其为孤独症核心症状的"三联征"。在孤独症儿童中,有的智商、认知水平与普通儿童的水平相当,甚至高于普通儿童,语言能力发展也比较好,人们通常把这部分孤独症儿童称为高功能孤独症儿童。

(2)DSM-IV对阿斯伯格综合征诊断标准的描述

阿斯伯格综合征儿童,一般来说在社会交往技能、抽象思维、情绪感知发展方面有缺陷,但通常他们的智商与普通人一样,甚至高于普通人,他们的语言能力发展也不错。相关诊断标准如下。

1)社会互动有质的损伤,表现为至少下列之二。

①在使用多种非语言行为(如眼对眼凝视、面部表情、身体姿势,及手势)来协助社会互动上有明显障碍;

②不能发展出与其发展水准相称的伙伴关系;

③缺乏自发地寻求与他人分享快乐、兴趣,或成就(如,不会炫耀、携带,或指给别人看自己喜欢的东西);

④缺乏社交或情绪相互作用。

2)行为、兴趣及活动的模式相当局限、重复而刻板,表现为至少下列之一。

①包含一种或多种刻板而局限的兴趣模式,在兴趣之强度或对象二者中至少有一项为异常;

②明显无弹性地固执于特定而不具功能性的常规或仪式行为;

③刻板而重复的怪癖行为(如:手掌或手指拍打或绞扭,或复杂的全身

动作）；

　　④持续专注于物体的某一部分。

　　3）此障碍造成社会、职业，或其他重要领域的功能上的临床上的重大损害。

　　4）并无临床上明显的一般性语言迟缓（如，到两岁能使用单字、三岁能使用沟通短句）。

　　5）在认知发展或与年龄相称的自我协助技能、适应性行为（有关社会互动则除外），及儿童期对环境的好奇心等发展，临床上并无明显迟缓。

　　6）不符合其他特定的广泛性发展疾病或精神分裂病的诊断准则。

　　从定义上看，孤独症和阿斯伯格综合征，在社会互动、刻板行为方面非常相似，差异主要在于语言和认知两个方面，阿斯伯格综合征儿童在这两方面发展都比孤独症儿童好，与普通儿童水平相当。如果将阿斯伯格综合征与高功能孤独症相比，会发现区分两者并非易事。

　　随着临床研究和教育干预的发展，人们发现很多孤独症儿童未必在社会交往、言语沟通、行为三个方面都出现明显的障碍。比如，有些人在社会交往和沟通方面有障碍，但不一定表现出刻板行为；也有些人存在社会交往障碍和刻板行为问题，但语言沟通能力不错。此外，人们还发现很多孤独症儿童和阿斯伯格儿童在感觉方面非常特殊。这些现象说明原来制定的孤独症诊断标准已不太适合。

　　(3) DSM-V 对孤独症谱系障碍诊断标准的要点

　　在 2013 年 5 月出版的 DSM-V 中，孤独症谱系障碍这一词取代了广泛性发育障碍。

　　首先，在新的分类系统中，将原来的广泛性发育障碍中提到的四个亚类，即阿斯伯格综合征、未分类的广泛性发育障碍、儿童期瓦解性精神障碍以及雷特氏综合征归并到孤独症中，统称为"孤独症谱系障碍"①。

　　其次，取消原来诊断采取的"三联征"评判标准，即取消原来的"言语沟通有质的障碍"这一评判标准，只保留"社会交往障碍"和"狭窄兴趣/重复

---

① 注：Answers to Frequently Asked Questions about DSM-5（《精神疾病统计和诊断手册》第五版常见问题解答）。见：www.autismspeaks.org/science/policy-statements/statement-revisions-dsm-definition-autism-spectrum-disorder/frequently-ask. 2012-11-12

行为"这两个标准。这意味着在新标准中,一个人只要在"社会互动和交往"方面显现出三项行为特征,且在"重复行为"方面至少出现两项特征,就可以判定其有孤独症谱系障碍。值得一提的是,在重复行为中,新标准加入了新的症状表现,即"感觉过敏或感觉迟缓、对环境带给人们的感觉方面有不同寻常的兴趣"。

除了这两大重要变化,DSM－V 还要求在诊断儿童是否患有孤独症谱系障碍时,需要说明症状是否可能由某种已知的基因病变(比如脆性 X 染色体综合征、雷特综合征)引起,要描述患者的语言水平、智力程度,或癫痫、肠道问题的状况等。此外,由于社会交往障碍不只是在孤独症儿童群体中出现,还会在其他人群出现,因此专家曾建议在 DSM－V 中,在"社会交往障碍"类别中增加一个新项目,即"不伴随重复行为的社会交往障碍",该障碍与孤独症谱系障碍无关。

通过上述讨论,我们能够明确:首先,孤独症和孤独症谱系障碍指的是同一类现象;其次,广泛性发育障碍包括五种亚类障碍,分别是孤独症、阿斯伯格综合征、未分类的广泛性发育障碍、儿童期瓦解性精神障碍以及雷特氏综合征;最后,广泛性发育障碍未来将被孤独症谱系障碍一词替代。

我们梳理了 DSM－IV 和 DSM－V 对孤独症谱系障碍的定义和诊断标准。在这一专题中提到的孤独症谱系障碍儿童,仍主要指 DSM－IV 的孤独症儿童和阿斯伯格综合征儿童。至于 DSM－IV 提出的另外三类广泛性发育障碍,有兴趣的老师可以自己查询相关资料。为了行文方便,在下面的章节中,我们将根据上下文的语境,交替使用"孤独症谱系障碍"一词和该词相应的英文缩写词"ASD"。

(二)孤独症谱系障碍儿童的心理特点

儿童出现 ASD 症状多在三岁以前。有些人以为这些儿童是因为缺少父爱、母爱,或者家长的教养方式不当造成,这是不对的;还有的人认为孩子进入少年期或成人时期,因遭受重大创伤事件而变得沉默、畏缩,认为其患了"孤独症",这也是不恰当的。ASD 可以说是生而有之,至今科学家无法明确说明究竟是何原因造成 ASD。有专家认为,这与 ASD 儿童的染色体和遗传基因异常有关;有些人认为孩子的脑部发育过程中出现异常造成

ASD；还有些人认为是母亲在怀孕过程、孩子在出生过程，以及新生儿阶段中接触某些病毒造成，等等。尽管众说纷纭，但是有一点是公认的：ASD 绝不是家长没有给孩子足够的关爱造成的。

　　与普通儿童相比，ASD 儿童的心理发展呈现出鲜明特点，且每个人的发展各有不同。多数 ASD 儿童在一岁半以后才被诊断出来，因为他们的早期表现似乎与普通孩子并无不同，部分 ASD 儿童甚至显得"超常"发展，比如很早会说话。但是，ASD 儿童有两个早期发展特点值得关注。一是共同注意力①缺陷。共同注意力，指的是能追随他人用目光或手势或其他线索从而注意到他人所关心的事物，吸引他人注意自己所关心的事物，分享其他人的感受，以及和其他人分享自己的感受的能力。ASD 儿童很难通过外部线索注意到其他人关注的物体或事件，分享自己和他人感受。二是符号表征能力不足。符号表征，指的是用一种事物替代另一种事物的能力，比如，孩子很小就会用某一手势表示自己喜欢的东西，用各种小玩意玩过家家游戏等。有些语言、表情、手势符号，是人们普遍理解和接纳的符号，这些符号就成为人们沟通的主要工具。ASD 儿童在这方面发展不足，最显见的是他们不会玩假扮游戏，难以理解其他人所能理解的手势、表情，甚至部分言辞背后的含义。下文将从五个方面介绍 ASD 儿童的心理发展特点。

　　1. 社会交往

　　社会交往障碍是 ASD 儿童最显著的特点。他们很难理解社会交往中应该遵循的规则，很难和人建立关系。ASD 儿童见到同伴，他们的反应往往跟普通孩子不一样。普通孩子见到小朋友，有的会因为好奇而主动交往；有的则因害羞而可能出现躲避情况。大多数 ASD 孩子通常显得"无所谓"，对小朋友的出现不在意，他们更专注于自己正在做的事情。因此，ASD 儿童很难和其他小朋友建立友伴关系。

　　随着年龄增长，或经过干预，部分 ASD 孩子的社会交往能力会有所提高，但从干预的情况看，这些孩子很难发展到和普通人一样的水平。从社会交往的表现看，大致可以将 ASD 孩子归为如下几类。一是"回避型"。这类孩子对别人问话很少主动做出反应，比如别人叫他，他则充耳不闻，在

---

①注：共同注意力，英文对应词为"joint attention"，又译为联合注意力。

一旁自顾自拍手、摇晃身体,即使有人提醒,他们也很难做出回应。他们几乎不跟其他人交往,甚至回避跟人接触,大部分时间都是在做自己的事情,比如重复地玩某一个玩具,不停地转圈、弹手指等。这类孩子中,大部分都有明显的语言发展迟滞问题,不少孩子连发音都困难。二是"被动型"。这类孩子很少主动发起交往,但是大多能回应其他人发出的交往要求,比如回答问题、根据指令做动作等,但他们的回应方式显得刻板。三是"主动型"。这类孩子通常是上文提到的高功能孤独症或阿斯伯格综合征儿童,能主动跟人交往,也希望有自己的小伙伴。但是,他们的交往方式比较特殊,他们很少关注到其他人的需要,甚至造成其他人的困扰,比如朋友一起聊天时,他们总是重复地谈论同一个话题。比如开篇提到的小璋,他跟同学一起聊天,不知道要围绕大家感兴趣的话题进行讨论,只是自顾自地说自己喜欢的话题,小璋邀请同学到家里玩,他也不似其他人那样会主动招待大家。

2. 语言和沟通

ASD 儿童的语言发展水平各异。大多数 ASD 孩子语言发展水平不高。比如,有些 ASD 孩子的语言发展迟缓,尤其是口语发展严重迟缓,他们有的从不开口说话;有的即使开口说话,也只能看到他们嘴在动,但听不到声音或者声音微弱。这些孩子到了两岁才会说几个单词,上了小学也只能说简单句子。

也有些 ASD 孩子很早会开口说话,说话早通常被人们认为是聪明或超常发展的表现,这可能导致家长认为孩子发展很好,从而忽略 ASD 孩子的一些特殊表现。一般地说,ASD 孩子说话的内容很奇特。比如,他们会背诵大段的诗词或广告语,却不能与人进行流利对话。重复他人语言也是比较常见的表现,比如跟一个 ASD 孩子交谈,经常遇到的情况是:提问者问"你叫什么名字?"他回答说"你叫什么名字?"提问者进一步提示说"你要说你的名字。"他的回答是"你要说你的名字"。还有些 ASD 孩子,他们的词汇量非常丰富、语法正确,但不管谈论的对象是谁、话题是什么,他们都要将话题转移到他们所感兴趣的一两件事情上。

此外,很多 ASD 儿童的发音很特殊,声调偏高。还值得一提的是,他们对"你、我、他"的掌握很困难。普通儿童在学语初期时,往往不能分清"你、我、他"的区别,有时会混用,有时孩子会用自己的名字指代自己,但这种情况到三岁后就会变化。ASD 儿童则不然,很多人到了成年,依旧混用"你、我、他",或者用自己名字来代替"我",比如他们自己想吃苹果时会说"你要吃苹果"或者"小景要吃苹果",而不是说"我要吃苹果"。

跟语言密切相关的是沟通能力,ASD 孩子的沟通能力发展同样出现迟滞现象。普通儿童在开口说话前就能用手势、表情表达自己的意愿和感受,会关注父母注意的东西。而 ASD 儿童似乎没有过多地与人沟通的想法,比如他们很少会用手指某个新奇的事物要求其他人关注,也难以根据他人的指示线索,注意到他人的关注焦点。长大后,他们会用语言或非语言方式充分表达生理需求和愿望,比如吃东西、上厕所、想出去玩等,但是他们很少说出自己对某件事情的感受、和别人交流自己的想法,也很难理解他人的感受和想法。

3. 情绪情感

对熟悉的人和不熟悉的人,ASD 孩子似乎都一视同仁,表现得不亲近。普通孩子在父母身边时特别开心,父母离开时会难过、伤心。ASD 孩子的父母在或不在,他们似乎都能自得其乐,这一点经常让他们的父母感到挫败。ASD 孩子似乎不太能理解其他人的情绪,特别是对于人面部表情的识别有一定困难。

他们的情绪表达和反应也比较奇特,有些孩子对别人的情绪没有明显反应,有的则反应过度,比如看到班上有孩子哭,有些孤独症孩子对此表现得漠然,有些却会跟着号啕大哭。要说明的是,有些孤独症儿童经常大吵大闹,给人感觉是他们的情绪总处于失控状态,但实际上的原因很可能是他们难以忍受环境中的某种东西,或者他们难以用语言表达自己的想法,所以着急了会发脾气。

一般来说,通过系统学习和治疗,很多孩子随着年龄增大,情感变得丰富,情绪也日趋会平稳。但到了青春期,可能是受体内激素的影响,ASD 孩子可能会出现易怒易急躁、攻击人的现象,有些孩子甚至要服用药物才能控制行为。青春期结束后,他们的情绪又会好转一些。

4. 感知觉

ASD 儿童的感知觉与普通儿童差异很大。视知觉功能强大是很多

ASD儿童的共同特点,比如有的孩子能看到非常细微的区别,有些孩子能看清飞快运动的物体变化轨迹,有些孩子能像照相机那样记录所有看到的景象。不过ASD儿童看到的主题通常跟普通人差异很大。比如看到一幅画,我们注意到的是整体,大脑的判断是:"这是一幅山水画",或"这是一幅人物画",而ASD孩子注意的,往往是画上某个角落中的一只蝴蝶或一个图形。

他们的嗅觉、味觉、触觉等跟普通人也有很大差异,有些孩子过于敏感,他们无法忍受我们所熟悉并习惯的声音、气味、材料质地等。比如有些孩子无法忍受远在三十米外的激光打印机的声音,有些孩子被人碰到就会痛苦地大叫,有些孩子不愿意接受诸如米饭之类的粒状物体,等等。有些孩子太不敏感,比如有的孩子即使流血也不觉得疼痛。还有些孩子的感觉喜好非常奇特,我们不能忍受的一些东西,他们却甘之如饴,比如有些孩子特别喜欢臭鸡蛋、臭鞋、发油的味道,有些孩子特别喜欢摸丝袜等。

对ASD孩子本人来说,各感知觉发展也不平衡,视知觉功能强的孩子,可能其嗅觉功能不发达;有些地方皮肤过于敏感,有些地方皮肤则对冷热疼痛感觉不明显。

此外,ASD孩子通常不愿意与人对视,不愿意直视他人的眼睛。这可能与直视他人眼睛给ASD孩子带来不安或不适的感觉相关。

5. 智力

ASD儿童之间,智力差异很大。有些儿童具有超常的智商,有些儿童智力水平一般,但大部分ASD儿童有智能障碍。人们通常所说的"高功能孤独症"或"低功能孤独症",主要就是依据ASD儿童的智商高低对他们进行分组。

无论这些儿童的智力程度如何,他们中的大部分人都具有一两项特殊的才能,在拼写、阅读、算术、记忆、音乐、绘画等方面都有出众的表现。比如有的孤独症儿童能记住城市中所有的交通路线,有的能复述上千本书的任何一页的内容,有的能弹奏非常难的钢琴曲目,有的很小就能画出精美的图画,等等。与他们其他方面的能力相比,比如社会交往能力、语言沟通能力等,这些才能令人惊异,我们称之为"孤岛才能"。

但是即使智力水平很高,ASD儿童的学业学习也可能遇到困难。通常到了小学中高年级，他们在阅读与写作、数学应用题解答等方面也可能遇到困难。

(三) 孤独症谱系障碍带来的特殊教育需要

ASD 儿童随班就读，教师要明确 ASD 儿童的学习目的和学习任务有其独特之处。与普通儿童相比，ASD 儿童学习的内容不只是学科知识和技能，他们更需要在普通班级的环境中，学习并恰当运用社交规则，获得与人亲近带来的愉悦感受，获得顺利完成某项任务带来的成功体验。这是他们发展出未来融入社会所需要的基本生活知识和技能，进而发展出与普通人共通的情绪情感的基础。

1. 学习社会规则的需要

ASD 儿童进入普通班级，教师要帮助他们理解并适应学校和班级的规则；练习各种同学们认可并遵守的交往和互动形式；以恰当方式表达自己的情绪。

对于学校和班级规则，教师要帮助他们明白：什么时间、在哪里、做什么事情，以及做事规则是什么。ASD 儿童通常能很快理解并接纳"什么时间、在哪里"，但是很多 ASD 儿童对做什么事情以及做事规则的掌握有一定困难，因此他们可能表现出异常行为。教师一方面要用各种形式帮助学生理解这些规则，一方面要适当对规则进行调整，尽可能使规则更好地适用于普通学生和 ASD 学生。

普通学生在进入普通学校之前，就能理解并熟练运用一些社会交往规则，比如别人问话时要回答，谈话时要围绕主题轮流发言、和小伙伴一起协作时要各尽其责并相互帮助，在必要时撒一些善意的谎言等。ASD 儿童对这些规则的理解和运用通常不佳，进而影响他们与同学建立的友好关系。教师一方面可以通过一对一的游戏教学形式帮助 ASD 儿童理解规则；另一方面，要让普通学生了解 ASD 儿童的交往特点，还可以让普通学生担任"小教师"的角色，帮助 ASD 儿童掌握社交规则。

ASD 儿童突发的情绪失控行为，比如上课时大喊大叫、哭闹、随意走动等，教师不仅要了解产生失控行为的原因，更重要的是帮助他们以恰当的方式表达、宣泄自己的情绪。

2. 发展同伴友谊和师生情谊的需要

尽管 ASD 儿童显得不愿意和同伴一起玩耍，也不在意是否有朋友的陪伴，但这不意味着他们不需要友谊、不渴望朋友的陪伴。ASD 儿童难以与同龄伙伴建立友谊关系，主要是因为他们不了解社交规则、与朋友相处的方式奇特。例如，前文提到的小璋，他邀请同学到家里玩，但是他不理解要和同学在一起、要招待同学的社交规则。而小璋不符合社会交往规则的行为，可能会加深同学对他的误解，此后不愿意再和小璋玩耍，这又会进一步影响小璋与同学建立友谊。因此，对于教育者而言，如何通过各种方式，帮助 ASD 儿童建立起友伴关系，不仅能让 ASD 儿童发展出更多的社会交往技能，使他们体验到更丰富的情绪情感，也能让普通儿童更好地理解 ASD 儿童的行为方式。

几乎所有的孩子都非常珍视来自教师的关爱。教师的一句表扬，抵得上其他人千百句表扬；教师真心的呵护，会成为我们一生中温暖的记忆。ASD 孩子同样需要并且在意教师的关心和呵护，但他们对教师友善行为的反应不似其他孩子，而且对教师的某些教导行为会产生很大的负面情绪，这就会影响教师和 ASD 学生之间建立良性的师生关系。因此，教师在日常教学中，不仅要关心和教导 ASD 学生，还需要采取策略，帮助 ASD 学生以适当的方式回应。

3. 体验成功的需要

由于在学校环境适应、学业学习、同学交往等方面有困难，ASD 学生容易感到挫败。让 ASD 学生在学校获得成功的体验，对他们而言有无可比拟的重要性，这些体验不仅能让 ASD 学生获得自信，获得进一步学习和发展的动力，也有助于提升他们在班集体中的社会地位，增强他们对集体的认同感。

有些 ASD 学生学业成绩非常好，但他们需要的成功体验，应来自多方面，比如制作一件精致的手工作品，顺利跳跃跨栏，与同学一起圆满地完成一次社会调查，等等。教师要提供的是多样的机会、恰当的引导，以及适时的支持。

培训活动建议

1. 请说说孤独症、孤独症谱系障碍、阿斯伯格综合征、广泛性发育障碍的区别。

2. 请判断下述说法是否有道理？为什么？

(1) 缺乏父母的照顾，孩子成为孤独症儿童的可能性增大。

(2) 一般来说，孤独症儿童脾气不好。

(3) 孤独症是一种心理疾病。

(4) 孤独症孩子不理解什么是友谊，所以不需要交朋友。

3. 请讨论：ASD 学生还有哪些其他教育需要？

二、孤独症谱系障碍儿童随班就读

ASD 儿童随班就读，班级教师要考虑三方面工作：一是物理环境的调适；二是班级氛围的创设；三是教学策略的调整。除此之外，各科教师还要与资源教师密切合作，围绕 ASD 儿童的个别化教育计划，开展有效教学。

(一) 调适教室物理环境

1. 座位的安排

一些 ASD 学生有刻板行为，这也可以体现在他们对座位的特殊要求上。比如，有些孤独症学生喜欢固定的座位地点，有些则喜欢固定的桌椅。为了保护学生视力，教师会定期要求学生换座位。对于不愿意换地方，或不愿意换桌椅的 ASD 学生，教师要采取弹性要求。如果学生喜欢固定地点，那么允许这个学生座位不变更；如果学生喜欢固定的桌椅，那么允许学生带着桌椅换位子。

2. 安全的设计

部分 ASD 学生由于痛觉迟钝，或出于其他感知觉问题，产生自伤行为，比如，用头撞门或墙，用手或胳膊敲击物品。教师在布置教室时，要特别考虑到那些会引起身体损伤的因素，比如在学生身体可触及的墙壁上是否有钉子、突出的木条等东西。

3. 结构化环境的创设与视觉提示的使用

ASD 学生更习惯于结构化环境。通俗地说，教室里的结构化环境包括三条标准：一是在教室空间中，划分出明确的功能区域，比如教师教学区、学生学习区、图书区、板报区、卫生区、物品存放区等；二是每个区域都制定了时间和空间使用规则，比如"图书区只在课间开放、上课的时候学生不能随意去看书"，"物品存放区存放学生随身携带的衣物、不存放玩具"等；三是每个区域都有明确的标识，提醒每个学生该区域的用途是什么，什么时候可以使用，应遵守的规则是什么。

特别需要提出的一点是，结构化环境不只是空间的结构化，还包括时间的结构化，上述的二、三条标准中明确说明要包括空间和时间的要求。ASD学生在结构化环境中，就能明确知道自己在什么地方、什么时间、做什么、怎么做，这有助于他们适应普通班级环境，降低他们的焦虑。大多数ASD学生擅长"读图"，他们可能难以根据教师的口头提示完成某项任务，但是他们可以通过图画展示的内容理解要做什么、怎么做。因此，教师在必要的区域、物品上贴上标识图片，有助于ASD学生理解学校生活、接纳班集体，这对低年级的孩子和智力水平较低的孩子更为适用。

4. 有关声、灯、水等的考虑

有些ASD学生有视觉敏感问题，他们对教室内荧光灯的光线不适应，他们对荧光灯的感觉，如同我们去舞厅看到霓虹灯一样刺眼、闪烁不定。如果看到学生在开灯的时候行为异常或变得躁动，老师要考虑学生是不是有视觉敏感。对此，老师可以让孩子带个宽边帽子遮一下光，或者在座位上放一个光线稳定的白炽灯，还可以建议家长带孩子去医院配一下过滤光线的眼镜等。有些孩子听觉敏感，很多常人听不到或听到也不会觉得不舒服的声音，他们都能听到，而且令他们不舒服。还有些学生可能对某些气味特别敏感。因此，在安排座位和布置班级环境时，老师可以向家长了解一下学生是否对某些东西过敏，平时也要注意观察。还有些教室配有学生洗手池，这对某些特别喜欢玩水的ASD学生而言，具有极大的诱惑，对于这样的学生，学校需要进行周密、细致的考虑。

5. 特殊设备和药品的管理

少部分ASD学生需要在校使用特殊的设备。教师事先要充分了解设备的使用和维护，并且规划出空间，使学生能安全地使用和存放设备。还有极少部分的ASD学生需要在校服药。如果有校医，那么建议由校医负责ASD学生的服药事宜；如果没有校医而需要班主任监督ASD学生服药，那么建议教师和家长协商,最好取得家长的书面同意书,或双方签订协议,再由教师按要求给学生服药或监督学生服药。

(二)营造彼此接纳和尊重的班级氛围

即使 ASD 学生之前在家、在各康复训练机构就已经通过各种训练习得了大量的社交技能,掌握了应对学校活动的基本知识,但一旦进入普通班级,他们还是要解决许多之前他从未遇到过的问题,要面对各种前所未有的压力。与教室的物理环境相比,班级氛围无疑更能对 ASD 学生产生影响。和谐的班级氛围,意味着教师和普通学生能够平等地接纳和尊重 ASD 学生,也意味着 ASD 学生能愉快地接纳和尊重自己的教师、同学。

1. 普通学生对 ASD 儿童的接纳

(1) 帮助普通学生了解差异,但不强调残疾。学生看待残疾的看法与成人不太一样。成人看残疾人,往往看到的是"可怜的、可怕的、没有希望的人",但孩子看到的往往是"不一样的、奇怪的、不知如何相处的人"。可以说,在大多数情况下,孩子眼中的残疾问题是"中性"的,没有明显的好坏之分。但是孩子对待残疾的态度又非常容易受到成人的影响,因此在随班就读班级中,如何引导学生看待"残疾"问题非常重要。

李老师班上新生中,有一名 ASD 孩子,王景。王景一下课就不停地转圈圈。同学好奇地问他:"你这么转不晕吗?"他也不说什么。一连几天下来,同学们觉得王景很怪,不愿意和他接触。李老师担心这会让大家排斥王景,于是在班会上,李老师说:"经过这几天的共同学习,同学们有的成为了好朋友,有的还不熟悉。我们的班会要让大家更好地彼此了解。怎么了解呢?老师把所有同学的名字,还有老师自己的名字,都写在纸条上,一人一张,放到这个盒子里。老师每一次抽出两张纸条,纸条上的两位同学互相问对方一个问题。如果问不出来,老师可以给你提示;要是回答不出来,老师也可以帮忙回答。"活动开始了,由于同学们问的问题和回答都很有意思,加上李老师幽默的引导,大家都很开心。班会进行了一阵后,李老师将写有自己的和王景的名字的纸条抽取出来,李老师先问:"王景,你为什么一下课就不停转圈圈?"王景不说话。李老师走到他身边,向所有同学们说:"这个问题,老师知道一些。王景喜欢转圈圈,是因为转圈圈让他觉得舒服。每个人都有觉得舒服的事情,有的同学喜欢挠痒痒,经常要妈妈帮他抓背,班上谁是这样的?(有个男生大声说"我",大家都笑了)有的同学喜欢坐过山车,觉得很刺激,是不是啊?(更多学生点头说"是")。"李老师接着问:"同学们是不是觉得王景舒服的方式跟大家不一样?"得到同学肯定回答后,李老师强调说,每个人的感觉是不一样的,只要这种方式不妨碍到同学活动,大家就不要觉得奇怪。

引导学生将"残疾"看成是人与人之间的差异,不仅有助于普通学生接纳 ASD 学生,也有助于 ASD 学生更积极地接纳自己。老师在班级活动中,可以多创设一些情境,帮助学生从积极的角度看待差异。

将"聪明"和"愚笨",解释为学习速度"快"和"慢"——ASD 孩子的智商水平有高有低。有些 ASD 学生因为智商水平低,在班上更容易受到排斥。对于这种情况,教师可以告诉学生,学习成绩有好有坏,主要原因是有的人学习速度快,有的人学习速度慢。但经过认真学习,学习速度慢的同学未来也可以掌握相同的知识和内容。

将"有怪异行为的孩子",解释为"行为方式不同、感觉不一样的孩子"——ASD 学生的刻板行为,往往让同学费解。教师引导学生,每个人和每个人都是"不一样"的,只是有的人"不一样"的地方更明显一些,有的人"不一样"不那么明显。

将"不合群的孩子、不搭理人的孩子",解释为"不知道如何跟同学交往的孩子",或者"有自己特殊表达方式的孩子"——ASD 孩子通常自娱自乐,不大理解或理会其他学生发出的邀请信号。教师可以引导学生观察 ASD 孩子的行为,让大家观察、分析、猜测 ASD 孩子独特的言语及行为,还可以充分发挥学生的主动性,让他们充当"小助理"或"小教师"角色。

(2)帮助普通学生应对 ASD 儿童的过激行为。有些 ASD 儿童在班级里会突然出现一些过激行为,比如在班上大喊大叫、课堂上随意下座位、骂人、打人等。教师在发现 ASD 孩子有过激行为时,通常的做法是:在事发现场严厉制止 ASD 儿童;在事发后跟 ASD 儿童讲道理,让 ASD 儿童反思自己哪些地方做得不对,要求 ASD 儿童道歉。但令教师困扰的是,这个策略效果往往不佳,不但 ASD 儿童过激行为未见减少,而且造成普通学生害怕、讨厌 ASD 儿童。更严重的事态,是普通学生告诉自己的家长自己被欺负,家长开始接二连三或联名向校领导或当地教育行政部门告状,于是教师被卷入层层质询拷问的煎熬中。

　　ASD儿童的过激行为通常不是无缘无故出现的,重要的是教师应如何恰当处理这些行为。需要提醒教师的是,当ASD儿童出现过激行为时,教师往往将关注焦点放在ASD儿童身上而忽略了普通学生的反应,更遑论指导普通学生有效地保护自己、不受ASD儿童过激行为的干扰和伤害,这样的情况不利于营造尊重和接纳差异的班级氛围。

　　王老师班上的小易,经常在课堂上突然打身边的同学,大家都很怕他。被打的学生家长找王老师和学校领导,要求将小易调出这个班级,或者退学。可是每次王老师找小易的妈妈谈话时,小易的妈妈总是还未开口就先流泪。王老师一方面很同情小易妈妈,但另一方面,她又担心其他同学会因为小易的行为而无法安心上学。王老师做了两件事:一是请学校的资源教师分析小易的打人行为,共商对策;二是利用小易不在的班会课,引导并组织同学们商量如何应对小易的打人行为。王老师首先说,小易打人的行为是不对的,但对于有错误的同学,大家要一起帮助他改正,不能抛弃他。接着,王老师指导同学们分析,小易打人的时候,有没有什么生气或者发怒的前兆。被打的同学经过讨论,认为小易打人,多发生在语文课、数学课、英语课的课堂上,但是美术课、音乐课、体育课他很少打人;小易打人之前,会发出一些哼哼声;小易打人,一般都是挑周围的女生或个子小的男生打。王老师又指导同学们讨论,小易打人时该怎么办? 同学们议论纷纷。大家提出了几条建议:一,把小易的座位调换到靠近老师讲台的地方;二,老师注意小易的情绪,如果听到小易发出哼哼声,就要采取预防措施;三,安排班上最强壮、反应最快的同学坐在小易的周围,这一条王老师认为不合适,于是否决了。在班会课的最后,王老师总结说:"因为小易太特殊了,所以我们要有足够的耐心、勇气来帮助他改正缺点,而不是厌恶他、抛弃他。"

　　王老师的做法非常值得借鉴。对于遭受小易暴力对待的学生,他们不仅受到了身体上的伤害,更受到了心灵上的伤害。首先引导被打的同学一起诉说自己的遭遇,他们在这个过程中缓解了自己的压力;其次,同学们一起讨论,发现了小易打人的前兆、提出了对策,这样的讨论不仅有助于同学们有效应对小易的打人行为,而且增强了勇气和信心。王老师后来发现,这次讨论的过程比讨论的结果更重要,更能帮助普通学生正确应对小易的行为。

2. ASD 儿童对普通班级的适应

ASD 儿童在普通教育环境中,容易出现一些"怪异行为",教师对待这些行为的方式,会直接影响 ASD 儿童对普通班级环境的适应。ASD 儿童出现的行为,大致可以分为三类:适应不良行为、刻板行为、问题行为。教师首先应分辨 ASD 儿童的行为是哪一类,之后再采取不同的处置方式。

(1)弹性应对适应不良行为。ASD 学生刚到学校或班级,可能因适应不良而产生行为问题。如果这些行为问题不会对其他学生和教师产生较大的干扰,那么建议教师给孩子一段适应期,让学生熟悉学校和班级环境后,再引导学生遵守学校规则。如果一开始就严格要求 ASD 学生遵守班级规则,反而很可能引发他们厌恶学校的情绪。

乐乐刚入小学,她总是无法安静地坐在椅子上,总想着从教室里跑出去,即使有家人陪同,她也不愿意留在教室。班主任王老师觉得应该给乐乐比较多的适应时间,所以乐乐只要跑出课堂,王老师一般不制止,只是让陪读的家人跟着乐乐。

刚入学的 ASD 孩子,经常发生从教室"逃跑",或者从座位上站起来在教室走动的现象,原因可能是:他们不熟悉新的环境,对新环境的东西感到恐惧或不适应;他们的感知觉与众不同,难以忍受长时间保持一个固定姿势,所以需要变换;因为不理解课堂规则,不知道要如何遵守。

如果强硬地要求乐乐留在教室,可能会引起他激烈的反抗。在乐乐对教室、同学、教师都陌生的时候,教师可以在保证有监护人照看并得到校方、父母允许的情况下,让乐乐离开教室。但与此同时,教师要准备很多的事情,吸引乐乐回到教室。

首先可以在教室里孩子的课桌上,放一些孩子特别喜欢的小物品(建议非食物)或小玩具,这会吸引孩子回到教室。同时一有机会就告诉孩子"你是 XX 班的学生,要进 XX 班",这样逐渐让孩子有"我是哪个班学生"的感受。其次,如果学校有资源教室(参见下一节),资源教师可以设计相关游戏,采用一些行为干预的方法,比如告诉孩子在座位上待一段时间就可以获得小奖品,然后逐步延长获得奖品的时间,通过这个方式让孩子"坐得住"。没有资源教室的学校,教师可以和家长商量,让家长在家中用模拟课堂的形式引导孩子"坐得住"。通过这些游戏,目的是让孩子明白:课堂上需要遵守什么样的规则。再次,教师要努力发现孩子喜欢哪些课堂活动。孩子不会逃避所有的活动,总有一些是他们能参加,也愿意参加的活动。老师可以利用孩子喜欢的这些课堂活动,逐步地将资源教室或家中的游戏迁移到真实的课堂中。最后,尽快确定能协助并指导ASD孩子适应的同伴。这也是一种非常有效的方法。很多时候,大人无法教会ASD孩子的事情,孩子们却能教得很好。孩子逐步适应教室环境的过程,也是孩子感受"这个环境是安全的,老师是安全的,同学是安全的"过程。

等到孩子适应环境、能在教室里坐下上课,教师再逐步提高对他的要求。在提要求时,可以采用"奖励好行为"的方式,比如孩子能配合教师做活动,就立即给予奖励。奖励的形式毋须大张旗鼓,建议采用"隐蔽式"奖励,比如隔几分钟给孩子一张他喜欢的小贴画。

除了乐乐这个例子外,教师遇到刚上学或刚转学而来的ASD学生,都可能遇到他们不适应环境而产生异常行为的举止。对于这种情况,建议教师先采取"弹性处理"方式,允许他们在一段时间内,比如一周左右,做些自己想做的事情。不过采取这种方式时要注意两点:一是ASD学生所做的事情不会对其他人和自己造成麻烦或伤害;二是要分析产生这些事情或异常行为的原因。在这个基础上,积极想对策,帮助学生适应学校环境。

(2) 区别对待刻板行为。

肖镜无论走到哪里,都要随身携带两块积木,不停地用手相互敲击,发出很大的声音。上课时同学和老师都会受到干扰。陪读阿姨制止肖镜玩积木,他就开始打阿姨。老师无奈,只好请肖镜和陪读阿姨到教室外。就这样,肖镜尽管每天到学校上课,但基本上都由陪读阿姨陪同着在校园里游荡,一边走一边玩他喜欢的积木。

李文的作息时间非常固定,每天早上必定在7点前到学校。到学校后,由于老师和值日同学往往都没到,班门未开,于是李文就在学校里到处晃悠。这让老师很犯难:这么早到学校,班门没有开,学生在学校里到处游荡,如果发生安全问题怎么办?要求老师们和值日同学提早到学校,这一做法不现实。于是老师跟李文家长沟通,问能不能让他晚一点到学校。李文妈妈立即配合,但是无论她用了什么办法,李文都要坚持7点之前到校。

不同ASD孩子有不同的刻板行为,而且同一个孩子在不同的年龄阶段,刻板行为也会有所不一样。对于教师来说,怎么看待刻板行为是关键。是将其看成严重问题来制止,还是将其看成孩子的固有特点听之任之?这就涉及到如何分析刻板行为所带来的后果的问题。

对于造成刻板行为的原因,以及刻板行为对ASD儿童的意义,研究者的观点非常不一致。有人认为刻板行为可以给孩子带来愉悦,有人认为刻板行为是ASD孩子用以逃避环境中各种令他感到害怕的因素的手段。对ASD儿童刻板行为,教师要重视刻板行为对孩子造成的影响。对于肖镜来说,这个行为已经影响了他学习、与人交流的机会,不利于他未来的发展。对于李文来说,他的行为不过是给其他人带来一定困扰,但不影响他的学习和交流。那么,接下来,教师可以做什么?

老师和父母都认为放任肖镜敲击积木的行为不可取。家长强行扣押了肖镜的积木,结果引起肖镜的强烈反抗,甚至不肯再去学校。于是,老师和家长商量,看是否把积木敲击声变小。家长在积木周围裹上一层布,声音果然小了很多。尽管肖镜刚开始总想扯掉布,但过几天也就习惯了。肖镜尽管还在敲积木,但他能够在班上坐着和同学一起上课了。

李文的班主任有天灵机一动,想着:"为什么不让李文负责开门呢?"老师将这个想法跟李文妈妈说了,得到支持。于是,老师配了一把钥匙给李文,任命他为管理员,每天负责给同学们开门。李文高兴地接受了这个任务。同学们也觉得李文每天早上都坚持给大家开门,是负责任的好同学,更愿意跟李文亲近。

在这两个案例中,无论教师是减少刻板行为的负面影响,还是将刻板行为转换为积极有益的行为,都注意了一点:不强行制止儿童的刻板行为。对ASD儿童来说,制止他们的刻板行为不是容易的事情,而且处理不当的话,也可能给他们带来伤害性后果。建议教师在教学中,要分析孩子刻板行为造成的影响。有些家长可能会要求教师:"一旦我的孩子出现刻板行为,就要给他其他的事情做。"家长的这些要求,是出于担心孩子过分沉溺于刻板行为之中,而丧失了对外界环境的兴趣。比如,有些孩子不停转圈圈,有些孩子不停抡手臂。对于这样的刻板行为,教师也可以区别对待,即:在学习新事物,或者在必须和同学进行交流活动时,要求孩子立即停止刻板动作;在部分休闲时刻,不妨让孩子自得其乐,放松一下。

(3)对症处理问题行为。此处所说的问题行为,主要指对教师和其他学生以及自身的日常教学、学习造成了明显干扰或伤害的行为。比如上文提到的小易,他的打人行为,严重干扰了教师上课秩序,对同学造成了伤害,同时也不利于自己的学习。与ASD学生的不适应行为、刻板行为的处理方式有所不同,问题行为的处理应当做到"客观分析、对症处理"。

客观分析,指的是教师能够了解问题发生的具体情境,教师说明如下内容:①发生的时间和频率:问题行为发生在什么时候?是突发的还是经常出现的?如果经常出现,那么一般在什么时候出现?②发生的地点:问题行为在哪里发生?周围环境如何?③发生的前兆:问题行为出现之前,发生了哪些状况?当时有什么人、物在场?发生了什么事情?④发生的过程:问题行为具体表现如何?对周围环境和人产生了什么影响?问题行为持续时间多长?破坏力多大?⑤发生的结果:问题行为发生后,其他人对ASD学生的反应如何?ASD学生得到了什么样的对待?这种对待是ASD学生想要的吗?ASD学生以及教师、其他学生对此有什么感受?

除此外,教师需要用准确的语言说明这五方面问题。首先,尽量不要使用形容词,而要使用动词、名词和量词,说明问题行为的具体表现形式。比如"经常走神",不同人对此理解不同,但是说"一堂课至少有5次看窗外"就容易让人理解了。其次,不要过多地形容自己的主观感受或主观判断,而要描述问题行为的具体表现,比如,"这个学生很情绪化、很自私",但实际上学生只是不允许别人动他的物品,谁动了学生都会大吵大闹。

进行客观分析后,教师可以从上述几个方面寻找出解决问题的线索。解决课堂上的行为问题,有三个层面的标准:第一是学生不再出现问题行为,能够遵守课堂规则,即不对教师和其他学生造成困扰;第二是学生能够根据教师的指导,参与课堂学习活动;第三是学生能自主学习,能够自愿参与课堂学习活动。达到第一、第二个层面的标准,才能说问题行为得到了解决;如果能达到第三个层面的标准,就说明教师不仅成功地解决了学生的问题行为,而且达成了教育的最高目标之一。

为了帮助教师更好地掌握处理问题行为的策略,我们在下一篇"案例及学习"中列举了具体例子供大家参考。

(三)根据学习特点调整教学策略

除了帮助 ASD 儿童适应班级环境、遵守上课规则,教师还面临着一个重大任务:教学。ASD 儿童的智商水平有高有低,这就给教师的教学带来更大的挑战。本文提到的例子,是笔者近年在普通学校遇到的成功或不成功的教学例子。需强调的是,由其中提炼而出的教学策略,供教师参考之用。还需说明的是,很多教学策略是相通的,本书介绍的其他几类障碍儿童教学策略,也非常适用于 ASD 儿童,比如对听觉障碍儿童开展的数学说题训练、借助线段图分析应用题策略,教视觉障碍儿童理解课文中对动作、形状、声音、颜色等概念的方法,如何根据智能障碍儿童特点进行教材调整等,都可以借鉴来开展 ASD 儿童教学。

1. 教学语言简洁,明确指示做什么和怎么做

李老师对小意妈妈说:"我不知道他听得懂我的话,还是听不懂我的话。说听得懂,每次让他做的事,他要么不做,要么做得不对;说听不懂,有的时候他又能按照你的要求去做。这到底怎么回事?"妈妈于是跟着上了几天课,发现李老师对小意说的话,句子都比较复杂。比如她要求小意说:"小意,你看同学们现在都拿出语文书开始读了。你也拿出语文书,从书包里拿出来,然后跟同学一样读书。你找到第 10 页,从第 10 页开始读,好吗?小意,你听懂老师的话了吗?"结果小意东张西望,不去拿书。妈妈建议李老师换种说法:"小意,要读书了!从书包里拿出语文书,翻到第 10 页,和同学一起读。"一边说,一边观察小意是否按照指示去做。这次,小意按照要求做了。

对于大部分孤独症儿童来说,他们对口语的加工和处理方式,跟我们普通人有很大不同。打个比方说,普通人对口语的分析好像是从图中找线索,我们能把听到的所有语言信息放在一块平板上进行分析,然后找到主要线索;而很多孤独症儿童,他们对口语的分析好像是处理工厂里的流水线作业,听到什么加工什么,一处工序卡壳,就会造成流水线出故障。因

此，建议在课堂上对孤独症儿童说话，尤其是希望他们执行学习任务指令时，教师要用简洁的语言，明确提示学生要做什么。提示语用肯定句式更合适，如果用太多否定句，尤其是双重否定句，比如"你不能不早读"、"你不做课堂作业不可以"等，也会造成孤独症儿童的"流水作业"出故障。

2. 采用选择式提问，不反复确认 ASD 学生的想法

要求 ASD 儿童做选择时，不要用过于开放的问句，比如问他们："你现在想做什么？"对于这样的问题，大部分 ASD 儿童可能不理睬。如果问："你想做手工作品，还是画画？"这样的问话，更有助于引起 ASD 儿童的回应。给他们一些选择项，有助于他们思考并回答问题。

对于有选择的问题，老师往往会发现学生经常重复一句话中最后的单词或短语。比如问他们："你想做手工作品，还是画画？"他们会说"还是画画。"换个顺序问："你想画画，还是做手工作品？"他们又会说"还是做手工作品"。这是 ASD 学生的语言特点之一。有些教师为了帮助 ASD 儿童厘清自己的想法，会不停地问来问去，结果适得其反，ASD 儿童不仅没有明白教师想让他们做什么，而且情绪开始急躁。因此，建议教师不用一再地确认儿童的想法。这时儿童回答什么，教师就让他做什么。如果儿童发现要他做的不是他想做的，甚至大发脾气时，教师就要告诉他"这是你刚才自己选择的"。经由这样的方式，儿童能逐渐明白自己想要什么就回答什么。

3. 根据 ASD 学生的兴趣，适当增加对话内容

对于一些高功能的 ASD 儿童，他们的语言功能比较高，可以回答开放性题目，也能做出符合自己要求或符合环境要求的恰当选择。但是即使是高功能 ASD 儿童，他们的谈话内容也常出人意料。比如，他们会不停地问同一个问题。对于这样的情况，教师们如何应对？

小徐似乎跟教师印象中沉默少语的 ASD 儿童不一样，他特别喜欢找老师说话。小徐经常问："老师，你知道我昨天吃什么？"无论老师回答什么，小徐都会接着说："我昨天吃了牛肉、白菜、土豆，我吃了什么？"接着不管老师回答什么，小徐会说："我吃了牛肉！你喜欢吃牛肉吗？"老师回答完该问题，小徐又继续说："我喜欢吃牛肉！老师，你知道我昨天吃了什么？"于是问题重新开始。语文老师发现可以就"牛肉"多说一些内容。当小徐问"你知道我昨天吃什么？"语文老师就说："我猜一下，是牛肉吧！是咖喱牛

肉,还是红烧牛肉?"结果小徐回答说:"是咖喱牛肉!"老师接着问:"我昨天也吃了牛肉,你说是咖喱牛肉,还是清蒸牛肉?"小徐回答:"是咖喱牛肉!"语文老师接着说:"是咖喱牛肉,好吃吗?"这样,老师打破了原有小徐的"对话圈",谈话出现了有来有往的"轮回",小徐跟语文老师的对话内容也逐渐丰富起来。其他教师向语文老师讨教如何和小徐对话的经验,语文老师说:"先要找到他究竟最喜欢说什么、听什么,然后顺着他的意思说,再后来自己添点'料',也让他回答一些问题,不要让他老掌握主控权。"

语文老师的回答形象地说明了如何跟这些学生对话的方式。对于ASD儿童,他们重复问同一个问题的现象很常见。有些专家认为这是儿童刻板行为的表现之一,有些专家认为这是儿童为了掩饰自己对社交的恐惧而选择的一种让自己放松的方式。究竟是什么原因,目前尚无定论。案例中语文老师的做法,是值得借鉴的一种方法。尽管不能对所有的儿童都起到积极作用,但至少给我们一个启发:不要将儿童的特殊表现当成"问题",而要挖掘其中可利用的资源,因为任何谈话内容都可以成为一个语言学习的契机。

4. 注重分析作业错误,从中发现教学重点

ASD儿童在小学低年级阶段,一般能跟上学习进度。到了中年级,不少孩子的学习会出现困难,比如语文写作能力差,数学的应用题做得不好,涉及混合运算的计算题目也经常出错等。到了高年级,甚至是部分高功能的孤独症孩子,在这几方面也可能出现问题。导致这些问题产生的原因很多,对于学科老师而言,一一寻找、验证哪些是导致问题的原因,再去找对策,不仅不现实,也浪费时间。最有效的做法之一,是对作业进行分析,而后寻找解决方案。

一名ASD儿童的数学问卷答案如下:

$$88 \div (24) + 207 = (316)$$
$$45 \times (3 + 12) \div 1 = (135) + 12 = 147$$

上述混合运算题答案无疑都是错的。但是分析后却可以发现,这个学生记住了"先乘除,后加减"的规则,却忘了括号内数字先运算的规则。ASD学生做数学练习题时犯的错误,有一部分是"类型式"错误,即相似的

问题犯同样的错误,教师仔细分析就能从错题中找到规律,针对这些错误规律,教师就可以加强相关的指导。

某数学题目为:甲要卖100公斤粮食,每公斤卖2元。乙有50元,丙有24元,乙和丙分别可以买多少公斤粮食?甲还剩多少公斤粮食?

学生答案如下:

列式:100 – 50 – 24 = 26

答:甲还剩26公斤。

这个答案显然是错误的。

当教师列出相应的计算算式:

乙买的粮食为 50÷2 = ___ 公斤

丙买的粮食为 24÷2 = ___ 公斤

甲还剩的粮食为 100 – 50÷2 – 24÷2 = ___ 公斤

对于这些算式,学生又能算对。教师仔细分析后,发现这名学生回答应用题的两个特点。一是学生是不理解题目中涉及的关系,所以他只能回答最后的问题。二是这名学生对应用题中涉及到的数学概念的掌握不好,比如他能理解"剩多少",一般要用"减法",但是不理解表示数量倍数关系的隐晦表述,例如题目中"每公斤卖2元。乙有50元,丙有24元,乙和丙分别可以买多少公斤粮食"。如果教学的目的只考察学生对于数量关系的掌握,而不是对语言的理解,那么教师可以改动习题的表述方式。

每公斤粮食卖2元,乙有50元,那么乙可以买多少斤粮食?

每公斤粮食卖2元,丙有24元,那么丙可以买多少斤粮食?

甲有100公斤粮食,乙买了25公斤,丙买了12公斤,那么甲剩多少公斤粮食?

当然,不可否认在实际的学科测验中,无法都按照方便ASD儿童理解的方式出题。要帮助ASD儿童理解语言表述中涉及的各种关系,涉及到更为复杂的干预指导,而且取得比较好的干预效果绝非易事。

5. 注重培养ASD学生叙事的整体性和逻辑性

对语文学习而言,ASD学生在写作方面往往遇到困难,这似乎与他们对事件的整体把握、事件发生的因果关系、时间序列关系的判断不准确有关。比如,在看图写作的练习中,如果要求学生对一幅班级庆祝会的图片进行描写,ASD 学生的写作可能是这样的:"XXX 来了,XXX 来了。唱《小草》。李老师表扬大家。有一个很大的气球,红色的,吃了蛋糕。我们都很开心。"这样的描写,缺乏主题、无逻辑性,而且 ASD 学生通常会对某个细节进行描写,比如红色的大气球。针对这样的情况,建议教师教学时注意采取"完型填空+提示"的策略。

就描写班级庆祝会的图片而言,如果学生的写作水平也如上,那么要求他立即写出一篇被大家所认可的文章是很困难的。教师不妨准备需要学生完型填空的文章,让学生填空。如下文所示。

___月___日,我们班在____举行_____。我们邀请了____、____,以及____参加我们的庆祝会。在庆祝会上,大家都表演了自己的拿手节目,比如林燕子、____、____一起跳了新疆舞《葡萄熟了》,____和王春山讲了精彩的相声《上学》,我和____一起唱了____。因为_____,所以李老师表扬了大家。

庆祝会上,李老师准备了很多好吃的点心,有____、____、____。我最喜欢吃的是____。教室也装点一新,墙壁上挂着五彩缤纷的____,图书角还飘扬着_____。

我们一起吃着甜美的点心、看着精彩的节目,心里别提多高兴了!

留给 ASD 学生填空的部分,主要是作文的主题句(如第一句话),关键人物及发生的重要事件。此外,涉及到因果关系推断的部分,例如文中的斜体部分,需要教师特别辅导,教师需要让孩子思考为什么李老师会表扬大家。

有些 ASD 学生掌握的词汇量非常丰富,平时交谈时所用词语之华丽,经常会让教师吃惊。即使如此,教师仍需要对他们写作思路进行认真分析,注意引导孩子对事件因果关系的理解,比如,可以用这样的语句提示他写作的思路:"如果发生了……,就会造成……","因为……,所以……","先……,然后……,最后……","早上做……,下午做……,晚上做……"等。这些不仅可以提高 ASD 儿童的语言技能,最重要的是帮助他们理解符合事物发生的逻辑关系。

培训活动建议

1. 请思考，在学校、家庭、社区中，哪些环境体现了结构化特点？
2. 设计一个教学活动，帮助普通学生和 ASD 学生增进彼此的了解。
3. 小组讨论：组员各自提供一份 ASD 学生的语文或数学作业，一起分析作业的错误类型和造成错误的原因，提出教学方案。
4. 不少 ASD 儿童有特殊专长，教师如何将这些专长融入到对学生的教学指导中？

三、孤独症谱系障碍儿童的训练与潜能开发

本节讨论的 ASD 儿童的训练与潜能开发，更适合于资源教师在资源教室教学和训练用。尽管前文的各专题都简要提到了资源教室，但考虑到目前我国很多学校还未开设资源教室，也不了解资源教室究竟是什么，因此本节在此再次强调相关概念及基本要素，避免教师对资源教室产生误解。

资源教室是一个外来词，对应的英文名是"resource room"，不同专家对这一词有不同的理解。比如有的人认为它是一种教育方案，有的人认为它是一类专用教室。我国开设资源教室也有二十年的经验，笔者在对我国各地资源教室实践进行分析后，将"资源教室"界定为：设立在普通学校的为特殊教育需要学生提供特殊教育教学、康复训练及发展评估，为普通教师提供特殊教育相关知识和技能培训和咨询、辅助教学，为普通家长提供咨询等服务的教学部门。通常来说，资源教室要具备四个要素。第一，具有专职或兼职的资源教师（resource teacher），这名教师至少需要掌握具备有关特殊教育教学理论和各类特殊儿童身心发展特点的知识，具备一定的评估特殊学生学习需要和进步的技巧，以及具备拟定和实施个别化教育计划（参照第三篇"个别化教育计划的评估"）的能力。第二，具有一套明确说明资源教室管理及运作机制的制度，包括说明资源教室的服务对象和服务内容、资源教师的工作职责、资源教室的管理体系等。第三，根据特殊儿童的学习和训练需要，配有评估和教学所需的教具及学具及必要的设施设备，比如听力特殊儿童可能需要听力语言康复训练仪器，视力障碍儿童可能需要助视器或电子助读器。第四，在学校条件许可下，配有一间或几间

专用教室,用于开展资源教室的教学服务。在本节中,资源教室更多指专用教室本身。

在资源教室中,教师可以针对ASD儿童的特殊需要开展个别或小组教学,对其进行某些特别训练,帮助他们发展各方面能力,从而更好地适应普通课堂的学习、适应学校的生活。对于目前还未开设资源教室的学校,教师也可以参考相关内容,设计出相应的个别或小组教学活动。

(一)教育干预的内容

资源教师在制定ASD儿童教育干预活动的内容时,要考虑三个方面因素。首先要考虑ASD儿童的发展需要;其次考虑环境对儿童的要求;最后要考虑学校具备什么样的可利用资源。

1. 培养学生适应并遵守规则

ASD儿童进入小学,会面临很多适应不良的问题,例如,要遵守更严谨的课堂纪律。而且,不少ASD儿童在进入小学前,仅是断断续续或根本没有接受过幼儿园的教育,这多少也会影响他们对学校各种纪律以及各种活动的适应。对部分有适应问题的ASD学生,讲道理或者批评不一定能取得理想的效果。针对这种情况,教师可以利用资源教室,设计一些活动,模拟各种场景帮助学生适应规则。

为了帮助乐乐留在教室,班主任王老师和负责资源教室工作的李老师商量,设计了"好孩子,好行为"的游戏。每天中午午休时,乐乐的陪读阿姨带着乐乐到资源教室上课。李老师先是让乐乐参观资源教室环境,陪同乐乐玩耍。这样过了一周,乐乐喜欢上了资源教室。

第二周的第一天,到了中午,乐乐就拉着陪读阿姨上资源教室找李老师。李老师决定实施原定的教学计划。李老师将资源教室的一角,用屏风围成一个封闭式空间,摆上课桌椅和黑板;再告诉乐乐和陪读阿姨他们要一起做个游戏,要求是乐乐和陪读阿姨坐在座位上听李老师讲故事。乐乐刚开始不愿意坐下,李老师就要求乐乐站在一边看陪读阿姨怎么做"好孩子",表现出"好行为"。当陪读阿姨在座位上坐了2分钟,李老师就给阿姨奖励了一块小饼干,并且说:"你上课时候没有离开座位,做得真好!"陪读阿姨获得了几次奖励后,李老师观察到乐乐一直在看,于是也邀请乐乐参加游戏。乐乐坐下了。李老师采用同样的方式,对乐乐进行了奖励。在接下来的四天中,每到第二节课,李老师都邀请乐乐和陪读阿姨玩这个游戏。到了第四天时,乐乐已经能在座位上连续坐20分钟。于是,李老师设计了一个小环节,让陪读阿姨随意下座位,之后李老师让乐乐评价这是不是好行为,该不该给陪读阿姨发小饼干。乐乐说不是好行为,不应该给奖励。

到了第三周,李老师还要求授课教师鼓励乐乐在一年级班级里表现出"好行为",并且要求陪读阿姨及时给乐乐相应的奖励。这样过了一个月,乐乐逐渐适应了班级环境,跑出教室的次数越来越少。

对于ASD学生在课堂出现的问题行为,是不是在真实的课堂上解决更有效?这需要区别对待。有些情况下,如果能够先在资源教室里进行模拟场景练习,对ASD学生习得恰当的适应行为有显著效果。资源教室模拟的课堂场景,往往有几个特点:一是要改变的行为非常明确,比如上例就是要求乐乐尽可能长时间地坐在座位上,但在真实课堂上,授课老师通常提出各种要求,比如"坐端正""做练习""不讲话",等等,这会让ASD学生无所适从,从而更可能产生逃跑行为;二是能够对学生进行及时的、恰当的奖励或惩罚,这在真实课堂上不一定能实现,比如,教师无法在课堂上一直给学生食物奖励;三是学生能够获得充足的时间进行充分的联系,慢慢适应规则。当学生能够适应并遵守课堂规则后,再进入普通课堂学习,就能够将更多的精力用于应对学习问题。

还需要注意的是,有些ASD学生在将资源教室里习得的技能迁移到普通课堂环境时,会产生困难。这就要求资源教师更精细地设计过渡性场景。比如,乐乐在资源教室可以留在座位上,但无法留在普通教室里,那么李老师可以将资源教室安排成更接近于普通班级的环境,邀请更多的学生到资源教室,或者在午休时间带乐乐到普通班级进行适应,之后再鼓励乐乐在上课时间进入班级。

除了遵守课堂规则外,ASD学生还要学习很多其他社交规则,而且不同的规则在不同的场合会发生变化。比如,一般来说,下课同学一起玩耍,有人跟自己说话要作出回答,但是在课堂大家都安静听课时,同学跟自己说话,自己不可以回答。为了帮助ASD学生掌握这些规则,教师可以制作一些提示板,选取学校或学生生活中遇到的常见场景,标示上哪些事情能做,哪些不能做。此外,教师还可以根据学生的表现,让学生一起判断哪些行为是允许的,哪些是不允许的,进而把这些内容写进提示板。

上课可以做的	上课不可以做的
老师提问时,回答问题	老师没有提问,大声说话
小组讨论时,跟同学说话	大家安静听课时,跟同学说话
老师讲课时,坐在座位上	老师讲课时,跑到图书区看书
……	……

2. 帮助学生以恰当方式表达情绪

有些ASD学生会出现不恰当或过激的情绪表达。比如,老师批评其他学生,却发现ASD学生非常愤怒地大喊大叫,似乎老师在批评自己;ASD学生突然在安静的课堂上高兴地大笑,干扰了其他人;ASD学生一生气就打自己或打别人,或者乱摔物品,等等。

引起这些情绪的原因很多,资源教师需要协助班级教师认真分析。但很多时候,即使找到原因,也不等于解决了学生情绪表达问题。资源教师的工作任务之一是帮助ASD学生以恰当的方式表达情绪。"恰当的方式",并不意味着要求ASD学生完全以普通人的方式表达情绪,这对有的ASD学生而言非常困难。"恰当的方式"指的是ASD学生能够做的、其他人也能理解和接纳的方式。

小梓的老师说他经常在班上生气,甚至拍桌子大叫、大哭,很久都不能平静下来。资源教室的张老师观察了一段时间后,发现小梓愤怒、紧张的情绪,好像跟周围的声音有关。比如,老师批评学生的时候、同学们大声讨论问题的时候。张老师从小梓父母那得知,小梓听到其他人大声、快速地说话,会认为别人在吵架,或者别人在骂他,他就会很生气。张老师了解到这一情况,决定帮助小梓分辨哪些场合是自己受批评,哪些不是。但经过一段时间,张老师发现这个练习失效,原因之一是小梓的能力还不足以分辨场合;二是小梓仍然时常在班上大叫大哭。张老师重新拟定了教学目标,帮助小梓恰当表达自己的愤怒情绪。

张老师了解到,小梓妈妈在小梓生气的时候,会给小梓一个抱枕,小梓拿着抱枕使劲地捏、攥,这样过了一会他就平静下来了。张老师看到抱枕比较大,不适合放在课桌上。于是张老师准备了一个小布包。在小梓到资源教室上课的时候,张老师告诉小梓,小布包是特别为他准备的"出气包",他生气的时候就可以拿出来使劲捏,这是其他学生都没有的待遇。张老师还跟小梓说,生气的时候大喊大叫对嗓子不好,但是捏出气包是没有关系的。之后,张老师也拿了一个小布包,和小梓一起练习生气的时候怎么捏"出气包"。

小梓带着"出气包"回到班级。这以后,小梓生气的时候大叫大闹的情况少了很多。有时候小梓发脾气,班级老师或同学就会提醒他捏"出气包"。

除了负面情绪外,有些ASD学生表达正面情绪也可能有问题。比如,笔者曾经遇到一名即将进入青春期的ASD学生,一旦他要表示喜欢某个人的时候,就会上前紧紧抱着这个人说"我喜欢你"。这显然会造成其他人的困扰,进而影响ASD学生与其他人的交往。资源教师要关注ASD学生表达情绪的问题,帮助他们学会恰当表达。比如,教师可以帮助喜欢拥抱他人的孩子,改成握手表示自己的喜悦之情。

3. 提高学生应用语言的能力

在随班就读学校就读的ASD学生,大多数能够使用口语进行交流,但也有少部分学生不具备口语能力。本小节的内容主要针对有口语语言能力的ASD学生。

前文提到,有些学生说话时会反复谈论一个话题,针对这种情况,资源教师可以参照前边提到的案例的做法。还有些ASD学生回答问题时会重复最后一句话,那么在资源教室,教师可以对ASD学生的语言进行有针对性的训练。最初的练习,可以采用学生喜欢的食品、玩具或游戏为话题。比如,学生喜欢橘子玩具,老师可以问:"你要橘子,还是要苹果?"学生回答说"苹果"。老师即给他苹果。儿童如果不满意,老师则提示:"你刚才回答的是要苹果,所以老师给你苹果。现在,你想要橘子,还是要苹果?"这时,老师可以提示孩子说"橘子"。当孩子说"橘子"后,老师则将橘子给学生。这样的练习,可以逐渐扩展到其他事物,也可以扩展成更多选项,比如问"你要橘子,还是苹果,还是梨?"这样的练习,可以让他们意识到自己回答的语言与所获得的结果之间有密切关系。在学生理解了答案与结果之间的关系后,老师可以拓展问话的形式,比如问学生开放性问题"你想要什么水果?"如果学生回答不出,老师可以再提供支持,一边拿实物一边继续说:"橘子?苹果?梨?"等学生能正确作答后,老师就可以直接问:"你想要什么水果?"经过这样的练习,教师可以逐渐将学习及生活相关的各方面议题引入语言练习中。

在练习语言时,教师应时刻注意帮学生厘清自然序列、逻辑关系,同时给学生提供他人的观点和想法。部分 ASD 学生会混淆事物的时间发展顺序,他们对四季的轮换、"今天、昨天、明天""哪个先发生,哪个后发生"等概念的理解可能出现错误。比如,ASD 学生在叙述一件事情的时候说:"今天早上我们到了公园,在门口看到了两个人表演顶缸。然后我们看了一会儿,去划船,看到门口那边有两个人顶缸。后来我们就回家吃饭了。吃饭后妈妈和小姨一起去看表演,看顶缸。"这名学生实际上是因为对表演场景的印象非常深刻,所以叙述过程就会不停"闪回"表演的场景,这与普通人的叙述方式很不一样。这时,教师要注意提醒 ASD 学生,哪件事情先发生,哪件事情后发生。条件许可的情况下,教师可以将学生参与过的活动,按发生顺序拍一些照片,要求学生一边看照片,一边回忆事件的发生过程。

有些 ASD 学生在理解及说明事物的逻辑关系时,也会出现混淆的状况。资源教师可以结合语文的写作练习,或者数学习题,帮助学生更好地理解事物的因果关系、并列关系、主次关系、总分关系、递进关系等。在梳理这些关系的时候,教师要强化使用表达关系的词语,比如,"因为……所以……""一边……一边……""最……其次……"等。这样不仅帮助学生正确运用这些词,还能帮助学生更好地理解关系。

经常为学生提供他人想法的练习也非常重要。比如,教师问学生:"你喜欢吃苹果吗?"学生回答说喜欢,教师就追问学生为什么喜欢苹果。之后,教师说:"我不喜欢苹果,因为我认为苹果不够甜。"教师还可以邀请其他学生发表对苹果喜好的看法。大量的练习可以帮助 ASD 学生很好地理解不同人有不同的想法。

4. 重视开发学生的特殊才能

很多 ASD 儿童都具有一项或几项突出的才能,比如绘画、音乐、记忆、算术,甚至有些人还具有高超的模仿能力,等等。资源教师要做的工作,不仅是要"补缺",也要"扬长",这也是前文提到 ASD 儿童学习过程的重要需要之———体验成功。

开发学生的特殊才能,不等于说资源教师自己需要有相关的特长。资源教师可以和学校其他有专长的教师、家长,或者是其他热心的社会人士合作,帮助 ASD 儿童开发这些特殊才能。资源教师需要做到以下几方面。

- 为学生提供发展的资源,比如让音乐或美术教师关注这些学生;
- 为学生提供发展的时间和空间,比如和其他教师或家长商量,做好规划,使学生能够有时间、有空间去做自己喜欢的事情;
- 为学生创造展示才能的机会,比如收集学生作品并定期将作品展示出来,鼓励学生参加社会活动并进行表演等;
- 明确、真诚地告诉学生,老师为他们的成就感到骄傲。

5. 在专业人员支持下对学生进行必要的感觉、体能及其他相关训练

目前很多地方的资源教室都配备了感统器材,有些学校的资源教师,无论对哪一类特殊儿童,做且只做感觉统合训练。这不仅误解了资源教室的功能,同时也误解了感觉统合训练对儿童的作用和价值。本节在此不探讨资源教师的工作任务,感兴趣的老师可以参阅本书第 3 篇个别化教育计划的相关内容,制订个别化教育计划是资源教师要掌握的技能,此外还应参阅其他书籍,更多地了解资源教师需要掌握的基础知识和技能,以及资源教室的功能。

但是,很多 ASD 儿童确实需要获得一些必要的感觉和体能训练。资源教师开展这些训练时,要特别注意两点。第一,资源教师必须了解感觉统合训练以及体能训练的基本原理,掌握基本技巧。学校可以和当地的残联、医院康复部门联系,向专业人员学习相关的知识和技能。第二,不同的 ASD 儿童,其感觉系统发展及体能状况都不一样,所要的训练也不一样,教师要针对每个儿童制订训练方案。

除此之外,有些感觉和体能训练活动,可以放在体育课、劳动技能课上实现,资源教师可以和体育老师沟通,在 ASD 儿童上体育课时进行训练。比如,有些儿童需要练习手眼协调能力,那么体育老师可以指导 ASD 儿童双手轮流拍球,劳技教师可以指导 ASD 儿童做一些手工作品。

上文列出的教育干预内容可供资源教师参考,但这些内容绝不是 ASD 儿童教育干预的全部,教师需要针对 ASD 儿童的需要制订个别化教育计

划,根据计划的教学内容进行针对性训练。

(二)注意事项

无论资源教师对 ASD 儿童以哪种方式进行哪些方面的干预,有一些事项需要教师持之以恒地执行,因为它们是帮助 ASD 儿童获得发展的基础。此处针对 ASD 儿童发展的需要,列出了教师在教育干预活动中要时刻提醒自己的几个基本事项。实际上,这些事项对于班级任课教师也适用。

1. 注重营造舒适、变动少、视觉线索多的环境

在对 ASD 儿童实施针对性干预训练时,要注意营造舒适的、变动少的环境。舒适意味着环境要安全,要考虑到 ASD 儿童对声音、气味等的敏感性,因此,教师要关注学生对环境的反应,排除环境中会引起学生情绪异常的事物。变动少意味着不要经常变更教室内物品安置的位置,尤其不要随便变动 ASD 孩子关注的物体摆放顺序。此外,多利用视觉提示帮助孩子完成各种任务,比如,在墙上醒目位置贴上孩子每天要做的事情,用图片说明完成一件任务的各个步骤等。

2. 具有帮助学生有效交流的意识

教师要形成随时提醒 ASD 儿童进行有效交流活动的意识。例如,老师能够习惯性地提示 ASD 儿童与其他人对话时要看着谈话方,要回应其他人提出的话题。老师对孩子进行提示的时候,语气要温柔且坚定,必要时可以采取轻柔的动作,让孩子进行回应。

3. 帮助学生理解时间顺序、逻辑关系及他人观点

教师要经常向 ASD 儿童解释事件的时间顺序、因果关系,说明事物的功能,让孩子对事物之间的关联以及事物的各种用途有充分的了解;经常向 ASD 儿童说明其他人的想法,或者交流彼此的观点,让 ASD 儿童了解不同人会形成不同的看法。

4. 采取"小步子"教学策略帮助学生掌握技能

教师在教学中常用到"小步子"策略,即把知识分解成一系列的内容,一个环节接一个环节地进行教学。在资源教室里,教师要教的内容不仅包括知识性内容,更多的是社会规则、人际交往方式、情绪表达方式等,这需要教师充分了解学生已具备的能力,合理制定学生能够达到的水平,设计

出各种精巧的活动,将 ASD 儿童所要学习的内容分解成各个细小的步骤,逐渐帮助孩子完全地掌握某项技能。

培训活动建议

1. 小组活动:选择一份组内老师设计的资源教室课堂教学活动方案,评一评该方案中注意到哪些事项?

2. 你认为在实际教学中,还要注意哪些事项?

四、争取帮助与支持[①]

教师面对 ASD 学生,经常产生"力不从心"的无奈。ASD 学生究竟需要什么?如何开展教学?到哪里可以请教专家?有哪些教学方法、教学资源可以用来帮助自己开展教学?本章将重点介绍部分与 ASD 相关的资源,希冀能为教师更深入、全面地了解 ASD,以及在未来更有针对性地开展教学提供参考。

(一)图书资源

好书如同好导师,它能有效地帮助教师答疑解惑。我们仅在此推荐部分图书。教师可以通过网络,寻找到其他相关图书。建议教师在寻找图书时,不要仅以"自闭症""阿斯伯格征""ASD"等词为关键词,其他词如"融合教育""全纳教育""随班就读""天才教育""学习障碍""情绪障碍""行为矫正""学生问题行为"等,也可以作为关键词进行搜寻。

1. 基本认识

(1)《孤独症谱系障碍:家长及专业人员指南》,[英]洛娜·温,孙敦科译,华夏出版社,2013

站在孤独症谱系障碍人士一生发展的角度来看待其本身所要面对的各种问题。

(2)《阿斯伯格综合征完全指南》,[英]托尼·阿特伍德 著,燕原、冯斌

[①]注:这一部分的素材,主要选自儿童乐益会内部资料《特殊儿童成长手册》(2010)"第二篇　可用资源"。为了避免对书和影视作品进行主观评论,相关介绍基本转引自豆瓣、百度、搜狐等网站公开介绍的内容要点。

译,华夏出版社,2012

介绍了阿斯伯格综合征的病因、特征,阿斯伯格综合征人士的特殊兴趣和认知、情感、运动、语言等方面的特点,以及他们与众不同的能力和在社交方面存在的困难。

(3)《我心看世界:天宝解析孤独症谱系障碍》,[美]天宝·格兰丁 著,燕原 译,华夏出版社,2012

天宝从她身为成功的孤独症人士的视角,结合大量最新研究成果,给读者提供了有益的建议,具体的实施策略和生活实用技巧。

(4)《了解自闭症——精神分析取向的发现、理解与治疗》,[英]奥瓦兹、[美]瑞德,许育光等译,江苏教育出版社,2010

采取心理分析与发展取向的观点,周详且细致地说明治疗方式与技术运用的新发展。

(5)《解析儿童自闭症》,[日]佐佐木正美,张晗译,万卷出版公司,2009

以直观、形象的图解形式,介绍了自闭症儿童的症状表现及患病症结所在,深入浅出地讲解了适合自闭症的教学方法——"TEACCH"疗法。

(6)《解密孤独症》,杨晓玲、蔡逸周,华夏出版社,2007

分为认识篇和干预篇,将孤独症及相关疾病的病因研究、症状表现、诊断归为上篇,药物及各种康复干预措施、手段、家庭和社区作用及社会支持系统归为下篇。

(7)《走出孤独的世界——儿童孤独症释疑》,陶国泰,人民卫生出版社,2000

介绍了孤独症的概念与历史、孤独症的患病情况与病因、临床表现等。

2. 教育康复

(1)《语言行为方法:如何教育孤独症和相关障碍儿童》,[美]玛丽·林奇·巴伯拉、[美]特蕾西·拉斯穆森著,美国展望教育中心译,华夏出版社,2013

针对如何帮助儿童发展良好的语言和表达技能,提供了大量的信息,阐述了如何教会无口语的儿童使用手语以及如何减少儿童的问题行为,还包括如何教育孩子以及培养其他重要的生活自理技能。

(2)《功能性行为评估：如何应对特殊需要学生的行为问题》，黄伟合、贺荟中 著，华夏出版社，2013

系统介绍功能性行为评估的方法，帮助教育工作者和特殊需要学生家长推动学生发展并帮助其提升适应性行为技能，使他们能够更恰当、更有效地满足自己的需要。

(3)《应用行为分析与儿童行为管理》，郭延庆 著，华夏出版社，2012

系统地介绍了应用行为分析的理论及应用。本书原理篇对应用行为分析的基本原理进行了系统、通俗的解释，并配以临床案例说明每个原理的具体应用；管理篇则涵盖从预防行为问题到出现行为问题后的管理，说理明白，举例生动。

(4)《孤独症儿童社会性教育指南》，甄岳来著，中国妇女出版社，2008

作为一位孤独症人士的母亲，作者在多年的教育干预训练中发现针对孤独症儿童核心障碍的训练方法，并总结出一套有效的发展患儿社会性能力的教育方法。

(5)《孤独症儿童情绪调整与人际交往训练指南》，王梅编，中国妇女出版社，2009

介绍了一套本土化的、行之有效的操作方法，即"自主交往训练法"，帮助孤独症儿童稳定情绪、关注和解读他人心理、适应现实生活和提高解决实际问题能力。

(6)《孤独症儿童的行为教学》，刘昊，华夏出版社，2010

用一线教学的实例来说明最适合孤独症儿童的教学方法——应用行为分析。

(7)《孤独症儿童行为管理策略及行为治疗课程》，[美]罗恩·里夫、约翰·麦克伊钦，蔡飞译，华夏出版社，2008

在总结应用行为分析方法的基础上提供了具体的行为训练课程与教学案例，详细介绍了应用行为分析的基本原理和程序，是针对行为训练普遍使用的教材。

(8)《发育障碍儿童诊断与训练指导》，[日]柚木馥、白崎研司，王宁译，华夏出版社，2008

把儿童表现出的临床现象归纳在发育诊断评估表中，并介绍了与其相适应的训练方法。

(9)《让孤独症儿童走出孤独》,陶国泰主编,中国妇女出版社,2008

从不同的方面介绍儿童孤独症及相关问题,着重介绍不同的行为矫正方法、认知训练、语言训练、感知觉训练、社交及生活自理能力提升的方法。

(10)《用当代科学征服自闭症——来自临床与实验的干预教育方法》,黄伟合著,华东师大出版社,2008

针对孤独症患者语言、沟通方面的障碍,社会交往能力的缺乏和重复性行为三大症候群由低层次到高层次作了渐进的阐述,并对矫正与干预方法提出了极具体的建议。

(11)《孤独症儿童的音乐治疗》,[英]朱丽叶·阿尔文、奥瑞尔·沃里克,高鋆译,上海音乐出版社,2008

音乐疗法并不能治愈孤独症,但是,当孩子参与了同治疗师进行互动的音乐活动,就可以减轻消极的行为,提高语言能力,改善情感沟通方式。

(12)《自闭症幼儿的社会认知——理论、实验及干预的研究》,周念丽,上海教育出版社,2006

评介了自闭症儿童研究的历史、现状和有关自闭症儿童社会认知的主要理论,修订和更正了以往对自闭症幼儿认识中的错误观点,对如何建构促进自闭症幼儿社会认知发展的教育干预模式等问题提出了建议。

(13)《行为矫正:原理与方法(第三版)》,[美]米尔腾伯尔,石林译,中国轻工业出版社,2004

对行为的基本规律加以描述,使读者了解环境事件是如何影响人类行为;通过描述行为矫正步骤,指导读者学习改变行为的办法。

(14)《儿童自闭症及其他发展性障碍的行为干预》,黄伟合著,华东师大出版社,2003

介绍自闭症及其他严重的发展性智力障碍,以及积极治疗的方法。

(15)《儿童行为的塑造与矫正》,林文正,北京师范大学出版社,1998

以大量各种各类同年龄段的问题行为实例为基础,深入浅出地讲解了行为改变技术的原理和应用,特别适合幼儿园、学龄阶段的教师、家长阅读,以帮助孩子解决行为问题。

3. 其他

除了专业书外，还有很多文艺作品，比如《马背上的男孩》、《友如亨利》、《如果爱没有终点·我的马拉松》、《蜗牛不放弃：中国孤独症群落生活故事》等，以及孤独症人士自己写的自传性质的作品，如《用图像思考：与孤独症共生》、《社交潜规则：以孤独症视角解析社交奥秘》、《凯丽的心声：突破自闭症》等。

另外，近几年国内外出现了一些影视资料，诸如《遥远星球的孩子》、《海洋天堂》、《与光同行》、《生活大爆炸》等，都直观、形象地呈现了ASD人士的特点、生活经历等。在此特意提这些作品，不是为了满足教师的好奇心，而是希望教师在享受影视作品的过程中，能够积极思考：电影中的主人公具有什么样的身心特点？他们和我班上的学生有哪些相同点，哪些不同点？我们为什么会对他们产生误解？我们可以从中学习哪些有效的教学经验？更重要的是，这些作品能够告诉我们该如何去解读ASD儿童的心灵，去感受他们的感受。教师也可以从中学习到很多教学技能。此外，建议教师可以根据实际情况，选一些影视作品给普通学生看，这也能帮助普通学生更好地理解ASD学生。

（二）网站资源

目前国内大多数网站主要的服务对象是ASD儿童家长，但是这些网站涉及到方方面面的知识，教师可以从中寻找到相关的教育资源。另外，还有一些网站，提供了丰富的教育素材，以下罗列部分网站，抛砖引玉，供教师参考。

（1）北京星星雨教育研究所（北京，www.guduzh.org.cn/）

（2）以琳自闭症论坛（new.elimautism.org/Boards.asp）

（3）上海自闭症家长论坛（www.zibibbs.com/）

（4）孤独症康乐园（www.achh.com/）

（5）摇篮网（www.yaolan.com/）

（三）诊断机构及康复机构

如果建议父母带孩子去做鉴定或做干预，那么可以推荐他们前往下述机构进行诊疗。在此特别强调：所列的机构只是国内少部分的有影响力的机构,教师要关注当地有哪些医院和康复机构可以提供服务。此外,我们在此处仅介绍了一些民办康复机构,已列出的机构并不代表我们完全认同他们的办学理念或是教学方法,仅供读者参考。教师还可以向当地的残联、医院、特殊教育学校寻求帮助。

1. 专业诊断机构

北京大学第六医院(北京,www.pkuh6.cn/)

北京儿童医院(北京,www.bch.com.cn/)

首都儿科研究所(北京,www.shouer.com.cn/web/index.aspx)

北京博爱医院(北京,www.crrc.com.cn/)

南京医科大学附属脑科医院(南京,www.c-nbh.com/home.asp)

上海交通大学医学院附属瑞金医院(上海,www.rjh.com.cn/pages/index.shtml)

复旦大学附属上海儿科医院(上海,ch.shmu.edu.cn/index.asp)

上海儿童医学中心(上海,www.scmc.com.cn/)

中山大学附属第三医院(广州,www.zssy.com.cn/)

中南大学湘雅二医院(长沙,www.xyeyy.com/main.asp?id=13)

2. 康复机构

北京星星雨教育研究所(北京,www.guduzh.org.cn/)

广州儿童孤独症康复训练中心(广州,www.gzautism.cn/Article/Index.asp)

青岛以琳自闭儿训练部(青岛,new.elimautism.org/Boards.asp)

上海爱好儿童康复中心(上海,www.aihaochild.com/)

西安市碑林区拉拉手特殊教育中心(西安,www.lalashou.org/)

贵阳南明区爱心家园儿童特殊教育康复训练中心(贵阳,blog.sina.com.cn/guiyangaixijiayuan)

上述介绍的内容,仅是为教师提供一个了解ASD儿童的资料。建议教师参考其他章节的相关部分,丰富自己对"资源"的理解。

培训活动建议

1. 请考虑:你目前拥有哪些资源?你计划如何更好地利用这些资源?

2. 请阅读与ASD相关的某网站或某本书、某部影片的内容,之后与组员交流自己的学习心得。

专题六　促进情绪和行为障碍儿童学习和发展

儿童在成长过程中会有各种各样令人烦恼的情绪表现和行为。其中有的表现和行为是某个年龄阶段所具有的特征,随着年龄的增加和社会道德水平的提高,会逐渐自行消失。有的行为问题,如多动、抑郁等,是由于先天生理问题或心理障碍造成的,需要及时给予治疗和进行特殊教育。也有的不良行为,如说谎等主要是受家庭或环境的不良影响造成的。当儿童持续出现上述这类令人头痛的表现时,很多人简单地认为这些儿童是"坏孩子"、"不学好",其实,这些表现往往是特殊教育中所指的情绪和行为障碍。本专题介绍了情绪和行为障碍儿童的特点,也较系统地介绍了行为改变的技术,学习时要理论联系实际,在实践中不断总结经验。

一、正确认识情绪和行为障碍儿童

(一)情绪和行为障碍的概念

从狭义上讲,情绪是指有机体的生理需要是否获得满足而产生的态度和体验;从广义上讲,它还包括与社会文化需要相联系的情感体验。总之,情绪是人对客观事物的态度体验。它是由刺激引发的,是主观的和可变的。由于人的情绪要通过表情和言语举止流露出来,因此,情绪和行为是分不开的。儿童情绪和行为障碍是指其情绪情感活动产生变态与失常现象,在行为表现上与一般同年龄儿童所应有的行为有明显的偏离。[①]

[①] 朴永馨. 特殊教育概论. 北京:华夏出版社,1991.

（二）情绪和行为障碍的分类

情绪和行为障碍可以从不同角度分类。从教育角度，有的学者将学龄儿童少年的情绪和行为障碍分为：人际关系问题、行为规范问题、抑郁情绪问题、焦虑情绪问题和偏畸习癖五类。

如按严重程度分类，美国学者克拉里森把情绪与行为分为轻度、中度和重度3类。轻度：对个人及他人不致造成太大困扰，能与别人维持相当程度的和谐关系，对生活、学习有轻度影响。中度：在情绪上感受到极大痛苦，学习、生活及人际关系深受其行为问题的影响。重度：如同生活在另一个世界，很难从事学习与处理日常事物，往往需要在隔离的环境中，由专门人员长期加以辅导。

从情绪和行为的控制程度划分为超控型和低控型。超控型儿童由于过分控制了自己的情感和行为，表现出害羞、焦虑、孤独、胆怯、不合群等行为特征。低控型儿童主要特征是多动、侵犯、攻击，将自己受到的挫折转嫁到别人身上，情绪波动大，男生比率较大。①

（三）情绪和行为障碍的测查与评估鉴别

1. 情绪和行为障碍产生的原因

一般认为情绪和行为障碍产生的原因有以下四个方面。

生物因素，包括遗传、脑损伤等生理方面的因素。现代研究已证明，人类的生理特征、气质特征都是能够遗传给下一代的。有精神病家族史的儿童产生精神疾患的比率要高得多。因此为了优生优育，使每个家庭都能拥有真正健康的后代，我国《宪法》和《婚姻法》分别规定，患有严重精神疾患者禁止结婚。发生脑损伤和脑功能失调的儿童易发生情绪和行为异常现象。近期心理学、医学界在这方面的研究有新进展。丹尼尔·阿门经研究认为，一些传统上认为完全属于心理方面的现象，如忧郁、焦虑、有被压迫感、急躁、有暴力倾向等，实际上都与脑部功能的异常有关。近期心理学及脑科学的研究结果表明，脑部化学物质对人感觉、情绪、思维和行为的产生

---

① 华国栋主编. 特殊需要儿童的心理与教育（第二版）. 高等教育出版社，2011.

有推波助澜之效;脑部化学结构会随着人的饮食、运动、思想、情绪和行为的变化而变化。另外,早有调查研究表明,孕期卫生对于儿童的情绪行为也有很大影响,孕妇的心理和情绪对胎儿发育影响极大。欲使儿童身心健康,孕妇妊娠时期必须保持乐观稳定的情绪,保持良好的生理和心理状态。

气质类型和心理因素,包括认知、情感、个性等方面。容易抚育的儿童有较好的适应环境能力,行为表现温顺,较少哭闹,易于接受新鲜事物;较难抚育的儿童情绪变化快,遇事反应强烈,活动不规律,不易接受新鲜事物。心理学关于认知与情绪障碍关系的研究发现,不同心理特点和健康状况的儿童在信息选择上存在不同的倾向,焦虑、退缩型的儿童更容易关注负面的信息,在解释问题和对事情做出反应时也更具有负面性的倾向。也就是说,焦虑状态会导致认知出现偏差,认知则反过来进一步影响情绪行为。而对于性格内向的儿童,情感不易对外流露,遇到挫折、困难或不愉快的事情难以排解负面情绪,如果得不到他人帮助,长此以往就有可能导致情绪异常。

家庭因素。父母是儿童的第一任老师,父母的教养方式、抚养态度以及相互之间的感情和相处方式、言语行为都会对儿童造成巨大影响。儿童的生活习惯、劳动和学习观念的建立以及兴趣爱好、行为的养成都会在家庭中进行,如果儿童的家庭成长环境不好,家庭成员间关系冷淡或不睦,甚至长期充斥谩骂与家庭暴力,都会对儿童心理成长带来消极影响。儿童缺少家庭温暖,易形成孤僻、冷漠的性格和对立、仇恨的心理以及破坏和攻击性行为。除此以外,对儿童过于溺爱或过于严厉,同样会对儿童身心健康造成巨大影响,极易形成儿童懦弱、退缩等性格及反抗、说谎、逃学等行为。

学校因素。学校是儿童实现初步社会化的场所,对儿童的身心影响极大,学校的环境,包括校园文化、教师专业水平和职业素质、师生关系、生生关系等都会直接或间接影响儿童的情绪和行为,教师的授课水平会影响儿童的学习兴趣、上课注意力的集中程度,成为儿童厌学、逃学的诱因之一,学生的很多情绪障碍是因为教师教育不当引发的。特别是在片面追求升学率的学校,以分数和名次考核学生和教师的情况下,那些升学无望的后进生,被安置在教室后面的座位。这些学生基本上游离于课堂教学之外,易产生情绪障碍和行为问题;师生关系和生生关系是学生在学校中社会交往的主要形式,人际关系的好坏涉及儿童能否形成健康的人际交往,如果人际关系紧张,儿童容易形成不满、怀恨、嫉妒、反抗、报复等情绪。

社会因素,社会环境对儿童情绪行为影响极大。当前社会发展迅速,物质生活日益丰富,而不良生活方式、暴力行为、离婚率增高、工业化带来的环境污染以及社会人口增加等因素都会对儿童情绪行为产生负面影响,网络和媒体也会对儿童的社会化发展产生直接或间接的引导作用,成为导致学生情绪与行为障碍的重要原因之一。

情绪和行为障碍形成的原因比较复杂,情绪和行为障碍儿童容易被误解为品行不良。因此,早期诊断和教育训练非常关键。

2.常见情绪和行为障碍的测查

我们可以运用观察法、调查法对情绪和行为障碍儿童进行初步的筛查。观察法是了解情绪和行为障碍儿童的重要途径之一,教师可通过有目的、有计划、有组织的细致观察了解儿童的情绪和行为。观察法多是在自然状态下进行的,既可在一定时间内观察其某种行为,也可就一定事件对其行为产生的状况进行观察,观察中尽可能详细准确地记录观察结果。调查法即通过询问他人、发放问卷以及直接询问儿童本人的方法,也可从儿童档案资料中了解情况,同时也可通过访谈儿童家长、教师、同学、伙伴的方法了解情况。

(1)情绪和行为障碍的筛查。

①行为是否符合年龄?即观察儿童的情绪和行为是否正常,是否符合他的年龄特征。在某个年龄阶段常见的是正常行为,如果到另一个年龄阶段仍然存在,则有可能是异常的行为。例如,幼儿好发脾气这一行为表现,在2岁时是高峰,这是该年龄阶段的特征,但如果到了学龄期,儿童还不能控制自己,经常发脾气,就可能存在问题了。

②表现出的不良行为是偶发还是经常?即障碍出现的频率。儿童的某种异常表现如果经常出现,则需加以注意。例如,健全儿童有惧怕心理,如怕黑、怕打雷等。但是儿童若有多种惧怕,并经常表现出惧怕,十分胆怯,甚至不能独自接触社会,这种表现就不正常了。

③是否经常与同学、教师、家长发生冲突?程度如何?

④适应能力如何?是一方面不适应还是多方面不适应?

⑤是否有上课注意力不集中、攻击、多动、撒谎、退缩、厌学、逃学等行为？

⑥是否有酗酒、偷窃、吸毒、赌博、斗殴等不良行为？

⑦经教育和引导后改变的程度如何？

另外还需要注意三点。一是行为表现的严重程度。如果某种行为妨碍了儿童的正常生活及学习活动，则存在问题。如有些儿童害怕上幼儿园或学校达到十分恐惧的程度，只要提及上学，他们就会表情呆板惊恐、心率加速、肌肉紧张、腹痛，有的甚至出了家门就躲到别处不去上学，这种表现就是异常行为。二是行为持续的时间。如果儿童的某种不适当行为持续时间长，也说明存在问题。这种行为若不及时加以纠正，那么可能会更严重，以致产生其他问题。如活动过度、注意力不集中的行为若不及时给予治疗，就可能引起学习上的问题。三是周围环境的影响。在一些情况下，儿童的行为看来是异常的，但仔细观察分析，它是对不正常环境的正常反应。如儿童的对抗或不顺从行为，往往是父母对他提出过多要求、唠叨不休，或处处限制他行动的缘故引起的。这种情况下的儿童行为，不能视为异常表现。①

（2）孤独倾向的简单测查。

①与周围环境不和谐；②与同学合不来，缺少伙伴或没有伙伴，不喜欢交流；③喜欢自娱自乐，习惯自己独处；④不爱跟同学说话，较沉默；⑤害羞、胆怯、退缩、易哭；⑥爱幻想、比较多疑、怀疑别人有敌意；⑦动作刻板、认真；⑧爱做白日梦（即好空想）；⑨吸吮和咀嚼（拇指、衣物）。

（3）抑郁倾向的简单测查。

①闷闷不乐，情绪低落；②经常想哭或持续、间断性地哭；③睡眠不好，经常头痛；④容易疲劳；⑤经常莫名其妙的烦恼和担心，局促不安；⑥易激动、易生气；⑦觉得心跳比平常快；⑧比较敏感；⑨曾经想过"不如死了好"；⑩害怕去学校。

（4）狂躁倾向的简单测查。

①常常焦虑，坐立不安，多动，容易产生攻击行为，喜欢搞破坏；②上课随便大声讲话或喊叫，或常自言自语；③对成人冲撞，言语行为冒失；④情绪变化快；⑤容易激怒、冲动；⑥无法控制自己的欲望和要求；⑦有过突然

---

① 朴永馨. 特殊教育概论. 北京：华夏出版社，1991.

想哭的情形;⑧曾经想独自一人到很远的地方去;⑨做事情喜欢把持操纵,集体活动好占上风,极爱表现,做事争先恐后;⑩安静不下来。

以上测查的方法较为简便易行,但所得结论却不一定真实可靠,所以应运用多种方法,相互验证,在条件允许的情况下应再深入进行评估诊断。

3. 情绪和行为障碍儿童的评估诊断

在进行了上述测查以后,对疑似情绪和行为障碍的儿童要做进一步的医学和心理学检查。医学检查主要包括:①身体发育的检查。对儿童身体的全面检查及询问家族史可得到一些有关行为问题的资料。②脑神经功能检查。如做脑电图可查出儿童有的行为和学习问题是由脑功能障碍引起的。采用上述办法的同时,辅以医疗措施,能改善某些情绪和行为活动的异常状态。如可针对儿童的症状,使用适当剂量的药物治疗。

心理学检查包括:用各种标准化的心理学量表测量儿童在操作、感觉、知觉、言语、记忆、思维等各项任务中的行为和心理活动表现,然后做出评定。目前用于儿童情绪行为问题的量表种类繁多,其中有自陈量表,要求受测儿童根据题目内容和其本身相符的情况回答;检核表,呈现一些具体的行为或特征,根据观察的结果记录哪些行为或特征出现过,以及评定量表等。较常使用的有情绪障碍量表(SAED),该量表包括 7 个分量表,共有 52 题和一个整体能力的表现,分量表内容有:无能力学习、人际关系、不当的行为、不快乐或沮丧、生理症状或害怕、社会失调以及整体能力等。该量表适用 6~18 岁的儿童,可评估学生是否符合情绪和行为障碍特殊教育要求。该量表具有较高的信效度,拥有台湾地区 6~18 岁百分等级和标准分数常模,操作方便。其他还有,艾森博克儿童行为量表、Rutter 儿童行为量表、儿童适应行为评定量表、婴儿－初中学生社会生活能力量表、Achenbach 量表和 Conner 量表等。

在评估内容方面,主要从情绪测定、学习能力测定、社会成熟程度测定等几个方面入手,情绪测定是利用情绪测定量表、图片投射测定人格和人格测量表来测量儿童情绪的稳定性、焦虑程度、自我中心的倾向和自控能力以及人际关系和社会认知水平等。学习能力测定即用学习能力测试量表、阅读能力测试量表、记忆能力测定量表等测量儿童的各种学习能力,如计算能力、推理能力、表达能力、手－眼协调能力及学业成就。而社会成熟水平测定是要用社会成熟量表测量儿童社会认知水平、生活自理能力。同时还要调查儿童的身体状况、家庭教育、社区环境,等等。

与其他特殊需要儿童的评估一样,情绪和行为障碍学生的评估也是采取定量和定性相结合,纵向与横向比较相结合的方法。评估诊断的过程:先成立由心理学者、学校教育工作者、学生家长、医务工作者参加的评估组;由评估组收集和分析有关儿童的身体状况、家庭教育、学习成绩、人际关系等各方面的历史和现实资料,对儿童情绪紊乱、行为失调的类型、程度等做出评估与鉴定,制定教育训练方案。

在测查评估中要充分考虑年龄、性别、社会文化背景,及各种量表的信度与效度,提高准确性。同时将情绪和行为障碍与智障、学习低能儿童区别开来。对情绪和行为障碍儿童的评估诊断不应是一次性完成,有时需要分阶段来进行,尤其在评估时出现几项指标相互交叉或相互矛盾时,更不应轻易下结论,有的情绪行为表现会随着时间和环境的变化逐步展现出来或发生变化,这就需要经过一段时间再评估,以保证结果的正确性。

(四) 情绪和行为障碍儿童的一般特点

虽然情绪与行为障碍表现出的类型有所不同,但仍然具有一些共同的特点。

1. 认知不协调

认知偏差和思维缺失是情绪与行为障碍儿童较为普遍的心理特征。他们在日常认知活动中分析、理解问题不足,常导致错误解释、判断他们的态度、行为与认知推理过程存在矛盾,个体认知的不协调将会产生焦虑和其他类型的情绪失调和行为失控。[①] 知、情、意、行系统间的不协调,主要有两种表现形式:一是认知结果不能控制情绪和行为,或者说认知结果在稳定情绪和行为方面没有起到应有的作用。二是情绪和行为影响认知的选择。这种认知不协调会直接导致人格障碍。

2. 情绪不稳定

情绪与行为障碍儿童由于存在认知不协调的问题,对事物缺乏纵向和

---

① 方俊明. 当代特殊教育导论. 西安:陕西人民教育出版社,1998.

横向比较分析能力,容易凭自己的主观感觉对事物进行判断和处理,情绪不稳定,做事易冲动、鲁莽、草率,不计后果。当他们的需求不能满足,自尊心受到挫伤时,他们往往会产生极度愤怒的情绪,且无法控制这种消极情绪,甚至大哭大闹,产生攻击行为和破坏纪律的行为,而不能理智地考虑其要求是否合理。

3. 对消极和负面的情感体验比较强烈

情绪和行为障碍儿童长时间伴有不愉快的心境或抑郁,常常不能理性对待困难和麻烦,遇到障碍和干扰不会理性分析,如果个人目标不能实现、需要不能满足,他们就会产生强烈的挫折感,此时要么常常借用"幻想"来替代现实,从中获得满足,但当"幻想"破灭时,就会增加挫折感,形成恶性循环;要么用攻击行为或呆滞性重复行为来掩盖挫折感。① 有的情绪与行为障碍儿童把自己的挫折转嫁给其他人和事,推卸责任,有的则以退缩、躲避的方式逃避挫折。

4. 自我中心倾向明显

情绪和行为障碍儿童自我意识强,自我中心倾向明显,不合群、孤僻,对他人常常无意识地抵触,人际关系较差,与老师、同学、家长相处都常常以自己的需要和兴趣为中心,只关心自我利益得失,不考虑他人的利益和感受,与人相处困难。自我认识能力差,自我控制力薄弱,缺乏调节和控制自己思想感情、举止行为的能力,克服困难的勇气不足,遇到问题时,因认知偏差和思维歪曲导致消极情绪体验,使他们或采取回避矛盾的方法,或采用不正常的行为方式来解脱、转移、掩盖内心的苦闷、焦虑和恐惧,还会导致打架、破坏纪律等不良行为。

5. 具有不良行为表现

情绪与行为障碍儿童常常有焦虑、退缩、自卑和不成熟的表现。有些儿童因自卑而表现出焦虑、退缩、不喜欢与人交往,个别学生长期焦虑、抑郁,会产生轻生念头。

注意缺陷和多动的表现。有的情绪行为障碍儿童不能集中注意力、安静时间少或间隔短,活动过多、不能控制自己的肢体动作,无法安心听课和

---

① 华国栋. 特殊需要儿童的心理与教育. 北京:高等教育出版社,2004.

按时完成作业,经常不自觉地干扰其他同学。

不良社会行为表现。有些情绪行为障碍儿童攻击倾向较强,如破坏公物、与同学争吵、打架、虐待小动物、违反纪律、撒谎等。

不良习惯动作。如吸吮手指、啃咬指甲、拔头发、拔汗毛、咬衣襟等。

生理行为异常。如语言障碍、睡眠障碍、进食障碍、排泄障碍、抽动症等。

(五)情绪和行为障碍儿童的学习特点及其特殊教育需要

大部分情绪和行为障碍学生的认知能力是正常的,但是在学业方面,他们是学习困难学生。出现这样的反差,主要是由于情绪行为障碍造成的。解决他们的学业问题首先要解决情绪和行为障碍问题。

情绪与行为障碍儿童的学习存在以下特点。

(1)注意力涣散。情绪与行为障碍儿童在学习过程中存在注意力不集中的问题,他们难以把注意力高度聚焦在学习内容上。

(2)容易产生习得性无助感。当他们学习跟不上时,情绪波动大,常常高度怀疑自己,主导情绪悲观,容易自暴自弃。

(3)对合作学习以及其他学习活动反应淡漠,不会协作,主观意识强烈,常常歪曲老师和同学的意见。

(4)对外部事件和与学习本身无关的事情反应过度敏感,常常因小事造成情绪、心理,甚至生理上的不适。

(5)部分情绪与行为障碍儿童患有学校恐惧症,害怕上学,总是设法逃学、撒谎;有的害怕回答问题,不能与他人正常交流,不敢与人对视。

情绪和行为障碍儿童由于具有上述特点,因而也有其特殊教育需要,教师在教学过程中应施以有针对性的教育策略。教师应给予他们心理疏导(必要时求助心理治疗咨询师),尽可能减少他们的心理冲突,帮助他们消除自卑心理和焦虑情绪,保持情绪稳定和心理平衡;创造良好氛围,增进民主和谐的师生关系和生生关系,增强他们的合作意识,避免孤独感;组织健康向上的集体活动,帮助他们融入学生群体;引导学生开展各式各样的活动,通过建立伙伴间的友谊发展他们的社会性情感;调整授课内容和教育方式,使教育更富于活力和感染力,提高他们的学习兴趣,教会他们掌握正确的、适合他们的学习方法,最大限度地挖掘他们的潜能和学习、生活积极性,提升自信心;培养他们的独立学习和操作能力,帮助他们控制自己的行为,多用鼓励、奖励等正强化方法以及拥抱、微笑等社会性强化方式矫正他们的行为。

培训活动建议

1. 小组讨论情绪与行为障碍儿童有哪些类型,他们各有什么特点。
2. 用书中介绍的筛查方法发现班上情绪与行为的障碍儿童。
3. 小组合作:针对一个情绪与行为障碍儿童选择合适的评估量表,进行评估。

二、情绪和行为障碍儿童随班就读

(一)创设宽松、和谐、平等参与的学习环境

环境对儿童的影响很大。对于后进的儿童,教师、家长对他们的期望值往往较低,态度也不积极,这些都会直接或间接地传递给儿童某种负面信息,挫伤他们的自信心和自尊心,他们的情绪往往因而沮丧,影响学习主动性和思维的积极性。在教学中,教师为情绪障碍儿童提供信息和机会相对较少,这些学生在课堂学习中往往得不到教师的及时反馈,这都影响他们学习的积极性,使他们的学习成绩更加落后,如此反复,形成恶性循环。情绪和行为障碍儿童作为一个特殊的群体,他们中的大多数人学习困难,学业成绩落后。由于这些儿童存在种种不同类型的情绪与行为障碍,教师在缺乏特殊教育知识的情况下,容易将他们视作品行不端和思想道德有缺陷的学生,从而不能给予正确、科学的教育和对待,情绪和行为障碍儿童与后进的学生一样往往是有特殊需要的儿童,由于他们没有适合他们的平等参与的学习环境,这常常会引发他们产生许多行为问题。比如,有的消极沉默,有的出现反抗的过激行为等。宽松、和谐、平等的环境有利于矫治情绪和行为障碍儿童的不良行为,帮助他们塑造良好行为。学校应按学生的不同需要来调整教育教学环境,

为了使情绪与行为障碍儿童有一个良好的学习环境,满足他们的特殊教育需要,应为他们的平等参与提供支持。这种支持不仅有来自于物质层

面的,大到教学训练设施,如图书馆、操场、实验室、资源教室等,小到运动器材、教具、学具、图书资料等,都应尽可能考虑情绪与行为障碍儿童的特殊需要。条件允许的情况下,还应提供适合他们身心发展特点的物质环境。有研究表明,合理的环境布置对改变情绪障碍儿童的行为很有效。

对情绪与行为障碍儿童的座位安排应有特别的考虑,座位的编排是形成教学环境的一个重要因素。不同的座位对不同学生的学习和社会性发展都会产生一定影响,学生对座位的选择也存在差异。上世纪 30 年代魏拉德·沃勒(Willard Waller)的观察研究表明:一般愿坐在教室前排座位的学生,大多是些在学习上过分依赖教师的学生,可能也有部分学习热情特别高的学生;而愿坐后排的学生,往往是些捣乱的或不听讲的学生。坐在教室不同区域的学生与教师、同学的交流情况是不同的。在我国,学生通常不能自主选择座位,传统的"秧田式"座位排列有时不利于学生对课堂教学活动的整体参与,在座位前排和处于教室中间地带的座位区域,其课堂气氛相对别的区域更活跃,坐在这里的学生参与课堂活动及与教师交流的时间和次数明显比坐在教室后排的学生多。在教师课堂监控的有效范围内,学生自然能较好地约束自己的课堂行为,认真听讲。他们与教师距离较近,教师可以无意中通过眼神、表情、举止将自己对学生的关注和期望传递给他们,使学生产生心理共鸣,从而积极配合、支持教师教学。而坐在后排的学生,压力较小,监控较低,也缺少教师的暗示和积极反馈,因而也影响他们对教学活动的参与。情绪和行为障碍儿童根据其不同的障碍类型,在课堂上存在不同的表现,有的孤僻少语,有的注意力涣散,有的情绪低落、不稳定,有的爱做小动作、爱寻衅闹事,甚至存在攻击行为。为此教师在安排座位时,应充分考虑这些因素,将注意力易分散、爱做小动作、学习较困难的情绪行为障碍儿童尽量安排坐在前排居中,便于老师关注。当然,教师也需要根据具体情况区别对待,对行为冲动,有攻击行为的儿童,应将其置于自己面对的中心地带,方便管理;对于那些孤僻少语,行为退缩儿童,若将其安置在中心区域,这类儿童会因为被放在焦点区域而感到不安,放在角落里又容易被忽视,也不利于他们的发展。教师应采取一些必要措施,如定时调换座位,根据需要将座位编排成圆形、马蹄形,通过环绕教室走动等措施,改善空间给学生带来的负面影响。除此以外,情绪和行为障碍儿童的座位安置还应充分考虑采光、舒适、行动方便和有助学伙伴的区域,这将有利于他们的情绪放松、行为改变及学业进步。

班级规模也是构成学习环境的一个重要因素,在人数膨胀的班级里,只有部分学生能同教师进行交流,而相当一部分学生缺乏交流机会,造成了学习机会的不平等,对情绪行为障碍儿童等特殊需要儿童,更是无暇顾及,在这种情况中,学生的不良行为往往增多。

情绪行为障碍儿童的学习不仅需要物质环境的支持,更需要有一个民主平等的、能为他们提供积极情感支持的心理环境。教师在儿童心理环境中充当着重要的角色。教师要民主平等地对待每一个儿童,不论儿童学习成绩如何,对他们每一个人都应有适度的期望,对情绪行为障碍儿童不仅不能歧视,而且应给予更多的关爱。在遇到情绪行为障碍儿童发生不良行为时,要能冷静分析、正确对待,以高度的责任感和爱心、耐心妥善处理,并与之建立良好的师生合作关系。

班风和校风对形成儿童良好的心理环境也是非常重要的。班风、校风不仅影响学生知识的学习,更为重要的是影响学生的态度、价值观和社会行为的学习。班风是一个班级特有的精神风貌,是班级绝大多数学生言论、行动和精神状态的一种共同倾向或表现。良好的班风能对班级的每一个成员产生积极的潜移默化的作用,促进班集体的形成与发展,同时,也给学生提供了一个积极、主动发展的学习环境。一个注意力差的学生,到了学习风气比较浓厚的班上,往往就会比较注意约束自己,学着别人的样子注意听讲或看书;一个纪律观念淡薄的学生,到了一个自觉纪律很强的班级,往往也会情不自禁地管住自己。久而久之,在班级风气的影响下,就会逐渐改掉自己的毛病。

(二)教育教学满足情绪和行为障碍儿童的特殊需要

大多数情绪和行为障碍儿童学习能力并不低下。有调查表明,情绪和行为障碍儿童的平均智力略高或略低于普通儿童,但由于自身的情绪与行为问题的存在,他们常常同时是学习困难儿童,他们的有意注意常常存在问题,思维出现偏差,所以教师要帮助他们,满足他们学习的不同需要。

教师应充分了解情绪和行为障碍儿童的学习起点,知晓他们的现有知识水平和认知缺陷,为他们制订适合他们的课业计划,为之划定"最近发展区",帮助他们寻求适合他们的学习方式;教师要帮助他们树立良好的学习动机,不能简单说教,也不能自说自话,要能够触其内心;应熟悉他们的学习特点和思维特点,情绪和行为障碍儿童存在这样或那样的能力问题,但并不是一无是处,教师要准确把握他们的优缺点,做到有的放矢。例如教师可以有针对性地对他们进行课前的知识评价,发现他们的知识疏漏,并给予补救。课堂上教师除了通过生动的教学吸引学生的注意力,还要经常提问情绪行为有问题的学生或他周边的同学以引起他的注意,让他感觉到教师对他的关注。经常给他展示学习成功的机会,并及时给予表扬。

另外,教师应为他们选择适合他们的助学伙伴,要选择有爱心、耐心,成绩优异的儿童和他们结对子,帮助他们温习旧知识,查漏补缺,做好知识储备,同时指导情绪行为有问题的儿童,如何与其他同学有效合作,学会宽容,学会换角度思考问题。这样不仅有利于他们的学业进步,也有利于他们的社会化。

莫斯(M. C. Morse)对情绪和行为障碍儿童教育策略可供参考。[①]

- 减少心理冲突,保持心理平衡;
- 组织集体活动,利用同伴文化来发展儿童的社会情感和认知;
- 创造良好环境,增加合作意识,避免孤独感;
- 开展学习问题讨论会,提高学习兴趣,掌握正确学习方法;
- 提高课堂教育质量,挖掘教材内容,增加教育的感染力;
- 用奖励为主的正强化方式来改变儿童的行为方式;
- 采用人本主义的教育方法,最大限度地发挥学生的潜能和积极性;
- 培养学生独立工作能力,增强行为控制力;
- 树立正确的集体导向,支持正确的,抵制错误的;

此外,莫斯还对教师、家长提出几点建议:

- 爱护学生,经常与他们交流,设身处地为他们着想;
- 建立民主的师生关系、家庭关系,保持和谐的气氛;
- 教师、家长要提高修养,有忍耐性,减少口头上的责备,增加行为上

[①] 方俊明. 当代特殊教育导论. 西安:陕西人民教育出版社,1998.

的感染力;
- 多利用正强化,消除自卑心理和焦虑情绪,发展学习能力。

(三) 情绪和行为障碍儿童的行为管理

教师不仅要为情绪与行为障碍儿童构建一个适合他们学习成长的环境,同时也应建立一个行之有效的管理方法来维护和保障这一环境,良好的学习环境和合理的管理是相辅相成、相得益彰的,科学有效的管理,有助于良好环境的形成,反过来,外部环境中的各种影响因素,如政治、经济、文化、技术等也影响着学校管理和课堂管理。情绪和行为障碍儿童的不良行为会影响和谐环境的形成,有效的管理会减少或消除不良行为,促进和谐环境的构建。

教师的课堂管理和教学管理是面向全体学生的,情绪和行为障碍儿童在课堂上遇到学习困难或产生难以自控的情绪而得不到及时帮助和疏导时,其不良行为会增多,许多情绪与行为障碍儿童常常难以集中注意力,不能遵守课堂纪律,给教师维持正常课堂秩序带来很多困难,这就常常需要教师分出精力和时间额外地对他们进行行为管理。

情绪与行为障碍儿童的不良行为存在个体差异,表现类型各不相同,不能一概而论,教师要给予区别对待,应仔细观察,善于发现导致不良行为的内在原因,在源头上下功夫,而不能简单武断下结论,甚至把不当行为简单归结为他们的缺点;同时教师应关注产生不良情绪行为的外部因素,有些不良行为的产生受到学校风气、教育水平、社会舆论、师生关系、同学间伙伴关系的影响,有些是直接的,有些是间接的,对儿童的影响程度也不一样。例如,上课小动作多的儿童常常是因为受到老师的忽视,他们会试图运用自己的肢体动作来吸引老师和同学的注意。

为了维护正常教学秩序,减少儿童的不良行为,教师应尽可能为他们提供有趣味的、对之有吸引力的学习内容,组织生动活泼的、互助性的教学活动,并将行为准则、活动规则植入到活动中,在教学过程中不断规范他们的行为,同时建立民主、科学的管理机制,让每个儿童参与到活动管理的全过程,让他们既是管理者,又是管理对象,相互监督和规范行为。

值得提出的是,行为守则可以由全班学生(包括情绪与行为障碍儿童)

参与制定,守则一般用正面教育的词语表述,如"尊重别人"或"按时完成作业"等。守则中的种种规定,应与教师在教学中计划使用的程序相一致,如教师允许学生在做作业时相互帮助,就不要再制定"课堂上同学之间不准说话"的守则了。教师应组织学生讨论课堂和学校的守则,把守则看作行动的准则。对于小学生,要向他们一条条讲解守则,组织他们讨论制定守则的必要性及如何遵守守则,同时对守则提出积极性建议,并做合理修正。让他们了解行为规范的必要性,引导他们维护守则的权威性,教会他们如何遵守规范,要把讨论守则和讨论具体的教学活动一般程序相结合,并组织学生进行必要的演练,逐步将纪律转化为学生的内在需求,养成自我约束,自觉遵守纪律,这对学生的社会化,按社会准则办事,学会自我控制、坚持、忍耐等人格都是非常必要的。对于理解能力不强的儿童,不仅要向他们讲清这些规则,必要时给予示范,让他们明白榜样的力量并产生模仿行为,将这些转化为他们的内在需求。另外,教师要致力于班干部建设,让班干部成为课堂行为管理的小助手与服务员,帮助教师执行教育教学常规。常规对任何学生一视同仁,不能时紧时松。在班、队干部选用上,为每一个学生(包括情绪与行为障碍儿童)提供公平竞争和平等参与的机会和舞台。

有些学生出现不良行为并不是有意识的,教师应及时发现不良行为的苗头,可以采用以下策略帮助学生自我控制,尽量避免采用中断教育教学活动、公开指责学生的做法,保证教育效果和质量。

(1)运用态势语言:教师用眼神、皱眉、摇头及手的动作等,指引学生停止不良行为。如果无效,就走近违规的学生,默默注视他,帮助他回到学习中来。

(2)显示关注和兴趣:对于好动的学生,可以走到他身旁,看他作业情况,并问一些愉快的问题,或用激将法,刺激他投入积极学习。

(3)给予必要的援助:对那些很快完成学习任务的学生,再给他一些挑战性的探究性的学习任务。对学习有困难的儿童及时辅导或调整作业难度,使他也能有信心抓紧时间完成学习任务。

(4)减少干扰:对于那些学习易分心的学生,应撤除那些影响他学习注意力的玩具、食品、小说、画册等,帮他将这些物品暂时保管起来。

(5)换位思考:当学生可能有违规行为时,让学生知道你了解他的心理,"我知道有的学生已经坐不住了,不过还有三分钟课就结束了,请大家坚持一下",从而帮助学生控制住自己。

（6）表扬好的行为：看到学生好的行为，要用称赞、点头等方式给予肯定，特别在集体中给予表扬，让全体学生都明白哪些行为是正确的，效法好的行为。[1]

尽管建立了教育教学常规或守则，加强了管理，但总还会有学生违反常规。发现不良行为时，要立即制止，不能听之任之，给予批评教育，在批评教育中要动之以情，晓之以理，导之以行。由于学生是有差异的，因此教育方式也是需要因人而异的，特别对于那些情绪行为有问题的学生，也不是简单的说教就能奏效，教师应掌握一定的行为改变技术，适时给予情绪与行为障碍儿童行为矫正。

培训活动建议

1. 学员讨论：对于情绪与行为障碍儿童，为什么特别强调创设民主和谐的环境？

2. 学员交流：对情绪与行为障碍儿童管理的方法。

3. 思考并实践：课堂上如何减少情绪与行为障碍儿童的问题行为。

三、情绪与行为障碍儿童的行为矫正与养成

情绪和行为障碍儿童存在的问题行为不利于其健康成长和发展，对所在班集体的正常秩序和整体学习活动也会产生较大影响，因此，对情绪和行为障碍儿童进行行为矫正并帮助情绪和行为障碍儿童养成良好的行为习惯十分重要。

（一）行为矫正与养成

情绪与行为障碍儿童的问题行为矫正与良好行为的养成是相辅相成的，往往又统称行为改变。行为改变技术是一种较为系统的处理和控制人的行为的技术，它着眼于减少甚至消除人的不良行为，维持或养成良好的行为习惯，促进人遵照行为规范行事。行为改变技术强调通过对环境的控

---

[1] 华国栋主编. 特殊需要儿童的心理与教育（第二版）. 北京：高等教育出版社，2011.

制来改变人的行为,其理论基础包括经典条件反射理论、操作条件反射理论、社会学习理论、认知行为矫正理论等。

行为矫正有其特定的操作步骤,一般可分为行为矫正前的基线阶段、矫正或处理阶段和矫正后的效果追踪阶段,也有学者将其划分为发现问题行为、分析问题行为、测量问题行为、制定行为矫正方案、实施行为矫正方案、评价矫正的结果六个步骤。在上一章,我们还介绍了巴克利博士的"行为矫正八步法",他们的基本过程是一致的,可以相互借鉴。更重要的是,行为改变要针对实际具体情况选择适当方法,因此,对上述步骤的合理安排以及采取客观有效的矫正策略极为关键。下面列举几个常用的行为改变方法。

(二)行为矫正与养成的常用方法

1. 正强化法

(1)正强化

正强化是指在特定的情境或刺激作用下,某一反应行为发生后,立刻有目的地施加或呈现一个正强化物,以增强该行为出现的频率。例如,学生在校园里学雷锋做好事,得到了老师的表扬,使得该学生之后做好事的次数增加,这里老师的表扬就是正强化物。

(2)正强化的三要素

正强化包括三个重要要素:情境或刺激、行为或反应、正强化物。具备此三个要素,就会获得行为频率增加的结果。其中,情境为个体的行为或反应的产生提供背景,而个体的行为或反应则导致一定的结果,即获得正强化物。反过来其结果又进一步促进行为或反应的产生。当然,在很多情况下,被强化的行为需要多次获得强化后,才能真正显著的增加。

(3)正强化物的选择

需要指出的是,正强化物具有不同的类别,有具体的消费性的强化物,如食品、玩具等;也有非实体性的,或较为抽象的强化物,如鼓励、表扬等言语刺激及微笑等表情符号。教师在日常教学或与情绪行为障碍儿童相处中,要因材而用,因时而用。正强化物的作用因人而异,不同的学生喜欢不同的刺激物,不同的情境需要不同的刺激物。教师要根据时间、情境以及学生的个人爱好做出正确的选择,以产生积极的效果。

（4）正强化运用注意点

使用正强化进行行为矫正时，选择的行为须是具体的行为，以便观察者客观地控制行为的改变，同时具体的行为也有利于反复对同一行为进行强化。

要注意强化时间，正强化要求所期望的行为出现后立即给予强化，出现过早强化、延迟强化和强化错误行为都是不当的。如果在期望行为出现前给予强化，则强化行为可能会不出现；如果期望行为出现后没有及时给予强化，则期望行为以后出现的频率会降低；如果在儿童进行多个行为后再强化，则可能导致儿童不知道被强化的是哪种行为；如果儿童出现了教师不期望的行为，教师出于某种目的（比如安抚等）给予强化，则儿童不期望行为出现的可能性增大。

给予实体强化物时，最好能结合其他奖励，如赞扬、微笑、拥抱等社会性强化物，同时避免学生产生饱厌感。

东东是一名轻度情绪行为障碍儿童，在一所小学读一年级。他总是在上课时未经老师允许就随便离开座位，在教室里任意跑动，影响课堂秩序。针对此情况，班主任金老师决定改变东东这一不良行为。

金老师首先仔细观察了东东这一行为，对东东随便跑动的次数做了记录，发现东东每节课跑动的次数不下10次。

金老师刻意观察了东东在日常生活中喜欢做的事情，东东喜欢棒棒糖和玩具。金老师找东东谈话，告诉他准备跟他玩一个游戏，如果在一个月内，东东在上课时下座位控制在十次以内，那么课后就奖励他两块棒棒糖；如果一周内能够控制在每节课下座位十次以内，就给他买一个玩具。

东东逐渐完成了金老师的预定目标，接下来，金老师规定东东必须在每节课下座位达到5次以内才能给予奖励。逐渐地，东东上课下座位随便跑动的次数越来越少了。

2. 负强化法

（1）负强化

负强化是指行为者在承受厌恶刺激时，一旦出现期望的良好行为，便立即撤除其正在承受的厌恶刺激，则以后在相同情境下出现该行为的频率会增加。厌恶刺激指能够降低反应频率的刺激，也叫负强化物。负强化与正强化一样都是加强行为的过程。

(1) 负强化的基本过程

负强化的基本过程是在不良行为出现或良好行为未出现时施加负强化物即厌恶刺激,当出现期望的良好行为或不良行为消除时,撤除厌恶刺激,使行为者产生逃避和回避的反应。这两种反应都与厌恶刺激相联系,不同的是,逃避反应必须在接受厌恶刺激之后,才产生替代性的良好行为,而回避反应只要接受到信号刺激,就会立即出现替代性的良好行为,从而避免厌恶刺激。

(2) 负强化法运用注意点

正强化与负强化最好配合使用效果更好。

替代性行为应适当,所选行为必须是良好行为,否则无异于培养了另一种不良行为。

负强化物的选择要恰当,即选择的厌恶刺激强度应足够大,对被行为矫正的儿童起"警告"作用。

回避和逃避反应均需慎用,此两种行为改变都要运用厌恶刺激,会令被行为矫正的儿童感到不适,甚至令其对其他刺激也产生逃避或回避反应,这种结果适得其反。

如果必须选择逃避和回避来建立良好行为,则优先采用回避反应。

小进是一个六岁男孩,他课上总是喜欢咬大拇指,老师屡次纠正都不见效果,后与家长商量,给小进大拇指甲涂上辣椒水,只要小进咬大拇指,就有了辣椒水的厌恶刺激,他便产生逃避反应,不再咬大拇指,渐渐就不再给他大拇指涂辣椒水,久而久之,他不再咬大拇指了,产生了期待的回避反应。

3. 惩罚法

(1) 惩罚法

惩罚是我们日常生活中运用最为广泛的行为改变方法。所谓惩罚是指在某种情境或刺激下被矫正者出现某一个不良反应后,及时给予其以负强化物或撤除其正在享用的正强化物,以降低该行为在相同或相似情境下出现的频率。

(2) 惩罚的类型

为了正确适当地使用惩罚,明确惩罚的种类非常重要,只有了解惩罚的种类,才能客观分析惩罚的利弊,以期达到适度使用惩罚的目的。

依据种类和方式的不同,惩罚分为体罚、言语惩罚和隔离三种。

体罚是指儿童出现不良行为后,立即给予其身体一种厌恶刺激(负强化物),使其产生生理上的不适感,以达到减少或消除儿童不良行为的目的。体罚中对儿童实施的厌恶刺激也有多种,较为普遍的是疼痛刺激,另外还有电击、噪音、异味等。体罚是惩罚类型中最为广泛的方式,如能运用得当,具有较为显著的降低儿童不良行为的效果。但是如果实施体罚者不能有效把握体罚的力度,会对儿童的身心造成较大伤害。非适度性的体罚就上升为暴力,同时对不同的儿童体罚的作用也不尽相同,有的儿童对体罚产生较大逆反心理,不仅怨恨实施体罚者,还会转嫁和沿袭这种行为改变方式。目前,《中华人民共和国未成年人保护法》明确规定在学校禁止使用体罚对待学生。许多国家也已明令禁止使用体罚。因此,儿童在表现出某些不良行为时,对其实施行为改变应优先尝试其他方法。

言语惩罚是指当儿童表现出不良行为后,立即给予激烈的批评、警告、责备等否定性言语刺激对儿童予以惩罚,以减少或消除儿童的不良行为。需要指出的是,适当的言语惩罚能够明确指出儿童行为的失当,让儿童认识到自己的不良行为,但是过分责骂和过于夸大的言语刺激会严重影响儿童的身心健康和人格发展,伤害儿童自尊,甚至令儿童自暴自弃。

隔离是指当儿童表现出某种不良行为时,及时撤除其正在享用的正强化物以消除或阻止此不良行为继续出现,或把儿童转移到正强化物较少的环境中去,以降低不良行为再现的频率。隔离或撤除正强化物时一般不应超过5分钟,隔离室也不宜太大,其中的正强化物也应尽可能少(即屋内最好不放东西),且利于观察和控制。隔离适用于具有攻击性和捣乱行为的儿童,不适用于有自毁自伤行为的儿童,更不适用于孤独症儿童。

(3)惩罚法运用注意点

惩罚不可滥用,否则容易造成儿童胆怯、逆反、自卑等不良心理,不利于儿童的正常发展。

惩罚不及时或强度不够也无法达到预期目的。儿童如果出现不良行为,惩罚不能立刻给予,那么儿童无法在惩罚和自己的不良行为间建立联系,另外如果惩罚过于轻微,也不能起到警告作用。

过于强烈的惩罚会引起儿童的极端行为和焦虑情绪,结果适得其反。

惩罚只能消除不良行为,而不能替代之以良好行为。

鸣鸣是一个六岁的行为障碍兼轻度智力障碍的孩子,在一所普通小学随班就读。他有随意掰粉笔的毛病,老师放在讲台上的整盒粉笔,常常被他全部折断。很多老师都知道鸣鸣这个坏毛病,经常生气地对他进行教育,但是效果不明显。班主任刘老师针对鸣鸣这一不良行为,决定采取针对性的行为改变计划:只要鸣鸣折断粉笔,刘老师就把鸣鸣带到办公室,让他把满满一盒粉笔头折断,并且不允许干别的事情,粉笔头很短,鸣鸣折得很困难,手折疼了也很难将粉笔头全部折断。从此鸣鸣随意折粉笔的次数越来越少了,之后班主任刘老师要求鸣鸣不仅不能折粉笔,甚至未经老师允许不得拿粉笔,鸣鸣也能做到了。

4. 消退法

(1)消退法

消退法是指在特定的情境中,儿童做出了以前曾被强化的反应,如果此时在这个反应后并未跟随着通常的强化,那么该儿童在下次遇到类似情境时,该行为发生的频率就会降低。消退法与惩罚法相比副作用更小。

(2)消退法运用注意点

消退法应和正强化法结合使用。在消退个体不良行为的同时,应强化替代不良行为的良好行为。这样不但消退的效果好,同时也培养了个体的良好行为。

严格控制要消退行为(不良行为)的正强化物。在实施消退法时,应确保在被消退的行为之后,不出现任何正强化物,否则消退就会失败,不良行为的出现频率就不会减少。

消退一个曾被间歇强化的行为,往往难度较大,需要较长的时间,应有充足的实践和心理准备,防止欲速不达。

小明上课不认真听讲,扰乱课堂秩序,目的是为了引起授课老师的注意。如果此时老师去纠正他,让他认真听讲,那么他的目的达到了,以后不听讲的次数反而会增加;如果老师对其行为不予理睬,只有当他认真听课时才注意他,那么他之后扰乱课堂的次数就降低了。这里老师采取的冷处理方式就是消退法。

5.模仿法

（1）模仿法

模仿法系指儿童通过观察、模仿学习来增加或获得良好行为,减少或消除不良行为的一种行为改变方法。模仿学习又叫观察学习,是观察者的一种主动学习行为,它基于班杜拉的社会学习理论,是现代学习理论的重要基础。社会学习理论认为,学习的产生是通过模仿过程获得的,人的许多行为都是通过观察学会的。

（2）模仿的作用

模仿可以提高某种行为出现的频率。一是儿童通过观察榜样的行为而学到的新行为,如模仿做操动作;二是儿童看到有人做出某行为后,并没有得到相应的惩罚时,儿童以往出现同类行为时所受到的抑制将被解除,致使该行为的表现越来越频繁,如模仿闯红灯(如果儿童看到有人闯红灯而未受到任何惩罚,就有可能实施模仿行为);三是指儿童通过观察他人的行为效果,而增加自己类似行为的频率,如学雷锋做好事等。

模仿可以降低某种行为出现的频率。一是儿童看到榜样因实施某种行为而受到惩罚,或儿童看到榜样所示范的行为没有得到强化,或儿童看到榜样的某种行为表现的频率较低时,直接抑制不良行为的发生。二是如果儿童要模仿的良好行为与其原来存在的不良行为不能相容时,就会放弃原有的不良行为。

（3）影响模仿的因素

榜样与观察者（模仿者）的相似程度。即观察者只有在榜样与自己在某些方面存在相同或相似性时,才有去模仿和学习的内驱力,这些相似性能够使观察者觉得榜样的行为是适合自己的,而且也是能够学会的。如果与榜样差别巨大,特别是社会地位、能力等远远超过自己,高不可攀,观察者也会放弃模仿。因此,要尽可能选择与观察者在性别、年龄、价值观、文化背景等方面相似和相近的榜样。

观察者的特点。在模仿学习中,观察者的特点也直接影响模仿学习的效果。首先是学习者掌握信息的能力,如注意力、记忆力、动作技能和动机水平等,这些因素在很大程度上影响模仿的效果。其次是学习者的焦虑水平,过分焦虑会干扰学习者。如果对自身的行为抱怀疑态度,则他们更愿意去模仿榜样的行为。

强化的作用。在模仿学习中强化榜样的行为是影响模仿学习效果的一个重要因素。如果榜样的行为得到奖励，或者没有带来不利的后果，一般模仿者都会产生明显的模仿学习。

(4) 模仿法运用注意点

选择要改变的行为，并且该行为必须是可观察和测量的，是观察者可以模仿的，如果难度过大，不仅难以模仿，而且会产生很大挫折感。

榜样示范过程中，必须确保学习者的注意力集中。在示范前要明确暗示学习者，以引起其注意观察和模仿的行为。

榜样应缓慢地展示示范行为，以增加示范行为呈现的时间，便于学习者学习。必要时榜样行为应分解成若干个小步骤。

在模仿者正确模仿后应及时给予强化，而在出现不良行为时应给予适度惩罚。

榜样本身不能示范不良行为。

张明在学校不和同学们交往，课间总是独自待在角落里。老师发现他害怕社交的问题十分严重且有逃避行为。于是老师首先与之建立良好的关系，然后分别采用听故事看录像、现场模仿及参与模仿的方法予以矫治。

首先，给张明看有关儿童之间友好相处的图片或讲有关故事，教师或家长带他看有关儿童之间和睦相处、互相友爱的影片或录像。

经过一段时间的学习后，转入现场模仿，让张明实际观看同学之间相互交往的实际情境，并体验模仿。

最后，让张明自己逐步由简单到复杂分阶段地参与各种社交实践活动。开始时，老师参与同学的活动，仅让张明陪同，并让他观察老师的行为。接着，要求张明一起参加一些简单的游戏，共享游戏的欢乐。以后老师逐渐退出，鼓励他一个人与其他同学一起游戏。

在矫正治疗期间，张明已经能与其他同学游戏，只是偶尔有逃避行为。两个月的追踪表明，该同学已经能独自和其他同学交往并参与社交活动，独自和陌生人在一起时不再焦虑不安。

6. 系统脱敏法

(1) 系统脱敏法

系统脱敏法是一种以渐近方式克服神经症焦虑的行为改变技术,它主要是向被行为矫正的儿童分等级地、缓慢地展现导致其产生神经性焦虑的情境,同时通过有计划的心理放松训练来对抗焦虑情绪,从而逐步达到消除神经性焦虑的目的。也就是说,让被矫正者首先接触微弱的焦虑刺激,当适应这种微弱刺激后再接触较强一级的焦虑刺激,经过多次系统训练,最后遇到强烈焦虑刺激时能够自然而然地避免剧烈的生理和心理变化。

(2)系统脱敏法的实施步骤

建立恐怖或焦虑的等级层次。主要是列出所有使被矫正者产生恐惧或焦虑的一系列对象或事件,将这一系列刺激按强度大小排列,制成量表。

训练被矫正者完全放松。第一次训练时,训练者应给予示范,在放松训练过程中要有语言指示的配合,要注意放松训练的系统性,一般次数不宜太少,每次时间也不宜太短,以达到全身肌肉能够迅速进入松弛状态为标准。放松训练贵在坚持,被矫正者离开治疗场所也应独立进行练习。

对被矫正者实施分级脱敏训练。分级脱敏训练可以先从想象性脱敏训练开始,一般在安静的环境中进行,要求想象生动逼真,出现恐惧紧张情绪后尽量忍耐。之后进行放松训练,逐级进行,直到出现最高级别事件后不发生恐惧反应为止;想象性训练结束后进入实地训练。

(3)系统脱敏法运用注意点

对被训者提供刺激强度变化应适当,使被训者在每一阶段能产生最低限度焦虑,否则刺激变化太快,面对刺激被训者不能放松,就难以收到效果。

在被训者成功通过所有步骤后,可以对被训者的良好行为给予适当正强化。有些儿童遇到新环境也会有轻度焦虑,我们要提高儿童适应各种环境的能力。如,对怕黑、怕动物的儿童,可采用此法,让其逐渐接近黑暗、动物,并及时给予鼓励。对怕上幼儿园、上学校的儿童,教师就要教他们熟悉学校环境和利用各种设施,逐渐安排各种活动让他们认识同学,进行交往,提高适应力。

马克是一个六岁半的男孩,一到教室他就说不出话。对马克进行生理检查,发现他发音器官发育正常,不影响说话。分析马克的成长历程,没有什么重大事件对其心理造成伤害,一切似乎都很正常。他学习成绩不好,但他心理测试的结果显示他的成绩在中等之上,具有潜力。心理治疗师决定采用系统脱敏法对其进行治疗。

整个干预过程用两星期时间。心理治疗师首先训练马克学会完全放松肌肉,然后再逐步让马克在7种情景中敢于说话,这7种情景如下。

①让马克单独在治疗师面前读课文;

②让马克单独在同宿舍的同学(两人一屋)面前读课文;

③让马克在老师的助手面前读课文;

④让马克在老师和老师的助手面前读课文;

⑤让马克在老师、老师的助手和一小组同学面前读课文;

⑥让马克在整个班级面前读课文;

⑦让马克在老师、助手、全班同学以及家长面前读课文,提问,并作总结。

在每一种情景中,只要马克按要求进行了朗读,马克都会受到正强化。最后马克的恐惧被脱敏掉了,马克敢在全班同学面前讲话了。[1]

7. 代币制法

(1) 代币和代币制

代币是指可以累计起来交换其他原级强化物的次级强化物。任何可以累计起来并且可以用来交换原级强化物的物品都可作为代币。例如,小红花、小红旗、小星星、短棒等。教师常常用上述物品记录学生的良好行为,学生得到一定数目的小红旗等物可以换取特定的奖励,如文具等,小红花、小红旗等即为次级强化物,代币制中的原级强化物也叫做后援强化物。

代币制是一种用代币作正强化物来强化目标行为的行为改变程序。代币制也可以看作是经过刻意安排的奖励系统,被矫正人只要表现出目标行为就可以按规定得到相应的代币,用它换取各种各样的后援强化物。代币制可以针对多个训练对象,提高行为改变的效率,代币本身也可以作为一种教学工具和学生自我管理的工具,但在课堂上过多使用代币制也会分散师生的注意力。

(2) 代币制运用注意点

明确目标行为。确定目标行为时,要选择对被矫正人有意义并切实可行的行为。例如,要培养某同学在课堂上认真听课的行为。

---

[1] 赵耕源. 高空恐惧症. 中国心理卫生杂志, 1998(2).

建立基线。在实施代币制之前,应取得目标行为的基线数据,这样可以为行为改变前后的变化提供一个直观的比较,并为调整行为改变程序提供一个依据。

确定代币。如前所述,代币是可以累积的次级强化物。为了方便实际操作,代币须符合被矫正儿童的特点,代币须是比较具体和耐用的物品,且对儿童有吸引力,但不易被复制。

确定后援强化物。代币的强化作用主要来源于后援强化物的作用。实施代币制时,后援强化物应足够多,而且是儿童乐于接受和满足需要的,并可根据情况变更后援强化物。

确定交换标准。为所提供的后援强化物确定价值;让儿童知晓换取特定的后援强化物需要代币的数量值;指定交换的时间和地点。明确完成特定的良好行为可以得到多少代币,可以根据良好行为的难易程度、行为改进的程度而定。行为操作起来越难,行为改进越显著,则行为发生后所得到的代币应越多,反之亦然。在实际操作中,后援强化物的价格不宜太高,也不宜过低。太高则会让儿童望而生畏,缺乏信心完成;太低则会使儿童完成容易,而产生饱厌感。

实施代币制时要将行动计划和行为规则告知儿童,执行时要严格操作程序,要细致观察儿童的行为,出现良好行为时要及时发放代币,反之如果出现不良行为,也应及时没收代币。实施代币制的目标不只是让儿童在行为改变的训练过程中表现良好行为,减少或消除不良行为,而是让儿童在自然情境中同样展现较高的良好行为频率,因此表扬、微笑等社会性强化物和此结合使用乃至逐步取代代币非常重要。

小倩是个二年级学生,写字太慢,有时五分钟才写一个字,学校老师决定与家长共同想办法改正小倩这一坏习惯。行为改变计划由老师和家长配合实施,老师仔细观察小倩每天写字,确定了写字数量的平均值,画出了基线。只要小倩在学校作业时每五分钟能写五个字,老师就会给一个五角星,每集够五个五角星,就可以在爸爸这儿换取一个小红旗,每两个小红旗可以买一支小倩喜欢的画笔。计划分阶段进行,第一阶段五天,第二阶段改为每五分钟写八个字得一个五角星。小倩为了攒够五角星换取自己喜欢的二十四色画笔,写字越来越快。几个阶段后,小倩慢慢改掉了写字慢的毛病。

8. 认知疗法

(1) 认知疗法

认知治疗是20世纪70年代中期在美国出现的行为矫正理论方向。它根据认知过程影响情绪和行为的理论假设,通过认知和行为矫正技术来改变患者的不良认知,从而矫正情绪和适应不良行为。认知疗法认为认知可以左右行为反应、错误思维与判断,错误思维会过分夸大消极方面而歪曲了事实本身,这些是导致情绪行为障碍的主要原因。认知疗法强调帮助患者自己去发现他们的错误观念,其行为改变的治疗实质是患者用自己收集和评价过的彼此矛盾的证据来驳斥自己的错误观念。

(2) 认知疗法的运用

对情绪行为障碍儿童进行问题评估,寻找和确定问题是这一阶段的重点。要积极引导儿童暴露出不正确的思维,指导儿童主动观察自己的问题,并为之建立这些思维与其情绪变化的关系。

帮助情绪行为障碍儿童认识到自己的认知错误,与之一起检验存在的错误或消极思维。这是儿童重新认识自己行为的过程。

帮助情绪行为障碍儿童改变错误认知和思维方式,建立正确健康的思维方式。这是认知重建的过程。

(3) 认知疗法运用注意点

不同的情绪心理障碍往往有不同内容的认知歪曲,有抑郁倾向的大多对自己和环境持消极态度,而焦虑倾向的对现实中存在的威胁有偏见,过于强调不利因素等,要区别对待。

帮助儿童认识自己的行为问题。在纠正儿童的错误行为之前,必须让儿童知道什么样的行为是错的。儿童能自己评论自己,是控制不良行为的第一步,要鼓励被矫正者自己调查、归纳分析以往的思维是不符合实际的,应该改变它。

患者是12岁女孩,症状是没法走路。医学检查未发现任何器官、组织上的生理性病变。医生推荐采用心理治疗。

治疗者进到病房时,她正坐在床上,介绍完之后,治疗者开始治疗。

治疗者:我知道你很长时间没有离开你的病床了,为什么呢?

患者：我没法走路。

治疗者：这是为什么？你的腿瘫痪了吗？

患者：（烦躁地）当然不是！我就是没劲。

治疗者：你试着走走怎样？

患者：那我准得摔跤。

治疗者：我说你能走到医院的任何一个地方，你信不信？

患者：你瞎说，骗人的！

治疗者：你有什么证据？证明我是骗人的。

患者：你别烦人了，我知道我不能走。

治疗者：就走几步如何？

患者：不行，我的腿站不住。

治疗者：我跟你打赌，你能从这儿走到门口。

患者：要是不行哪？

治疗者：我扶着你怎么样。

患者：我一点劲也没有，没法动。

治疗者：我来扶着你的胳膊。（二人走了几步之后，治疗者松手，患者继续走了几步，走到了门口，自己又走到了床边）

治疗者：你看，你这不是能走吗，而且比你想象的好多了。

患者：太好了，我能走这么远了。

治疗者：我们这回走得再远些怎么样？

患者：我恐怕不行吧，我没有那么大劲。

治疗者：那你认为你能走多远？

患者：走两个这么远？（大约10米）

就这样，治疗者逐渐提出更远的距离让她走，每天练习几次。一个月后她已没有任何行走障碍了，可以自己上学了。[①]

培训活动建议

1. 思考并讨论各种行为改变方法的使用要点。
2. 针对班上某儿童的问题行为制定行为矫正方案并实施。

[①]华国栋主编. 特殊需要儿童的心理与教育（第二版）. 北京：高等教育出版社，2011.

四、争取帮助与支持

情绪与行为障碍儿童因为其自身的特点和局限,往往孤独、焦虑或狂躁,不善与人交往,教师和其他同学对情绪与行为障碍儿童的帮助首先要从真诚的沟通交往开始。

(一)师生真诚的沟通、交往与合作

沟通和交往是人与人之间通过语言和情感的交流,完成相互了解和理解的过程,有些情绪与行为障碍儿童在心理上与普通儿童相比,往往更敏感,更在意别人的反应,所以我们在与他们交往时,首先要为其留下良好的第一印象。

第一印象在人际交往中具有重要的作用,但真正的友谊是建立在理解对方和相互帮助的基础上的。以帮助和相互帮助开端的人际关系,不仅良好的第一印象建立起来容易,而且人际的心理距离可以迅速缩短。只有真正地理解情绪行为障碍儿童的需要和困难,并透过他们的外部表现观察他们的内心世界,了解他们所喜所好,所思所想,并以真诚平等的方式帮助他们,才能与他们建立稳定的人际关系。教师要教育普通学生与情绪行为障碍学生交往要热情、主动、谦让,不可处处争强好胜。多对他们付出爱心。同时,应鼓励情绪行为障碍学生积极主动与同学交往,并告诉他们一些交往的技能和技巧,社会视角转换技能、礼仪常识、语言技巧等,使他们充分感受到交往所带来的乐趣。

沟通是一个交互过程,一个完整的沟通过程不仅包括信息的发出,还包括信息的反馈。在与情绪行为障碍儿童交往的过程中,一方面要注意观察他对信息的接受和理解程度,以便及时做出补救;另一方面,还要重视自身对他们信息的反馈,通过有效的反馈,可以最大限度地减少沟通的障碍。

教师要为每位情绪障碍学生选配一名助学伙伴或朋友,对他们的学习和行动给予帮助。选配的助学伙伴必须是品学兼优、有热情、能持久、有耐心的儿童。在组建合作小组时,家庭居住比较靠近的学生尽可能分在一组,以利课外同学间互助。那些性格孤僻的情绪行为障碍学生尽可能分配

在关系融洽的小组,进而消除他们的自卑心理,让他们乐于参加合作小组,而对有小团体倾向的一些学生则不宜分在同一组。当情绪行为障碍学生感到忧虑、恐惧或不合群时,教师可用以下方法缓解他们的心情:向学生讲清合作的意义和程序;课外增加他们和其他同学交往的机会;给他们明确分工,让他在组内承担一定责任;教给他们合作的技能,增强他们的信心;在学习上给予个别帮助和辅导;根据小组平均成绩,决定小组是否获奖,促进小组成员帮助他们参加活动,等等。教师和学生要创造条件使情绪行为障碍学生有展示自己某方面才能的机会。

(二)家校合作疏导学生情绪,促进行为养成

前面已介绍,对情绪和行为障碍儿童教育一般采取改变环境、心理治疗及行为矫正和干预等方法,而这些都离不开家庭的配合。家庭教育也是不可忽略的教育资源。在这二者中,学校教育应该发挥主导作用。学校的领导和教师应该负起责任,指导和帮助家长对随班就读学生进行家庭教育,使家庭教育成为学校教育的延伸和补充。情绪行为障碍儿童在家里同样需要有良好的环境,并得到像在学校里一样的心理治疗和教育训练。

家庭环境既有物质环境也有心理环境,尤其父母教养的态度、方式对情绪行为障碍儿童影响很大。父母是儿童最早,也是时间最长的老师。在接受学校教育以前很长的一段时间,儿童就已经受到父母潜移默化的影响。他们首先从父母那里学习语言,学习认识周围的事物,学习行为习惯。正所谓"先入为主",家长对子女潜移默化的影响,给子女打上了最初的、清晰而深刻的烙印,成为孩子以后成长发展的基础。

父母对子女发展的影响,不仅表现在具体的、无意识的、潜移默化的影响上,还表现在有目的、有计划地按照自己理想的方式培养子女的有意识的行为上。而且,因为家长与子女生活在一起,子女对家长感情上的联系和生活上的依赖,使得这种有目的、有计划的影响更具有权威性和渗透力,因此,家庭教育有时在对于情绪和行为障碍儿童的行为养成方面起着决定性作用。况且,即使在学校受教育期间,家庭教育对儿童发展的影响,并不因为学校教育而停顿。教师之间、教师与家长之间的教育方法和态度要一致,对儿童有一致的要求和行为规范,而且要共同执行。如回家后先完成

作业再玩。写作业时思想集中,不开小差,不边吃东西边写作业等。

对于一些青少年来说,他们的心理障碍并不完全反映在情绪和行为上,还反映在思想观念中,这就需借助对认知过程(如知觉、自我陈述、归因及解决问题技巧)的干预,教师与家长合作,帮助学生分析不合理的错误观念,建立与之相对应的正确观念,实现对情绪的调控和行为控制。例如,有的学生遇到事情很冲动,教师和家长就要帮他分析原因,是习惯于以直接感知的情绪认知来决策,而没有转化为理性的思维活动,不去仔细衡量各种关系,简单处理问题,教师和家长就要引导学生思考以下问题。

- 我要做什么?
- 我要考虑所有的各种可能性。
- 我要注意主要的问题。
- 我需要做出选择和正确解决问题的办法。
- 我需要评价我是如何做的。
- 做出正确的行为反应。

有的儿童当需要没满足就哭闹没完,不听劝说,只好让他哭闹一阵,情绪才能逐渐平静下来,家长、教师可以让他适度宣泄,但要注意保护,以免出现意外。有的学生被批评之后会摔书包、推桌子、踢门等以示不满。教师、家长可以装作没看见,只要学生不再重复以前的错误行为即可。教师和家长还可通过深入了解儿童的动机、需要、欲望,启发儿童保持积极能动的心理能量。

教师和家长是合作的关系,教师要理解和尊重学生家长,只有在这个基础上,才有可能使家长更好地配合学校教育。要理解家长,就需要换位思考,经常站在家长角度考虑问题。要尊重随班就读学生家长,平等待人,不要因家长不具备或具备很少的教育知识或技能,就居高临下地与家长谈话。

(三)利用社区资源,形成教育合力

从系统论的角度说,教育系统是社会大系统的一个子系统,因此它必须与其他系统之间进行信息、能量和物质的交换,才能保持系统的动态平衡和"新陈代谢",教育才能不断获得可持续发展的动力。学校作为教育的主阵地和专业场所,必须保持与外界社会的不断沟通与联系,促进社会各

界了解和关注特殊儿童以及具有特殊需要的儿童,使人们充分认识到特殊教育的重要性和社会意义,从而赢得人们的广泛支持。

加强学校与社区的联系,营造良好社会氛围。社区支持是搞好随班就读工作的一个重要条件。办教育是全社会的责任,学校应主动争取社会的帮助和支持。应当说除了专业人士外,社会各界对于随班就读还是非常陌生的,对于情绪与行为儿童同样也不了解,会用传统的眼光看待这些儿童,认为他们是"坏孩子""问题少年"等,而不能正确理解产生这些情绪与行为的真正原因。学校应尽可能争取社区帮助,通过板报、橱窗、网站、印发宣传材料、广播讲座等手段广泛宣传,并举办开放日活动、各种公益活动、助残日活动、文艺演出、建立社区教育委员会等,帮助社区群众正确理解情绪与行为障碍儿童以及随班就读工作的意义等,包容和关怀他们,给他们以温暖和足够的耐心,为情绪与行为障碍儿童的教育营造一个良好的社会氛围。随着宣传的积累和扩大,社区逐渐对随班就读工作有了深刻认识,便能积极主动地配合、帮助学校做好随班就读工作。

争取社区各种支持。随班就读需要一定的物质条件,社区可以给予物质、设施、财力的支持。社会教育机构,如少年宫、活动中心、科技馆、文化站、少年之家、图书馆、电影院等,可以为情绪与行为障碍儿童的教育活动提供设备和场所,心理诊所、专业医院等也能为他们提供一些辅助治疗,教师可以主动请教心理治疗师,观察了解他们进行心理治疗的过程,也可以请他们共同对情绪行为障碍儿童进行诊断和心理疏导等。通过学校和社区的合力作用,为情绪与行为障碍儿童营造出宽松、健康、包容的学习和生活环境,展现丰富多彩的学习生活,从而促进他们不良行为习惯的改变和良好行为的养成。学校也可以向社区聘请校外辅导员,或在校外建立校外教育基地,如公交车队、敬老院、消防队、工厂、农村等,使情绪与行为障碍儿童扩大社会交往范围,有利于他们将来步入社会,融入社会。

培训活动建议

1. 针对班上一位有情绪行为问题的学生,与家长合作制定家庭教育方案。

2. 组织学员访问心理治疗师,学习心理治疗的经验和做法。

专题七　促进学习障碍儿童学习和发展

素质教育要求我们要促进全体学生的学习和发展，但在班级里总有一些儿童学习困难，处于落后状态。这类儿童中有一种学习障碍儿童，我们应该研究他们，满足他们学习上的特殊需要，促进他们发展。本专题介绍了学习障碍儿童的一般特点及教育对策，但学习障碍类型多，个体差异大，我们学习时要联系实际，特别在诊断基础上，分清一次性缺陷和派生的二次性缺陷，抓主要矛盾，提高教育的针对性。

一、正确认识学习障碍儿童

（一）学习障碍的概念

学术界对学习障碍有不同的定义和理解。普通学校常称学习困难，又称为学业不良、学习落后。学习困难侧重于学习过程，学业不良侧重于学习成品，学习落后主要是指学习者的相对位置。"学习困难""学业不良""学习落后"都是就一般的学习而言，普通教育界常用这几个概念。"学习障碍""学习能力缺失"，在我国普通教育界并不多用，在特殊教育界应用较多。[①] 柯克与葛拉格将学习障碍界定为"语文或知觉、认知或动作行为方面所存在的心理或神经上的障碍状况。这种障碍是：①显现于某些特定行为与成就间的差距，或已知的潜在能力与学业成就间的悬殊出入；②其障碍的性质与程度，已使该儿童无法从适合大多数儿童的教材与教法中去从事学习，而需要特殊的方法以获得发展；③其障碍并非以严重的智能不足、感

[①] 华国栋. 学习困难概念浅析. 现代特殊教育，1996.11.

官障碍、情绪问题,或欠缺学习的机会为主因"(Kirk and Gallagher, 1983)。① 美国学习障碍全国联合委员会1981年定义了"学习障碍",1988年重新修订后的定义是:"学习障碍系一个通称不同学习异常的名词,其包括在听、说、读、写、推理、数学等方面的获得和使用上出现明显困难者,这种异常是个人内在因素所引起的,一般认为是中枢神经系统功能失调所致。这种学习障碍可能发生在任何年龄。有些人有自律行为、社会知觉、人际互动的问题,同时有学习障碍的出现,但这些问题本身并不能单独构成学习障碍。虽然学习障碍可能和其他障碍同时出现,例如感官缺陷、智能不足、严重情绪困扰等,或有外在因素介入,例如文化差异、不当教学等,但这些障碍或外在因素并非导致学业异常的主要原因"。在上述的定义中,智能障碍、感官障碍、情绪障碍,或教学不适、不良社会环境造成的学习困难、学习落后是不列入"学习障碍"之列的。当然这并不意味着学习障碍儿童不能同时具有上述障碍。

正视我们教育的现状,在"应试教育"的情况下,有些学生的学习困难并不完全由个人原因造成,而是因为教育与环境的不适当,没有能向这些儿童提供适合他们的教育。常见由于教学目标、教学内容、教学方法、评价标准、奖惩等方面的失当给学生带来的学习困难。特别是由于学生的差异客观存在,教师应实施差异教学,从某种意义上讲,"一刀切"的教学是造成学生学习困难的根源。从这个角度来看待学习困难,可能对于改变教育现状更有积极意义。这是对学习困难的广义理解,但为了明确研究对象,区分教育不适应等造成的学习困难,本书将个人内在因素引起的学习困难也用学习障碍的称谓,并定义为:儿童在听、说、读、写、计算等学习能力的某一方面或某几方面表现为显著困难,往往还伴有社会交往障碍,但这并不是由于视觉障碍、听觉障碍、智能障碍、情绪障碍或环境、文化、教学不当引起。学习障碍概念可以看作是对学习困难的狭义理解。

(二)学习障碍的分类

学习障碍是不同障碍的统称。它们的本质特点是发展不平衡,但个体

---

① 转引自何华国. 特殊儿童心理与教育. 台北:五南图书出版公司. 1988.

表现差异很大,与临床分类不同的是,教育与心理学分类,有一定难度。现在尚无统一分类标准。柯克将学习障碍分为发展性学习障碍和学业性学习障碍。发展性学习障碍是指儿童在发展过程中出现的心理、语言异常,多与大脑信息处理过程问题有关,包括以下几种类型。

注意障碍:在同一时间对过多刺激作出反应,表现为好动,注意力分散,以及注意转移能力差,不能持续足够长时间来完成学习任务,也不能有目的地直接注意周围的事物。

记忆障碍:不能很好地记住曾经见过、听过和经历过的事情。有限的记忆广度、短时记忆库的绝对容量小,以及不善于恰当运用编码方式记忆,导致记忆的效果差。要解决容量的问题就要在教材教法上下功夫,要解决编码问题就要借助分类概念和灵活思维操作模型的习得了。

感知觉障碍:视觉或听觉的信息处理能力失常是一个重要特点。拿视觉来说,这不是看不见或视力弱的末梢感官问题,而是不能理解看到的事物的关系或赋予意义,表现出无法理解路标、方向指示、文字或其他符号,无法理解图片的含义,有的学生视力检查正常,但视觉鉴别困难,因而分不清"大"和"太"以及"6"和"9"。听知觉困难的儿童,听觉辨别能力差,无法理解或转译口语表达的信息,有的听觉语言能力有接受性缺陷,能了解名词,但无法了解动词、形容词,只能借助手势;有的听觉语言有表达性缺陷,例如听汽笛声后,脑海中难以形成汽笛声的心理意象,因而发汽笛声也困难。

感知—运动障碍:眼手协调、对事物序列安排等有困难,如对辨别左右方位、身体形象、空间定向,以及需视觉配合的活动感到困难。这些方面的欠缺不仅影响口头语言,而且也影响文字书写。在时间—序列问题上,学习障碍学生在完成需要对时间序列进行知觉的任务时取得的成绩很差。阅读无能的序列困难反映了言语中介过程困难。在时间序列组织上的缺陷可能导致方向问题,及在获得数学技能、阅读理解技能、书写和拼写技能上发生困难。

语言障碍:一些学者认为,语言失调是学习困难的一个重要因素。语言迟滞儿童在获得基本学习技能以及对指导性语言理解上发生困难。由此导致阅读、书写,甚至社交技能上的缺陷。语言发展的滞后表现为拼字缺陷、字母与符号的倒错、相似字的混淆等,或是其后的词汇量与句子过渡的滞后,构音和说话方式的稚拙,阅读出现许多省略、添加、替代与转换等错误,也会出现语法不通等问题。

认知障碍:大脑处理信息时,如分类、判断、推理、解决问题,以及计划、监控、评价等方面存在缺陷。在理解对象间相互关系中,对信息进行分类,理解事件间联系和形成概念等方面有障碍。在解数学题时,不能理解题意或者不能列式解答,运算操作多属尝试错误,不能进行逻辑思考,在关系的理解和共同要素抽取上有缺陷,所以掌握数的概念和进位、退位等运算有困难。空间认知的障碍导致取位和"0"概念操作出错,有的学生会算"10 - 6",但对"100 - 6"却表现出"十位是0,借不来"的困惑等。

学业性障碍是指实际学业成就低于潜在学习能力而表现出来的学习困难,包括:拼写障碍、阅读障碍、写作障碍、计算障碍、空间关系障碍等。学业性障碍往往是多种发展性学习障碍并存的结果。

我国学者根据学习障碍表现领域将学习障碍划分为语言学习障碍、数学学习障碍、社会学习技能障碍等。学习障碍有各种各样的类型和特征。事实上,学生在学习的输入、整合及输出的某一个或几个历程中存在缺陷都会遇到困难,每一个障碍儿童并不是同时具有上述特征。学习障碍儿童在学校里是普遍存在的,学习困难的类型表现也是各种各样的,下面就其一般的特征加以描述。

(三)学习障碍儿童的心理行为特征

我国教育界以往对学习困难与学习障碍未严格界定,所以在有关文献中有混用情况。

1. 学习障碍儿童的神经心理特征

对学习障碍的研究,起初认为是大脑损伤的问题,并进行针对性治疗,如对阅读障碍的诊治,但效果并不理想。20世纪40年代早期,研究者们注意到学习障碍与神经系统功能失调的关系,认为并不是所有学习困难的学生都有大脑器质性损伤,更多的是轻微脑功能失调(MBD)或感知运动障碍,应注意从心理、教育的角度研究脑机能问题。

我国程灶火、龚耀先、解亚宁曾用HR少儿神经心理成套测验修订本[HRB(m) - RC]、韦氏记忆量表中国修订本(WMS - RC)和分类测验研究了 50 名 9~14 岁学习困难儿童的神经心理特点和神经心理功能与学习成绩的关系,研究结果如下。[①]

学习困难儿童的神经心理功能有不同程度的缺陷。

(1)学习困难儿童在通常认为对脑功能损害敏感的 25 个复杂功能的神经心理测验成绩均低于对照组。其中,与言语理解、解决问题推理、长时记忆有关的分测验成绩与言语智商受损最明显,而恰好这些分测验成绩与学习成绩相关最高。

(2)学习困难儿童触摸时间量表分右手低于左手、语音测验量表分低于音乐节律测验量表分,这说明学习困难儿童两半球功能不平衡,主要受左半球功能制约的诸测验成绩较低,左半球功能受损更明显,这种平衡失调是影响学习成绩的因素之一。

(3)各种神经心理功能与儿童学习成绩呈正相关。其中,算术、类同、常识、连线测验和音乐节律五个测验对学习成绩影响较大。就言语智商、操作智商和记忆商而言,言语智商作用最大,记忆商次之。

学习障碍通常与中枢神经系统局部器质性损伤有关,而智能障碍与大脑结构整体发育不足有关,这是他们的区别。

2. 学习障碍儿童的认知特征

学习障碍儿童智力正常,但大都有认知障碍,在位置、顺序、方向、图形等认知上有障碍,常主次逆转、张冠李戴,在听、说、读、写、计算等能力上,表现为某些方面能力可以,而某些方面能力又极其低下,能完成简单的听、说、读、写,但理解与应用能力低。

认知心理学的兴起,使人的高级心理活动过程,特别是思维与问题解决过程得到了深入研究。学习是一个建构过程,学生在这个建构过程中将课文中或教师传授的知识转变为有用的技能,如解决问题的技能。因此在知识的获得、组织、编码方式上的差异以及问题解决技能获得上的差异便会导致学习成绩差异。下面从这一角度进一步分析学习障碍儿童的特征。

(1)认知结构。关于问题解决的研究有两大趋势:一是将研究的焦点集中在问题解决过程上;另一个则是将研究的焦点集中在问题解决者的知

[①] 程灶火,龚耀光,解亚宁. 学习困难儿童的神经心理研究. 心理学报,1992.3.

识,特别是知识的组织上。自20世纪80年以来,人们开始重视对学生头脑中的知识结构——认知结构的研究。仅仅在头脑中存在知识并不能保证它能得到有效应用,知识的可用性需通过知识的适当组织而得以加强。

有人(Lawson,chinnapan,1994)对愿学而成绩不佳者的问题解决行为进行研究。他们采用考试后让学生自由回忆和提词回忆的方法,发现优生能够唤起大量的相关知识,并能有效利用,而学习困难学生不仅唤起的知识量少,而且也不能有效利用。学生不能唤起知识,是因为不能激活知识结构中与问题解决相关的知识。或者学生唤起了相关知识,却不能有效应用它,这说明学生的知识是零散的。组织不良的知识结构限制了学生搜索与问题相关知识的成功,而对问题解决过程的无效反审或管理也可以导致不能激活重要知识或不能有效使用已激活的知识。正像教育家乌申斯基所说,学生头脑里的知识如果像个乱七八糟的大仓库,主人在那里是什么东西也找不出来的。

(2)认知加工。学生在学习进程中表现出的差异说明,有时优生与学习困难学生在学习活动积极性上并无差异,但优生能对认知进行深加工,注意内隐的程序性知识,而学习困难的学生其思维发展的水平和速度低于同龄人,往往对给定的信息表面加工,聚焦于描述性的知识。从高、低成就两类学生在解决几何问题时产生的活动方面来看,成功的问题解决与高水平的加工活动紧密相连(Lawson & Chinnappan,1994)。优生在解决问题,特别是较困难的问题时,会产生很多加工活动,主要表现为对给定信息的确定,对加工活动的管理及对产生活动的数量的控制等。

(3)元认知技能。学习并不仅仅是对所学材料的识别、加工和理解的认知过程,同时也是对该过程进行积极监控、调节的元认知过程。高元认知水平的学生比低元认知水平的学生更能成功地解决问题,甚至低才能而元认知水平高的学生也要比高才能而元认知水平低的学生强(Swanson,1990)。因此,元认知技能的差异是导致学习者成绩差异的重要原因。造成基础知识水平相同、学习能力不同的两类学生之间学习能力差异的原因是元认知水平的不一致。在低水平的元认知能力与低成绩的关系上,元认知水平越高,其学业成绩越好。优生与学习困难的学生在元认知的两个成分上——关于认知的知识和认知的调节——都表现出差异。在关于认知的知识上，学习困难学生所拥有的问题解决技能的知识的精确性较差，表现为他们不能准确预期他们能否正确解题；在认知调节方面，学习困难学生不能够积极、准确地监控其问题解决活动。优生在探查与监控理解失败方面要比学习困难学生做得好。

（4）认知风格。学习困难儿童常读错文意，急于求成，导致失败，从认知风格考虑，他们多属冲动型。梅塞报告显示（S. B. Messer，1970），在65名小学二年级学生中留级者7名，其中5名属冲动型，1名类似冲动型，熟虑型仅1名。

3.学习障碍儿童的行为特点

多动是多数学习障碍儿童的特征，年龄越小，越严重。随着年龄的增长，这些儿童会逐渐安定下来，但行为方面的多动，会以内化方式残留下来。与多动相反，也有少数学习障碍的儿童寡动，他们动作迟钝，无积极性。注意力集中时间短暂，易分心，受到微小刺激就难以控制。难以集中注意力，也是学习障碍儿童的重要特征。

有些学习障碍儿童表现出强烈的执着特征，拘泥于自己的爱好和做法，这也影响了他们学习新的内容和社会交往。有些学习障碍儿童在协调运动能力方面发展滞后，还有的表现出由于学习障碍派生的二次症状，如孤僻和冲动等。

（四）学习障碍的评估诊断

学习障碍诊断十分复杂，首先我们可以通过常模参照评估，将儿童当前学业表现的标准化分数与常模比，看是否达到显著水平，对学习障碍儿童进行初步筛选，再进一步选择一些量表进行筛选。例如《学习能力障碍儿童筛查量表》（PRS），它由美国学者 H. R. Myklebust 于1981年编制，我国研究者静进等结合我国情况进行修订。该量表由言语和非言语两个类型评定表及五个行为区（听觉理解和记忆、语言、时间和方位判断、运动、社会行为）构成，下分24个评定项目。该量表适用3～15岁儿童，一般由教师或医生评定，但该量表目前还没有使用手册，对教育训练还缺少指导，现在只在我国江苏、浙江等地部分地区使用。

日本教授上野一彦编制的《判别学习障碍的行为检核项目》可供参考。

台湾孟瑛如教授编制的《国民中小学生学习特征检核表》共80题,分为注意与记忆、理解与表达、社会适应、知动协调、情绪表现五个分量表,有较高的鉴别度,在台湾使用广泛。《中小学学习障碍筛查量表》由杭州特殊教育中心对上述量表进行修改而成:调整原题的语法结构和语言习惯,结合杭州中小学学生的行为特征扩充内容,共132题,并建立杭州常模。有五个分量表,分量表A:注意与记忆问题,前者包括注意的集中、选择和专注力等,后者包括短时记忆和长时记忆等;分量表B:情绪量表问题,如自信心、紧张、焦虑等;分量表C:知动协调问题,如视、听、触、时间、空间等方面的知觉认知与表现;分量表D:社会适应问题,如与同伴的关系、环境适应、人际互动等;分量表E:理解与表达问题,指信息输入输出问题,前者包括文字辨认、文章意义的理解等,后者包括发音、口语表达、书写、阅读、写作等。由熟悉学生学习行为的教师在培训后按操作手册规定操作,并合理解释结果。

根据学习障碍的定义,我们应当排除感官、智力、精神等障碍因素或文化刺激不足、教学不当等环境因素。在对筛查结果作出解释前应广泛收集学生各方面资料,进行听力检查、视力检查、神经系统检查、智力测验、学业成就测验、环境生态性评估等,以排除具有某些学习障碍特征而不是学习障碍现象。最好由专家组成的团队再进行一些专门性测验,如语言功能测验、注意与记忆测验、学习习惯测验、知觉动作测验等,以确定学习障碍类别、程度及原因。

《学习困难诊断量表》(J. M. Harwell)列举了20种与学习困难、学习类型和不同需求类型有关的现象,组成20个分量表,共230题。①视知觉障碍和视觉—动觉协同障碍;②听知觉障碍;③概念能力障碍;④记忆障碍;⑤注意力障碍;⑥失败综合征;⑦危机干预;⑧体质虚弱;⑨过敏体质;⑩起立性调节障碍;⑪缺乏自立;⑫情绪障碍;⑬学习习惯不良;⑭要求注意型;⑮要求依赖型;⑯要求权力型;⑰要求报复型;⑱视觉型;⑲听觉型;⑳动觉型。华东师范大学邵志芳等对此量表进行了修订,并建立了上海地区常模。该量表由熟悉学生的老师、家长根据学生近期表现评定,得出各量表分再与相同水平整体进行比较判断,主要为了了解学习困难症结所在,为教育康复指明方向。

对韦氏儿童智力测验分数的分析也可诊断学习障碍。我们依据智力测验的语文理解指数分数、知觉组织指数分数、专心注意指数分数、处理速度指数分数，可以提供学生学习表现方面的许多资料。韦氏智力量表分测验中填图积木和拼图最少受文化和教育机会的影响，相反多数言语分测验反映了晶体能力（以已有的教育训练和文化为基础表现出来的智慧功能），图片排列依赖于文化背景和人际经验，而译码更多反映了人的心理运动能力而不是智力。但对于场依存性认知方式的个体、有视知觉问题的学习障碍儿童或右半球皮层有病灶的脑损伤儿童，空间分测验则不能客观准确地评价他们的智慧机能。学习障碍儿童群体空间能力往往比他们其他能力水平相对高些[1]，不能仅凭这点诊断，要与其他测验结合。背数的倒背部分与视觉空间能力有显著联系，顺背则不然。当背数分测验与儿童在空间分测验（包括迷津上机能水平）一致时，就可考虑儿童在流体智力（与解决问题有关，面对不熟悉的刺激表现出的适应程度和灵活性）上有总体上的优势或弱点等。韦氏测验中的12个分测验可做各种有意义的分类和组合，韦氏量表中的言语和操作的区分只是这些有意义的分类中的一种。因不同分测验的组合而发展出了相关侧面图指数分数，包括WDI、ACID、SCAD组型等（陈荣华，1998），这些资料可协助我们对学生进行深入了解，但需要全面分析。如学生只是知识习得分数低，而在类同、理解和背数上的成绩不低，那么这些儿童的成绩较容易得到改善，习得分数低可能和贫乏的文化环境等有关。如所有言语分测验成绩都很低，就可能与封闭的文化、学习障碍和智力迟钝有关；一个算术测验的低量表分有时归因于长时记忆不良，而有时归因于不当的数量推理，这都需要我们进一步仔细分析。

对学习障碍的诊断是复杂的，我们诊断的重点是学生的困难所在，学生的特殊需要，以便采取相应的教育对策，而不在于确定该儿童是不是学习障碍儿童，贴上标签。

培训活动建议

1. 组织学员交流各自所教班级里学习障碍儿童的种种表现。
2. 利用学习障碍的评估诊断工具对本班学习障碍儿童进行评估，并进行小组交流。

---

[1] 王书荃，张绪扬. 韦氏儿童智力量表的理论与应用. 北京：人民教育出版社，1998.

二、学习障碍儿童随班就读

学习障碍儿童一般原来就在普通班,但由于学习成绩差,往往成为班上的后进生或差生,进而产生自卑或自暴自弃的心理。对学习障碍儿童随班就读可采取以下对策。

(一)创设民主和谐的学习环境

教师在学习障碍儿童心目中占有独特的重要地位,教师对孩子的态度和行为,直接影响着他们的学习热情。教师不能歧视学习障碍儿童,要主动、热情地接纳他们,尊重每个孩子,多一些爱心、细心、耐心;用各种适当的方式给学生以心理上的安全感或精神上的鼓舞,把学生当作朋友和知己,多一些理解、鼓励、宽容,给学生构建安全的心理环境。课堂上给学习障碍孩子平等的参与机会,安排的学习目标、内容、方法要适合他们。营造一种可以让他们自由表现的民主氛围,不要轻易打断学生的发言或活动,使学生拥有充足、宽裕的发言、补充、更正和辩论的时间及空间,让各种不同类型的学生的智慧都得到尽情发挥。对那些性情活泼、开朗、交往能力强、善于合作的孩子,要给予充分的赞扬和肯定,促进他们进一步的发展;对待那些内向、胆小、自闭和交往能力较弱、缺乏合作意向、合作能力差的孩子,要理解和鼓励,以亲切的语言与和蔼的态度激发他们参与活动和合作的欲望,积极了解他们心理上的需求,帮助他们克服对学习的畏惧心理。

要给学习障碍学生提供获得成功的机会,让他们享受成功的喜悦。一句真诚的表扬,一个赞许的目光,都能使学生真切地体验到学习的成功与快乐,从而产生进一步学习的欲望。为了树立他们的自信心,教师要根据学习障碍儿童的特点,在班级中安排一些他们力所能及的工作,如让其充当老师的小助手,让他们感到教师对他们的信任。

(二)帮助学习障碍学生做好必要的认知准备

1. 认知准备水平对学习的影响

各学科知识都有内在的逻辑结构,学习是建立在一系列带有认知特点的已有学习的基础上。布卢姆把某项学习任务所需的必要学习称做"认知前提能力"。布卢姆指出,学校课程中大多数的学习任务都是按一定顺序排列的,在这样一系列学习任务中,每个学习任务都成为下一个学习任务的必要学习。他认为,在完成各个学习任务的成绩上的许多差异,都是由于学生在学习新任务开始时就已具有差异,因而学生已具有的必要学习所掌握的程度对日后的学习有重大影响。

不同的知识能力准备水平影响学习的迁移。用现代认知心理学术语来说,有意义的学习过程是原有知识同化新知识的过程,学生原有的知识状况,特别是基本原理和概念掌握的情况,也就是认知结构的水平直接影响新知识的学习,影响知识技能的迁移。如果我们在教学新知识前,帮助一些后进的学生具备必要的认识前提,就有利于缩小他们和其他同学学习新知识的差距,提高学习新知识的质量。而学习障碍学生知识技能缺漏较多,往往认知准备达不到应有的水平,如能及时铺垫,提高学习准备水平,会收到事半功倍的效果。

2. 提高认知准备水平的方法措施

分析和新知识相关的关键知识技能。教师在课前的设计中首先要分析清楚新知识学习所需要的知识准备和技能准备。

课前必要的测试。学习新知识需要一定的知识技能准备,可以通过一定的测试了解学生的不同准备情况,并做一定的补救。为了不给学生增加负担,可以每个单元进行一次。特别是理科学习,可以采用此法。

引导学生进行自主学习,丰富学习经验。学习新知识,不仅要准备知识技能,还要准备经验、态度、能力等方面。引导学生参与一些社会活动和科技活动,丰富他们的经验和阅历,对于他们顺利学习新课是非常必要的。

新课预习。对于有些新授的内容,学生可以先预习,并从中发现学习困难的地方,课堂上重点突破。但采用探究性教学的内容不适宜这样做。

课初的反馈补救。如果新课需要的旧知识技能不复杂,根据教师的经验,多数学生也不会有什么困难,则可以在上新课的开始,通过提问等方式了解学生的准备,重点了解学习基础较差的学生准备情况。

(三) 了解特殊需要,提供针对性教育

对学习障碍学生的教育,不能仅靠思想工作和鼓励他们勤奋学习,来

弥补其学习的不足,应同时采取一些有针对性的教育措施。

程灶火(1992)等人的研究表明,样本中有16%的学习困难儿童神经心理功能达到平均水平或以上,对照组中有10%的儿童存在某些神经心理功能不足。对那些虽有神经心理功能损害,但学习成绩好的这一部分儿童的学习方法的进一步研究,可能对我们改进教学和学习方法会有启示。儿童在生理及心理上客观存在差异,他们的智力水平及智力发展是不一样的。这就使得同样的学习内容,有些学生学起来得心应手,而有的学生却步履维艰,特别是对那些抽象的难理解的内容,他们的差距也更大。学习障碍学生虽然智力水平并不低,但是中枢神经功能系统失常,造成上课注意力不集中、学得慢等问题,进而导致学习困难。有的学习障碍儿童存在心理过程障碍,从而造成潜在能力与实际成就有很大差距。就这类儿童来说,其发展的不均衡在同龄儿童中相当显著。

另外,内心的焦虑、紧张、抑郁、寡欢、急躁等心理因素也会影响学生的学习,虽然情绪因素不属于学习障碍范畴,但学习障碍带来学习成就低下,影响学习情绪,也会导致学习困难。

1. 诊断学习困难,了解儿童特殊需要

对于学习障碍学生,了解其困难所在,必须从整体的发展的视角出发,运用多种方法测查,如系统、动态地对儿童学习过程进行观察,访谈儿童,让儿童说出学习思维的过程等。教师也可以运用一些工具测查,如运用《学习适应性测验》引导学生对自己学习态度、学习方式、学习技术等方面进行自我评估、自我调节,教师帮助他们进行分析;同时可以利用多元智能调查表对学生智能的水平和潜能作初步的调查,有条件的学校和教师还可以进一步用标准的智力测验工具进行测验和分析。学习的过程也是心理活动过程,心理活动的优劣对学生学习有很大影响。因此,要对儿童的知觉动作能力、语言能力、注意力、记忆力、思维能力、想象能力、兴趣、动机、毅力等方面进行测查,运用心理测验和评定量表进行必要的测量,并在测查的基础上进行科学分析。例如,从韦氏测验的4个部分得分去分析个人内在差异类型:语言操作力(VO)——"类似""词汇""理解";空间操作力(SO)——"图画补缺""积木模型""组合";注意记忆力(AM)——"心算""背数""译码";知识习得力(KA)——"常识""心算""词汇"。语言操作力是语言智力中同语言性概念和表达有关系的能力。空间操作力是动作性智能同视空间认知与构成力有关系的能力。注意记忆力则涉及短时记忆与注意集中。知识习得力同知识掌握有关。韦氏测验的总分对我们没有太多价值，而各项测验得分及其分析有助于我们了解学生个体的内部差异，从而采取有针对性的教育教学措施。

教师还需常对学生进行教育测量。对教育过程中的表现和成就的测查，可进一步看出心理测查如智力测验结果是否准确、符合实际，以便更全面地掌握学生的情况。教育测量的结果，主要是与既定的学习标准相比较，一般采用目标参照测验或标准参照测验。对照学习标准与儿童的实际学习成效，进行描述，为确定教学目标、进程提供参考。还要特别加强课程本位的参照评估，以儿童完成日常课程任务为基础，具体步骤是：①直接观察与分析学生学习环境，包括教材、教法、教学时间和学习时间；②分析学生学习过程，包括态度、注意力、阅读教材、听课反应等；③评估学生学习成果，如作业、考试、回答问题等，分析错误类型；④诊断分析，这时常采用工作分析的方法，将学生学习的内容细致划分，从而了解学习困难的确切所在。例如，学生四则混合运算做错了，就要进一步分析，是加法做错了，是减法做错了，还是乘法、除法算错了。假如是除法计算错了，就要进一步看是试商错了，还是什么原因，追寻根源，找出问题所在。请看以下案例。

言语性LD+注意力集中困难(8岁,男,小学三年级)

因妊娠中贫血而服用含铁补血药，出生比预产期迟两周，正常分娩体重4300克，三个月体检发现头围大，CT扫描和血液检查无异常。婴儿期运动发展略迟于普通儿童，始步1岁6个月，2岁6个月出现有意义词汇。单独游戏多，多动，3岁体检发现词汇发展滞后，4岁出现双语句。4岁1个月入园，多动坐不住。半年后有所改善，但行动迟缓不作个别指示便不动。

行为能力特征：

语文：能够朗读、默读字词、课文，但不理解，记忆汉字较快，能识别字形，但对用法、笔顺不懂。

算算：能快背九九口诀，计算经反复练习后也能达到相应年级水准，应用题列式困难，即使同一类题反复练习也难以独立解答。

运动：投球、跳绳之类动作不连贯，协调运动差，游戏中难以理解规则，往往离群索居,手指不灵活,不能很好用筷子。

会话:构音略有问题,很少主动说话,一旦发言,或不合情理或助词运用不当,对对方讲话也有理解问题,同一提问需反复数次才能懂。

行为:动作迟缓,难以集中注意力。每天例行活动清楚,但对新情境适应需花时间。对伙伴感兴趣。

心理测验的结果及解释:

总的智力水准属临界范围内,WISC-R 的语言性 IQ 和语言操作力、ITPA 的听觉—音声回路差。动作性 IQ、空间操作力及视觉运动回路占优势。从 WISC-R 的"背数"、"符号"ITPA 的"数的记忆"、"形的记忆"得分看,短时记忆能力、排列记忆能力发展较好。

诊断与治疗目标:

从心理能力看,断定为智力水准处于临界线的语言性 LD 儿童,兼有注意力集中困难、笨拙的特征。指导时先考虑设计有助于集中注意力的情境,因此尽量选取动机作用高的内容形成学习态度,并创造促进其发言的情境。比学习更严重的是他不能清楚表达自己的想法,难以交友且易产生误解。指导重点放在用词汇和信号表达自己想法这一沟通能力上,可利用其较好的短时记忆力使之掌握一定范式,再做些内容上变化后达到熟练。

治疗内容与过程:

每周治疗一次,约 50 分钟。3~4 名指导者对由 5 名 LD 儿童组成的小组进行治疗。

治疗前的准备:做由躯体运动组成的精细体操,以改善手指的灵活度和协调运动状况,使其身体紧张度下降,创造易于集中注意力的情境。朗读短小精悍的寓言故事以促使其开口,使其控制声音的大小和声调。

在治疗开始时该生已不再有多动倾向,但仍难集中注意力。不过,从浅显易懂的课题入手,情况有所好转,有轻度的构音障碍,缺乏自信,经过多次朗读训练,声音渐渐变大。

每次治疗之初,都提出适当约定(如大声回答,大声发表自己想法等要求)。指导时经常作出反馈,指导后学生对约定作出自我评估,指导者也作出评价。

沟通能力训练采取多维度通信的一种手段——卡通图片,通过造句的媒体——符号和信号的运用,在多样化的刺激中谋求视听系统综合功能的提高。造句指导可采用卡通卡片,显示下列各阶段的惯用句型,让他用信号和语词表达出来:主语+动词;主语+目的语+动词;形容词的训练:主语+形容词+目的语+动词。

另外作为沟通能力训练的一种变式,借助触觉信息、视觉信息和语言信息,进行从局部预测整体的用语言表达的课题。

该生往往用单词回答提问,日常会话也不流畅,经过指导,渐渐能用信号和语词连续说出各种句型的句子。

开始时对从局部猜测整体的语言化的课题,理解费力,只能抓住所示信息的一个侧面作出预测,但真正了解规则后,能利用全部信息回答了。①

2. 采取有针对性的教育措施、策略和技术

既然前面分析表明,学习障碍儿童主要表现为言语理解、长时记忆和解决问题——推理能力较差,认知水平低,那么教育工作者就应对症下药,采取相应措施。

语言是传递信息的重要工具,语言能力薄弱的学生往往不能进行有效的信息处理。我们有时也可以将种种信息置换成表象加以接收和存贮,这就是表象型学习方式。例如,在解数学应用题时,未能从字面上发现解答的线索,但如果据题意画出图形,就容易解了。这种思路是表象型学习方式的一种手段,对于不擅长表象化的学生尤为有效。

学习过程可以视为一种信息处理过程。随着学习内容的加深,学习者需要进行信息的精密符号化(elaboration)和转换(transformation)。这种精密符号化和信息处理的过程,称为编码型学习方式。学习障碍学生往往不能自觉运用编码型学习方式。接收信息未能编码,不能长时间存贮,虽然记住一些片断的局部的知识,但由于彼此不关联,日后很难回忆出来并加以运用,不能形成结构化的学力。但罗瓦(W. D. Rohwer,1973)研究发现,即使难以进行自觉编码的儿童,只要有外部援助,也能进行编码。教师要帮助学生明确已学内容的关系,教给他分析与综合信息的方法,促进学生进行编码。在存贮信息的过程中,如果我们既借助语言式编码进行符号

---

① 钟启泉. 差生心理与教育. 上海:上海教育出版社,1994.

化,也借助表象式编码进行符号化,那么记忆效果会更好。为了提高记忆效果,我们还可以对学习困难学生进行复述、联想、分类、自我询问等记忆策略的训练。

针对解决问题能力差的学生,则采取以下教育措施:①给他们提供的知识信息具有良好的结构;②帮助学习障碍学生把握知识的内在联系;③指导学习障碍学生掌握概念原理的本质,不停留在知识的表层;④指导他们掌握学习策略和解题策略;⑤指导他们反思、监控自己的学习、思考过程;⑥教学中形象思维训练和逻辑思维训练并重,借助形象材料,促进逻辑思维发展。特别要帮助学习困难学生转变学习方式。在问题解决学习中,有一种学习方式是,先设想哪一种解法正确,然后通过验证得到解答。另一种学习方式是,通过尝试错误,一点一滴地求得正确答案,前者谓之假设验证型学习方式,后者为尝试错误型学习方式,学习困难学生往往采用后一种学习方式。所以解决问题花得时间多,效果差。教师要指导他们,逐步掌握假设验证型学习方式。

为提高学习困难学生的学习效果,有的学者认为还可采用以下教学策略:使用"注意听"、"看我"的话语,使学生保持注意力;提供重复练习的机会,并提高学生的反应速度;加强学习中的分类概括;提供示范教学;配合手势的运用;利用增强原理,为学生的正确反应提供立即回馈;提供学生参与学习活动的机会,包括实际操作或口头反应;提供成功经验;重视学生的错误反应,直到完全正确为止,根据学生的精神状况和意愿,决定立即、改时或改日重教;以精确的图表或记录,表示学生学习的进步,并作为评价的参考。

学习障碍学生往往在班上也成为差生,巴班斯基对差生的矫治方法可供我们参考。

(1)克服思维发展中的缺陷。①在教学中引入问题性因素,加强教学的发展性影响;②注意培养学生区分教材重点和抓住问题实质的能力;③加强理论知识的指导作用;④发展思维的独立性。

(2)克服基本技能中的缺陷。①形成学生合理组织学习活动的技能,如尽可能在规定时间完成作业,做作业时注意力集中,养成预习、复习及自我检查的习惯;②加强基本学习技能训练,如阅读技能、书写技能、计算技能等。

（3）克服学生不良的学习态度。①在教师、班集体、家长与差生间的关系中形成良好的心理气氛；②教师应善于发现和诱发学生的好奇心和求知欲，并把这些品质转化为兴趣进而把这些兴趣转化为对知识的需要；③使学生充分认识学习的必要性，理解学习对个人和社会的重要性，形成学生的责任感和自觉性；④克服家庭的不良影响。

（4）克服知识缺陷。①组织教材的系统复习；②提出一整套的个别练习；③组织学生分析错误；④通过补习及时弥补各种原因造成的知识缺陷。

我国学者俞国良对差生提出的矫治技术①如下。

（1）角色置换技术。差生扮演某个角色，来置换原有的错误角色。

（2）"登门槛"技术。先提出差生力所能及的小要求，当他服从小要求后再逐步加码。

（3）AA模式技术。通过改变人的需要和态度来改变行为的目的。具体措施为：①教师采取一定措施让差生了解自己问题症结所在，并产生改变需要；②让差生找寻解决问题的办法；③教师和差生就如何改变进行沟通，差生有权决定他将要做什么和如何做；④差生尝试改变，教师给予必要的支持和配合，差生发现自己确有进步从而产生继续改变原来自我的态度和行为。

（4）心理互换技术。创造一个条件让差生体验对方的心理感受，逐步取得心理平衡，恢复正常人情感。

（5）反馈补救技术。教学活动中将教材合理分成几个单元教学，一个单元进行一次测验，获得反馈信息及时补救等。

尽管学习障碍学生千差万别，困难各不相同，但从对他们教育教学的角度看，也有共同的一般原则可循。如果我们遵循这些原则进行教学，相信会使学习障碍学生有长足的进步。

（四）教育教学的一般原则

1. 引导发展原则

学习障碍学生的一个共同特征是学习成就低下。针对他们学习的低

---

① 俞国良. 差生教育及转化的特殊技术. 普教研究, 1992.1.

水平,有些教师遵循量力性教学原则。以这些学生现有的发展水平和能力为基础,对他们采用比较慢的教学速度,教学中提供直观具体的内容较多,相对难的、抽象的教学材料较少,对他们的教学要求较低,大多停留在识记、了解、领会的层次。这样的教学,是不能促进学习障碍学生发展的。维果茨基指出:教学不应着眼于发展的昨天,而应着眼于发展的明天。对学习困难的学生,应为他们制订适度的挑战性的目标,学习目标应处于学生的最近发展区内。当然各个学生的最近发展区是不一样的,每个学生要实现自己的学习目标都不是轻而易举的,但也不是高不可攀的。按照"引导发展"的原则,对学习困难生,既要教学具体的内容,也要教学有一定思维负担的适度的抽象内容;教学速度一般虽较慢,但有时也要适度加快,这要因人而异,因教学内容而异。事实上,许多学习障碍学生还是有潜力的。按照布卢姆的研究,除少数智能障碍的学生外,95%的学生学习差异均在习得性方面,只要改善教学过程,应该有95%以上的学生成绩是优秀和良好的。

2. 知情并重原则

学生在学习新内容时,不仅认知方面存在差异,通常在情感意志等方面也有不同。特别是学习障碍学生,长期的学习失败使他们对学习失去信心,对学习没有兴趣,甚至害怕和讨厌学习,缺少学习积极性。所以对学习障碍学生的教学,首先要注意培养他们对学习的兴趣,建立师生感情,注意和他们情感的交流,教师应对他们有一定的期望和积极态度,调动他们学习的积极性。教学中激发他们对所学科目的兴趣,考虑他们认知活动的特点和学习速度,必要时使用直观手段,特别要重视集中他们的注意力,提问他们,吸引他们进行判断。注意激发学生的学习责任动机。"重要的是教师对他们的信任和热爱,只有使他们也像优秀生那样成为教师的助手,成为提问和作业的积极完成者,才能使他们养成学习的责任感。一旦形成责任感,教师就可针对教学不同情境,采取不同方法调动他们的学习积极性。"当他们学习上取得成就时,要及时给予鼓励,并给他们提供成功的机会。当学生感到自己能成功时,他就会努力学习。

3. 扬长补短原则

我们主张学生全面发展,但这和发展学生的个性并不矛盾,它们应是和谐的统一,不重视发展个性就难以培养出创造型的人才。对特殊学生的教育,我们主张"扬长补短"。学习障碍是由于种种缺陷所致,针对缺陷进行必要的教育训练,可在一定程度上矫正和补偿缺陷,减少学习的困难,提高学习的成就。例如,针对逻辑思维差的儿童,不仅利用知识本身的逻辑体系教会学生正确思维,而且要对他经常进行分类、比较、演绎、归纳、概括等方面的训练,对思维不连贯的儿童,经常让他完成一些有关排列方面的任务,提高他们的思维能力。但每个学生又有其优势,潜能不同,如不从学生素质特点出发,只按照教师、家长意愿去发展学生,往往事倍功半。所以在"补短"的同时,不能忽视"扬长"。

4. 主动参与原则

主动参与,是指学生在教师指导下积极主动进行学习时表现出来的主观能动性。有的学习障碍学生学习主动性、自觉性不够,思维常处于被动状态。要努力改变这种被动状态,培养他们的主体意识,以及学习中自我控制、自我调节的能力。美国弗吉尼亚大学的哈拉汉(Hallahan)及其同事,就是采用"认识—行为改变"原理,通过与学习障碍儿童交谈,了解他们的困难所在,指导他们学会自我控制,集中注意力。有的学习障碍学生对学习也有积极性,并不比优等生少下功夫,能自觉地获得学习信息,但他们对学习信息的加工处于浅表层次,注重的是描述性知识,而不能像一些成绩好的学生对信息进行深层次加工,挖掘隐含在课文中的程序性知识和情景性知识。学习障碍学生往往不能准确把握解决问题技能的知识,也不能积极监控并随之调节自己的认知加工过程。因此,教师不仅要引导学习困难学生主动参与教学活动,而且要给予指导,授之以法,让他们学会了解和监控自己的学习和解决问题的过程,如自我指导、自我提问、自我反思、自我评价等,必要时,对他们进行学习策略的训练,从而提高他们的学习效果。布置辅导性家庭作业。作业要具体,给予口头提示或发给他们辅导卡片,作业量初期要少一些,容易一些。

5. 程序结构原则

知识是有一定逻辑联系的,学生的认知发展是有一定顺序的,由易到难,由浅入深,由简单到复杂。教学要遵循一定程序,以渐近为主,当然也包括适度跃进。逐步深入地学习,这对学习障碍学生尤为重要。学习障碍学生知识技能缺漏多,教师应帮助他们及时弥补。学生学的知识技能必须能融会贯通、纵横联系,形成良好的认知结构,这样才能简化知识,产生新知识,促进知识运用。而学习障碍学生的认知结构往往是低联系程度的结构,在学习新知识或运用知识时,能唤起的知识量少,不能激活认知结构中与新问题或要解决的问题的相关知识,也不能有效地运用它。如有的学习困难学生解题时,回忆不出所需公式法则,就是回忆出来也不能正确用于解题中。而学生的认知结构,是从教师教的知识结构转化来的,因此教师要精心设计知识结构、教学结构,沟通知识的纵横联系,突出知识结构中的联结点,即基本的概念和原理。教学新知识时,重视对学习困难学生的课前辅导,使他们达到应有的认知准备水平,便于以旧引新。减少教学的随机性,因为它往往会给学生增加额外的学习困难。

6. 实践活动原则

教学中的活动与实践,是学生认知发展的基础。为实现教学目标,首先要为学生设计多种多样的学习活动和实践,让学生在活动和实践中获取知识,发展能力。学生在实践和活动中积累的经验,有助于他们理解一些观点和理论,有助于学生将理论用于实践,培养解决问题能力。学习障碍学生往往抽象思维差一些,因此,更应强调实践活动,避免从概念到概念、从书本到书本的教学方式。实践与活动不仅有助于他们掌握抽象知识,而且对于培养手脑并用,发展形象思维,促进左右脑功能协调发展都很有用。当然,实践活动需要正确理论的引导,教师应给予帮助。

7. 及时评估原则

学生学习困难很大程度上是由教育缺陷累积而成的。及时了解学生学习情况,评估他们的学习成就和行为,提供适宜的教学就显得十分重要。教师可以通过观察、提问、交谈、练习等形式及时了解他们的学习情况,并根据了解的情况作客观评估,对知识缺陷予以弥补,对不良学习行为加以矫正,对取得的成绩及时鼓励,增强学生学习的信心。同时针对学生的实际情况,对教学目标、内容和教学方法作适当调整。这种及时评估,既体现在课堂教学中,也反映在教学的各个阶段。为了在各阶段教学中及时进行评估,我们提倡小单元评估。

在对学习障碍学生的教学中,如果能遵循上述一些原则,定会取得较满意的效果。当然学习障碍儿童间也有比较大的差异,教师要从分析学习困难的类型和把握个人内在差异出发,分清学习障碍的基本症状和派生的二次症状,揭示每个学生的优势和缺陷,把优势作为教育的起点,再逐步逼近缺陷的领域,进而提高教育的效果。

培训活动建议

1. 小组交流学习障碍儿童的教育经验。

2. 讨论:本书中介绍的针对学习障碍儿童随班就读的教学原则、策略、方法对你有何启发,如何运用。

三、学习障碍儿童的训练与潜能开发

学习障碍儿童与智能障碍儿童的重要区别在于,通过对其活动的鼓励和及时的教育帮助,可以找到其最近发展区,这种发展区远远超过同龄智能障碍儿童的潜能。

(一)针对障碍的教育训练

针对学习障碍儿童的教育训练,我们可以借鉴以下两种教学方法。

裴德(Peter)的处方教学法,是一种运用诊断资料来设计与修订障碍儿童的教学方案的教学法。其程序为:①转介可疑个案;②提出诊断报告;③实施补救方案;④检验教学效果,实施教学循环。在对学习障碍儿童实施教学方案前,先制订教学计划,该计划包括四步:①查明教学对象的起点行为。教师要收集资料,建立行为基线,确定控制学习行为的刺激,正确选择强化物。②为教学过程拟定终点目标。这时要考虑:学习者要做什么?学习者要在哪些条件下做这些活动?学习者做到什么程度才算合格?③为教学过程编定过渡目标。④追踪检查教学效果。效果显著,继续执行方案,否则分析原因,修改计划。

史帝凡的引导教学法,首先评量学习能力,其次是设计与实施教学。设计与实施教学时要控制四个变项:①认识教学对象;②安排学习环境;③设计教学策略;④实施教学方案。在实施教学过程中可采用示范(结合运用强化物)、正强化、塑造和订契约的方法。成绩考核,可采用比较学习前后的行为变化或使用学习前后的评价设计。

预防学习困难最好在幼儿时期就进行,引导幼儿认识周围世界并发展语言技能,训练正确的发音技能,开展游戏活动教学和发展他们的认知能力。对不同学习障碍儿童的具体训练如下。

拼音障碍儿童的训练。有的儿童有空间关系知觉障碍,其视觉功能对物体或符号的位置以及他们间的相对位置知觉时易发生上下颠倒、左右混淆现象。学拼音时辨认"p""q""b""d"有困难。有的儿童有视觉记忆障碍,记忆字母及其在拼音中的次序有困难,如把"dou"拼成"buo"。有的儿童有动觉技能障碍,书写拼音不知怎样运笔。有的儿童在听觉记忆、听觉辨别以及不同语音概括上有困难,不能把听到的信息转换成拼写形式等。如果儿童有注意障碍也可能导致拼写困难。对这些儿童除激发他们拼写的兴趣,教学时加强相近、相似音、形、字的比较,还要针对问题进行个别化指导。引导学生把注意力集中在正确与不正确拼写的区别上,让他自己发现错误。也可以帮助学生用视、听、动等多种感觉学习拼音,开发潜在能力。如先把字和拼音写给学生看,拼读给学生听,然后要求学生拼读时重复描述,再要求学生按照样本写拼音和字,边写边读,最好默写拼音和字。

书写障碍儿童的训练。儿童书写障碍可能是书写准备技能发育不良,在持笔、运笔用力等方面缺少经验技巧,书写缺陷还表现在不能正确地描画几何形状。视知觉障碍儿童往往难以在头脑中形成字或字母的形象,影响书写;动作协调不良儿童,手不能自如地运动,他们需要有意识地指导自己去注意字的空间大小、间架结构等书写线索。当然注意力不集中也会影响信息输入和书写。对书写障碍儿童的训练要根据书写障碍的类型进行个别化的指示,如果是对字的形状不良视觉——空间判断等引起的,就要在认识字的大小、形状以及字母方向上进行指导,重点放在字的空间位置、形状及组织的技能上。对于书写准备技能发育不良或动作不协调,就要注意在握笔方法以及手臂、身体的位置和放纸角度等进行指导。另外,描红、连点成字、改错字等也是一些不错的方法。

阅读障碍儿童训练。阅读障碍也有多种类型,主要有视知觉辨别困难,阅读时读错字、加字、省字、读串行,有的不能辨认字号不同的同一字或其他材料写的字。听觉加工困难,读"白"字自己听不出,用发音相似字代替，词的音节次序颠倒等。字词结构、图形线索形状、语音分析以及前后关系分析是阅读的技术。阅读障碍儿童遇到不熟悉字词不能选择有效的分析技术或过分依赖某种技术。记忆障碍，视觉记忆缺陷，可能影响儿童记忆字词的能力。视觉顺序记忆困难会影响字的笔画次序记忆和句中词的排列次序记忆。听觉记忆困难影响字词发音能力和声音混合能力。理解技能缺陷，不能理解字词意义或由字词组成句子的意义，有的不能从众多信息中概括文章的中心思想。对视觉辨别困难儿童，应训练其视觉辨别能力，从寻找图形中的遗漏部分，到形近字的辨别，再进行词的认读辨认，继而进行句子阅读训练。要求儿童开始读时左手放在所读行开头，此时用右手指着逐字逐词大声读。对于听觉加工困难儿童，在他们阅读材料时进行录音，然后逐字逐句校对，找出错误所在。对于字词分析技术不当的儿童，应重点加强字的音、形、义的教学以及组词能力的训练。对于记忆困难儿童和理解困难儿童，可以遵循单字—双字词—多字复合词—短句—完整句—复合句——段文——篇文的顺序，直观—形象—抽象的难度，熟悉或感兴趣、不熟悉或不感兴趣的原则，按照不同水平和进度选择相应内容，儿童阅读后应让其复述基本阅读内容。另外，对于阅读障碍儿童，阅读习惯的培养以及适度增加阅读量也是需要的。

数学障碍儿童训练。计算障碍往往是空间关系障碍所致，他们不能将数字排成行，数位难以对齐。另外，缺少体验和生活经验，不能很好地认识重量、长度、时间等，缺少计算技能，也是重要原因。训练时，一方面加强空间组织能力训练，重复进行读写练习，写数字时边写边念，加深对数字的印象，用尺帮助对齐数位，丰富儿童的生活经验，经常让他们动动手，量一量，称一称，估算时间，并让儿童发现数字与物体间一一对应的关系，让他们按重量、长度等对物体进行排队，按一定规则对物品分类。另一方面，加强计算技能训练，重视计算过程的理解，可以借助图形理解算理，要求儿童在运算时大声说出运算过程或用摆实物的方式说明运算过程。

根据学习障碍的概念，学习障碍往往和知觉障碍、感知—运动障碍、注意障碍、记忆障碍、语言障碍等有关，我们不仅要进行学业技能训练，还要从知觉、动觉、注意、记忆等方面进行训练。教师在注意、记忆等方面的训练上，都有一定经验，下面介绍另外几方面的训练。

视知觉训练。视知觉能力包括对物体空间位置的知觉能力,把一个物体从另一个物体中区分出来的视觉辨别能力,以及把物体从背景中区分出来的能力;在部分刺激不出现的情况下,认识或区别物体的视觉填充能力以及物体的再认能力等。视知觉训练可以用七巧板拼图,或搭积木,先提示色彩,再用同色的拼或搭;从图形中寻找图形;按大小或色彩将几何形状分类;智力拼图;让儿童将图形与词配对;将实物画在纸上,有遗漏部分,让儿童找出来;快速呈现卡片,让儿童认识上面的图、字、词,提高知觉速度;让儿童摹画或涂鸦,训练眼手协调;让儿童做迷宫训练,训练儿童的视觉浏览、视觉追踪等能力。

听知觉训练。听知觉能力,包括听觉辨别能力、听觉记忆能力,把别人口头所述的一系列信息按次序回忆起来的听觉序列化能力,以及把单个语音或语素混合成一个词的听觉混合能力。听知觉训练可以包括:听觉感受训练,如感受环境中各种声音,电视机、录音机、光盘播放的飞机、火车、动物等发出的各种声音,辨别人们操作时发出的各种声音;听觉注意训练,如有节奏地敲桌子,让儿童重复节奏,辨别远或近、高或低、重或轻的声音,搜索、追踪声音以及在背景音中寻找一定的声音,如在空调噪音中寻找闹钟的位置;训练语音或字母声音的知觉,如辅音、元音、元音辅音的混合、词的节奏等。

动觉训练。孩子从小被过度保护,缺少必要的运动,如此就会有动觉缺陷。对这些儿童要进行肢体训练、爬行训练、平衡训练,特别进行手眼协调训练,听觉到视觉—动作训练,如要求儿童听有节奏的打击声,然后把它转换成视觉—动作形式,用点或破折号把节奏表示出来,或者要求他把听到的字、数字写出来。听觉—言语到动作,如要求儿童把听到的要求用身体各部位的动作体现出来。触觉到视觉—动作,如要求儿童闭眼摸物体并确定所摸物体是否与所看物体相同,再画下来。儿童发展遵循活动—操作—直观形象—抽象的思维过程,任一阶段缺失都将影响儿童发展。

(二)促进优势潜能开发

学习障碍儿童并非样样都差,有的动手能力强,有的音乐舞蹈有特长。学习障碍儿童因为考试受挫,形成自卑、焦虑的低落情绪,及时发现他们的优势,在学习活动中展示他们的才能,有利于调动他们的学习积极性。教育应发掘学生的个性特长,让他们的潜能得到充分发展。有关资料反映,新加坡前总统李光耀、曾任美国总统的洛克菲勒,都曾有学习障碍,爱因斯坦小时候也有语言障碍,但由于他们优势才能的发挥,都取得了举世瞩目的成就。为了促进学习障碍儿童的潜能开发,教育中应注意以下几点。

- 给学习障碍儿童提供展现才能的机会和条件。如举办演讲比赛、戏剧创造活动、小发明小创造活动等。
- 对儿童才能高度敏感,及时发现儿童才能的倾向。
- 发展优势智能,开发潜在能力,培养兴趣,发展意志力。
- 将在优势领域的学习积极性迁移到其他学习领域,促进学习障碍儿童全面发展。

培训活动建议

1. 针对本班学习障碍儿童的问题,利用书中介绍的方法进行教育训练,并小组交流。
2. 与其他任课教师共同探讨本班学习障碍儿童的优势潜能。

四、争取帮助与支持

对学习障碍学生的教学不能是孤立的,教师间要合作,师生间要合作,同学间要合作,教师和家长要合作,学校要得到来自社会的支持,这样效果才能显著。

(一)师生合作

教师间要交流学习障碍学生的情况以及教学情况,在教学的安排和技能的训练等方面互相配合。教师可以和学习障碍学生一起商定学习目标,要相信学生在教师引导下能为自己制订合适的学习目标。师生间要相互尊重,互相支持。教师要为困难儿童提供必要的援助,如对语言性学习困难学生,提供视觉性援助,引导他们观察、使用绘画和图表及符号语言,提供听觉性援助,用声音唤起注意,尽量用具体而准确的语言指示和说明。

（二）同学间合作

同学间互助合作，可以培养学生良好的品德、合作的意识和能力，如果组织得好，无论对学习障碍学生，还是成绩优秀学生都有促进作用。同学间合作往往通过学习伙伴、小组合作学习进行。教师要鼓励同学间合作，提倡自由组合小组或寻找伙伴，使各小组的合作更具有个性，更利于发挥小组成员各自的优势。同时，教师还要根据学习障碍学生的实际情况，为其指定合作伙伴或成立4~6人的合作小组，制订合作互助计划，并在教学中为他们提供合作互助的机会。

1. 助学伙伴

可以在学习上给学习障碍儿童提供必要的辅导和帮助，如帮助他们预习功课、整理笔记、完成作业等。普通学生与教师相比，与学习障碍儿童有更多的相处时间，也有更多的交流话题和合作机会，所以通过发挥合作伙伴作用来帮助他们提高学习水平和能力并最终完成学习任务，是教学的一种重要形式。在课堂上，教师应为伙伴创设配对学习和活动的机会，如配对朗读、互查作业等。这样一方面可以帮助学习障碍儿童顺利完成学业，另一方面也可以激励普通儿童内化所学知识，提高自我教育的水平。

为了充分发挥助学伙伴的作用，教师要在以下方面对助学伙伴进行辅导，如对学习障碍学生辅导的态度、交往的方式方法，对学习障碍学生辅导知识的理解、辅导方法，如何记录学习障碍学生的学习情况，反映他们的进步等。教师开始时要多给关注和指导，待伙伴间适应这种方式，进入正常程序以后，可以减少指导与帮助，只需要定期或不定期地进行检查和评估，并奖励学习成绩显著的伙伴，以促进这种学习活动更好地开展。

教师可以选择那些有耐心、有责任感的同学作为学习障碍儿童的帮扶伙伴，在日常的生活和学习过程中帮助学习障碍儿童进行必要的技能训练。如可以帮助语言障碍儿童进行言语训练，帮助书写障碍儿童进行书写训练等。但必须注意的是，这种技能训练需要一定的技巧，所以合作伙伴在帮扶之前要进行必要的培训。

2. 小组合作学习

普通学生要尊重学习障碍学生，教师要民主、平等地对待他们，对他们要以诚相待,设身处地为他们着想。在合作中,教师要给他们安排适当的任务,让他们平等参与小组活动并且互相配合、相互帮助。

对学习障碍学生来说,要帮助他们建立和其他同学的真诚、友好、互助的关系,消除自卑、树立自信,消除与普通学生的距离感,促使他们积极参加小组合作活动。告诉他们对小组工作也要承担责任,防止产生依赖心理,并教给他们如何与其他同学沟通、合作,如在合作中遇到矛盾,如何处理和调节,怎样发表自己不同的见解,在确有困难时,如何争取别人的帮助,同时还要让他们认识到自己的行为也在影响着他人,从而使其在集体中学会对别人负责。

在合作中,教师要身体力行,给学生做出表率,并让儿童意识到他人的存在,增强协调性,提高友谊意识与自控能力。当学习障碍儿童感到忧虑、恐惧或不合群时,教师要采取必要的方法缓解他们的这种心情,如讲清楚合作的意义和程序,让他们在组内承担适当责任,教给他们合作的技能,给予个别的支持帮助等。

教师还要为学生组织一系列合作游戏,或讲解一些有关合作的故事等,使普通学生和学习障碍学生都能真正认识到合作的重要意义,从而促进他们积极主动地进行合作。

(三)家庭配合,社区支持

不良的社会环境,特别是家庭学习环境欠佳,会影响儿童的学习。如家长对子女教育期盼过高或过低,家庭教育方法态度失当,缺少必要的文化氛围和学习条件,都会影响学生的学习,导致学习困难。造成困难的因素有的还是潜在的。现在剖腹产的孩子多了,独生子女多了,加之家长望子成龙、望女成凤心切,过早地强迫孩子学一些知识,封闭式的教育剥夺了孩子和其他孩子游戏活动的权利,造成了感觉统合失调,从而给进入学龄期的孩子带来学习困难。一些学习困难是和不良的家庭教养环境分不开的,尽管绝大多数家长都关心子女学习,希望他们成才,但又有许多家长不懂教育,不能有效地对子女进行教育帮助。

家长应成为学习障碍儿童矫正—发展过程的积极参与者。要在家长中传播特殊教育学和心理学知识,增强他们对教师的信任和合作的愿望。

教师要经常家访,在家庭条件下观察儿童,和家长交流互动,形成对学习障碍学生的教育合力。对家长工作的方法有,举办家庭教育讲座,和家长书面联系和沟通,召开家长会,让家长参与学校活动,举办家长学校等。对家长工作时,首先要尊重他们、理解他们。学习障碍儿童的家长往往会有不同的心态,如与别人家孩子相比,对子女放弃或溺爱,对家长的工作要有针对性。要让他们参与学校活动,特别要让他们看到子女的进步,帮助他们树立培养子女的信心。要调动家长的积极性,在发现孩子的优势与不足、缺陷矫正补偿,知识技能的巩固与运用,思想品德教育、劳动技能、职业训练等方面配合学校对子女的教育训练,但不能不切实际地对家长提出过高的要求。

社会对学校的支持也是非常重要的,例如医务工作者、心理教育专家和教师密切合作,有利于较准确地诊断学习障碍的原因,从而帮助教师改善教学过程。要充分利用社区资源,如退休教育工作者、教育训练机构、医院等,为学习障碍学生提供教育训练的帮助。总之,对学习障碍学生的帮助仅靠教师是不够的,要充分发挥同学作用,以及家庭、社会等方面的支持。

培训活动建议

1. 小组讨论:如何组织与开展同学间的合作学习。
2. 小组交流教师与家长合作的经验。

第2篇 案例及学习

前面我们已学习了不同类别特殊儿童随班就读的专业知识技能,也接触到一些具体例子。本部分我们还要系统介绍一些有代表性的比较完整的案例,供大家学习参考。

首先请大家认真自学。自学案例时,建议按以下四个步骤:首先,了解案例的具体内容,案例介绍了什么样的情节,有几个层次;其次,分析案例的情节说明了什么,案例的具体内容体现了哪些理论观点;再次,你从案例中学到了什么,学到了哪些理论观点,学到了哪些措施和做法;最后,结合自身工作的实际,思考如何创造性地运用案例中的经验。

当你通过案例学习,有了一些心得体会后,建议你再和自己的同行一起来讨论分享,要结合案例的具体内容和情节进行讨论。交流时,请你仔细听别人对案例的分析,发现他人的独到之处,对自己有什么启发,你又怎样介绍自己学习案例的心得。通过集思广益的讨论,再来总结一下,从案例中学到了什么,你在哪些方面能比案例做得更好。

一、听觉障碍儿童随班就读案例

(一)听觉障碍儿童随班就读个案

1. 基本情况

顾,女,汉族,1989年2月出生。听觉障碍,听力损失左耳90dB、右耳100dB,现在北京市二龙路中学初二(4)班读书。该生曾在中国聋儿康复研究中心接受过学前听觉言语训练,1997年进入北京市西城区西直门第二小学(现并入玉桃园小学)随班就读,2000年9月进入二龙路中学随班就读。

顾在聋儿康复中心、小学和中学都接受了良好的教育。她的父亲是位经济师,母亲是位职员,家庭教育也很好。顾是个随班就读较成功的个案。在她的成长过程中,比较突出地反映出学校在随班就读管理和教育教学上的成功经验,反映出学校与家庭密切合作对随班就读孩子健康成长所起的重要作用。2002年10月,在北京市西城区第三次特殊教育工作会议上,顾和她的父亲同台演讲,顾用清晰的语音,与其父亲充满激情的讲话,使参加会议的领导和教师深受感动。下面刊载的就是这次演讲的文稿。

在母校的怀抱里成长

顾:我叫顾,是玉桃园小学的一名毕业生,现今在二龙路中学初二(4)班学习。今天我和爸爸来参加这个大会,心里非常高兴。

父:我是顾的父亲。说起女儿,如果不是她一头秀发掩盖着一对助听器,你简直不会相信她是一个自幼双耳失聪的孩子。

今天,我俩能在这里发言,我们首先要说的是,感谢玉桃园小学和二龙路中学的老师们和学校的领导对我女儿的精心培育,同时也感谢西城区教委的领导,为我女儿这样特殊的孩子提供了随班就读这样良好的学习环境,使她能够享受到平等的教育机会,尽快地回到主流社会。

回想当年,我们在中国聋儿康复研究中心的帮助下,玉桃园小学热情地向我们伸出了援助之手,是该校的校长亲自接收了我们,我的女儿——顾从此踏上了随班就读的求学之路。

顾:记得刚上小学时,我心里是既高兴又害怕,高兴的是我终于上学了,害怕的是我很难适应和听懂老师和同学们的讲话。是班主任老师慈祥的目光给了我信心,是她伸出了温暖的手领我来到新的教室,来到老师和同学们中间,并教我怎样适应新的学校生活,适应普通学校的随班就读……

于是,我对新的学习产生了浓厚的兴趣。但是,我和同学们很少交流,常常一个人玩。细心的班主任老师发现了我的问题,就主动地帮助我,她替我介绍了几位同学来做我的好朋友,并且告诉同学们和我说话时,最好面对面,说话要慢要清楚,声音要大些。老师还告诉我,有了助听器的帮助,我就可以像同学们那样学得很好。有了老师的精心关爱和同学们的共同帮助,我很快适应了小学的学习生活。

父：入学后，顾首先遇到了两大困难：一是听不到或听不清老师的讲话，学起来很吃力。班主任老师就特意给我们设立了一个家长联系本，每天给家长讲清学习内容，并指导我如何进行辅导。课堂上，老师把她的座位安排到前边第一排，使顾每天上课都能看清老师的口型，各位任课老师都很热情并特别关心顾的学习，他们讲课时总是尽量地对着她的面讲话。特别是语文老师，很注意教学的方式方法。她已经五十来岁了，但总是想方设法让顾尽量听清、学懂课上所讲的主要知识。因此，顾增加了学习的信心，每天上学都很快乐。

顾：随着年级的增长和学习难度的加大，我也不断地遇到了一些新的问题。有一段时间，我对数学应用题的理解不那么准确，做起作业来非常困难。但我又是一个要强的孩子，不到万不得已，我是不会向困难低头的。记得有一次，我有一道题不会做，冥思苦想怎么也想不起来。这时下课已经很长时间了，数学老师看到我还没有出去玩，还在做题。于是，老师微笑着向我走来，她亲切地说："来，老师给你讲一讲。"只见老师在草稿本上划出一条线段，边讲题意，边画图，老师给我耐心细致地讲解着，讲着，讲着，我心中豁然开朗起来，很快做出了这道题。

父：英语是普通孩子学起来都感到头痛的一门课。顾上英语课时，开始她根本无法听清发音，所以上课时就听不懂，只得回家后反复地听录音磁带。老师见她那么认真，就和她商定每周五的中午休息时间到老师办公室去接受个别辅导。英语老师总是耐心地帮助她，特别是在听力测试练习方面，总是面对面、一个词一个词地说得很清楚，不断地给她讲发音要领。

老师还鼓励顾不懂的问题要大胆地问，及时地提出来给予解决。久而久之，功夫不负有心人，在老师的精心辅导下，她的英语成绩在班中也名列前茅，令许多同学钦佩不已。

顾：随着年龄的增长，我渐渐地懂得，像我这样的特殊孩子要想获得成功，就要刻苦努力，决不能向命运低头。老师也常常鼓励我要敢于战胜困难，每当我取得了一些进步，老师就会用各种方法肯定我，一朵小红花，一面小红旗，那赞许的微笑，鼓励的眼神，以及作业本上鼓励性的批语，都时时激励着我去克服各种困难。为了参加古诗朗诵比赛，我认真地向老师求教，反复刻苦地练习，终于获得了一等奖，受到了同学们的好评。

父：为了使顾早日回归主流社会，成为对社会有用的人，我们和老师积极配合，不仅让她学好文化知识，同时还注意让她德智体美全面发展。老师经常鼓励她，并把一些简单的工作交给她去做，使她认识到自己是集体的一员。在上美术课时，她总会帮助画不好的同学；在集体劳动中，她总是说"让我干吧，我能行"。她用自己的友善和勤劳赢得了老师和同学们的尊重，并使自己融入到了集体当中。

记得有一次她要到人民大会堂参加中残联举办的《纪念中国共产党成立八十周年》文艺演出，她反复地进行练习，手练酸了也不肯休息，同学们关切地对她说："歇一会儿再练吧！"她却摇摇头说："这次要去人民大会堂演出，是代表学校去的，我一定要为学校和班级争光。"此次演出，她获得了二等奖。

顾：几年来，我和同学们互相帮助，共同进步。在学校老师和同学们的关爱、帮助以及自己的努力下，我多次被评为"三好学生"，担任过少先队干部，在绘画比赛中多次获奖。我还被西城区少工委评选为西城区"十佳少先队员"。我想，像我这样的孩子，能取得这么好的成绩，仅靠自己的努力和父母的关爱是远远不够的，更主要的还是老师、同学的关心、帮助。我要好好地感谢他们。

父：在我女儿随班就读的几年中，我们与学校建立了亲密的关系，与老师们产生了深厚的友情，对老师们的每个要求，我们都尽力去做。尽管家里住房条件不宽裕，我们也要为女儿创设一个属于她自己的学习空间，尽可能让她有一个良好的学习氛围。学校看到我们家长很配合，就指导我们总结家教的经验，让我们在家长座谈会上做交流发言，还把我们的发言登在《聋儿康复》杂志上。正是学校与家庭的密切合作，才使我的女儿一天天健康地成长起来。

顾：万丈高楼平地起，没有玉桃园小学老师的辛勤培育，就没有我顾的今天。我深深地留恋着玉桃园小学，留恋着玉桃园小学的同学们，更留恋着教过我的所有的老师。现在，我已经顺利地进入二龙路中学上初中了，并且还是班上的学习委员。在二龙路中学，我继续受到老师和同学们的关爱。无论是现在还是将来，我一定不辜负大家对我的期望，决心加倍努力，做一个品学兼优的好学生，做一个对集体、对社会有用的人。

父:感谢玉桃园小学和二龙路中学的老师们用一份赤诚的爱,为一个随班就读的听觉障碍孩子开辟了一条育残成才的成功之路。在此,我代表我的全家向西城区教委、向玉桃园小学和二龙路中学表示衷心的感谢,并预祝西城区的随班就读工作越做越好!

2. 个案分析

顾是听觉障碍儿童随班就读较成功的个案,分析其成功的主要原因有四点:一是她在中国聋儿康复研究中心接受了良好的听觉言语康复训练,为其进入普通学校学习打下了良好基础;二是几所中、小学领导及上级领导坚持依法办学,热情地接纳了她随班就读;三是承担了随班就读工作的教师的高尚师德、有效的教育教学方法较好地满足了顾的特殊学习需要;四是其家长与学校密切合作为其学习成长提供了良好的环境和有力的支持。

(二) 双学籍管理的个案研究

1. 个案的基本情况

阳阳,男,1991年1月19日出生,药物致聋,左、右耳听力损失均为100dB,在聋儿康复中心接受过早期康复。阳阳的父母均为聋人,口语的清晰度较差,表达能力不好。阳阳从小虽和父母一同生活,但主要由姑姑教育抚养他。

1998年9月,阳阳进入聋人学校读一年级。阳阳虽听力损失严重,由于进行过早期康复,他对语言文字的理解力强于同年级的聋童,在聋校各科学习均为优秀。他兴趣广泛,爱看课外书,还擅长绘画、书法,是一个全面发展的学生。阳阳有良好的学习习惯,善于积累知识,书写十分工整,思维能力较强。他学习刻苦努力,态度认真,不懂就问,直到问明白为止。由于特殊的家庭环境,他奶奶看护得较多,过多看护造成阳阳对环境的适应能力较弱。他胆小,依赖较多,自信心不足,害怕失败,接触陌生的人和环境时总是很新奇但又小心翼翼,缺乏热情。阳阳在东城区特殊教育学校学习6年,因各方面比较优秀,希望到普通学校学习。2003年9月,阳阳成为北京市东城区第一位"双学籍"管理的学生。

我国《残疾人教育条例》规定:适龄特殊儿童、少年可以根据条件在普通学校随班就读,也可以在特殊教育学校就读。从听觉障碍儿童教育安置的现状看,某些不能适应普通学校的学习环境,从普通学校转介到特殊教育学校就读的案例有之;而从特殊教育学校转介到普通学校的案例很少。随着随班就读工作的深入开展,它越来越吸引着某些在特殊教育学校学习的特殊儿童的加入,他们很愿意转介到普通学校学习,尽早回归主流。本个案研究的目的在于尝试通过"双学籍管理"的方式,将在特殊教育学校就读的听觉障碍儿童转介到普通学校,从而使他们的综合素质得到全面且充分的发展。

2. 研究的主要内容

"双学籍"指的是在特殊教育学校的特殊儿童,学习了一段时间后各方面发展得都比较好,在完全自愿的情况下到普通学校继续学习,特殊教育学校的学籍仍然保留,在普通学校也建立学籍。如果在普通学校不能够适应,可以再回到特殊教育学校学习。实行双学籍管理是对特殊儿童的弹性安置,其目的是为特殊儿童创设一种更适合其发展的受限制最少的环境。

双学籍管理强调的是普通学校和特殊教育学校的双方工作,双重配合,最终获益的是接受弹性安置的特殊儿童。因此,本研究紧紧围绕着从特殊教育学校转介到普通小学的听觉障碍儿童阳阳的适应能力展开,验证解决问题的方法和措施的效果,进而探索双学籍管理的可行性。具体研究内容如下。

(1)学习适应问题及其应对措施

知识方面:特殊教育学校所使用的教材与普通学校不同,在知识的衔接上会有一定的困难。特别是英语学科,阳阳在特殊教育学校只学过非常简单的内容,而转介到的普通小学五年级的学生已经学了两年英语,积累了500个左右的单词。

教师方面:特殊教育学校教师上课采用口语与手语相结合的方式,语速相对较慢。普通学校教师上课主要采用口语,语速较快。

学生方面:特殊教育学校班内学生的语言接受能力基本相同;而普通学校班内学生的语言接受能力明显强于阳阳,课上交流会有障碍。

为解决以上问题,我们要求任课教师做到:课堂教学中将集体教学和个别辅导有机地结合起来,适当放慢语速,必要时采用书写的方式与他交流;要求在班内选聘一定数量的"小先生",利用他们的智力资源为随班就读学生服务;要求资源教师配合任课教师做好课前铺垫和课后辅导,必要时请特殊教育学校的教师用手语对其进行学习辅导,利用课外活动时间对随班就读学生进行个别语言训练;要求"小先生"做到耐心帮助随班就读学生。

(2)环境适应问题及其应对措施

环境适应出现的问题是:普通学校班额较特殊教育学校大3~4倍,教师对学生的个别关注会大大减少,又加之语言障碍,阳阳可能会感到孤独和寂寞。另外课程设置的增多、教学进度的加快、作息时间的延长等都会使阳阳焦虑和紧张。

为此,我们制订了以下应对措施:开好接纳阳阳来校的第一次校会、第一次班会,让他尽快融入热情的集体中,得到更多人的关心与帮助;我们把他安置在五年级一个有聋生随班就读的班级,让已随读的聋生作他的朋友,助学伙伴组成助学小组;不定期地让阳阳回到特殊教育学校去与同学进行交流。班主任老师的思想工作要跟上,帮助他树立信心,鼓励他适应新环境。

(3)沟通适应问题及其应对措施

对于阳阳来讲,到一个新的环境沟通适应是最大的问题。阳阳听力损失严重,与同班学生相比,他的口语能力、语音清晰度都存在一定的问题,老师和学生看不懂手语,又不能完全听懂他说话的内容,他对别人的口型、语音、语调不熟悉,这就造成他与老师、同学交往的困难,上课学习困难。为此,我们准备在阳阳的班级使用无线调频助听系统,提高他听的水平和质量,要求教师在不影响进度的情况下放慢语速,加大板书量,加强课外辅导,课堂上重点的问题要有提示卡(重点部分给他写一个字条)。我们还设想让阳阳教给教师和同学一些简单的手语,提高普通孩子的交流兴趣。

3. 研究的实施过程

2003年9月,阳阳从特殊教育学校转介到普通小学,学校将他安置在五年级一班,该班已成功地接纳了一个从一年级就随班就读的聋童,有较好的班风。班主任教师是一名很负责任的青年教师。一年来,在普通学校与特殊教育学校的共同努力下,阳阳对这个新的环境已基本适应。

(1)减缓压力,消除紧张情绪

阳阳在特殊教育学校是品学兼优的好学生,被推荐到普通小学学习,成为双学籍管理的第一位学生。他的心里既高兴又紧张,生怕不能适应普通小学的学习,再回到特殊教育学校会很没有面子。他的家长从长远角度考虑,希望他珍惜这个在普通学校学习的机会,不再回到特殊教育学校去。面对一个完全陌生的新环境及来自内外的双重压力,阳阳产生了紧张情绪。

在新学年的开学典礼上,学校特意请来了特殊教育学校的领导、阳阳的原班主任及家长,并把阳阳介绍给全校师生。特殊教育学校的领导讲述了阳阳在原校的学习生活情况,希望他在新的环境中继续努力学习,做个全面发展的好学生。全校师生热情地欢迎阳阳的到来。少先队召开中队会时,请阳阳和同学们一起排练节目。班主任老师定期找阳阳谈心,了解他的学习困难,并和任课教师沟通,介绍阳阳的情况,使他得到各科教师的一致关注。资源教师根据普通学校教师的教学特点,重点帮助阳阳调整了学习方法,为其适应环境出点子,比如怎样做好预习,如何与同学、老师沟通等。

良好的生活环境、热情的同学、富于爱心的教师群体,以及作为阳阳后盾的特殊教育学校有力的支持,使阳阳很快消除了紧张情绪,适应了新的环境。

(2)开辟沟通渠道,克服最大障碍

特殊教育学校的教学方式使阳阳习惯用手语与他人沟通。在普通小学,阳阳要求自己不使用手语,但他的看口能力还不强。刚到普通学校时,虽然有许多同学陪伴在他左右,尽力帮助他,但交流起来实在困难,久而久之,同学们就有些不太愿意和阳阳聊天了。在别人谈话时,阳阳左顾右盼,不知话题,无法参与。他开始感到孤独和寂寞,开始想念朝夕相处6年的特殊教育学校的同学,他情绪很低落,产生了回原校的想法。对此,学校尽快开辟了多种沟通渠道,解除阳阳的寂寞和孤独。

用笔谈话。班主任刘老师多次用笔与阳阳谈话。在他们的谈话纸上,有谈思想学习的,有谈家庭生活的,有介绍刘老师的,也有谈班内同学的,甚至还有刘老师和阳阳开玩笑的。在谈话纸上刘老师写道:"我们互相听不懂对方的话是暂时的,时间长了大家都会适应的。现在我们可以暂时用书写的方式交流。你经常和大家一起说话,口齿会变清楚的,你很聪明也很努力,老师相信你一定能行。"

回特殊教育学校去交流。阳阳由于沟通障碍产生回原校的想法是可以理解的,对此只能疏导。在双学籍管理上,特殊教育学校是很重要的教育资源,让阳阳回原学校去取得力量和支持很有必要。班主任刘老师在给阳阳的字条上写着:"是不是很想念原来的小伙伴?这很正常,如果是我,我也会的。我和资源教室的秦老师陪你一起回去看看老师、同学,看看你上课的教室好吗?"就这样,阳阳在刘老师和秦老师的陪伴下回到了特殊教育学校。原班的同学热烈欢迎阳阳的到来。他们都非常羡慕阳阳有这样好的机会,并鼓励阳阳一定要坚持。刘老师向同学们介绍了阳阳在普通小学的学习和生活情况,并称赞他学习刻苦,成绩优秀,特别是语文成绩在班中名列前茅。原班同学都很惊讶,纷纷伸出大拇指表示称赞。阳阳腼腆地低下了头,心中的喜悦无法掩饰。这样的沟通在阳阳适应性环境中起了很关键的作用。

资源教室补救性训练和手语交流。资源教师在与阳阳的交流中也发现,语言清晰度问题是影响他和普通人沟通的主要问题,回避使用手语是阳阳心理的一个障碍。资源教师为他请来特殊教育学校有经验的语训教师训练他发音说话,提高语言的清晰程度。经过一段时间的训练和与普通学生的语言交流,阳阳的口语表达能力有了明显的提高。资源教师在和阳阳谈心时告诉他,交流时要选择最适合表达的方式,不要认为到了普通小学就一定要回避手语,以姿势助说话不是聋人的专利,很多普通人也要借助手势、体态或具体的实物来说明问题,必要时可以使用手语与人沟通。比如,要请教别人一个书本上的问题,就可以拿着书,指着题,打着问号手势来表达自己对这个问题不理解,也可以教同学们一些常用手语,也便于他们有机会服务聋人,同学们一定很感兴趣。这次谈话,资源教师就是用手语同他交谈的,他很高兴。

利用现代化设备提高沟通效率。学校为随班就读学生配置了一套无线调频助听设备,一般是在资源教室内进行语言训练用的。在与阳阳谈话时,在他上语文、数学、英语课时,只要有条件就使用该设备,一方面提高了设备的使用率,同时对培养阳阳的沟通能力起到了较好的效果。

(3)使用多种教学策略,享受成功的心理体验

阳阳在特殊教育学校是一名品学兼优的好学生,勤学好问是他的特

点。来到普通小学后,课程的难度增大了,知识的衔接是一个主要问题。有些课程他学起来较吃力,学习成绩有些下降。他身心的承受能力经受了考验,于是教师进行针对性的指导。比如英语课的学习,由于落下的内容太多,好强的阳阳整天为记英语单词而烦恼。睡眠时间减少了,有时出现了头痛的现象。老师了解情况后,一方面劝阳阳不要着急,另一方面介绍最有效的记忆方法。阳阳用老师介绍的方法,在国庆节7天的假期中将没学过的单词进行了整理、默写。10月8日假期刚过,在英语测验中他以全优的成绩获得全班第一。成功的尝试鼓起阳阳学习英语的信心,到目前为止他的英语成绩一直保持优秀水平。

在其他课程上,任课教师也尝试着使用适合随班就读学生的教学策略。如优化教学语言,放慢语速;调整教师站位,尽可能地面对聋生说话;重点词句突出口型,提高聋童读唇的能力;精心研究教学重点,增加板书内容等。

在课堂上,老师们会为阳阳准备一些纸条,上面写的是这节课的关键问题。这样,他就能在关键处有所依托,跟上大家的步伐。在小组交流时,老师会走到他的身边进行个别指导。课后,资源教师利用语训时间了解课上的学习情况,做好巩固工作。

阳阳有良好的学习习惯,每天会自觉地做好课前预习。课上,他的注意力非常集中,眼睛紧紧跟随老师或发言的同学,并且会不停地转动头和身子去追踪要感知的事物,把听不清的尽可能听清。老师在他的旁边安排了乐于助人的助学伙伴,他会随时帮助阳阳跟上老师讲课的速度。遇到课上没有听懂的问题,阳阳从来不会随意放过,总要追着老师问明白。

(4)树立自信,融入集体

阳阳特别爱读书,因此知识面广、语言丰富、思维敏捷、富有想象力。他写的文章优美感人;他设计的班徽通过学校"红领巾电视台"的播放,受到全校师生的好评;他的书法作品在学校的资源教室中展示……随着时间的推移,阳阳的勤奋好学、多才多艺逐渐地表现在同学、老师面前。

作为聋生,受生理和心理的限制,阳阳在融入集体的过程中也有许多和集体格格不入的地方。比如,他在招呼同学时往往习惯性地用手拍同学,拍得很痛,许多同学都反映阳阳经常打人,而且很重。又比如他会毫不隐讳地指出别人的短处,有时让别人不能接受。聋人的过分认真与直白,有时会使老师在处理他提出的问题时很尴尬。诸如这类的问题,阳阳的班主任老师、资源教室的教师及家长都有针对性地做了大量的工作。

3月的一天,学校把阳阳在特殊教育学校的同学请来,与他现在的同学一起联欢。特殊教育学校原班级的班长介绍了阳阳在他们那里的学习、生活情况。当大屏幕上打出阳阳在原校获得的奖状时,同学们不约而同地数着,足足有31张,有被评为三好学生的,有书法、绘画作品获奖的……同学们被折服了,他成为同学们心中的榜样。"六一"这天,阳阳与普通小学的同学们一起穿上漂亮的服装参加特殊教育学校第一届艺术节的演出。舞台上,他用手语与同学们一起演唱了《让世界充满爱》这首歌,孩子们的心在歌声中靠得更近了。现在,阳阳充满了自信,已完全融入了新的集体。

4. 效果与结论

(1)效果

阳阳来到普通学校学习克服了许多困难,在老师、同学、家长及自身的共同努力下,他做到了真正的随班就读。各门功课都学得很有兴趣,成绩在班中名列前茅,本学年被评为三好学生。一年来,阳阳与普通学生共同学习、活动,他的视野更宽阔了,情感更丰富了,能够理解自己与健全人交往时对方的感受,这为他融入集体、走向社会打下了基础。经过一年的磨练,阳阳的适应能力增强了,意志也更坚强了。为了能跟上普通学校的步伐,他所付出的艰辛是普通学生很难想象的。

阳阳在特殊教育学校是优秀的,在普通学校仍然是优秀的。这说明双学籍管理是成功的、可行的。他为听觉障碍儿童最终能融入社会铺设了一条新路。

(2)结论

双学籍使健残学生互动双赢。最少受限制的环境是随班就读的主导思想之一。其内涵为:特殊儿童的教育服务应尽可能在非特殊儿童的教育环境之中进行,使其有尽可能多的参与普通学生生活的机会,这有助于特殊儿童得到最大限度的发展。

有一定听力和语言基础的听觉障碍儿童,在普通学校学习,环境迫使他们认真地用耳朵听,用口说。这样,他们的口语能力会得到提高,口语能力的提高又会带动书面表达能力的提高,语言能力的全面提高又促进了思维能力的发展。同时,在普通学校学习,普通学生能做的事,他也必须学着去做。在心理上,他会越来越淡化自己的残疾,这非常有利于他积极参与社会生活,成为自强、自立的人。

随班就读有利于听觉障碍儿童与普通学生之间的相互理解,有利于促进良好班风的形成。听觉障碍儿童进入普通学校学习后,需要付出比普通学生更多的努力,才能听懂和掌握知识及各种技能。他顽强学习的精神能激励普通学生更好地学习。普通学生看到特殊儿童遇到生活和学习上的困难也会伸出友爱之手去帮助他们,在交往中学会尊重、理解。双学籍使健残学生互动双赢。

家庭教育在随班就读学生成功学习中的作用。成功的教育离不开良好的家庭教育,随班就读学生的学习过程更离不开家庭教育的支持。阳阳能够在普通学校学习,他的姑姑付出了许多努力。在时间上,姑姑能够坚持牺牲自己的休息时间,带阳阳去做语言康复训练;在能力上,姑姑具有较高的文化水平,能够为他补习欠缺的知识;在心理上,姑姑心态平和,是阳阳的知心朋友,给阳阳取得成功以不竭的动力。

双学籍管理的对象选择。在做双学籍管理前,应全面了解特殊儿童的有关情况,选择经过努力能适应普通学校的学习和生活的特殊儿童作为双学籍对象,这样才不至于因无法适应普通学校生活而返回特殊教育学校,使其心理受到伤害。转介前,普通学校教师应全面了解特殊儿童的心理状况、认知状况、个性特征等,这样才能顺利衔接,使学生更快地进入状态。

双学籍管理需要支持。这种支持首先是相关部门要给予一定的政策保障。比如管理的权限、普通学校和特殊教育学校间的协调、教育经费等。其次,特殊儿童从特殊教育学校转介出去后,特殊教育学校要主动与普通学校取得联系,相互沟通信息,承担起应负的教育责任。

5. 个案分析

在随班就读工作中尝试对随班就读学生实行双学籍管理的做法至今还不多,对双学籍概念的界定也不完全一致,但读完本个案研究会使读者感到对阳阳进行双学籍管理的实验是成功的。

本个案中的双学籍管理在对象的选择、研究目标的制订、研究方法的设计、研究措施的制订、研究效果的评估等环节考虑得周到细致,在实施过程中操作认真,善于反思并能做到及时调整,这些做法是本实验获得成功的基本原因。

(三)随班就读聋童个案报告

1. 基本情况

王某,女,14 岁,在北京市 × 县 × 小学就读。

- 心理及听力情况。该生自卑心理严重,胆怯,不愿在众人面前讲话;脾气古怪,同学之间嬉戏玩耍发出笑声,常被她认为是在嘲笑自己,更不与其他同学游戏、交流。听力损失:左耳 100dB,右耳 105dB。因家庭条件所限,未配戴助听器。

- 适应性行为。生活自理能力:能独立进食,穿脱衣服,整理自己的床铺。能做简单的饭菜,如鸡蛋炒米饭、凉拌菜等。

肢体运动能力:四肢发育正常,大运动无障碍,精细运动有欠缺,持久性运动差,数学作业比语文作业写得清楚。

言语表达能力:言语表达迟缓,与人交流困难,并且面部无表情,在家和学校都很少用言语表达自己的想法和要求。

人际交往能力:很少与人主动交流,有时远远地看同学活动。多数时间喜欢一个人坐在教室,与同龄儿童有明显的差距。

- 家庭情况。父亲:是农机厂工人,初中文化水平;母亲:在家务农,小学文化水平。

- 学习能力检测情况。

唇、舌运动机能检测。唇的伸缩(10 秒 5 次),唇的开闭(10 秒 6 次),舌的伸缩(10 秒 6 次),舌的摆动(10 秒 6 次)。

学业能力检测。使用四年级语数教材检测,语文(23 分),数学(30 分)。其他科目几乎是白卷一张,该生对学习毫不在乎。

2. 教育干预目标

根据上述检测和实际观察,该生由于听力受损,对事物的理解低于普通儿童,加之以前在教育上的疏忽,她很少体验成功,致使潜能未被发掘。经县教研室、学校和家长的共同研究,确定使用特殊的方法,创设集中注意力的情境、主动看口型发音的情境,以达到能用简单的言语表达自己的想法,用文字叙述自己的要求。具体培养目标是掌握一定的词语,其中部分能正确使用,并会写常用的应用文,如留言条、请假条等。

3. 教育实施

(1) 做功能训练操

功能训练操的目的在于协调口腔肌肉活动,以便于发音(每天早晨个别训练五分钟)。

第一节:双唇运动。口型撮、圆、扁、拉(即 u、o、e、l)各为一拍,四个八拍。

第二节:唇齿运动。上齿咬下唇,发"fo、fa"音,各为一拍,四个八拍。

第三节:唇舌运动。第一拍舌舔上唇,第二拍舌舔下唇,第三拍舌舔左外唇,第四拍舌舔右外唇,四个八拍。

(2) 创设适宜环境

① 家庭环境

孩子成长离不开父母,家庭环境直接影响孩子的健康成长。我们与家长共同制订孩子康复计划,并有县教研室的定期指导,定期培训和定期监测;有教研部门、学校和家庭三方面具体合作的康复计划并根据需要不定期地调整计划,使家庭环境更适宜孩子健康发展。

家长明确自己的态度,不仅满足孩子合理的物质要求,更重视孩子的精神要求,愿意为孩子奉献时间,对孩子的成长寄予希望。每天吃饭时,和孩子谈谈学校的生活、自己的工作,开阔孩子的视野,丰富孩子的言语。

家长利用生活环境,对孩子进行生活用语、礼貌用语等语言训练。带孩子外出参观,了解大自然的壮丽山河;带孩子拜访朋友,了解与人相处的礼貌用语;带孩子上街购物,了解生活的基本知识。

教师指导家长制订正确的训练计划。从生活的点滴做起,不论大小事,家长不要轻易满足孩子的需求,而是要求孩子必须用语言表达。家长对孩子的每次表达给予眼神、语言的鼓励。家长每天与孩子交流的时间不少于 30 分钟,让她谈谈在学校生活中感兴趣的人和事等。

② 学校环境

轻松和谐的学校环境从心理上拉近了师生的距离,只有她心情放松,才能充分发挥潜能;良好的语言环境是促使她发音的重要条件。

师生共同为她创设一个轻松的环境,让她时刻感到老师和同学是她的朋友,对她不冷漠、不歧视。课堂上只要她举手发言,就让她说一说,经常让她在同学面前说或做她擅长的事情,并及时鼓励她。用老师的关心温暖她,用同学的真心温暖她,让她时刻感受到班集体的温暖。

利用助学伙伴为她创设一个乐学善学的环境,在同桌或小组中让她体验成功,体验快乐,走出孤独自卑的阴影。如小组中做练习,可把发言的机会让给她,让她去展现小组的成果,从而感受到成功,感受到快乐。

在课堂座位安排上为她创设一个学习语言的良好环境,让发音准确、洪亮的同学给她树立榜样,使她产生乐学的意识。

课下让小伙伴和她一起游戏,在游戏中学会与同学相处,在讲故事中学会如何做事,并从小伙伴身上学到好品质,培养语言表达能力。

(3)语言训练

①理解语言、做出反应阶段

反复刺激,指出相应事物。根据她良好的注意进行教学,在不经意中认识事物,并反复刺激强化,达到理解词语、理解语言的结果。

情境刺激,做出相应的动作。根据课堂教学内容,创设情境,给予刺激,并让她做出相应的动作,这一阶段主要是对语文课本中的动词、形容词的理解。

这一阶段的训练开始时很顺利,但后来由于课文的理解难度增加,出现了停滞,为此改在课下家庭中进行训练。

②积累词语、积极表达阶段

建立构词模式。利用已学过的字词,进行词语积累,掌握构词模式。如"电"可构成一系列词语:电灯、电话、电视机、电冰箱等,并达到适时应用。还可以利用游戏的形式助学,扩充词语。如以"大"为中心字,进行扩词,丰富词语,达到积累的目的。

建立感官模式。课上通过学生发言,让她看口型,指出处,并模仿,逐渐形成反应模式,做到积极表达。主要用于课上新知识的学习,培养她的学习欲望。通过这种模式,她逐渐懂得了如何上课,老师的一个眼神,同学的一个动作,她都能领会,并试着去做,大大提高了听课的效果。

建立句型模式。句子是词语的连接,是组成段、篇的基础,一定要让她了解并掌握句型的模式。如主语＋谓语＋宾语、主语＋状语＋谓语＋宾语,对这些句型模式的熟练程度直接决定她写句子、说话的顺序性。我们利用课上模仿、课下娱乐的方式,让她随时随地进行学习。如课下安排表达较好的同学和她一起游戏,说句子"我想跳皮筋""我可以和你玩吗"等。再如课上的新句型一定让她看懂、听清,并模仿说句子。利用这些模式,做些内容上的调整,便可以应用了。

③拓展词句、正确运用阶段

聋生王某对词句的理解比较狭窄,只限于她的生活经历和亲眼所见,因而对词句的顺序、词句的使用均很难掌握。为此在教学中力求做到以下几点。

伙伴助学,共同理解。利用小伙伴,利用课下时间,让她在轻松的环境中,不知不觉地运用词句,如"有的……有的……",在丰富多彩的课间活动中,让她体会、运用。

家校合作,共同帮助。老师与家长取得共识:老师在校给予指导,家长在家给予鼓励,共同帮助,让她接受全方位的教育训练。如写请假条,老师与家长商量好,创设情境,让她练习写,尽管语序有些颠倒,但基本意思已经明确。

面批作文,具体指导。王某由于听力受损,对语言逻辑关系理解较为困难。对此教师从一接班,就坚持面批作文,无论是大作文还是小作文,或是一篇日记,都请她读出来,让她说,并与她交流,一起研究分析,共同发现问题,解决问题。经过两个学期的坚持与努力,她的作文有了明显的进步,做到了语句基本通顺,条理清晰。

4. 教育干预效果

在县教研室、家庭和学校的共同努力下,通过有计划地训练培养,王某在各方面都有了进步,具体表现如下。

一是学业检测:开学初始用四年级期末检测试卷,该生成绩是:语文23分,数学30分。在五年级的学习中,对其进行了多次测试,第一学期语文成绩分别是24分、40分和29分,数学成绩分别是29分、32分和30分,效果不太明显。我们对训练计划又进行了适当的调整,加强了看话训练和听课训练。到期中检测时,该生语文达到了48分,数学达到了70分,效果明显提高,也增强了我们的信心。第二学期测试的成绩是语文45分、40分和47分,数学50分、47分和60分,出现了波折。我们又及时调整了计划,重点放在对数字的训练上,到期末检测时,该生语文达到了57分,数学69分,并能写请假条、留言条和简短的作文。其他科目成绩也有所提高,只是英语成绩还较差。

二是口语表达能力:该生开学初上课时从不举手发言,即使老师提问她,也只是摇摇头或说"不知道"。期中时,她已能在课上主动举手,读书读题。期末检测时,她朗读课文,班主任基本能听明白,如果语速慢一点,其他人也能听明白。

三是人际交往能力:王某开学初与老师只是点头问好,下课也不与同学一起活动,只是自己在教室坐着或者站在远处看着;现在与老师见面能主动问"老师好",可以与同学一起活动,有时还能听到她的笑声。这说明她已经走出阴影,向新的自我迈进。

四是情感表达能力:通过老师和同学对王某的关心与帮助,她的情感表达能力有了很大进步。老师刚接班时,她对于老师的帮助、关心只是低头不语,对于同学主动的帮助也只是眨眨眼。经过一年的训练,现在她对于老师、同学的帮助可以笑笑或说一声"谢谢",而且对于课文中的语句也基本能正确运用自己的情感朗读。

五是普通学生各方面能力明显提高:由于班中有王某这样一名听觉障碍随班就读学生,班内的小干部领导能力增强了,同学们的团结合作、互帮互助能力也提高了。尤其是全班的学习氛围、学习兴趣比以前更浓厚了,班级形成了一种凝聚力,一种团结向上的力量。

5. 教育展望

通过对王某的个别训练,我们感到:聋生更需要老师的关心、同学的帮助、家庭的支持。他们发音不清,怕别人嘲笑,因而把自己封闭起来,影响了潜能的发挥。我们要帮助他们克服自卑心理,使他们正确认识自己、评价自己,树立自信、自尊,提高口语表达能力、社会交往能力,我们相信他们的天空是蔚蓝的,他们的生活是五彩的,他们的未来是光明的。

6. 个案分析

本个案给读者的启示是:训练目标订得非常具体,训练措施操作性强。

重视发挥县教研室专业人员的指导作用,也非常重视家庭的辅导训练。如果广大农村、小城镇的随班就读工作能像本案例那样积极主动地探索,随班就读质量就会逐步提高。

二、视觉障碍儿童随班就读案例

(一)低视力儿童随班就读个案研究

1. 基本情况

蓓贝(化名)是蓓蕾小学(化名)五年级1班的学生。患有先天性虹膜缺损,属二级低视力(远视力:右眼0.04,左眼0.2;近视力:右眼0.15,左眼0.6)。另外,面部略有畸形(鼻梁塌陷,嘴唇较厚),病因不明。

蓓贝智力正常,理解能力和表达能力与同龄人相当。喜欢上语文课,善写作文;喜欢民乐,会弹琵琶;不喜欢上美术课,手眼协调能力差。自尊心强,不喜欢老师因顾及她的缺陷而给予表扬,不愿意得到同学们的帮助,只愿得到家长的帮助,希望老师和同学把她看得与其他同学一样。她遇到困难不抱怨,尽力自己克服,或求助于爷爷奶奶。

她需要配近用和远用助视器,并学会使用;需要学习科学用眼,保护视力的方法;避免强光刺激,避免长时间用眼;需要大字课本、大字作业本、大字试卷;需要可摸或可听的教具、学具等;需要培养正视残疾、积极与人合作的思想意识,克服自卑心理,接受并感谢助学伙伴的帮助,提高帮助别人的意识和能力;需要定向行走训练等。

蓓贝在家生活能自理。对家里来的客人热情,但不主动去别的同学家里玩。喜欢听音乐,会弹琵琶。写作业困难,读写都慢,需爷爷帮助读书。对爷爷的写作感兴趣。父母工作忙,顾不上照顾蓓贝。爷爷奶奶年龄大了,天气不好时,接送蓓贝上下学困难。家长希望蓓贝能像其他同龄孩子一样成长,能上大学就更好了。

蓓贝是一名较典型的低视力学生,尽管她的右眼视力已低到了二级盲,但她的左眼视力属于二级低视力,因此,蓓贝属于二级低视力,适合在普通学校随班就读。因为蓓贝的左眼优于右眼,因此要把座位安排在面向黑板前排中间偏右(左边有窗户)的位置,以便充分利用左眼,又可避免阳光直射(虹膜缺损的病人,怕强光)。蓓贝的视力足以能通过镜子看清自己的面容,在与其他同学的对比中,意识到自己的与众不同,再加上自己的学习成绩不很好,便产生了自卑感,这可能是她不愿意请同学们帮助、不愿意到同学家玩的原因之一。因此,我们要帮助蓓贝克服自卑心理,用自己对班级的贡献,自然地接受老师、同学们的帮助。

2. 经验介绍

以下是蓓贝的班主任赵老师的介绍。

在学校里,我尽最大能力帮蓓贝,给予她特殊的教育措施,解决她在视觉方面存在的困难。在课堂上,我把语速放慢,尽量对着她讲课,让她听清楚。我针对教材内容变化教学方式,如:学习"长方体和正方体"这一单元时,重在建立空间几何观念。每次讲课之前,我先把模型放在她的手中,让她随着我讲的课一起摸,一起感受。学习"数的整除"时,概念多,对于她来讲,正是省视力靠听力学习的好机会。课上力求使她听明白,课下再针对重点概念进行点拨指导。由于书写内容少,我还利用这个机会鼓励她回答问题(把最适合她的学习水平的问题留给她),有时甚至是让她来回答更难一些的有挑战性的问题,这不仅调动了她的学习积极性和主动性,还使其他同学也受到了鼓舞。在学习"分解质因数"等需要明确书写格式的内容时,我就将例题做成放大字体的卡片给她看。课后作业由于概念题比较多,我就利用体育课的时间,我读题她口答,然后我再填到作业中,尽量让她减少用眼的时间。这一切都悄然进行,一点儿也没声张,我要使她感到自己与别的同学一样平等地利用着教育资源,让她感到自己是集体的一分子,但绝不是特殊的一分子。

要使蓓贝感受到自己在班里与其他人一样平等,这个想法缘于发生在蓓贝身上的一件事。有一天早晨,我在班里代收保险费,由于是自愿投保,有一个男孩子就表示不愿意交。正好校长在,他就随口说了一句:"男孩子更容易受伤,连蓓贝都交了,你最好也能交,对自己有好处。"下课后,蓓贝走到我身边问我:"校长说的话什么意思?"

"什么话?怎么了?"我不解地问。

"什么叫'连蓓贝都交了',我怎么了?我有什么特殊的么?"

我连忙开导说:"校长的意思是说,你是女孩子,乖乖的不容易受伤,连女孩子都交了,建议男孩子也交。不过是你刚交完,校长就用你举了例子,没有特别的意思,你别往心里去。"

尽管当时我觉得蓓贝过于敏感,但是她能有勇气问我,让我感到很宽慰,这说明她信任我,愿意与我沟通、向我倾诉。我抓住这一契机,与她约定了谈心时间,在谈心的过程中,我发现她不喜欢别人对她另眼看待,希望被正常地接纳。

我利用合作小组的方式,培训她所在的小组成员,给她特殊的照顾。我教育小组成员,在生活中要留心蓓贝的行为举动,但是不要张扬,在蓓贝最需要帮助的时候伸出援助之手。在帮助蓓贝时,要把她看成是组中的一名普通成员,自然、平等地进行交流,如:把"我带你去语音教室",改成"我们一起去语音教室吧";把"放学后我拉你下楼"改成"放学后我和你一起走",和蓓贝一起走的时候,要拉她的手,不要拽她的胳膊等,为蓓贝营造一种平等的生活氛围。由于小组成员之间的互帮互助是无形的,减少了她自卑的心理,现在她同班级中其他的学生一样,快乐地接受小组成员的帮助。校园生活保障了她行动上的安全,同时也保障了她心理的安全。

我在实践过程中发现有以下问题。①对于固定的助学伙伴来讲,容易给其造成较大的负担,或者影响其学习和正常的生活。②固定的助学伙伴,就像一个符号,提醒着所有的人发觉她的无助。这对于蓓贝来讲,渐渐会形成一种抵触心理,不愿意接受助学伙伴的帮助,甚至形成不健康的心理状态。这正是最重要的问题。为了使这些有特殊教育需要的学生快乐、健康地生活在校园里,就必须正视这个问题。所以,我在蓓贝的小组内,指定大队长在学习方面对蓓贝进行帮助,其他小组成员主要在生活方面帮助她。另外,从班集体形成的开始,就和全班同学有个约定,每个人都享有被别人帮助的权利,每个人都要在别人(特别是低视力学生)有困难的时候伸一把手。最近我在校门口遇到蓓贝的爷爷,他说:"您班里的每个孩子对我们蓓贝都很好,就连最淘气的小露(化名),早上看到蓓贝进学校,都会说'蓓贝,和我一起走吧',真谢谢您了。"我认为,在这种人人去关心别人、人人被别人关心的环境中,蓓贝不会有不平等的感觉,也能欣然接受别人的帮助。

3. 个案分析

赵老师在课堂上选择了较适宜的教学策略,对蓓贝给予了应有的关注和有效的帮助。但是,用体育课的时间帮助蓓贝做作业是不合适的。就蓓贝的眼病情况是可以上体育课的,只是要做安全防护。赵老师为蓓贝营造自然平等的集体氛围的做法,有利于包括蓓贝在内的全体学生的心理健康发展。如果能创设条件,使蓓贝能自觉、自然地为同学们做些有益的事,会进一步增强蓓贝的自信心。

(二)"小磊是否适合随班就读"

1. 基本情况

十几年前的一天,一位父亲带着一位小男孩(小磊)来到盲校,要求转学。小磊患的眼病是小眼球小角膜,右眼好于左眼,能够读普通课本,他正在一所小学读五年级,因看不清黑板上的字,老师建议他转学到盲校。就盲校老师的观察,小磊虽然视力不好,但在普通学校随班就读不该有太大的问题,而且对他今后的发展有利。盲校老师及时与小磊就读的学校取得了联系,并被允许到校听课。小磊坐在靠门一组的第一桌(面向黑板的右手边,这是黑板反光最严重、最不容易看清黑板的座位之一)。小磊看见盲校老师来了非常高兴,把语文课本拿了出来,听班主任讲语文课。小磊与同学们按照老师的要求齐读课文,他的朗读声很流畅。小磊几次兴奋地举起手来要回答老师的问题,可老师顾不上看他一眼,他默默地放下了手。面对老师明了漂亮的板书,小磊却一脸茫然。下课了,盲校老师和小磊一起来到老师的办公室,老师对着小磊劈头就说:"你上课不好好听讲,不守纪律,不完成作业,和同学打架,上课也不积极举手发言,你打算怎么办呢?"小磊没有申辩就离开了办公室。老师和校长详细地介绍了小磊的情况,他确实有不少实际问题。盲校老师也向老师讲了小磊的视力、用眼能力以及他用眼的特殊需要情况。最后大家达成了一个共识:就视觉障碍程度看,小磊有能力随班就读。

随后盲校老师到小磊家进行了家访。小磊住在一间狭小低矮的平房里,父母离异,与父亲一起生活。小磊父亲讲述了家里的困难,孩子的不争气,对孩子的打骂和疼爱,以及邻里的歧视。

小磊继续在那所小学上学了,小磊的爸爸和老师接受了盲校老师的建议,给小磊适当的帮助和关爱,使他顺利完成了小学学业,并考上了中学。

2. 个案分析

小磊的近视力不错,远视力不好,看黑板有困难,应把座位安排在看黑板不反光的位置,并配运用助视器;他右眼好于左眼,座位应安排在面向黑板的偏左方。他的眼病属于先天发育不良,病情稳定,并有希望随着年龄的增长视力有所提高,随着视功能的训练,用眼能力也会提高,因此,就其眼病情况来看,随班就读对他是最合适的选择。小磊需要老师把黑板上的字写大些,最好有大字课本,以减缓用眼疲劳。

视力障碍儿童需要老师的理解和尊重,需要得到与其他同学一样平等的待遇。小磊在课堂上明显地受到老师的忽视和不尊重,从校长到老师都认为他是问题学生,好像他没有优点。当着外人的面批评小磊,不给他留面子,使其受到了伤害。视力障碍儿童需要共同学习、嬉戏的、友善的伙伴。小磊却时常与同学打架。视力障碍儿童需要一个良好的家庭环境和社会环境。小磊很不幸,父母的离异,父亲的打骂,邻居的歧视,使得小磊感到不公和自卑,使得家长灰心,直至家长带着小磊想躲进盲校。

从小磊的故事,我们可以感受到视力障碍儿童对物质环境、人际交往的需要,其中更多的是心理需要。由于视觉障碍带来的直接需要是独特的外在需要,其他需要是作为一个人所必需的正常需要。也就是说,视力障碍儿童首先是一名学生,其次才是一名在视觉方面有特殊需要的学生。尊重他的人格,正确对待他的残疾,是社会文明的体现。

(三)盲童随班就读个案

1. 基本情况

有一位全盲的小姑娘在一所小学随班就读。她有一位很有爱心的班主任老师。班主任组织全班同学为她营造了一个尽量无障碍的和谐环境。小姑娘也很懂事,学习刻苦,成绩优异,成为班级的学习榜样。她不满足自己的成绩,想办法给班级做好事,她的事迹感动了许多人,被评为"十佳少年",受到过中央领导的接见。渐渐地,赞扬声把她包围了。

有一次,我们到那所学校做随班就读指导工作,偶然听到一位学生在说:"(那位小姑娘)是老师的大红人呗",表现出对老师的不满和对那位盲生的不接纳。在与小姑娘的班主任交谈时,我们试着提醒她,别把小姑娘惯坏了,可班主任却不以为然。

终于小姑娘小学毕业了,她不得不到盲校去继续上学。在盲校,她与其他同学一样,往日被特别关注的独特地位没有了,新的环境让她感到极其不适应。尽管她的学习还很刻苦,但成绩已落于中流,她找不到自我了。好强的心总在提醒她,可她又力不从心。每每考试她都怕考不好,结果总也考不好。到后来,她一到考试就紧张,平时会做的题也不会做了。直到中学毕业,她的心理问题也没能调整过来,大家都为她惋惜。

2. 个案分析

小姑娘在普通小学过度地受宠,使她到盲校后不能适应不被重视、遭遇挫折的环境,这对我们教育工作者来说是非常值得深思的教训。随班就读的视觉障碍儿童不应是班里被遗忘的角落,也不应是班里的宠儿。他们需要的是一颗健康的、平常的心。

(四) 小伙伴的作用

1. 基本情况

珊蒂是一个双目失明的小姑娘。她是印度一对年轻夫妇的独生女,住在印度一个小小的村子里。珊蒂的父母和祖父母发现她双目失明后,试图对村民们隐瞒这一事实,因为他们都认为盲人是对一个家庭罪过的惩罚,别人都会因此而回避他们。

父母把珊蒂偷偷地送到一个孤儿院,把她寄养在那里。在以后的 5 年内,他们从未去看过她。对珊蒂来说,这是最糟糕的时期。这个孤儿院从未收过盲童,谁也不知道对她该怎么办。再说,那里还有许多别的儿童需要照料,因此保姆们没有多少时间专门来照顾她。珊蒂像其他所有的婴儿一样,有人给她喂饭、给她清洗,把她从一个地方换到另一个地方。她总算活了下来,不过仅此而已。谁也不同她讲话,没人亲热地搂抱她,也没人逗她玩。她眼睛看不见,保姆便以为她什么也不懂,不能认识周围的事物,所以当其他婴儿开始向他们看到的物品伸出手,开始朝自己想要的东西爬去时,珊蒂却一个人冷冷清清躺在小床上,对周围的事物一无所知。后来,人们对这个盲童的存在也慢慢习惯了。必要时,她们也会把她抱起来,从一个地方送到另一个地方。她们用奶瓶喂她,或把食物送进她的嘴里,但是谁也不去教她自己吃东西,教她走路和说话。当她长大一些后,来孤儿院参观的人常常发现她坐在门口的台阶上,摇晃着身子,用手指触弄着自己的眼睛。她从来不说一句话,饿的时候光会哭。其他的小孩都躲着她,他们十分害怕她的瞎眼。大家都认为这个小姑娘智力低下,却又束手无策。

当珊蒂的父母履行自己的诺言,准备送她上学的时候,她虽然已经5岁了,却还必须有人扶着才能走路。她不会自己吃饭,也不会脱衣和穿衣。由于她从来不说话,人们就以为她永远不可能学会说话。在一个人人都拒绝和回避盲人的国家里,要为一个盲女孩找一所学校上学,谈何容易。

一天,在一个区属镇上,盲童学校的一支小乐队和部分教师正在召开一个群众集会,宣传盲孩子也应到学校去读书。集会后,教师邀请镇上所有盲童到学校去住读。听众中有一位女士,是珊蒂父母的知心朋友,也是珊蒂家庭不幸的唯一知情者。她来到了珊蒂遥远的家乡,对她父母讲了她在集会上听到的一切。

珊蒂的生活发生了转折。她的父母把她带到盲童学校的女校长那里就立刻离去了。不久,人们发现珊蒂不仅满身虱子和疥疮,而且肚子里有寄生虫,甚至还受到梅毒的严重感染。她脱去衣服后,看上去就象一副骨头架子。学校不得不一次又一次地送她到医院去治疗,学校宿舍的一位女管理员日夜陪护着她。珊蒂在生活中第一次感受到了爱和关心,虽然她没有明显的反应,但心灵深处开始发生了变化。

病愈后珊蒂回到了学校,人们就开始教她一些必要的生活技能和习惯,这些都是她在孤儿院里没能学到的。珊蒂对人们所做的努力有了反应,并在短时间内学会了许多技能,但是她的反应却像一个木偶,而不像一个活泼可爱的5岁小姑娘。冷漠的表情在她的脸上从未消失过,一旦让她一人独处,她摇晃身体和触弄眼睛的不良习惯便又出现了。

学校的教师和同学尽了最大努力来帮助这个不幸的小姑娘。他们为她祈祷,千方百计给她以爱,可效果并不理想。看到她非常孤独、与人隔离,真令人心碎。虽然她没有听力缺陷,也似乎在留心听别人对她说的话,但她自己却总是一言不发。珊蒂并不是这所学校遇到的第一个曾经备受歧视的盲童,可是在其他的盲童身上,爱总能打开他们的心扉,启发他们理解,使他们作出反应。珊蒂的情况却不同,渐渐地,老师们也束手无策、听之任之了。连关心她的人也开始认为珊蒂可能真是智能低下,不可教育。

几个月过去了,在学年结束的时候,所有的儿童和教师都回家度假去了,唯有珊蒂例外。她的父母早就告诉过女校长不要把珊蒂送回村子,他们也不打算去看她。这样,珊蒂就同女校长和她7岁的女儿乔安娜住在一起,乔安娜是从一所寄宿学校回家度假的。

在假期的6周里,奇迹出现了。乔安娜成了珊蒂朝夕相处的伙伴,她以一颗天真烂漫的童心去亲近她那双目失明的新朋友,终于冲破了这个不幸的盲女封闭的生活圈子。充满活力又富有想象力的乔安娜积极鼓励珊蒂参加她的活动。当她注意到珊蒂跟不上或学不会的时候,就耐心地给她讲解每个动作的要领,手把手地教她。不久人们就在花园里、操场上,甚至在街上看到她俩的身影。渐渐地,珊蒂认识了兔子、母鸡,还有学校那头奶牛。由于有了乔安娜的陪伴,珊蒂变得越来越活跃,有一天乔安娜吹起了长笛,珊蒂突然伸手说:"给我!"这样,她说出了她一生中的第一句话。从此以后,她的话就多起来了。有时她俩甚至为争一件东西而拌嘴,有时因玩水、玩砂子和泥土还会吵得俩人都哭起来。这些摩擦过后,往往是乔安娜拥抱着珊蒂,亲热地抚摸她、同她说话,吻掉她的眼泪。就这样,通过这些自然而然的接触和相处,珊蒂心中所有的挫折、恐惧和焦虑似乎都一扫而光了,在她面前展现出了一条新的生活道路。

老师和同学们度假归来,看到的是一个新的珊蒂,虽然她说话还不怎么流利,但她已能对刺激她的事物作出反应,也能参加盲童学校的活动了。

珊蒂的故事到此还没有结束,随着她身心两方面的成长,总有一天她的父母会被唤醒,会被盲童学校的老师一再希望他们负起做父母的责任的努力所感动。

2. 个案分析

当一个盲童降生在一个家庭的时候,这个家庭的每个成员都很震惊,也非常沮丧。首先是父母,因为他们都盼望自己的小宝宝身心都健康。全世界所有盲童的父母都会提出这样的问题:"这种不幸为什么会降临到我们头上?""我做错了什么事?难道是上天对我的惩罚吗?"不少家长不愿正视孩子失明的现实,他们抱着一线希望,带着幼小的孩子到处求医,即使倾家荡产也在所不惜。几年时间过去了,求医无效,孩子失明已是不能改变的现实,家长要做出极大的努力才能恢复心灵与感情上的平衡。

以上的真实的故事生动地向我们证明了:我们每个人都需要关爱,盲童更需要关爱。但是怎样做才是真正对盲孩子的关爱?!我们不少家长有了盲孩子后,为孩子难过、焦虑,恨自己不能代替他,给孩子一双明亮的眼睛。于是在幼儿时期,把孩子整天抱在怀里;到孩子长大了,又整天不离身地带着他,唯恐孩子有什么闪失。自以为这样就给了他一切。但家长也要想一想:一旦我们不在的时候,孩子怎么办?他依靠大人已成习惯,离开了寸步难行。从小没有培养其生存能力,到那时没了依靠结果可想而知。明白了这些后,就知道我们一定要帮助家长认识到,只有训练孩子"独立",并且要从小就训练,才是对他最健康、最正确的教育,才是最明智的关爱。

作为学校,不仅要爱学生,而且要采用多种有效的方法帮助和教育盲生,本案例中的小伙伴就发挥了很大的作用。

三、智能障碍儿童随班就读案例

(一)亮亮的个案研究报告

1. 自然情况

亮亮,男,1993年9月出生,现就读于某小学二年级(2)班。他经北京大学医学院附属第六医院检测,IQ69,是一名智能障碍儿童。他从外表上看比同龄的孩子瘦小,待人热情有余,看不出与别的孩子有什么明显差别。亮亮突出的特点是好动,注意力极不集中,喜欢做一些简单的肢体运动,不好动脑。

亮亮的家庭条件不是很好。父母均是下岗工人,高中文化;母亲还是位残疾人,内心世界很封闭。家里尚有八十多岁的奶奶。父母对亮亮的学习关注很少,对他的学习要求很低,基本上是放手,认为孩子只要身体健康就可以了。

2. 研究目的

深入了解亮亮的心理特点,挖掘他的优势潜能,帮助他树立自信心。分析亮亮的学习需求,通过制订和实施个别教学计划提高其注意的稳定性,养成专心学习的习惯,促使其学习成绩有所提高。

3. 研究方法

(1) 访谈法

通过家访了解亮亮的家庭背景、病史和成长发育情况。请亮亮家长谈谈平日是怎样教育孩子的,家长觉得他有什么优点和长处,他和别的孩子有什么不同,对他有什么期望,在教育孩子方面有什么经验和困难。

和亮亮谈心,与他进行沟通,了解他的想法。笔者有意识地与亮亮建立起既是师生又是好朋友的关系。通过亲近他,了解他的内心想法。

和班上的同学谈心,一方面了解同学对亮亮的看法,以此比较、对照亮亮的家长和他本人谈的内容,以使了解的情况更为客观;另一方面也可以引导教育同学正确地对待亮亮。

(2) 观察法

课上观察。亮亮的班主任同时也是他的语文老师。在课上提问、揭示教材、组织学生的练习活动时,观察亮亮的眼神、表情、动作和对学习指令的反应,在日复一日的多次观察中了解、判断亮亮的学习习惯、学习态度和学习能力。

课下观察。作为亮亮的班主任,与他在学校接触的时间最长。平日课下注意观察亮亮的表现:他经常做什么,是独处还是和同学在一起,他有什么与其他同学不同的行为表现。从他平时的一言、一行、一举、一动来对他进行分析,得出第一手资料,为进一步深入研究打好基础。

(3) 测查法

使用《普通学校有特殊教育需要学生有效参与策略的实证研究——全纳教育理论与实践研究》课题编制的《多元智能核查表》对亮亮作了测查,各项测查果如下。

语言	逻辑	视觉	运动	音乐	观察	交往	内省	总分
7.5	5.4	6.2	8	5.3	5.7	7.7	4.7	50.5

学科基础成绩:语文 55 分,数学 61 分。

4. 综合分析

根据上述访谈、观察获得的资料和测查的结果分析,亮亮的心理特征和学习表现如下。

(1)亮亮具备的优势潜能

亮亮是一个非常活泼好动的孩子,他待人热情,喜欢热闹,喜欢在集体中生活。他对形体运动很感兴趣,特别是表演。他特别"好动",无论是课上还是课下,"动"始终离不开他。笔者清楚地记得,接班的第一天他与我就没有陌生感,主动与老师说话,介绍班里的同学,说班里的事,非常喜欢在老师面前表现自己。亮亮喜欢凑热闹,班里发生的大小事,他都要去关注一下。他喜欢参加集体活动,为了准备班会,他忙上忙下,主动从家中找资料,与同学练习。他最喜欢上的是体育课,喜欢跑、喜欢跳,喜欢在课上表现自己。由于他喜欢体育,运动会报名他最踊跃,虽然实力不强,但不服输的劲头实足,精神可嘉。

亮亮主观潜意识非常希望自己各方面都优秀,希望自己学习成绩好,同学喜欢自己,老师喜欢自己,这一点在访谈记录上表现得非常明显。无论问到他哪一方面的问题,他都是向好的一方面回答,可以看出他脑子里还是明白事理的。课上当大家讨论得非常激烈的时候,虽然他自己并没有想法,但也会情不自禁地举起手来,经常是把别人说的重复一遍,希望受到老师的表扬。亮亮回到家,当妈妈问到他在学校的表现时,他往往都说自己进步了,如果老师表扬了他,他会非常主动地告诉妈妈。

(2)存在的问题

注意力极不集中。好动给亮亮带来的负面影响是上课注意力极不集中,课上很少专心参与学习活动,不爱动脑筋思考问题,发言讲不到点子上。

意志薄弱,自控力差。无论是在学习中,还是生活中,亮亮遇到困难往往无所适从,常常采用逃避的方法。

心理自卑,缺乏自信心。亮亮对于自身的不足内心很明白,但不愿意承认,更不愿意面对。他在与同学、老师的接触中,每当涉及到自己的缺点时就主动退避,没有自信心。

(3)问题产生的原因

内因。亮亮自身的惰性极强,在学习和成长中没有目标,没有压力,不求上进。再加之亮亮的智力水平较低,造成学业成绩不好。学业成绩差使亮亮缺乏自信心,其表现形式为有时退避,而有时又刻意表现自己。

外因。由于父母对亮亮要求的降低与放松,使他从小在这种环境中长大,养成懒惰、不思进取的习惯,生活上、学习上从不严格要求自己。在学校环境中,大家对他过分的帮助、照顾,造成他心安理得地把自己摆在特殊位置,不思进取,依赖心理极强。

5. 教育目标、教育方法和措施

(1) 教育目标

培养亮亮上课集中注意力、专心参与学习活动的习惯。通过帮助亮亮体验成功、提高学习成绩,使其逐渐克服自卑感,学会恰当地表现自己。

(2) 教育方法和措施

给亮亮制订个别教学计划。在2003年9月给亮亮制订了一个学期的个别教学计划。该计划的长期教育目标(2003年9月—2004年1月)定为以下几方面。①在一节课(40分钟)学习中,注意力能持续不低于15分钟;②语文期末考试成绩能够及格(不低于60分),数学期末考试成绩略有提高(不低于65分);③在课堂学习活动中能够做到积极发言的正确率明显提高,减少刻意地、形式化地表现自己的次数,从而增强自信心。

将长期计划目标分解成月培养目标(2003年9—12月),再把每月的短期培养目标细化成每周的培养目标。结合日常的课堂教学进行培养。坚持每周一小结,每月一评估。通过家访、建立家校联系簿和家长培训等措施,使亮亮的家长也参与到实施个别教学计划的行动中。

使用行为矫正法对亮亮不适当的好动行为进行干预,培养亮亮上课集中注意力、专心参与学习活动的习惯。按照个别化教学计划要求,我与亮亮达成"协议":上语文课时我使用计时表(放在讲桌上,学生看不见)对亮亮做注意力观察记录。亮亮注意力能够坚持2分钟就给一枚"小红星";如果注意力持续的时间长,则按照2的倍数增加"小红星"的数量;每天记录得到"小红星"的数量,亮亮和我都保持着记录结果。每当"小红星"凑到50枚,就在班上表扬一次;"小红星"凑到100枚,就发给其一件小奖品。

指导亮亮的助学伙伴,使其发挥好助学作用。具体做法为以下几点。给助学伙伴布置任务:在学校写作业时尽量和亮亮在一起做功课,有意识地帮助亮亮逐渐学会自我约束,独立完成作业,不会时可以问伙伴,但不能依赖。指导亮亮养成检查作业的习惯,帮助亮亮订正作业中的错误。和亮亮一起游戏。

笔者与亮亮的体育老师沟通,请其协助我使用激励法和暗示矫正法引导亮亮扬优补缺。具体做法如下。在体育课上当亮亮注意力分散时,通过暗示提醒其正确完成教师的指令;当亮亮在正确完成所学的体育动作时及时给予表扬。遇到某项学习内容是亮亮的强项时应当请其作示范动作,培养亮亮的自信心。对亮亮在体育课上取得的进步和存在的问题及时反馈给我。

做好亮亮家长的工作,使其改变过去对亮亮不正确的教育态度和教育方法。具体做法如下。请家长参加实施亮亮的个别教学计划,在实施计划的行动中使家长感受到教育的效果,改变其对孩子的放任自流。通过建立家校联系簿,使亮亮的父母了解孩子在学校的表现和进步的情况,了解老师是怎样教育亮亮的。培训亮亮的家长使用行为矫正法,在家庭生活中培养亮亮严格要求自己,专心做事的习惯。

做好亮亮成长进步的纪录,用以反映此个案研究的轨迹,作为反思、总结的材料依据。具体做法如下。由笔者写"我的教育故事"。每当在教育亮亮的实践中取得了较明显的效果或遇到困惑,我就写一篇几百字的札记,这一篇篇的札记就是"我的教育故事"。

由亮亮写"我成长的故事"。每当亮亮在学习上和行为习惯培养上取得了较明显的进步,我就提醒他写"我成长的故事"。开始写时不要要求太高,能写一句话也好。慢慢地亮亮可以写一段话。我及时给予鼓励,选择好的登在教室后面的板报上。同样,我请亮亮的助学伙伴适时写《他成长的故事》。由亮亮的家长写"家教中的趣事"。我把我们写的"我的教育故事""我成长的故事""他成长的故事"给亮亮的父母看,他俩深受感动。进而我请亮亮的家长来写"家教中的趣事",开始要求不要太高,只要能写就行。我还在全班学生的家长会上讲这件事,表扬亮亮的家长,起到了很好的效果。亮亮的家长也在家教成功的体验中逐渐改变了对孩子放松要求、听之任之的错误做法。家庭教育的配合使学校的教育效果更明显了。

6. 教育效果

经过半年的培养教育,亮亮取得了较明显的进步:在一节课(40 分钟)学习中,注意力能持续 18~20 分钟,明显改变了过去上课总也坐不住的习惯。2004 年 1 月,亮亮的语文期末考试成绩 62 分,数学期末考试成绩 71

分。学习成绩的提高使亮亮和他的父母都增强了信心,特别是亮亮的母亲,逢人就夸亮亮进步了,老师教育得好。半年来,亮亮基本上能够安稳地在教室里上课,平日说话、做事有了"规矩",得到了同学和其他任课老师的肯定。大家都认为亮亮进步了。

亮亮的进步只是阶段性的,还需要继续给他制订新的个别教学计划,使他的进步在巩固中进一步提高。目前亮亮存在的主要问题如下。注意稳定性、自信心的提高和学习成绩的改进,均是在诸多干预措施的作用下取得的,其自身因素所起的作用还很有限。因此,亮亮进步的自身基础还很脆弱。在特殊环境下(例如课上小组讨论、学生抢答发言、学生模拟角色演课本剧时),亮亮往往失去自控,又不由自主地乱动起来,不能有效地参与学习活动。

7. 教育反思

对亮亮个案的研究使我在如何教育随班就读智能障碍儿童方面取得了一些直接经验。过去我也教过随班就读的智能障碍儿童,面对一些处理不好的问题我总是凭着热情和干劲,就问题解决问题。有时抓到了点子上,取得了一些效果但难以巩固;有时抓不到点子上则事倍功半。现在能够从探索教育规律上研究如何做好随班就读工作,提高了做好工作的自觉性和有效性。

亮亮的个案研究,从诊断性评估开始,在摸清亮亮问题的表现、特点和原因的基础上分析亮亮存在的特殊教育需要,进而制定教育目标,采取干预措施,及时进行研究过程的反馈和调整,注意记录、收集研究数据、资料,从而形成了一个有目的、有计划、有步骤的研究过程,亮亮取得的进步正是研究过程的结果。亮亮的个案研究表明,要做好随班就读工作就要遵循教育规律办事;要遵循教育规律办事就要借助教育科研手段。

本研究报告展现的对亮亮教育干预实践可以认为是行动研究的一个研究行动周期(一个学期的时间),亮亮的进步客观上还需要继续和深化,也就是说还要有第二个、第三个研究行动周期……主要从以下几方面入手。逐渐减弱和减少对亮亮支持性的干预措施;逐渐提高亮亮自身的调控能力,包括养成良好的习惯和获得必要的学习技能技巧;在正确对待亮亮行为反复的过程中巩固其取得的进步。

笔者将继续此项研究,在亮亮进步的过程中,我也将在教育好随班就读智力特殊儿童方面取得越来越多的经验。

8. 个案分析

个案中亮亮表现出的一些问题,在不少随班就读智能障碍儿童身上也同样存在着,许多老师发现问题后感到束手无策。刘芳老师积极参与课题研究,靠科学引领,努力探索教育规律,促使亮亮取得了明显的进步。本个案中谈到给亮亮制订个别教学计划,每一份"计划"都有明确的培养目标、培养措施、评估指标,每一份计划的实施作为一个研究行动周期,坚持在一个长期过程中步步深入接近目标,这种工作思路和工作方法是值得借鉴的。

(二)培养学生注意力,激发学习写字的兴趣案例

1. 问题的提出

俄国教育家乌申斯基说过:"注意是一扇门,一切来自外部世界刚刚进入人的心灵的东西都要从它那里经过。"可是对于一个智能障碍的孩子来说,注意力容易分散。由于难以集中注意力,不能理解老师讲授的内容,而且他们接受挫折的能力较低,所以阻碍了学习。这个时候应该怎么办?

2. 个案基本情况

小东,男,1995年4月16日出生,汉族,轻度智能障碍(IQ69)。小东是单亲家庭的孩子,和父亲一起生活。小东接受过学前教育,在家接触最多的是父亲。父亲大专文化程度,是某公司三产业务员,他能够给小东一些学习辅导。

小东上课时注意力非常容易涣散,目光游离,表情木然,整节课始终在吃手指。他的手指已经被自己咬得血肉模糊。上课从不举手发言,小组讨论时基本处于局外人的状态,对于所学知识遗忘很快。小东做练习时,他不理会老师所说的练习内容与要求,只是反复地在练习本上写0~9的数字。比如:语文作业看拼音写词应该写"春天",他写的却是阿拉伯数字"1、2",依次类推下一个空就是"3、4"……他所有的练习本上面写的都是数字。小东不读书,作为他的老师,我感觉要想走进他的思想空间非常困难。

3. 研究目标

解决小东注意力涣散、整节课不能集中的问题,我为他制定了阶段目

标(在下一个问题中详述),使他能够在课堂上逐步集中注意力,有效地参与课堂教学活动。

4. 研究过程

(1)第一阶段

研究目标:减轻课上吃手指状况,保证注意力短时集中。能够在老师的帮助下完成专门给他制定的课堂练习内容。

措施与方法:与家长沟通,请家长重视孩子吃手指现象,能够带孩子到医院检查,是否体内缺乏微量元素。课上进行干预。与小东协商,告诉他吃手指的害处,并告诉他老师愿意成为他的朋友,上课时老师会在他吃手指时提醒他,如果能够减少这节课吃手指的时间,老师会奖励他。运用暗示法来告诉他不要吃手指了(如抚摸孩子的头或者轻轻地把他正在吃的手指握在手中)。由于小东写出的字都是反的,需要老师握住他的手带着他单独辅导,所以对他的作业和其他同学的要求是不同的。首先减少写字数量,其次降低书写质量要求,只要他能够认真书写就会得到"小红花"。每次我都会十分认真地批改他的作业,高兴地找出他作业中写得好的笔画进行鼓励,并抚摸他的头,表扬他,使他增强自信心,激发他的写字兴趣。

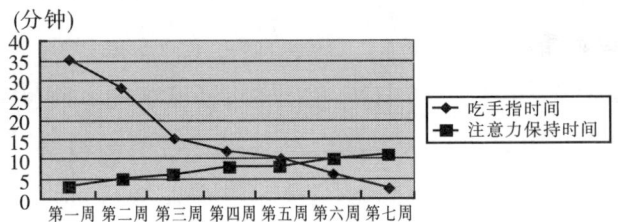

由上图可以看出,小东课上吃手指时间有所减少,注意力可以保持10分钟左右。这说明干预措施还是有效果的。

小东写作业有了明显的进步,由原先只写阿拉伯数字转变为愿意完成写字作业,而且喜欢老师评价他的作业,需要老师能够对他的书写给予肯定。针对他现在的进步,可以逐渐训练他自己听清写字要求,并相应提高写字要求,老师要适时给他帮助。

(2)第二阶段

研究目标:小东能在课上集中注意力,并进一步培养他的写字兴趣。

措施与方法:①运用多媒体教学手段吸引小东的注意力。据小东的父亲介绍,他看电视时注意力很集中,针对这个情况我想可以尝试在写字教学中运用多媒体教学手段,这样更直观形象,也便于吸引他的注意力,激发他学习写字的兴趣。例如学习字的结构,在讲解字的左右结构两部分大小、位置时,可以用图或动画来表示。

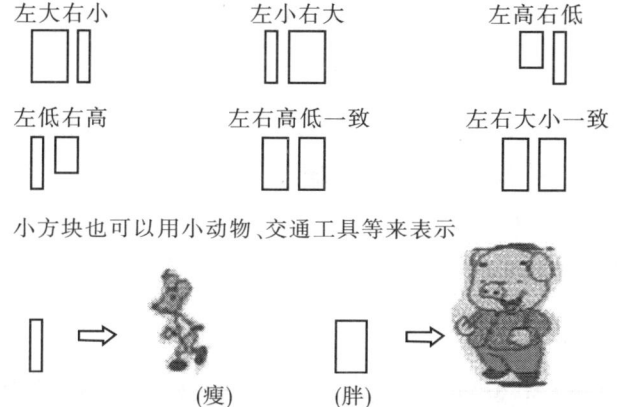

也可以用实物投影,优化评价手段。例如,在小东自愿的情况下将作品直接投影在大屏幕上,我对照旁边的标准字帖讲评。利用评价符号,直接在他的作业上圈点讲评,使他产生一种自豪感。他很愿意参与这项活动,在小组评价时可以让他发表自己的见解。

②学生、家长、老师三方共同讨论孩子的问题,制定协议书,对孩子进行激励式评价。每个月我要和小东及他的父亲一起讨论下一个月的学习目标,针对小东上课注意力的问题,共同探讨。老师让孩子知道下一步学习任务,并提出听讲的要求,孩子也可以向家长、老师提出要求。2004年9月,小东做到了保持每节写字课听清写字要求,得到了老师为他亲手绘制的图片。10月、11月小东连续两个月做到坚持每节课回答问题,得到了爸爸送给他的新水彩笔。12月小东的作业被展览,爸爸答应带他去颐和园玩。

在第二阶段,小东又有所进步,课堂注意力集中时间长,上课时他的目光可以跟随老师移动。当老师讲到有趣的地方,他笑了。小组讨论时他能在同学后面听同学评价,有时可以发表自己的见解。在老师的督促下能够自己完成课堂练习。

5. 效果分析

针对小东的问题我采取了针对性的措施,使他对写字有了兴趣,书写也认真了。他不只是课堂注意力提高了,与同学交往能力、观察能力、语言表达能力等也都有所提高。

培养学生的注意力,关键是要了解学生的需要,改变教学方法,激发学生的学习兴趣。小东对写字课有兴趣,因此课堂注意力比较集中。可是目前他在其他学科参与课堂学习的有效时间还是比较短,我应借助写字学科向其他学科扩展。继续巩固学习习惯的培养,防止反复。

6. 个案分析

本案例中重视改变随班就读学生的不良行为,采取的措施有针对性,体现了积极行为支持的理念,值得借鉴。

(三)小张随班就读案例报告

1. 基本情况

小张,男,1983年8月8日出生,现为某小学六年级学生。该生入学时,身体一般,智力明显低于同龄正常儿童,穿鞋左右不分,经检测人员检测,中心领导批准,确定为随班就读学生。

(1)心理及行为情况

该生入学初性格外向,能与同学接触,但其行为和语言常引起同学哄笑,因而产生自卑感,失去自信心。他上课很少举手回答问题,极少发言,表现紧张,自己不知所云。注意力不集中,自制力、记忆力差,理解和反应迟缓,但对自己做过的事理解较快,可是记不住。

该生生活上能自理,能做简单家务;学广播操反应慢,动作不协调、左右不分,做操时或不知所措,或自行其事;语言表达能力差。

(2)家庭背景情况

该生为独生子,有祖父母、父亲、母亲。其父小学文化程度,务农,有吸烟、嗜酒的习惯,身体健康。母亲未读完小学,务农,身体健康。家庭无病史。父母无辅导孩子学习的能力,家庭经济情况一般。

(3)各种检测情况

智商检测。1991年4月4日,由中心小学检测员(检测员经中央教科所培训)用韦氏儿童智力量表,严格规范地对该生进行了检测,结果属轻度弱智,智商为68。

学习能力分析。语文方面:该生语言能力差,读书一字字指读,不连贯。听人说话,瞪大眼睛不知对方说什么。自己说话,嘴唇光动但说不出来,好长时间才能说出一句,也表达不清自己的意思。注意力不集中、记忆力差,对生字的记忆只有 20%,一节课学 5~8 个生字,只记住 1~2 个,学生字时,他有时看书,有时画画,有时玩东西,很少回答问题。

数学方面:口算正确率为 70%,且速度慢。理解能力也比其他同学慢得多,一道应用题教师导学一遍,一般同学都能明白,他要五六遍才能学会,能动手操作,有直观教具的题理解较快,一步加减法应用题正确率为 20% 左右。

2. 教育目标及措施

根据该生有自卑感,没有自信心,注意力不集中,记忆力差,语言能力、计算能力、理解能力远低于普通儿童,行动迟缓等特点,确定教育目标为以下三点。

加强非智力因素培养、训练,如自信心、学习兴趣、学习习惯等,使其能正常参加学习活动。

有计划地开发其智力因素。如感知能力、记忆力、计算能力、理解力、语言能力等。数学:要求能正确计算式题,能理解和解答基本应用题。语文:要求能读通课文,了解内容、结构,进而了解中心思想和写作方法。能回答简单的问题,写出 500 字左右能表达自己意思的文章。

进行行为能力、生活能力、劳动能力训练,使其能基本适应社会。

为了达到以上三个目标,具体做法如下。

(1)消除自卑、树立自信,使其自然地融入班集体之中。首先在班中开展"我会干什么"专题班会,张说:"我会洗手帕,会帮妈妈洗菜。"老师表扬了他。接着开展了"我也有缺点"的讨论,许多同学都说了自己的缺点和不足,老师问:"你愿意大家笑话你吗?"大家答不愿意。老师说:"那好,今后谁也不要笑话别人,我希望你们都能互相帮助,成为好学生。"后来,又开展了"我能记住这个字,我也会算这个题"比赛活动,张会的就让他到前面去板演,然后师生给予鼓励。老师的期望,活动的教育,使同学自然地接纳了张,他也融入了班集体。

(2)增强有意注意,培养良好的学习习惯。尽量用有形的、有色的、有声的、会动的教具吸引他的注意力。开展比赛活动,以"看谁能集中精神看老师写字,听老师读书,给老师挑错"等提高兴趣,增强有意注意。进行读书和计算训练,提出不丢字、不加字、不读错字,算好每一道题,不做错题等要求,目的在于锻炼他的注意力,培养良好的学习习惯。经过较长时间的培养、锻炼,张的注意力集中了,记忆力也随着增强。非智力因素、智力因素同时有所发展。

(3)有计划地发展其智力因素。智能障碍学生随班就读,关键在于"随"。随,就不是齐步走、一刀切。要让其按照自然规律,按自己的特点去发展,当然也不是任其自由发展,不能忽视教育的责任和义务,要让其能够随进班集体、随上班集体,最终使其能在自己水平基础上与同学一起发展。

为此,在数学教学中,根据该生对自己做过的事理解较快的特点,多用教具、学具进行演示和让他自己操作。如在讲圆锥与圆柱体积时,老师先做实验让同学看,再让张在小组里做实验给大家看,并与同学一起讨论总结它们的关系,发展其感知与理解能力,有意识地强化记忆。又如讲加法意义时,用做"算术操"的方法,"伸左手表一加数,伸右手表一加数,两手一合并,击掌表示相加"。在简算训练中用"三人合作练习法"即"三个人为一组(张也分在其中),第一人出示题目卡,第二人说简单算法,第三人说结果"。三个人的分工可以轮换,题目按照从易到难也分为几组,练好一组再练一组,逐步提高。

在语文教学中帮助张随班就读的方法有以下 5 种。

独立拼读:让他利用拼音读通一句话、两句话……这种方法的特点是数量自定,可多可少,费力较小,希望较大。目的是提高识字量,练习读好句子,日积月累打实基础,为今后创造条件,同时也提高他读书的兴趣。

伙伴间领读、帮读:把随班就读学生编入小组,小组内每人领读一段课文,张也领读一段,是事前伙伴帮他准备好的。这种方法可以加大阅读量,提高阅读速度,使他能随进集体,随上集体。

小组内"论"读:做法是读一段议一段,或谁对哪段、哪句不明白,就读出来大家议论。这样帮、学形式自然不拘束,气氛活跃,有读有问,有说有听,理解了课文,增强了交流,增进了感情。

协作复述:重点段在前面读的基础上,小组内集体编写复述提纲,然后分工负责,每人说一部分内容,联合起来完成复述任务。意图还在于"帮""拉""随"。

回答问题:原样"学说""仿说"法,即听别人答后,让张用自己的话仿说。"半独立回答法",即在老师或同学提示下回答问题。另外还有独立用书上原话回答法和完全独立用自己的话回答的方法。

由于教师为他提供了充分的学习条件、机会和良好的学习环境,师生又给了他足够的帮助,张的感知、理解、记忆、计算和阅读能力都得到了发展,使之随入了班集体,随进了班集体。

（4）进行行为能力、生活能力等训练。张同学做操不分左右、不分节次,反应迟缓。通过课间游戏对他进行训练。同学们玩"随我做"游戏:伸左手举三下,伸右手举三下,抬左脚踢三踢,抬右脚踢三踢,进行左右和节奏训练。又同家长配合进行语言能力训练。因其家长没有辅导能力,教师教张讲一个故事或叙述一件事,到家讲给家长听。这些活动都有效地提高了他的各种能力。

3. 效果

通过长期的教育和训练,目前,张同学已有很大进步,有了良好的学习习惯和一定的学习能力。如已能按时完成作业,读课文由原来的读一句提高到现在能通读全文;数学式题、基本应用题的计算,正确率达到60% ~ 70%。各科考试成绩均达到65 ~ 70 分。上课能提出问题、回答问题,每节课发言四五次。在校内能做值日,参加学校组织的劳动。在家能帮助妈妈洗菜,帮爸爸到地里锄草等。

4. 问题和体会

在实验过程中,各科教师不能同步进行,影响效果。升入初中后随班就读不能衔接。

通过实验体会到,智能障碍儿童随班就读工作,也要遵循自然发展规律。自然界万事万物的发展本来就是不平衡的,参差不齐的。它们都各具自己的优势和特点,都会按照自己的方式不断地发展、成长。随读生又何尝不是这样呢? 因为他也属于自然,绝不会越出自然规律。只要教师为他提供学习条件、机会、环境和恰到好处的帮助,采用灵活多样的方法,他们就一定会随着自己的伙伴,按照自己的方式、速度和特点去学习和成长。而这里的关键所在,就是条件、机会、环境、帮助和方法。

简言之,智能障碍儿童随班就读是可行的,先天的智力不足通过后天的教育和训练是可以改变的,智能障碍儿童能成为一个自食其力和对社会有贡献的人。

5. 个案分析

该案例从培养随班就读学生非智力因素、开发其智力因素、提高其社会适应能力几方面,促进随班就读学生的发展,采取的方法措施具体可行,取得的效果也是非常显著的。

四、其他特殊儿童随班就读案例

(一) 孤独症谱系障碍儿童问题行为的解决

解决问题行为时,首先,我们要考虑怎样描述问题行为?这里以笔者在一所小学遇到的情况为例子。笔者问王老师:"小武的问题是什么?"她回答说:"他上课吵别人,特别好动。"王老师的回答,能勾勒出小武问题行为的具体表现吗?

不同的人对这个答案有不同的理解。比如甲认为"吵别人、好动"说的是小武坐在座位上,不停地扭动;乙认为是小武在教室跑来跑去;丙认为小武总在上课跟同学发生争执,跟其他人吵架、打架。进一步追问王老师:"他到底是怎么吵别人、怎么好动的呢?"王老师回答的是:"小武在上课的时候,总是自言自语,时不时发笑,笑得一抖一抖的。"这个答案,跟甲、乙、丙对"吵别人、好动"的理解都不一样。

那么,王老师的这一回答是否完全说明了小武的问题行为?还没有——我们还要知道这个问题行为发生的频率高不高、持续时间长不长、影响程度大不大等。

笔者再追问:"小武每堂课用多少时间自言自语和发笑的?"王老师回答说:"也不是每堂课都自言自语,但有些课,比如语文课和数学课特别喜欢这么做。好像劳技课老师没有提他上课说话。每节课用多少时间说话、发笑,我没有统计过,可能有一半时间在说话、发笑吧。""你确定是每节语文课和数学课都如此吗?"王老师思索了一下,说:"也不是。好像教新课的时候,因为比较难,他吵闹的时间长些。课下我们老师会给他补习,家长回去也使劲教,复习的时候,他就比较配合。"笔者又问:"他的声音大吗?对其他人有什么影响?""对其他人的影响——以前他一笑,大部分学生都会受影响,现在大家习惯了,不过前后桌、邻座的学生受干扰还比较大。"至此,我们才能初步对这名学生"吵别人、好动"的课堂行为做一个描述:"在新授语文课、数学课上,用20分钟左右(一堂课以40分钟计)的时间自言自语、发笑",这个描述比起老师刚开始形容的问题行为,无疑清晰得多。但严格来说,要真正让其他人了解问题行为,还需要更多的细节。教师可以参考表1,对不同的问题行为进行描述。

在此强调,在描述问题行为的时候要使用动词和名词说明问题的客观表现,比如,我们可以将"这个学生很情绪化、很自私"转化为"这个学生每隔一两天,不管在什么场合,会摔打身边的东西,但她从来不摔自己的东西,只是破坏其他同学的书本或学习用品"。切记,清晰、具体地呈现问题行为,是解决问题的前提条件。

表1 课堂问题行为描述表

描述指标	描述内容
发生场景	在语文课、数学课上
发生频率	每隔1-2分钟
持续时间	每次大约1分钟
具体行为	突然说话,说话的具体内容听不清,但声音会干扰邻座同学上课。哈哈大笑,身体摇晃,带动前座同学的椅子和后座同学桌子摇晃。
影响程度	周围同学会被说话声吸引而分散注意力,或者听不清教学内容;前后桌同学因为椅子或桌子摇晃,无法专心读书和写字。
问题描述	在新授语文课、数学课上,用20分钟左右时间自言自语或发笑,影响前后左右邻座同学听课。

其次,学生这么做的原因以及想得到的结果是什么?

提到学生的问题行为,老师通常说得最多的是该行为对其他人造成了影响,通常是负面影响,即上面提到的"影响程度"。教师如果只是了解ASD学生问题行为对他人造成的影响,采取的解决对策很可能是要求ASD学生反省自己的错误,责令他/她限期改正,但这样的问题解决策略所起的效用往往不大。

每种行为的出现,都有出现的原因和理由,都会产生一个结果。如果ASD学生总是表现出一种行为,原因主要是这种行为带来了让学生满意的结果。遵循这样的思路,我们就能深入地分析ASD学生的问题行为,进而找到解决问题的对策。

针对前文提到 ASD 学生上课自言自语、发笑的行为，笔者继续追问王老师："为什么他在语文课和数学课会产生这些问题？是因为他不喜欢语文老师、数学老师，还是因为他不喜欢语文课和数学课的内容，还是其他原因？"王老师想了片刻，说："可能是学习的功课比较难，他听不懂，觉得烦躁。其他副科的课，比如音乐、美术、劳技课，这种情况就少见。"王老师的回答，至少提供了产生问题行为的一个可能性原因。接着，王老师试图分析小武出现问题行为的结果："他这一闹，老师就只求他安静些，不再要求他学习、做课堂练习了"。接下来，笔者与王老师用了半天时间，访谈了同学和任课教师，分析小武出现问题行为的原因及结果，发现王老师的判断基本是正确的。

问题调查至此，我们才可以说对问题进行了客观分析。教师可以参考表2，对不同问题行为进行客观分析。

表2　课堂问题行为分析表

问题前因	问题描述	教师反应	问题结果
小武不喜欢学习有难度的课程	小武在新授语文课、数学课上，用20分钟左右时间自言自语或发笑，影响前后左右邻座同学听课	老师要求小武上课安静些，不要求他参与学习活动	小武不用学习有难度的课程

在这个表中，只列出了教师的反应，因为在课堂上，通常只有教师的行为才能影响学生的行为；"问题前因"和"问题结果"都是针对 ASD 学生而言，切记要把表2中的"问题结果"和表1中的"影响程度"区分开。教师也可以根据使用情况，自行设计课堂问题行为描述及分析表。

此外要强调一点，调查问题行为的过程最好不要超过两周，时间太长、处置不当的话，问题行为可能演变得更剧烈，造成的负面影响更多，这对其他同学不公平。

最后，从哪些方面入手解决问题行为？

解决课堂的问题行为，建议教师们可以阅读一些有关功能性行为支持的资料（可参见本专题第四部分）。实际上，上文介绍的问题描述和分析，也渗透了功能性行为支持的基本思想。但在与教师接触过程中，笔者发现，教师一方面认为掌握功能性行为支持、积极行为支持的基本原理，比如

"正强化、负强化、惩罚"等很重要,但另一方面,教师们仍觉得要很好地区辨并熟练掌握这些原理,将其用于千变万化的教学中有一定难度。本文在此介绍笔者和王老师设计小武问题行为的解决策略的过程,这个过程实际上融入了功能性行为分析的问题解决思路,但是操作上更简易(以下用 A 表示笔者,B 表示王老师)。

1. A:在"问题前因"环节设计策略,你会怎么做?

B:他不喜欢学习有难度的任务,那么设计教学的时候要考虑给他布置难度比较低的任务,这对我们老师来说是挑战。现在都在提"分层教学",理论上我们可以要求不同学生达到不同层次的学习目的,但是讲课的时候我们对全体学生一起讲,肯定有的时候讲得深些,有的时候讲得浅些。小武的问题是他一听老师讲比较难的内容,比如新课,他就不愿意听。

A:你前面提到小武在新授课的时候,问题行为更多。是不是提前预习更好些?

B:肯定是。这个环节我可以和家长多沟通。以前我们总是课后补习或复习,应该改成课前预习更好。

2. A:在"问题描述"中可以采取哪些措施?

B:我要改变的就是小武的问题行为,这个环节还可以怎么改变?

A:逃避功课的行为,如果不影响其他人,会不会好一些?能不能教他其他的替代性行为,比如让他做其他事情什么的?

B:他喜欢画画,如果让他画画应该不会吵别人。但是一直在语文课、数学课上画画,那上课就毫无意义。

A:你说得对。解决问题行为,不是不吵别人就可以,无法让学生参与课堂学习,随班就读就是随班混读。

3. A:在"教师反应"这个环节可以怎么做?

B:这个环节,我们要反思。以前小武一闹,老师就担心他吵别人,所以就希望他安静一些,不学习就不学习,随他去了。

A:但是要求小武安静些效果不大。而且小武还逃脱学习了,课后教师、家长再给他补习,花了更多的时间。

B:是啊,效果不好。不过如果事先让他学了一些内容,是不是会好一些?该要求他做的事情还是要让他做,不过可以让小武做的简单一些。

4. A：最后一个环节，"问题结果"，你打算怎么做？

B：如果老师反应变了，那结果肯定不一样了。总之，我觉得还是要让小武学习，要不然课上他什么都不学，那就没有必要上课了。

5. 通过分析，王老师决定采取这样的策略：一，列出每一课的学习内容，由教师和家长一起事先帮小武预习，同时准备一份练习题；二，小武课上出现自言自语或大笑的时候，教师不再说："小武安静些"，而是拿出准备好的练习题，让小武完成；此外教师在设计教学问题时，尽量考虑一个以上小武能理解甚至能作答的问题，让小武回答。

教师解决问题，可以从问题前因、问题描述、教师反应、问题结果等四个环节着手，分析哪个环节最容易突破，而后设计要采取的策略。需要强调的是，这个问题解决思路，仅供教师们参考。我们还是希望教师能将一些课堂行为管理策略，比如本文提到的"功能性行为分析"融汇贯通，客观、全面地分析问题，设计出有效的教学对策。

（二）资源教室的感觉统合训练课教学方案

海 上 探 险

（设计人：人大附小教师王亮、许娟）

学科	心理	年级	KK：五年级；MM：四年级；QQ：一年级	教材版本	自编
指导思想与理论依据					
皮亚杰认为儿童心理发展的第一个阶段是感知运动阶段，儿童通过基本感知和运动获得大量的经验，这些经验成为儿童心理发展的基本素材。感觉统合是神经中枢对各种感觉和动觉信息的梳理与整合，帮助儿童做出正确的反应（恰当的学习行为和人际交往行为）。如果把儿童的学习、行为能力与写作能力做一个类比的话，基本的感知和运动经验就好比是儿童掌握的基本词汇。感觉统合就好比把简单的词语合理组织起来写成句子和段落的过程。所以基本运动能力和感觉统合训练对弥补儿童在早期感知运动经验的缺失、改善儿童的学习和行为表现方面起着非常重要的基础作用。					
学情分析					
三个学生在基本运动和感觉统合方面都存在着明显的不足。我们在评估中发现，QQ的双腿力量不均衡，同时还具有触觉敏感、目光对视差和人际互动不当等不足；KK的肌张力过强，全身肌肉尤其是腿部僵硬，动作缓慢不灵活，同时也存在学习能力差和人际交往方面的不足；MM存在腿部力量不足、动作的协调性差，同时也存在学习能力差的不足。					

(续表)

教学目标
1、团体训练目标 (1)基本运动能力：交替半跪30个/人；跪坐跪起30个/人，训练身体协调性和弱势腿力量。 (2)感觉统合能力：蛙蹬接球10分钟/人，训练前庭觉和手眼协调能力。 (3)同伴互助与协调：滑车连锁5分钟。 (4)指令听从能力：整堂课对三人发集体指令40次左右，通过指令训练渗透服从规则的意识。 2、个别化训练目标 (1)KK和MM 基本运动能力：匍匐前进5分钟，提高身体协调性和骨盆的灵活性。 感觉统合能力：滑车带球前进7分钟，训练前庭觉和手眼协调能力。 (2)QQ 球上目光对视6分钟，有效对视时间预期累计4分钟，矫正"斜视"。 球上躯干反弓配合双手抓物6分钟，训练背部肌肉和脊椎的同时训练手眼协调。

教学重点
集体蛙蹬接球；KK和MM的匍匐前进；QQ的球上目光对视

设计思路
1、个别化训练与集体训练相结合 在感统训练中，许多训练项目其功能往往是综合的，能够对儿童感觉综合的多个维度同时起到训练作用。本课同时对三名学生进行感统训练，尽管他们的感统训练需求不尽相同，但仍能够分别从共同的训练项目中获益；同时，针对学生的不同需求，本课也设计了个别化训练的环节，在活动环节2中，QQ做单独的球上训练，而KK和MM则做另外的训练。 2、感统和基本运动训练与情境化游戏相结合 单纯的感统或基本运动训练对学生而言是很辛苦的，有时甚至是枯燥的。本课设计了"出海探险"的游戏情境将各个训练环节串联起来，目的是为了增强训练的趣味性，从而调动学生的主动性。 3、同伴交往与合作的渗透 故事的三名小主人公是兄弟姐妹的关系，"寻找QQ"和"营救MM"的游戏情境对三名学生既有手足情感的陶冶，又有同伴互助的渗透。

教学资源
A字架(桅杆)、大斜面(大船)、滑板(汽艇)3个、大龙球(小岛)、欢乐球(彩色椰子)若干、海绵圈和海绵垫、音乐《高山流水》

(续表)

活动环节	故事情节	学生活动		教师活动		设计意图
		QQ	KK、MM	王	许	
1、热身活动——扬帆起航（10min）	KK、MM、QQ兄妹三人要去大海上进行一次探险，会遇到危险也会有惊喜出现。他们都很勇敢、坚强，最后平安地回到了家。	交替半跪30，与王目光对视	交替半跪30，彼此目光对视，牛思宇数数，掌控节奏。	做示范动作，与卢目光对视，口头提醒，指导动作	指导3个学生的动作，适时用手纠正	游戏情节的介绍引导学生进入情境。交替半跪为常规热身活动，可训练身体协调性。
	出海之前他们准备了充足的食物和水，把装食物和水的桶从仓库里一桶一桶地滚出来。	滚圆垫		口头指令：食物和水在海绵仓库里。指导过程、监督规则的遵循情况。	指导、督促	继续热身并提高学生情绪的兴奋度，兼有规则意识的渗透。
	接着他们一起努力升起了船帆。兄妹三人上了船，扬帆起航。		跪坐跪起30，弱势腿膝盖撑地	亲手指导动作。	配合升起船帆，用绳子系好，固定在A字架上。	继续热身同时训练学生的腿部力量，主要针对支撑腿。
2、个别训练——寻找QQ（12min）	出海不久，他们就遇到了大风浪，风浪过后发现弟弟QQ不见了。QQ被大风吹到一个小岛上。KK和MM急坏了，到处寻找QQ。他们先是在船上找，后来又开着汽艇到海上四处寻找。	球上对视①、表情解读②	匍匐前进③	负责QQ，在大龙球上前后晃动、对视，做出各种表情。	指导KK和MM做匍匐前进。	①矫正"斜视"同时训练注意力。②培养关注他人表情的意识。③锻炼全身的协调与灵活，在手脚配合下造成骨盆的扭动。波巴斯的相关理论认为骨盆的灵活性决定了儿童的学习能力。
		趴球抓物④呼唤救援	滑车赶球⑤	与许合作完成QQ的趴球抓物	指导KK和MM做滑车赶球。	④训练背部肌肉和脊椎的同时训练手眼协调，同时由于身体悬在大龙球上，还可以训练本体感。⑤训练前庭觉和手眼协调能力。

(续表)

<table>
<tr><th rowspan="2">活动环节</th><th rowspan="2">故事情节</th><th colspan="2">活动过程
学生活动</th><th colspan="2">教师活动</th><th rowspan="2">设计意图</th></tr>
<tr><th>QQ</th><th>KK、MM</th><th>王</th><th>许</th></tr>
<tr><td>3、合练——七彩椰子（10min）</td><td>终于找到QQ了！！！兄妹三人开着汽艇向大船前进。海浪一阵接一阵推着他们向前走，海浪里飘来了七彩的椰子。兄妹三人捡了很多椰子，喝到了甜美的椰汁。</td><td colspan="2">蛙蹬接球</td><td colspan="2">指导蛙蹬接球的动作，抛球。</td><td>主要训练学生的前庭觉和行进中的手眼协调能力，同时也锻炼腿部力量。</td></tr>
<tr><td>4、互助合作——营救MM（5min）</td><td>MM的汽艇坏了，三个人把汽艇连在一起，KK和QQ拉着MM回到大船上。兄妹三人乘船返航回家了。</td><td colspan="2">滑车连锁，KK和QQ主动拉着MM前进。</td><td colspan="2">帮助学生连滑车，指导配合。</td><td>主要锻炼学生相互间的协调能力，同时培养互助合作意识。</td></tr>
<tr><td>5、休整——（3min）</td><td></td><td colspan="2">静坐读秒2分钟。</td><td colspan="2">播放音乐《高山流水》语言暗示。</td><td>引导学生在高强度、高兴奋性的活动后逐渐平静下来。训练学生的注意力，同时锻炼学生用意识控制肢体远端部位的能力。</td></tr>
<tr><td colspan="7" align="center">板书设计</td></tr>
<tr><td colspan="7" align="center">学习效果评价</td></tr>
<tr><td colspan="7">及时给予形成性评价。
下课后马上给予总结性评价（代币，未录入视频当中）。</td></tr>
<tr><td colspan="7" align="center">教学反思</td></tr>
<tr><td colspan="7">"感统和基本运动训练与情境化游戏相结合""个别化训练与集体训练相结合"是本课的两个主要设计思路，但在本课中这两个"结合"并未达到最理想的效果：
1、我们为了增强训练的趣味性而设计了游戏情境，但在实际过程中发现在两个相邻训练环节相衔接时，教师往往会为了不影响故事情节发展的连贯性而疏忽了对上一环节的及时评价。因此，在训练环节中更多地使用随时评价可能是解决这一矛盾的一条途径。
2、如设计思路1中所言，个别化训练与集体训练确有相结合的可能，而且基于提高教学效率的要求，集体训练将是训练课的必然发展方向。但是在本课中，MM的注意力</td></tr>
</table>

(续表)

> 缺失并未得到集中的高强度训练。因此，如何在集体训练的形式下更好地贯彻个别化训练的本质将是今后训练课的一个重要教研方向。
>
> 此外，本课中还有以下两个值得反思的问题。
>
> 1、训练内容的丰富性与集中性。一方面，由于长时间进行单一的训练内容将会使学生感觉枯燥乏味失，去对训练课的兴趣。另一方面，训练内容多样化将会影响具体内容的训练强度和效果，比如本课中互助合作环节进行得不够深入，带给学生的影响有限。因此，如何针对某一具体的训练内容开发出多种不同的训练方式将是今后一个可能的教研方向。
>
> 2、学生的主体性与教师的主导作用。现代教育教学思想普遍强调充分发挥学生的主体性，但在本课中教师的主导作用非常明显，而学生的主体性则体现得相对偏弱，有时甚至教师会强行要求学生。这也是训练课中普遍存在的现象，因为训练课的内容是由教师预先设定的，不能放任学生自由"玩耍"，并且培养学生的指令听从能力和规则意识是几乎所有训练课的共同任务。因此，如何更好地发挥学生的主体性是另一个值得思考的问题。

资源教师在开发和训练ASD儿童的潜能时，往往需要运用到一些专业康复技术，目前我国资源教师最常做的是感觉统合训练。我们鼓励资源教师根据ASD儿童的需要，在专业人员指导下对其实施训练，但同时，我们希望资源教师在开展训练活动时，考虑到儿童的天性，运用到自己原来擅长的技能——教学活动设计。上面展示的教学方案，很好地诠释了感觉统合训练"课"，而不只是感觉统合训练"活动"。

（三）一个学习障碍小学生的成长

小A，女，小学二年级，智力正常，动作慢，记忆力差，注意力分散，缺乏自信，脾气暴躁，自制力差，情绪易激动，常与同学发生争吵。数学教师反映，她仅能完成简单的计算，学习概念性知识困难，不能独立解文字题和应用题。语文教师反映，拼音拼读困难，只会双拼，识字量少，阅读困难，理解能力弱，通读课文困难。听、说、读、写各方面的发展明显落后于同班同学。尽管教师和家长花大量时间给她补课，指导她完成作业，进行高密度的个别辅导，她却依然如故，语文和数学成绩均不能达到合格水平。

小A学习障碍筛查量表筛查结果侧面图（见图），是小A与二年级女生常模对照图，若测试成绩落在无底纹区域，说明该分测验与二年级女生相比不存在明显落后；若测试结果落在影印区域，说明该分测验明显落后

标准分	原始分						标准分
	注意与记忆	情绪表现	知动协调	社会适应	理解与表达	全量表分	
44	26-27	20	18-19		12	86-90	44
45	28-29	21	20	10	13	91-95	45
46	30	22-23	21		14	96-98	46
47	31-32	24-25	22	11	15	99-107	47
48	33-34		23	12		108-112	48
49	35-36	26-27	24		16	113-120	49
50	37-38	28	25-26	13	17	121-123	50
51	39-42	29	27		18	124-132	51
52		30-31	28-29	14		133	52
53	43	32				134-140	53
54	44-45	33	30	15	20	141-152	54
55	46-49	34-36	31		21		55
56			32	16	22	153-166	56
57	50	37-38	33	17	23		57
58	51-57	39	34		24		58
59		40	35-37	18		167-172	59
60		41-45			25	173-181	60
61	58		38-39	19	26-27		61
62	59					182-199	62
63	60-61	46-47	40	20	28		63
64	62-65		41-42	21-22	29		64
65		48-49				200-204	65
66	66-67	50	43-44		30-32	205-208	66
67	68-69	51-53	45-49			209-215	67
68	70-72			23-24		216-225	68
69		54			33-34		69
70	73-78	55				226-232	70
71		56-62				233-239	71
72			50-51	25-27	35-36	240-243	72
73	79-81					244-285	73
74			52-53		37-39		74
75	82-85		54-63				75
76		63					76
77	86-90			28-32			77
78		66			40-49		78
79		67-70					79
80	91						80
81						286-312	81
82		71					82
84				64-67			84
86				33-36		313	86

小 A 的学习障碍筛查结果侧面图

于二年级女生,测试分数越高,落后越明显。

从侧面图清晰可见,小 A 的情绪表现和社会适应两个分量表得分落在无底纹区域,而注意与记忆、理解与表达、知动协调三个分量表得分和全量表得分均落在影印区域,尤其是知动协调分量表得分落在侧面图的底部,说明小 A 的注意与记忆、理解与表达、知动协调能力均明显落后于同年级同性别的学生,知动协调问题尤为突出,是非常典型的学习障碍。

进一步做相关测验,感觉统合能力检核结果显示,小 A 的前庭觉、本体感、触觉均重度失调,平衡感中度失调,整体的感觉统合能力中重度失调。

从小 A 的筛查结果中发现,导致其学习困难有生理的原因——前庭觉、本体感、触觉均重度失调,平衡感中度失调,整体的感觉统合能力中重度失调;有心理的原因——注意力涣散、记忆力差、自信心弱;有教学的原因——学校的教学进度远大于其学习速度,使得她长期处于高负荷学习状态之中。

筛查结果告诉我们,改善前庭、本体、触觉等生理机能,训练提高注意力、记忆力,增强自信心等对于改善其学习状态有着重大意义。根据筛查结果分析其学习行为特征,针对小 A 的实际情况,我们提出了具体建议。

根据小 A 的注意力特点,提出 5 点建议,即教学环境——简单一点;教学干扰——减少一点;教学时间——简短一点;教学语言——简练一点;过度环节——丰富一点。

根据小 A 的记忆力特点提出两点建议,即过度学习;记忆策略辅导。

针对小 A 的拼音、阅读等问题提出了具体建议,即用大卡片进行拼音拼读练习;用手指点读;阅读时使用特殊的标注;多进行绘本阅读。

针对小 A 知动协调问题,建议用滑板、吊篮、羊角球、跳袋、万象组合等开展高密度针对性的感觉统合训练(训练室训练)。另外,请体育教师配合进行爬行、翻滚、钻圈等训练,由班主任和家长配合做拍球、跳绳等运动。

每天花 5~10 分钟时间,用教学演示用的大卡片(拼音卡片)进行拼音拼读练习。一个多月后,小 A 顺利学会了拼音拼读。

每天花 5~10 分钟时间,用手指点着文字,逐字朗读课文训练。一学期后,小 A 朗读情况明显提高,跳字、漏字情况明显减少,能够流利地通读每一篇课文了。

在阅读过程中,让小 A 学会使用特殊的标注。一个学期后,小 A 能够比较熟练地使用一些简单的标注,如划横线、划圈等,阅读理解能力有明显提高。

学校安排每周三次感觉统合训练,每次半小时,家长配合每天坚持 10 分钟左右的拍球和跳绳训练。一个学期后,小 A 感觉统合能力明显提高。

经过一个学期的辅导和训练,小 A 发生了明显变化,语文和数学学习基本能够跟上班集体的学习进度。任课教师说,我们对小 A 所付出的精力比以前少了很多,但是她取得了前所未有的进步。我们回访小 A 时,她语出惊人:"以前不是我偷懒,我真的不会学习。我现在觉得学习很有趣。"

此后,我们继续跟踪干预,每学期都进行了干预方案的调整,每学期为她制定资源教室方案,实施个别化教育。一年后,小 A 的语文和数学成绩均达到了合格水平。经过 5 年的干预,小 A 顺利地小学毕业了,小学毕业时各科成绩均保持在合格水平。

学习障碍儿童个体差异很大,学习障碍的表现、原因等也各不相同。对学习障碍儿童的教育,首先要分别从生理、心理、教育等方面对他们多途径、多方法地进行调查、测量,分析形成学习障碍的主要原因,有针对性地进行教育干预,再调动他们自身的学习主动性、积极性,满足他们的不同学习需要,就能取得较好的教育效果。

第3篇 行动研究和评估

前面我们已经学习了有关特殊儿童的基本知识,并通过学习鲜活的案例,对他们有了更具体的认识,对特殊儿童随班就读也有了直观的感受。下面我们一起回到自己工作的地方,发现身边的特殊儿童,帮助他们更好地在普通学校随班就读。因为我们对随班就读的规律还没有完全认识和掌握,还需要边工作边开展行动研究。

行动研究是将研究与教育教学紧密结合在一起,研究者同时也是教育教学活动实际参与者。随班就读的行动研究,就是要求我们实际从事随班就读工作的人员要同时开展随班就读的研究,用研究的心态来看待随班就读工作中的行为和现象。我们的行动是为了解决随班就读中的问题而事先筹划行动,行动以后还需要认真反思和评估。

一、发现问题,科学测查分析

(一)发现特殊儿童及问题

从随班就读工作来说,我们首先要明确是谁在随班就读?从研究的角度来说,我们也要搞清楚研究的对象是谁?影响他身心健康发展的主要问题又是什么?从而有针对性地研究和解决问题。这就要求我们要善于观察和调查,发现有特殊需要的学生和问题。观察法是通过有目的、有计划、有组织的感知活动,了解学生行为、能力的方法。对学生的观察多是在自然状态下进行的,既可以在一定时间内观察某种行为能力,也可以就一定的事件,对其行为发生的状况进行观察。在观察中尽可能详细地记录结果至关重要,它是分析学生情况的重要依据。调查法是通过一定的方式收集有关资料,有目的、有计划、系统地了解学生的方法。可以通过询问他人、分发问卷,甚至直接询问学生的方式进行,也可以从学生的有关资料中了解学生。

如学生常侧头倾听别人说话,经常要求别人将说的话重说一遍,听收音机或看电视常将声音开得很大。同学们反映,他常需依赖同学才明白教师对作业的指示,说话声音不是过大就是过小,或缺乏音调变化等。发现学生这些行为后,我们就有理由怀疑其有听觉障碍的问题。

学生看东西时,上身尽力前倾,无法看清东西或画面上的色彩和内容,阅读时课本放得过近或过远,阅读常出现跳字、跳行或读错的现象,书写时空间掌握不好,字常写出格外。常因为看错数字做错题,尤其是 3 和 8,2 和 5,7 和 9。看物体细微处,常出现揉眼、眯眼、眨眼等烦躁不安的神情,走路出现深一步浅一步的现象。发现这些行为我们可以怀疑该学生是不是有视力问题。

学生语言能力差,意思常表达不清楚,做作业特别慢。数学教师反映,该生口算正确率低,做应用题尤其困难。另外,他上课注意力难集中,记忆力差,学习成绩远低于同龄同学。虽然他生活能自理,但动作笨拙不灵活。根据这些表现我们可以怀疑该学生是不是有智力问题。

对学生的观察了解必须全面,以便发现他的问题所在。笔者曾经在一所农村小学听教师介绍,说班上有一位聋生,教师、同学和她讲话,她就像听不见,在学校不同任何人交流。但当我们见到她,趁她不注意时,在她背后双手击掌,该生突然回头,可见该生听力没有大问题。当我们和她交流时,她却不与人沟通,于是我们给她关心和体贴,并和她一道回家。在回家路上,该生终于说话了。原来她的听力、语言都没有问题,只是因为家庭贫穷,又没有良好的卫生习惯,脏兮兮的,教师和同学不愿接近她,她的自尊心受到伤害,于是她采取了"你们不愿接近我,我还不愿理睬你们"的报复心态。当其他人和她说话时,她便装作听不见。这个学生的问题是心理上有障碍,而教师却把她误认为是听力障碍儿童。

笔者在另所学校又见到一个例子。教师反映班上有一个盲生需要学习盲文。可是当我们给他放大镜看"E"字时,他兴奋地说:"看见了,缺口朝那一边。"该生视力确有问题,但并没有达到"盲"的程度,他只要借助放大镜就可以学习明眼文,而不必学习盲文。

从以上事例可见,我们对学生的观察、调查必须仔细,找出学生存在的真正问题。

(二)个性测查和分析研究

当我们通过观察、调查,意识到某学生可能有特殊教育需要时,还需要对他进行进一步的测查和分析研究。在测查时我们可以运用一些简易的、针对特殊儿童的测查方法(有条件的可转介到医院或当地特殊教育中心进一步测查),但方法的简易往往造成结果的不可靠。为了提高测查的客观性,我们建议采用多种方法测查,多途径收集资料,相互印证。例如我们用击掌测听、哨声测听的结果都表明该学生是重听学生,就比只用一种方法可靠。再如,某学生学习成绩很差,平时观察到该学生在学习和社会适应等方面有智能障碍的一些表现,如果调查出该学生父母有智能障碍或其母亲怀孕时服用了一些不当的药物,出生时又有短期缺氧的情况,该学生智能障碍的可能性就会比较大。

学生处在不断发展变化之中,对学生的测查也不是一劳永逸的,而是要经常不断地测查,及时发现问题。在测查中,我们不仅要善于发现学生存在的问题,即影响他发展的障碍,还要注意发现他的优势兴趣,这往往是我们教育的起点。对特殊儿童不仅要补偿其缺陷,更要发展他的优势。学生优势的展现需要一定的时机和条件,需要我们给他提供平台和机会。例如,有些听力障碍儿童舞感好,只有在她跳舞的过程中才能发现她的天赋;有的视觉障碍、听力障碍儿童学习语文、数学等方面的水平比同龄普通学生还要好。笔者在四川成都就发现一位两耳听力损失在110分贝以上的学生在中学随班就读,竟是班上的学习委员。即使是智能障碍学生也有他的优势,湖北就有一例,他虽然不能与指挥家同日而语,但他在这方面的才能也是许多普通人所不能及的。教师应注意发现学生的优势,也可借助多元智能观察表(见附录)进行测查。兴趣是学生最好的老师,也可以给我们的教育提供一个切入点。我们应了解学生喜欢学习什么,喜欢用什么方式学习。教师要善于发现学生兴趣所在,也可以借助兴趣调查表了解学生的兴趣,以及他们喜欢的学习活动方式。我们还应重视对学生认知准备的测查,了解他们学习的起始位置,从而制订适合于他们的教学目标。

在测查中我们要进行深入的分析研究,测查的主要目的不是根据测查结果给学生贴标签,而是给他提供更适合的教育。例如,视力测查结果相同的两个低视力学生,其视觉功能却有可能不一样,教育上的特殊需要也不一样。有的需要学习盲文,有的需要大字课本或辅助教材,这种差异和他们的视野宽窄等身体因素有关,也和他们所处的环境,以及是否受过早期教育训练有关,需要我们进一步分析研究。再如,韦氏智力测验结果显示,都是轻度智能障碍的两个学生,如果我们不只关注智力测验的总分,而是进一步分析研究,就会发现他们在各项测验结果中有差异,如从"类似"、"词汇"、"理解"这几项得分中可看到语言能力的高低,从"图画补缺"、"积木模型"、"组合"可以看出他们的"空间操作能力"不一样,从"心算"、"背数"、"译码"可以了解他们注意记忆力的差异,从"常识"、"心算"、"词汇"的得分可以了解他们知识习得力的不同情况。有了这些进一步的分析研究,在教育教学中就可扬长补短,满足他们的不同需要。

教师在教育教学工作中还要随时对学生的表现和成绩进行分析研究,从中也可以看出医学检查、智力测验等结果是否和教育实际中反映的情况一致。

测验法、学习成品分析法都是教师分析学生学习状况和效果的常用方法,下面介绍的工作分析法也可以经常运用。工作分析法往往是为了了解学生在某方面存在的问题而采用的方法。这种方法通常把一个特定行为活动和学习内容分解成连续小步子,在学生从事每一步的过程中了解其问题和困难。例如,学生四则计算错了,就要进一步分析是加法错了,还是减法错了,还是乘法、除法错了,假如是除法计算错了,就要进一步看是试商错了,还是什么原因,追根穷源,找出问题所在。

算术测验简单易行,测验次数一般亦较别的学科多。因此,低年级学生的学业不良也最容易借助算术测验加以判定。当父母发现子女算术学力存在问题时,往往采取加大练习量的办法,使之增强心算和运算的能力。

A生,女,就是一个被大量练习弄得喘不过气来的小学三年级学生。在家长的强制教育下,亲子关系也变得别扭了。

A板着脸,一副萎靡不振的样子。当她眺望周围景色时,也会眉头抽摘,战战兢兢,显得异样。其母亲与她却成鲜明的对照,说话大大咧咧,神情开朗。

咨询员把A生带到另一间房间,先做铃木·比奈智力测验,得出智商为119,智力在普通以上。接着,实施如下计算测验。测验的正确解答约为37%,其成绩远远低于从智商推察所能期待的值。A生被断定为算术运算学业不良。不过,这实在令人费解。从A生僵硬阴沉的表情看,学业不良的原因不会是单纯的情结因素。因为,咨询员的直觉是母亲的开放型性格,无论如何不致于使A生陷于情绪障碍。

计算诊断测验(小学二年级用)		
时间:30分钟		
尽快地认真演算下列计算题		
(1) 28 + 3 =	(2) 72 + 9 =	(3) 32 + 8 =
(4)　　35 　　+ 19	(5)　　48 　　+ 26	(6)　　39 　　+ 54
(7) 8 + 26 =	(8) 7 + 84 =	(9) 9 + 37 =
(10)　　259 　　+ 464	(11)　　537 　　+ 198	(12)　　619 　　+ 256
(13) 14 − 6 =	(14) 16 − 9 =	(15) 13 − 8 =
(16) 80 − 9 + 4 =	(17) 40 − 7 + 5 =	(18) 58 − 8 + 7 =
(19)　　73 　　− 58	(20)　　45 　　− 27	(21)　　86 　　− 39
(22)　　645 　　− 368	(23)　　504 　　− 245	(24)　　213 　　− 108
(25) 26 =	(26) 57 =	(27) 37 =
(28) 95 =	(29) 84 =	(30) 76 =

(引自佐野良五郎《学业不良学生》)

A生母女离开咨询所后,咨询员认真翻阅了测验卷和A生母亲带来的学校试卷,结果发现了三个意外的事实。看错数字者居多,尤其是3和8,2和5,7和9,往往弄错,计算结果自然错了;稍许复杂的列式计算错误百出,尤其是进位的计算,错误更多;教师用钢板刻写的试卷,因字迹细小,所以计算错误多,反之,用粗大的字号印刷的试卷,错误少。

由此,咨询员断定A生的计算错误系弱视所致。弱视是一种眼病,不一定是低视力。于是带A生去小儿眼科医师处做仔细检查,结果表明:A

生有相当程度的远视,由于远视性弱视,文字和数字看起来模模糊糊。如果使劲看,加上眼睛的疲劳,眼神自然显得紧张难看,特别在测验或生疏的环境中,焦躁情绪更甚,这样比普通学生更容易读错数字。

根据上述诊断,对 A 生采取如下治疗:

第一,医学治疗法。说服她(切忌强迫命令式)戴远视眼镜。结果,视力恢复,对文字和数字的不安消失,错误也减少了。

第二,家庭锻炼疗法。在治疗视力异常时,为了提高疗效,必须保证营养供给和充足的睡眠时间,并进行适当的运动。因此,要求 A 生的母亲做到:(1)让 A 生有 9~10 小时的睡眠时间,就寝时间为晚上 9 时以前;(2)A 生的饮食,主食为大米、面粉类,此外,每天提供牛乳 2 瓶、鸡蛋 1 个,多吃新鲜的鱼、动物性蛋白源的肉类、植物性蛋白源的大豆制品、有色蔬菜、薯类、水果类等;(3)让 A 生每日起床时做体操,就寝时闭上眼皮并轻轻按摩 20 次;(4)观看电视时间限制在每天 1 小时之内。

A 生开始难以做到,但在母亲的密切配合下,整个疗法得以顺利进行。

通过上述两种疗法,A 生的问题完全解决了。

培训活动建议

1. 每一位学员对照测查和分析研究的要求,详细收集本班随班就读学生的全面资料,写出书面材料。

2. 请承担同一班教学的教师各自介绍"我所了解的随班就读学生"。

3. 小组讨论分析随班就读学生的情况,并以小组为单位完成案例分析。

二、制订并列式教学计划与个别化教学计划

行动研究重视行动前的计划,由于行动研究是和教育教学联系在一起的,因此,行动研究计划也和教育教学计划结合在一起。计划是研究的产物,并在行动研究中不断改进。

(一)并列式教学计划

过去普通班的教育教学计划主要是针对班集体学生的共性制订的,现

在制订计划时既要考虑全班学生的共性,也要看到学生的个性差异,特别是随班就读学生往往在教学目标、内容、方式方法、评估等方面和其他同学有较大差异,需要特别考虑。因此,我们建议将教育教学活动计划分为左右两部分,左边三分之二主要是针对多数学生共性的计划,右边三分之一是针对随班就读学生的需要特别考虑的计划,注意左右两部分协调。我们称这种教育教学计划为并列式计划,以下是并列式计划的式样。

表 1　班级学期教学计划

项　　目		普通学生	随班就读学生
情况分析	教材分析		
	学生分析		
教学目标			
主要措施			

表 2　单元教学计划

学科:　　　　　　任教教师:　　　　　　起止时间:

项　　目		普通学生	随班就读学生
情况分析	单元教学分析		
	学生情况分析		
教学教学目标			
主要措施			
评估			

表 3　课时教学计划

课题:			
课型		所需课时	
教学目标	普通学生	随班就读学生	
教学重点		教学难点	教/学具
教　学　过　程			
普通学生		随班就读学生	

表4 《林海教案》（并列式课时计划）

学科	语文	课题	13.林海（第二课时）	教师	宋	学校	北京石油学院附属小学 1998－11－06
教学目标	普通学生 1.通过朗读课文,进一步感受大兴安岭美丽的景色 2.学习抓环境特点,体会思想感情 3.有感情地朗读课文			特殊需要学生 1.同普通学生 2.经过教师、小组帮助,学习抓环境特点,体会思想感情 3.正确、流利、有语气朗读课文			
重点	1.抓环境特点,体会思想感情 2.有感情地朗读课文			有语气地朗读课文				
难点	理解含义深刻的句子			理解含义深刻的句子				
教具	投影片(图片、文字)小黑板			特殊需要学生姓名			智商	60
学习过程	一、揭示教学目标： 二、新授： 1.读课文找出描写作者亲切、舒服的句子。 2.回忆文章第一段内容后问：作者具体向我们介绍了大兴安岭的哪些景色？ 3.默读"岭"一部分,思考： ①(投影)：大兴安岭的"岭"有哪些特点？你是从哪儿看出来的,划出重点词,谈自己的理解。 ②反馈(体会"多""形态各异""温柔"的特点,练习有感情地朗读课文)。 ③教师范读,学生感受。(投影) 4.小结"岭"的学习方法： ①读课文、抓特点(画重点词)。 ②谈理解、体会作者感情。 ③有感情朗读。 5.小组学习,讨论"林"的特点： 学生反馈 ①浩大 ②绿多：想象还会有哪些绿色？ ③美：投影对比： 1)在阳光下,一片青松的边沿,闪动着白桦的银裙,像海边上的浪花。 2)在阳光下,一片青松的边沿,闪动着白桦的银裙,不像海边上的浪花吗？			教师个别辅导 教师个别辅导及伙伴帮助 反馈:有感情地朗读				

(续表)

学习过程	有感情地朗读 过渡：如果把大兴安岭比作一首优美的曲子，绿作为主旋律的话，那么花起到了不可缺少的伴奏作用。 6. 用学习"岭"、"林"的方法，自学"花"部分。 ①（投影）联系上下文理解："大兴安岭多么会打扮自己呀：青松作衫，白桦为裙，还穿着绣花鞋。" 想象大兴安岭像一位会打扮的漂亮小姑娘。有感情地朗读课文。 ②多 ③奇 练习有感情朗读 过渡：青松作衫，白桦为裙，还穿着绣花鞋。大兴安岭美得那么可爱，怎能不使我们产生喜爱之情呢？然而它的可爱不仅在于它的美丽，还在于它的并不空洞。 7. 学习联想 投影 ①联系上下文理解：大兴安岭的可爱，就在于它美的并不空洞。 体会：比第一次看到大兴安岭亲切、舒服，感情更进一步，所以大兴安岭越来越可爱。 练习有感情朗读。 ②由今天看来，它的确含有兴国安邦的意义了。 作者感情达到升华（赞美之情）。 齐读最后两句。 三、小结学习方法： 这节课我们抓住了"岭""林""花"的特点，体会了作者的思想感情，这是本单元的学习重点（出示小黑板）：抓住环境特点，体会思想感情。 四、带感情朗读： 你们喜欢大兴安岭吗？喜欢哪一句就读哪一句。 五、抓住环境特点，体会思想感情。	小组学习，伙伴帮助，教师加以辅导，理解林大、绿多、美的特点，特殊需要学生参加讨论并在组内发言，并鼓励其在班内发言 教师个别辅导 练习有感情朗读
板书	岭：多、形态各异、温柔林海 林：浩大、绿多、亲切、舒服、赞美、喜爱 花：美、奇、多 联想：兴国安邦	

评析:①教师指导特殊儿童学习的过程还可以设计得细一些。②教师还应根据课堂情况对教学设计灵活调整。

(二)个别化教学计划

在并列式计划中,有时还不能全面具体地反映对随班就读学生教育教学的内容,必要时我们还应为随班就读学生制订个别化教育教学计划。个别化教育教学计划是为满足少数学生的特殊需要而制订的,它只是反映了在班级教学计划之外的特别需要考虑的教学目标、针对性教学措施等。通过个别化教学计划的实施帮助随班就读学生更好适应普通班学习。我们既可以为随班就读学生制订一个全面的个别化教育教学计划,也可以针对他特别困难的某一门学科、某些章节的内容或对他进行的某项针对性训练制订个别化教学计划。下面介绍的是一份针对语文学习困难的个别化教学计划。

长、短期目标的编写实例

学生基本资料	姓名:李　　性别:男　　出生年月日:1986 年 12 月 5 日 实龄:8 岁　　就读学校:××小学　　年级:三 填写日期:1995 年 8 月 2 日
目前状况与分析	1. 学习类型属沉思型,学习通道习性属视觉性。
	2. 学习动机弱,注意力不集中,记忆力差。
	3. 语言发展迟缓,表达能力差。
	4. 个性退缩,没有信心。
	5. 智商95(韦氏儿童智力量表,语言智商93,操作智商99)。
	6. 语文:不熟悉部首查生字;有构间缺陷;能辨别二年级程度的字音达 70%,字形达 60%,理解课文内容能力达 70%。
	7. 其他学科正常。
学年目标	1. 在本学年结束前,将可利用汉语词典查生字。
	2. 在本学年结束前,将可朗读三年级程度的课文。
	3. 在本学年结束前,将可理解三年级程度的课文内容。

教学目标	相关的服务设施	教学地点	教学时间	开始和预定达成日期	评估	负责教师
能用汉语词典查出并念出生字的注音符号，正确率达100％。能正确阅读出课文达90％。能正确辨别课文的字形达90％。能正确地说出课文的大意达90％。	接受构音缺陷矫治	资源教室	每星期四次，每次各半小时	1995.9.10～10.28 1995.11.1～12.30 1996.3.1～4.15 1996.4.20～5.25	观察习作自编测验	资源教室林老师

说明：除语文科接受补救教学外，其他所有的学习活动仍在原班级。

想一想，为什么将短期目标、教学措施等另列一张表？

个别化教学计划一般包括以下五部分：

(1) 学生目前的状况

这是制订个别化教学计划的基础。这里应包括一般的健康因素、学生的特殊才能、接受学习的最佳方式和感官知觉方面的功能等。对于刚入学的特殊儿童，除了解他及其家庭的基本情况外，还应了解致残情况，如原因、时间、残疾种类和程度、残疾测查的方法，以及入学前养护人及教养方式、家庭主要成员对孩子的态度、生活环境、有无进行过教育训练等，还应对其智力水平、社会适应，以及手、脚、眼、耳、说话等各项生理能力及目前学习的基础和优劣进行测查评估。如果是给已在校的学生制订新一年的个别化教学计划，则应重点了解他对各学科知识技能的掌握情况，特别是对那些与即将学习的新知识有联系的旧知识技能掌握状况，如能对其错误和不足再进行分析，对学习态度、学习习惯等方面予以具体描述就更好。

(2) 教学目标

教学目标反映教育教学方向，是评估学生进步的依据。个别教学计划中的目标，包括长期目标和短期目标。前者以年度为主，又称为学年目标；后者以单元为主，又称单元目标。学年目标是制订计划人员对学生在一年内能达到目标的最佳估计。在设立学年目标时，应根据学生目前的成就水准，考虑为什么在这段时间内定这些目标，这些目标能否在正规课程中完成，需要哪些特殊的援助等。短期单元目标，是实现长期目标的基础，单元要小,便于落实。个别化教学计划中的目标,并不包括该生的全部教育目标,只有需要特殊教育及相关服务的部分才需列明于个别化教学计划中。教学计划中的目标,特别是长期目标一般比较概括,教师要求学生学习达到何种程度,还要把这些目标具体化、系统化、细步化、数据化,形成目标体系。在操作的行为目标中,行为动词使用要明确具体,如用"说出""会做""比较"等。这些行为目标的确立,往往还要参照有关课程标准。

目标确定后,要运用有关理论和经验进一步检查它的科学性和可行性,必要时可在实施过程中调整。

(3) 针对性教育教学措施及相关服务设施

这部分是个别化教学计划的主要内容。学生个体差异很大,教师首先要搞清楚学生的特殊需要,然后考虑该生需要接受何种特殊教育服务,需要采用什么教学活动策略,运用何种教学资源,是否需要言语与语言治疗或心理辅导以及感觉统合方面的训练等。应重点考虑以下几方面问题。

妥善的教育安置。对少数有特殊教育需要的特殊儿童,教育安置的形式不能一成不变,有时他们需要在普通班和其他同学一起学习,有时需要在资源教室接受补救教学,或完成特殊课程,而有些健康欠佳的学生甚至有时无法在校全天学习。因此,要根据不同情况,作出妥善的教育安置。

课程及课程标准的调整。当一个学生由于某种障碍而学习某课程有困难或毫无意义,而学习另一课程能达到类似的效果,就可考虑取而代之。例如,对于聋生可用艺术欣赏课代替音乐欣赏课;如果是肢残学生,则要为他选择适合的体育课程。但要注意不能随便取消学生的课程,如盲童也应上体育课,课程的安排要有利于他们全面发展。对各门课程应达到的标准,可以根据这些学生的教学目标适当调节。

教材教法的变更。教学方法和教材、教学手段有关。对特殊儿童,需要采取哪些特殊的教学手段和工具,也应提前做好准备。例如,给盲生提供适合的书籍(盲文课本等)和录音带,给智能障碍的学生提供直观形象的课本等。

(4) 教育教学的周期及完成时间

给学生提供的有针对性的教育教学,在什么时间进行,需要多长时间,都应在计划中明确,有时采取的教育教学措施还需要周期性反复。

在计划中还应估计学生要用多长时间才能达到所要学习的目标,明确每一行为目标的开始和预定的达到日期。

(5) 评估

任何一种成功的教学,在教学过程中都要不断进行评估。通过评估,了解学生的学习目标实现得怎样,目标制订是否偏高或偏低,并对教学方案进行修正。评估可以随教学同步进行,即形成性评估,也可在教学单元告一段落或学期终了时进行,即终结性评估。具体用什么方式方法评估,以及评估的标准是什么,要在计划中反映出来。

个别化教学计划一般每年至少制订一次。通常由固定人员和非固定人员组成教育评估小组。固定人员一般包括学校校长(教导主任)、班主任、特殊教育资源教师、心理和教育测验人员等,非固定人员一般由其他任课教师、相关的服务设施人员,以及学生的父母组成。评估小组的任务是为学生拟定个别化教学计划,审核个别化教学计划,对学生进行恰当安置,指导教育教学活动,并在计划实施过程中协调方方面面的工作,给予必要的咨询和指导,同时负责对教学计划的执行情况进行评估。评估小组在讨论、制订个别化教学计划时,首先要收集学生的有关资料。这些资料通常包括以下方面。个人基本资料:学生姓名、性别、年龄、所在学校名称、年级、父母姓名、职业、住址、联系电话等。身体发展资料:出生史、发展史、健康检查记录等。观察和测验资料:观察记录和报告、学习与行为评估表、智力测验、学科成就测验、视知觉发展测验等结果。个人与社会生活资料:学习动机、态度、情绪、习惯、自我观念、人际关系、早期教育情况、求学史等。

在对上述资料整理分析后,教育评估小组评估学生学习上的优缺点,并将这些背景材料由班主任执笔制成表(表1),该表可复制数份供学科教师或资源教师制订学科教学个别计划或专项教育训练计划时参考。学科教师或资源教师根据随班就读学生的情况再确定针对哪些方面需要进一步制订个别化教学计划。如需要首先对这些方面或学科的学习现状进行分析,在这基础上制订学期目标(表2),并进一步分解成单元目标,落实针对性教育教学措施及评估办法。单元目标和教育措施也可以在实施计划的过程中分单元逐一制订,期末再汇总(表3)。

从某种意义上说,个别化教学计划形式上由表1、表2、表3组成,表1

是制订个别化教学计划的背景材料,表2、表3是个别化教学计划的主体。下面说明如何为这些学生制订个别化教学计划。

随班就读学生个别化教学计划

表1 （综合情况） 　学校　　　年级　　　班　　编号：

学生姓名		性别		民族		生出年月	
父亲姓名		文化程度		工作单位			
母亲姓名		文化程度		工作单位			
家庭地址				邮编		联系电话	
教　育　诊　断							
医学诊断(可附检测材料):残疾程度、致残原因、致残时间、补偿措施、其他。 学习状况:该生在知识、技能、能力、情感、意志等方面参与学习活动的现状、问题、困难与优势潜能,有什么特殊教育需要。 家庭教养情况与家长期望:家长对孩子生活自理、与人交往、兴趣特长、学习习惯、学习能力等方面的评价;家庭教育中的经验或困难;家长对孩子有什么期望等。							

注:此表由班主任负责,在征求有关学科教师意见的基础上填写学习状况,其他栏目由学生家长填写。

此表填好后,可根据需要复制数份,移交给制订学科个别化教学计划的教师一份作背景材料用。

表2 （学期计划） 　　学科：　　　学生姓名　　　编号：

学科学习水平现状分析	基础知识水平、基本技能掌握的程度、学习态度与习惯、学科学习的特殊需要等。
学期目标	从思想品德、知识技能、潜能开发与缺陷补偿、社会适应能力等方面制定。
培养措施	以条目形式表述。
期终目标评估	评估标准、方法及结果。
任课教师意见	签字　　　　　　　日期
学生家长意见	签字　　　　　　　日期
教导处意见	签字　　　　　　　日期

表3 （单元计划） 　　学科：　　　学生姓名　　年　月份　编号：

单元培养目标	从思想品德、知识技能、潜能开发与缺陷补偿、社会适应能力等方面制定。
具体培养措施	以条目形式表述。
单元培养目标评估	评估标准、方法及结果。
任课教师建议	签字　　　　　　　日期
学生家长建议	签字　　　　　　　日期

填写表1时，班主任要向特殊儿童的家长讲明为什么要给孩子制订个别化教学计划，并请家长将孩子的自然情况、医学诊断情况及家庭教养情况与家长建议填好。班主任要做的另一件事情是请各学科教师共同对某个随班就读特殊儿童有效参与学习活动的综合状况作诊断性评估，以此作为制订个别化教学计划的背景。哪个学科教师需要制订计划，就提供给该教师一份表1。

表2由学科教师或资源教师填写。"学科水平或某方面现状分析"是随班就读特殊儿童该学科或某方面的学习现状分析，是制订"学期目标"的基础。"培养措施"是针对完成"学期目标"制订的，应具有可操作性，以条目形式逐一表述。"期终目标评估"待学期末由学科教师或资源教师填写，切忌主观描述，应依据有关的评定标准按照一定的操作方法，将结果填入本栏。"任课教师意见"侧重提出下一学期的改进建议。

表3是从表2派生出来的单元操作性计划，亦由学科教师填写。每学期有几个单元就填几份表3。需要强调的是：各单元的"单元培养目标"应是从表2的"学期目标"分解而来的，要体现连续性与阶段性的统一；"具体培养措施"应紧紧地为完成"单元培养目标"服务。"单元培养目标评估"可参照表2中"期终目标评估"的思路填写。

每学期结束时，各一份表1、表2与四或五份表3合成一套完整的个别教学计划材料，它从一个方面呈现出某个有特殊教育需要学生本学期学习活动的轨迹。

要把个别化教学计划制订好，离不开对随班就读的特殊儿童进行深入的分析研究，在研究的基础上还应把握住关键的几点：一是要摸准培养的起点，二是要定准学习的目标，三是措施要具体可行，四是教师要学会做简要的笔述，五是要重视总结评估，六是学科教师、班主任、资源教师、学生家长要加强彼此间的合作，如有相关的专家或专业人员参与更好，七是学校要加强管理与支持。

[样例] 给随班就读听觉障碍学生制订个别化教学计划

制订一份完整的个别教学计划，对刚入学的新生一般约需5~7小时，对已在校学生约需2~4小时。

当然，作为行动研究的计划还需要在行动中边行动边研究，根据实际情况,对计划进行反思和评估。

刘的个别化教学计划

表1（综合情况）　　学校：区小学六年级1班　　编号：001

学生姓名	刘	性别	男	民族	汉	生出年月	年月
父亲姓名	刘	文化程度	中专	工作单位		北京工厂	
母亲姓名	胡	文化程度	大专	工作单位		北京商店	
家庭地址	区街楼门			邮编		联系电话	

<table>
<tr><td colspan="2" align="center">教　育　测　查</td></tr>
<tr><td>医学诊断</td><td>残疾类别与程度：全聋（左耳100分贝，右耳120分贝）
致残原因：药物致残
致残时间：两岁时一次生病，母亲自己给孩子选择药品及剂量
补偿措施：经过3年康复中心的听力康复训练</td></tr>
<tr><td>学习活动综合状况</td><td>1. 对学习有较高的兴趣，课上精神饱满，专心听讲，积极参加全班性的集体学习，接受新知识。
2. 学习基础扎实，在学习的过程中能较少受外界干扰，出现错误不气馁，主动寻求老师的帮助。
3. 能够按时、认真地完成作业。
4. 因对同伴的发言不感兴趣，在小组学习时不愿意听同伴发言。
5. 出现问题只愿意问老师，而不愿意向同学请教，甚至对于助学伙伴有时也采取不信任的态度。</td></tr>
<tr><td>家庭教养情况</td><td>1. 经过一学期的指导，家长比较重视培养孩子的社会交往能力，经常主动请同学来家做客，有时甚至带领一些学生开展"雏鹰假日小队"的活动，在活动中创造机会让孩子积极与同学交往。
2. 积极培养孩子多方面的特长，为孩子配备了电脑，鼓励孩子充分利用网络查找资料，开阔视野。
3. 能指导孩子的学习，孩子在心理上出现问题而自己解决的结果不满意时，能主动与老师沟通，商量解决问题的办法。</td></tr>
<tr><td>家长期望</td><td>有时不能比较客观地看待自己的孩子，对孩子的要求过高，总想让自己的孩子与同龄的孩子一样，以适应今后的生活。</td></tr>
</table>

表2（学期计划）　　学科：语文　　六年级1班　　姓名：刘　　编号：001

学习水平现状分析	1. 基础知识扎实，能正确使用所学的字词，读懂句子，理解课文的主要内容，体会文中人物的思想感情或作者的思想感情。 2. 能有感情地朗读课文，积极积累词汇和美文佳句。 3. 能比较清楚地叙述自己的所见、所闻、所感，并表达自己的真情实感。 4. 想象能力还有待于进一步的提高，不愿意写想象作文，即使根据所给的线索进行想象，范围也比较狭窄，内容不够丰富。

学期目标	1. 积极加强学生意志品质的培养,使该生能客观地看待自己以及他人对自己的评价。 2. 能够学会教材所要求的生字词,结合上下文的内容理解句子的意思,体会作者的思想感情。 3. 能清楚明白地叙述一件事,表达自己的真情实感。 4. 在学习的过程中继续培养与人交往的能力,学会在遇到问题时主动寻求同学的帮助,找到解决问题的方法。
培养措施	1. 坚持每周谈心制度,在谈话的过程中了解阶段学习情况,找到学习中的问题,及时予以补救。 2. 学习两课后,及时进行反馈,及时补课。 3. 在课堂教学活动中,通过学生的表情、助学伙伴的反映,随时了解学生的学习状况,能够当堂解决的及时解决,不能随时解决的,课后也要及时了解,进行补救。 4. 继续发挥小组合作学习的作用,鼓励学生在合作学习时既是倾听者,又是参与者,也可以成为帮助者,而不仅仅是一位受助者。在帮助他人的过程中既巩固自己所学,又体会成功。 5. 建立"一帮一"互助小组,使他成为一名指导者,在帮助他人的过程中自省学习状况,随时客观地评价自己。
期终评估	(评估标准、方法及结果)
任课教师意见	签字　　　　　　　　　　日期
学生家长意见	签字　　　　　　　　　　日期
教导处意见	签字　　　　　　　　　　日期

表3(月/单元计划)　六年级1班　姓名:刘　2003年9月　编号:001

月/单元培养目标	1. 针对期末试卷中所反映出来的问题,结合小学语文第十一册对听说读写的要求,使学生先通过学习,读懂课文的主要内容,简洁地概括课文的主要内容,并敢于当众有感情地朗读课文,表达自己的感受。 2. 学会本单元的25个生字、31个字词,并能用指定的词语造句。 3. 读懂句子的意思,了解关联复句中两个分句之间的关系,并正确选择所给的关联词。 4. 通过小组合作学习理解四首古诗的意思,并合作写出《古诗研究报告》,提高搜集资料、整理资料、运用资料的能力。 5. 阅读理解毛泽东诗词的内容,结合所搜集的资料体会诗词所表现出来的磅礴之气。 6. 能比较清楚地叙述自己的想象,写出题为《假如我是——》的想象作文。

（续表）

具体培养措施	1. 个别分析上学期期末试卷中所反映出来的优点与不足，师生共同讨论本学期的奋斗目标，使学生了解自己在新的学期应该做什么，怎样才能达到自己制订的学习目标，尤其是要注意倾听他人的意见，在比较、筛选的过程中提高自己分析问题的能力。 2. 建立"一帮一"互助小组，使学生扮演帮助他人的角色，在帮助他人的过程中既巩固自己所学的知识，又逐渐认识自身的价值，增强继续学习的信心。 3. 学习一篇课文后，利用午休时间检查学生对知识的学习情况，及时发现问题，及时补救。对于学得比较扎实的知识，及时表扬，并共同分析原因，找到继续有效的方法。
月/单元培养目标评估	（评估标准、方法及结果）
任课教师建议	
学生家长建议	

三、实施差异教学，加强个别化指导训练

教育行动研究计划的落实过程就是教育与训练的实施过程。对随班就读学生的教育训练大致可分为两个方面：一是在班集体教育教学中，教师根据并列式教育教学计划的要求，兼顾到普通生与随班就读学生的不同需要，实施差异教学。充分发挥班集体的作用，使随班就读学生得到良好的教育。另一方面教师根据个别教育计划中的要求，在资源教室或其他有条件的地方对随班就读学生进行辅导训练，补偿缺陷，发展优势，促进其发展。因为随班就读学生也学习普通课本，因此，针对他们的实际教学内容要作必要调整。

（一）教学内容的调整与选择

随班就读教学内容的选择，往往是由教师参照普通教育的内容针对随班就读学生的实际作出调整、选择。调整与选择教学内容的基本要求是具有系统性、可接受性和实用性。

1. 调整选择教学内容的基本要求

系统性。教材本身是有系统、有结构的，调整后的内容仍须具有逻辑

性。这对于学生在学习中形成良好的认知结构非常重要。随班就读学生的知识结构联系质量不高,是因为相关知识间没有建立联系或某种联系建立得不够完善。没有联系的知识不能被激活,而联系微弱的知识不容易被激活。这些知识就属于学生没有掌握的知识。因此,教师在教学中应特别注意帮助随班就读学生沟通知识的内在联系。

教材都是按照一般学生的认知规律,由浅入深、由易到难编排的。如果不能把握教材主线,删去了一些主要内容,就会给后续学习带来困难。如数学中整数运算删减过多,分数小数运算就难以学习。在整数运算教学中,对有些内容即使有些学生存在困难,也要通过辅导帮助,使其掌握。当然,对他们的认知层次要求可低一些,思考性强、数字大的题目可删去。

可接受性。调整教学内容,还要考虑到不同学生的可接受程度。对于一些轻度智能障碍的学生,小学中、高年级的一般内容也感到困难。教师花了不少气力,收获也不大,而且会挫伤智能障碍学生的信心和学习积极性。教学中应删去过难的内容,补充贴近他们生活、他们感兴趣的内容,以腾出时间、精力,反复强化、巩固最基本的知识技能。如:语文课中笔画多的、冷僻的字,可不要求他们掌握书写,只要求他们认识;需要反复揣摩、含义深刻的句子不要求他们理解,只要会读,一般了解即可。教学内容的调整要适度,既要通过调整适应不同学生的要求,又要考虑到差距适度,能在同一课堂中进行教学。

实用性。调整教学内容,还要考虑到内容的实用性,考虑到社会对教育的需要。那些随班就读学生,特别是轻度智能障碍的学生,接受义务教育后,将要走上社会,他们学习的知识技能对他们将来自立于社会应当是有用的。我们不仅要保留教材中有实际应用价值的知识,而且应当适当补充一些与当地生产、生活实际密切联系的知识技能。如数学课中教会他们认识钱币,学会计算;语文课中教会他们写应用文,以及与工农业生产、生活实际有关的字、词、句等。

2. 调整选择教学内容的具体方面

教学内容的调整选择可围绕以下几方面进行,即内容的数量和范围、内容的深度和难度、内容安排的顺序和进度,以及作业安排等。

(1)数量、范围。影响教学内容的因素,有课程标准、教材、教学目标、教师个人倾向、学生智能水平、教学时间等,其中非常重要的一个因素是学生的智能水平。在课堂里,特别当一个班不按能力分组上课时,就会出现许多学生"吃不了",而又有许多学生"吃不饱"的现象。盖茨和拉塞尔(1938)曾对6岁儿童做过不同词汇量阅读材料的试验,以研究内容及范围的有效限度。他们发现,较好的学生能从与中等词汇量或大量词汇的接触中学到较多的东西,而中下等的学生,则能从与少量词汇的接触中学到较多的东西。对于较差一点的学生,接触量少一点,学得较多;给的词汇量太大,学得就少一些。当他们的词汇负担少的时候,学习就最有效。因此,教师应根据不同学生的学习水平,按照他们的不同学习目标,选择适合他们学习的内容的数量和范围。内容的数量和范围可用概念、词汇、定理、法则的多少和种类等来表示,也可用课本的数量(如页数)来表示。对于随班就读学生,应着重学好最基本的事实、概念和原理。这些内容适用范围广,迁移性强,时效性强。

(2)深度、难度。内容的深度和难度与内容反映的是描述性知识还是程序性知识有关,与知识的认知层次、内容的直观抽象程度有关。深和难的知识是要求学生努力克服障碍才能学好的内容,特别要求学生有一定的学习技巧、解题技巧。内容的深度、难度自然与学生的智能水平及准备程度有关。有研究表明,同样的教学内容,不同学生掌握的程度可在57%～98%之间,准备得差或智能差些的学生,往往掌握得较少、较浅。深度和难度也与教学的速度有关。有时只要给学习困难的学生足够的时间,他们也能学好有关内容。当然,教学内容的深度、难度还和教师在教学中能否化难为易、深入浅出有关。教师在教学中要为残疾的学生多提供直观材料,直观材料不仅有利于学生掌握抽象知识,也有利于学生形成丰富的表象,有利于学生形象思维的从低级向高级发展。教师应给学生提供生动的形象信息,让学生借助图画、投影等材料去联想和想象。对于随班就读学生,教师要帮助他们分解内容的难点,降低对解题技巧的要求,从技巧教学转到实践教学上来,提供给他们实践的内容和机会,让学生多动手多实践。在教学中注重知识的发展过程,注意指导学生掌握必要的元认知内容,帮助他们学会学习的方法。

(3)顺序与进度。确定教学的顺序和进度,是课堂教学的重要决策,学习内容的范围和深度在很大程度上也决定于教学的顺序和进度。教学顺序指的是教学系列活动中各项活动应具有的关系,确定进度就是决定一系列教学活动进行的速度。教学的顺序和进度，反映了教师处理课堂教学内容与掌握程度这对不可避免的矛盾的方法。教师有许多内容要讲，也希望学生在课堂上能学到尽可能多的东西，如果教师讲得太多太快，有些学生便掌握不好；但如果为使全体学生都能掌握教学内容，讲得过分详细，放慢教学的速度，就可能牺牲教学内容的广度和深度了。

　　教学的顺序，可理解为按照不同教学方法编制的活动顺序，也可以指按照教学内容编排的顺序。教学内容的顺序一般从知识的逻辑顺序和学生学习心理发展的顺序考虑。知识概念间有一定的逻辑顺序，如果把概念定为学习的目标，每个目标能分解成一些子目标，每个子目标又都取决于前面一些子目标的学习，从而形成目标层次，实现这些子目标的教学步骤就成为教学的顺序。有不同的知识概念、不同的教学内容排列原则，就会出现不同的教学活动顺序。例如，有一种观点认为，事理的发现就是从许多事例中概括出一般结论。根据这种观点，教学活动的顺序是首先举出若干事例，然后让学生从中概括。如，让学生自己验算 $5 \times 3 = 3 \times 5$、$25 \times 4 = 4 \times 25$、$135 \times 8 = 8 \times 135$，在此基础上概括出 $a \cdot b = b \cdot a$。另外一种观点认为，事理的发现就是验证假设的过程。根据这种观点，教学活动的顺序首先应提出假设，然后搜集证据。在小学教学中一般采用先举出若干事例，再概括结论的顺序。确定教学顺序也要从学生的学习特点和需要出发。

　　例如，教学四则混合运算中同级运算可以一次完成时，该课有四道例题，原先安排的教学顺序是，讲解法则→教学例一，$5 \times 2 + 8 \times 3$→教学例二，$8 \times 5 - 2 \times 3$→教学例三，$15 \div 5 + 9 \div 3$→教学例四，$20 \div 5 - 8 \div 4$→课堂练习。考虑到该班学生基础不算好，特别是还有两个轻度智能障碍的学生，教学中应讲练结合，特别对智能障碍学生教学步子不宜大，要及时巩固。教学顺序改为：重点教学例一，$5 \times 2 + 8 \times 3$→反馈练习（普通学生练习题：$20 \times 8 + 15 \times 3$，智能障碍学生练习题：$8 \times 4 + 2 \times 3$）→教学例二，$8 \times 5 - 2 \times 3$→教学例三，$15 \div 5 + 9 \div 3$→教学例四，$20 \div 5 - 8 \div 4$→概括法则→课堂练习。

　　为了能在教学内容的编排中照顾学生差异，教师可根据知识概念间的内在联系，从本班学生认知水平出发，按照一般的内容排列原则，将有关知识概念按先后次序进行线性排列，同时考虑到一些有特殊教育需要的学生，再进行一些分支的排列。

教学进度的确定，一般要明确三个问题：谁决定进度，为谁决定进度，决定进度的依据是什么。中小学教学中一般还是由教师决定教学进度。本杰明·布鲁姆(1976)采用控制学习的方法，使整个班级进度一致，而教师在个别学生身上所花的时间则有长有短，一般教师在教学中感到有足够数量的学生达到预定标准后，教学便进入下一个单元。基础单元课的标准可能较低，因为教师希望所有学生都能掌握学习内容。在高级阶段，标准会高一些。确定教学进度时采用什么成绩参照。如果是确定全班的教学进度，最好采用以前的学生成绩作为参照，如果确定对特殊需要儿童的教学进度，而学习课程中某单元为掌握下一单元的必要条件，则可以采用绝对的学习标准。为使个人学习进度和班级学习进度基本保持一致，以便跟班学习，一方面可通过加强辅导，提高特殊需要儿童的学习基础和学习速度，另一方面，在保证那些基础的重要的学习内容达到一定的学习标准后，其他学习内容可以适当地降低标准。

3. 调整选择教学内容的具体步骤

在具体进行教学内容组织调整时，一般按以下步骤。

①认真研究教材的内容及逻辑顺序。

②根据班上有特殊教育需要学生的情况，为他们制订系列的不同层次的目标。

③根据设定的目标对教材内容做相应调整，调整时要考虑学生的共性和差异，既要满足不同学生的需要，又要能共于一个课堂学习。调整时先宏观后微观，重点是单元教学内容。具体做法有删、补、改、排。删，即删去一些非重点的和与其他单元知识联系不紧密的，而对于有些学生来说又特别困难的学习内容。补，就是补充一些实用的或对随班就读学生来说比较直观具体的内容，或对学有余力的学生来说是发展性的、探索性的内容，或现代科技、社会发展所需要补充学习的内容。改，就是对内容的分量、难度、顺序、进度等方面做些调整。排，就是将调整后的内容按照一定的逻辑顺序和学生已有的知识经验排列起来，有全班教学内容的排列和适应个别学生分支的排列。

④根据调整的内容提供必要的辅助材料和工具。如，给有的学生提供自学提纲和解答提纲，给有的学生提供练习题的类型和过去学生解过的习

题相类似。给听力障碍学生提供板书内容、图片或在文字上注音,给智能障碍的学生提供直观材料,给超常学生提供补充读物、工具书,给盲生提供可触摸的实物、盲文课本等。

教师要考虑到不同学生的特殊需要,并尽可能满足他们,根据学生的准备水平和能力来分配学习任务与材料的层次。如,一名小学教师在教授"物种灭绝"这部分内容时,根据班上学生的情况,设计了层递式的学习任务。教师把学生分成两个小组,其中一组侧重运用恐龙的实例来研究导致物种灭绝的环境因素;另一组通过比较恐龙灭绝与当今热带雨林消失这两个事件来分析导致两类物种灭绝的因素有何异同。两个小组在学习中都会遇到以下任务的挑战:理解重要科学观点,分析特殊案例,提出假设和总结结论等。但两组的学习内容略有不同:一组以学习内容为基础,着重从具体事例和单方面分析;另一组探讨更加复杂、抽象和综合性的问题。

教师还应尽量设计开放式的学习内容,给不同学生结合自己的学习水平、学习经历和学习兴趣选择适合自己学习内容的机会。如,一位小学教师在全班学生复习了本单元学习的成语后,要求学生利用10分钟时间想象作文,每篇作文应用不少于三个成语。这是一个保底不封顶的开放性要求。结果,有的儿童作文像神话故事,有的像散文,有的像说明文,作文题目、题材各异,有的作文达到基本要求,用了五个成语,而有的作文用了十几个成语。每一个学生都在自己独特的背景上,作了一篇有个性的、不同水平的文章。

4.设计弹性作业

学生作业的结构和内容应视学生能力而异。比利时的霍特雅特(Hotyat,1968)的一项研究报道了不同学生在同一时间内做同样家庭作业时的巨大差异。在对2000名从12岁到学校毕业的学生的调查中,各年级学生用于家庭作业最多的时间相当于最少时间的两倍。也有研究表明,较高能力的学生在有家庭作业的情况下,比有辅导的学习成绩更好,而能力低的学生从有辅导的学习中比从家庭作业中获益更多。这可能是因为成绩好的学生独立学习能力比较强,而成绩差的学生还未完全明白课堂上学的东西,完成作业也更困难。应提倡课堂作业,这不仅有利于及时反馈、矫正,而且有利于特殊或困难的学生在教师和同学的指导、帮助下学习,取得更好的效果。课外家庭作业的内容和数量对不同学生应有所区别。迪茨和库特(Dietz and Kuhre,1960)把作业的作用分为六类：巩固知识和技巧；扩大知识领域；使知识和技巧系统化；将知识和技巧运用于特定的事例和情况；运用知识和技巧独立解决问题；介绍新的课题。这些类型也值得我国教师布置作业时借鉴。对学习困难的学生，作业难度不要太大，巩固和运用性质的作业多布置些，而对那些学有余力的学生，可给他们布置一些扩大知识领域、思考性和技巧性较强且具有探索性质的作业。

(二)差异教学策略的运用

课堂教学不只是为了完成预定的课时计划,亨特(Hunt,1981)认为,"教师适应学生是教学过程的核心"。在班集体教学中,教师要努力适应各个学生的教育需要,改变以往班集体"一刀切"的教学,在教学的各方面,无论是知识的传授、技能的训练,还是心灵情感的交流,都兼顾到不同学生的需要,包括随班就读学生的需要。为此可采用以下差异教学策略。

1. 保证必要的认知前提准备的策略

学校的学习建立在一系列大量带有认知特点的已有学习基础之上。布鲁姆把某项学习任务所需的必要学习称作"认知前提能力"。他指出,学校课程中大多数的学习任务都是按一定顺序排列的,在这样一系列学习任务中,每个学习任务都成为下一个学习任务的必要学习。他认为,在完成各个学习任务的成绩上的许多差异,都是由学生在学习新任务开始时就具有的潜在知识、技能和以前的成绩上的差异造成的。因而,学生已具有的必要学习掌握程度对日后的学习有重大影响。有实验研究表明,如果在学习新课前让实验班学生掌握了与新知识有关的原有知识技能,即增加认知先决条件,其教学效果比接受传统教学的两个班高+0.7个标准差[①]。用现代认知心理学术语来说,有意义的学习过程是原有知识同化新知识的过程。学生原有的知识状况,特别是基本原理和概念掌握的情况,也就是认知结构的水平直接影响新知识的学习,影响知识技能的迁移。如果我们在教学新知识前,通过课前辅导必要的相关知识、技能或弥补阅历、经验的不

[①] 王钢等译. 布卢姆掌握学习论文集. 福州:福建教育出版社,1986.

足或安排适当的预习,帮助随班就读学生具备必要的认知前提,就有利于缩小他们和其他同学学习新知识的差距,提高学习新知识的质量。

2. 情感前提与学习动机的激发策略

学生在完成某学习任务,开始学习新内容时,除了存在认知方面的差异,通常在情感等方面也有很多不同。有些学生对学习很有兴趣,愿意学习;有些学生则将学习看作是一种义务和要求,有些学生甚至害怕和讨厌学习等。布鲁姆把学生参与学习过程积极性的高低,称作学习的"情感前提特性"。它受对特定的学习课题所持的情感态度、对学校的态度、对学习的态度以及对自身的态度的制约。为了提高学生的学习效果,教师应注意培养他们的学习情感,使他们对学习产生兴趣,热爱学习。

布鲁姆认为,在系列学习任务中,学生是带着与新任务有关的、以前的学习经历而进行学习的。在某项学习任务完成时的情感特点,可在后继学习中反映出来,并对学习产生积极或消极的影响。具体说,在一系列任务学习中,学习任务1时,因学习成功而获得满足感的学生,受到学习成功的激励,具有搞好学习的自信心,在情感方面为学习任务2做好准备;相反,在学习任务1时失败的学生,在心理上受到消极的影响,怀疑自己的学习能力,他就不可能为学习任务2做好情感准备。那些带着兴趣和热情进入后继学习任务的学生,比没有兴趣和热情的学生学得更容易,速度更快,达到的成绩水平更高。这就要求我们在教学中给随班就读的学习困难学生提供成功的机会。

当然在学习情境中,学习动机的产生不仅受满足个人的发展和情感需要的影响,还受满足社会发展的需要的影响,还有赖于学生的志向水平与所期待的价值观。我们还应对学生进行学习动机的教育。如果学生在学习前不具备相应情感前提,还没有内在的学习动机,教师就要想方设法激发学生的学习动机,譬如在教学前提出一些与新课内容相关的、难度适当的、学生感兴趣的问题,激发学生求知的好奇心,提高他们学习的兴趣,从而增强学生的学习动机。学生在课堂上的学习不仅是通过听讲和思考,而且也是通过经验和感情来获得知识和价值的。课堂上如果缺少温暖和谐的师生关系,缺少多向信息沟通,如果教师不具备移情、积极关注和真诚等条件,就难以引导学生真正有效地学习。而任何教学内容和方法,只有能够激发学生生动活泼的思想,唤起他们真挚而深刻的感情,才能真正起到教育的作用。

不同的学生在情感、意志等方面也存在差异,特殊需要儿童在这方面往往也有特殊的需要。如有一位智能障碍的学生,上课特别喜欢举手回答问题,有时甚至没有等老师将问题说完,他就举手了。开始老师也让他回答问题,但他又经常回答不出,久而久之,教师不再叫他回答,他的学习也就更差。后来换了老师,这位教师对他的情况进行了分析:该生回答不出,说明他的知识技能比较缺乏,能力也比较差,但他积极举手说明他有学好的愿望,有希望得到老师表扬和肯定的需要。于是教师对他加强辅导,并有意识地给他出一些简单易答的问题,甚至课前就该问题对他先辅导,他就能回答上课的提问了。当他回答正确时,教师即给予鼓励,后来该生的进步很快。特殊儿童、学习困难儿童将自己与其他同学相比往往会有自卑感,对学习没有信心,教师应鼓励他们,不能威胁、惩罚,同时要教育其他同学不要嘲笑他们。事实上,有些随班就读学生在遭到教师的冷落,甚至谩骂后,整节课低着头,没有心思再听课学习;有的在长时间单调的刺激(经常挨批)后习以为常,满不在乎,甚至出现种种扰乱课堂的行为。教师应从知、情、意统一的角度去组织一堂课,以认知活动为主线,并通过这条主线去发展学生的各种心理品质。教师在教学中要面向全体学生,兼顾到不同学生的需要,时间是突出的矛盾,教师要争取在现有条件下,用最少的时间和精力去获得最大可能的结果,提高教学效率。

3.各个教学环节特别关键环节兼顾随班就读学生的策略

教学环节是教学过程展开和发展的基本程序,教师应在各个教学环节都兼顾学生的不同需要。有的教师只是在一节课即将结束,学生完成作业时,才来照顾有特殊教育需要的学生,这是不够的。如果一节课大部分时间的教学没有考虑有特殊需要的学生,仅靠最后几分钟的个别辅导是难以奏效的。实际上这种"兼顾"有时并不占用多少课堂时间,譬如教师演示时,考虑到一些智能障碍学生感知觉速度慢、不灵敏,可以有意识地多面向他们做演示,在他们面前多停留会儿,就可兼顾到他们的特殊需要了。教师的一个眼神、一个手势、一句话,有时就能对困难的学生起到启迪的作用。

为了在课堂教学中兼顾不同学生的需要,教师课前要精心设计并列式课时教学计划,针对班上有特殊需要的学生,在每一个教学环节都考虑针对不同学生需要的教学措施,然后将它们有机结合起来。例如,教《瑞雪》这篇课文,教师在让学生观察画面时出了两组问题:一组问题比较简单,如画面上反映的是什么季节(冬季);是怎样看出来的(下雪场面);画面上有几个人;从装束看,他们是做什么的(是农民)……另一组问题比较复杂,如画面上的人物是什么表情,他们的表情说明了什么(瑞雪兆丰年)……在教学中,教师将两组问题有机地穿插,分别提问不同程度的学生,通过这些问题使全班学生比较完整地理解了画面的内容,特别是让那些理解有困难的随班就读学生,借助于其他同学的回答明白了有关的问题。

4. 多种教学方法促进自主学习的策略

在课堂教学中要兼顾学生的不同需要,教学方法要多样而灵活。教学方法是教师组织学生进行学习活动的动作体系。"每种教学方法就其本质来说,都是相对辩证的:它们都既有优点又有缺点,每种方法都可能有效地解决某些问题,而解决另一些问题则无效。每种方法都可能会有助于达到某种目的,却妨碍达到另一些目的。"① 为适应不同学生的需要,教学方法应提倡多样性,应根据不同的教学目标、学生的心理特征和学生的知识基础,以及各学科的特点、教师特点和教学时间多少,选择相应的教学方法。

不同的学生往往对教学方法的适应程度是不一样的。根据邓恩夫妇等人的调查研究,多数人主要通过听觉或视觉学习,视觉的学习者有两类:一些人以语词的形式处理信息;而另一些人以图表或图片的形式保留他们所看到的东西。另有15%的人通过触觉学习得最好,他们需要触摸物质,写、画,以及参与具体的实践。还有15%的人是动觉学习者,通过身体来做能使他们学习得最好。我们每一个人通常都有一个主要的能力,还有一个次要的。在一个课堂或者学习班里,如果学生的主要知觉力不适应教学方法,他们也许会有学习上的困难,除非他们能用其次要的知觉力弥补。②

学生不仅在学习方式上存在差异,在思维的类型上也有所不同。美国康涅狄格州大学课程和教学教授安东尼·格里高里(Anthony Cregore),把

---

① [苏] Ю. К. 巴班斯基, М. М. 波塔什尼克. 李玉兰译. 教育过程最优化问答. 北京:北京师范大学出版社,1988.

② 转引自[新]戈登—德莱顿,[美]珍妮特-沃斯著. 顾瑞荣等译. 学习的革命. 北京:上海三联书店. 1998.

它们分为四组:具体而有序的、具体而随机的、抽象而随机的、抽象而有序的。为适应不同学生在学习和思维上的不同需要,我们的教学方法必须是多样而又灵活的。教学效率往往取决于人的感觉器官参加感知活动的程度,感知教材的方式愈多,对教材就掌握得愈牢固。因此,教学中应把各种教学方法结合起来,重视直观教学,充分地利用学生听觉、视觉、触觉和其他各种感觉器官。这对于班上那些特殊的学生就显得更重要,例如对于重听的学生,一方面可以利用助听器补偿其听觉缺陷,另一方面可以利用板书、看口形、手势等手段充分利用其视觉器官。

随班就读学生自身的障碍往往使得他们需要直观教学。在直观教学中有两种不好的倾向:一种倾向是,教师对教学手段作用估计过高,滥用教学手段,反而分散了学生对主要的、本质的内容的注意。例如,在一节高年级的数学简便计算课上,教师费了一番心思运用计算机教学媒体创设了一个数学王国,而数学王国和简便计算没有必然联系,对于高年级学生也没必要用这种形式来引起他们学习的兴趣,这样做反而分散了学生的时间和精力。另一种倾向则相反,嫌直观教学麻烦,主要运用语言教学。这样不仅不利于培养学生的观察能力、动手能力,而且影响教学效果,耗费教学时间。譬如"圆面积公式"的教学,教学的基本过程是将圆平均分割成若干个扇形,再拼成近似长方形,当我们将圆分割的份数愈来愈多,近似长方形的长曲边就变成直边,近似长方形就变成了长方形,这时可用长方形的面积公式推导出圆面积公式。以上的割拼过程,运用计算机操作演示就能清楚地看到量变引起质变、化曲为直的过程。单纯的语言教学是难以达到这一效果的。

在直观教学的运用中,各种教学手段、直观材料的优选是很重要的。图片、实物、模型、投影片、计算机软件、参观实验等各有各的优点,体现的直观水平、层次也不一样,教师应选择那些能最有效地完成教学任务、在使用上又不太费时的教学手段和材料。例如,教授"数据的收集和整理"一课时,教师可组织学生上街,在十字路口统计过往的小汽车、客车、机动车的辆数,但如用放录像观看十字路口来往车辆的方法,也能收到同样的效果,而在时间、精力上要节省得多。再如,一位教师在教学长方体、正方体的认识时,用了许多长方体和正方体的实物、模型,学生也有相应的学具。但许多学生在完成"在下列图形中,哪些是长方形、正方形,画√表示"这一习题时却发生了困难。原因是该习题中出现的是长方体、正方体的直观图,是图形,而在课堂教学中运用的都是实物模型。教师在教学中忽视了一点,就是在出示长方体、正方体实物模型的同时,在黑板上应画出它们相应的直观图,并进行比较,有了这个过程,学生就不会有困难了。

在运用直观教学时,要注意与语言教学的结合运用,发展学生形象思维的同时也注意发展学生的抽象思维。有位教师在《达尔文和小松鼠》的语文课上,首先放录音模拟大森林的气氛,然后用一组投影片演示当达尔文在森林里观察小鸟时,有一只小松鼠沿着他的腿和臂爬到他的肩上。当学生都在兴致勃勃地观看时,教师提出一个问题,小松鼠为什么能爬到达尔文的肩上?让学生边听边看边思考,每一个学生几乎都能说出这样的答案"达尔文小朋友喜欢小动物"。教师就因势利导,要学生向达尔文学习,热爱小动物,热爱大自然,以照应本节课的一项教学目标。还有没有其他答案呢?一些学生经过思考回答:"因为达尔文观察小鸟太入神了,小松鼠在他身上爬时,他根本不知道。"于是教师接着启发学生要像达尔文那样仔细、全神贯注地观察,培养学生的观察能力,照应了本课的又一个教学目标。通过这两个不同层次的答案,照顾了学生的差异,班上随班就读的智能障碍学生虽然未想到第二个答案,但听了其他同学的回答,也明白了要认真观察的道理。

多样灵活的教学方法,一般是一位教师课前预先筹划的结果,如课上给哪些学生提供直观材料,给哪些学生提供辅助提纲,要求哪些同学做示范等,但教学的灵活多样性还体现在教师对一些课堂现象的敏感及对教学的应变上。史蒂文斯(Stevens,1912)认为,"任何一种教师要严格按顺序提问必然失败",因为所有自发性都被他的"方法"吞没了。课堂上教师应根据学生的情绪表现,针对不同学生灵活地调整教学方法。

对不同的学生采用的不同的教学方法应有利于学生扬长补短。譬如,一位教师在让一位听力障碍儿童听写"胸有成竹"这个成语时,就有意识地面向她,夸大口形,同时在胸前做简单的手势,这位听力障碍学生马上领悟到是听写"胸有成竹";再譬如,对于书写有困难的学生,除为他配以辅助书写的工具外,还可让他借助录音机,充分利用其听觉的功能。

课堂教学方法要多样化,但各种方法应有机结合,过渡自然。例如,在教学"同分母分数的加法法则"时,教材中介绍了同分母分数加法(如 1/5 + 2/5 = 3/5)的算理,又用图形 ▓▓□□□ 来说明。教学时可以将算理和图示有机结合,让学习程度好一些、习惯于逻辑思考的同学说算理,同时让那些习惯于借助图形思考、喜欢动手的同学在图形上相应地画阴影线表示,让他们互相补充和配合,从而相得益彰。

在教学中无论我们采用什么方法,都应体现启发式教学的思想,让学生积极主动地获取知识,主动地学习和探索。这不仅是因为未来的社会需要有主体精神的人,有创造精神的人,要求我们的学生在学习中学会做人、学会求知、学会做事、学会合作……而且只有当学生都独立自主地主动学习和合作时,教师才能有更多的时间、精力去照顾学生的差异,帮助那些有特殊教育需要的学生。因此,在教学中教师要考虑以下几个问题:一是在课上怎样激发学生的学习动机,使每个学生都愿意学;二是如何指导学生学,让学生掌握学习的方法;三是让学生学会调控自己的学习,不断改进自己的学习。因此,在教学中教师要使学生会学习,形成独立获取知识信息和运用知识信息的兴趣、能力、意志和习惯,包括知道从哪里迅速而正确地找到所需要的知识信息,并有能力加以检索、鉴别分析和利用。这种独立学习能力的培养与学校里的教学方法有很大关系。

学生在学习过程中,有时优生与困难生在学习活动的积极性上并无多大差异,但在学习类型上有很大差异。优生比困难生更多运用深加工,而较少运用表浅加工。困难生多注意描述性知识,而优生则多注意程序性知识和情景性知识。对于所有学生来说,最重要的活动是从给定信息中引导出新信息。课文中的陈述多为描述性知识,而程序性知识、情景性知识则是内隐的,必须通过深加工才能提取出来。表浅加工导致学习困难学生聚焦于描述性知识,而忽略隐含在课文中的程序性知识和情景性知识。

例如,学生看了趵突泉的录像后,有三种反应:一是看泉水咕咕冒,感到很有意思;二是看录像同时发挥丰富的想象力:冒出的水泡有的像蝴蝶飞舞,有的像金鱼在游戏,有的……;三是理性的思考,为什么会不断有水泡外冒呢?可见学生在看录像时加工的程度是不一样的,有的是浅表层次加工,有的是深层次加工。如果在学生看录像时教师提出一些有启发性的问题,引导学生深加工,那么,学习的效果会好得多。当然还要进一步指导学生学会自己提问题,带着问题学习。

在这方面,教师的指导应当恰如其分。弗兰德斯(Felandes,1965)和阿米登(Amidon,1981)很早就明确指出,教学效果较佳的教师,他们有时"紧紧监督(指导)学生做作业,有时又不大管,只是在指导学生做作业时发挥学生的主动性"。"教师应在给予指导或不给指导之前要求学生领悟作业,并有所反应。在作业未被领悟之前就直接指导,会增加学生的依赖性"(弗兰德斯,1965)。为了培养学生学习的主动性积极性,可以采用题组教学:当某学生作业出现困难,例如一道习题不会做,教师不是直接教他怎么去做这道题,而是为他出一组铺垫题,就像该题如果是第五个台阶,再为他铺四个台阶,让他从第四个台阶上还是从第三个、第二个上,要根据学生的水平,当学生每上一个台阶,取得成功,就给予鼓励,但每一步必须由他自己独立完成,从而培养他独立学习和思考的能力。这种做法的另一个好处是,学习困难的学生和其他学生完成的习题是一样的,只是解答时分成几个过渡部分。

5. 教育技术的选择和运用策略

以多媒体计算机技术和网络技术为核心的现代教育技术的发展,对特殊需要儿童的教育教学产生了深远的影响。在教学过程中,充分利用现代教育技术,综合运用各种教学媒体(运用于教学中,具有承载和传播信息功能的设备),对特殊需要儿童进行缺陷补偿和发展其潜能,可明显地增强教学效果,提高教学效率。教学媒体根据承载和传播的信息作用于人的感官的不同,可分为视觉媒体、听觉媒体、触觉媒体、视听觉媒体和综合媒体(多媒体计算机系统)等。

视觉教学媒体包括普通的幻灯机、光学投影机、实物投影机、视频演示仪等,以及一些低视力学生专用的光学放大镜、望远镜、眼镜、助视器和闭路电视放大器等。

听觉教学媒体,主要包括普通的录音机、语言复读机、CD机、扩音机、盲用特制录音机、可检索的有声读物(磁带)、盲用视听觉转换阅读机(也称克兹维尔阅读机,英文名:KRM - Kuzweil Reading Machine)以及发音电子表、发音电子秤等可发音的各种盲用教具、学具。

触觉教学媒体是视力障碍儿童专用的教学媒体,它包括盲字板和盲字笔、盲文打字机(点字机)、视触觉转换阅读机(Optacon)、立体凸出影像复印机(也称触觉图像生成器或触觉想象增强机,英文名:Tactile Image Enhancer)等。

视听觉教学媒体主要有电视机、摄录像系统(包括摄像机、录放像机、监视器、编辑机等)、VCD 机、DVD 机等。视听媒体也是普通学校常用的电教设备,它以动态的画面、丰富的音响效果同时呈现视听觉信息,运用各种电视摄像与电子特技手法,可以使画面产生特殊效果,按教学的需要组织画面内容,具有生动、直观、形象、声形兼备、感染力强的特点。视听觉媒体对于智能障碍学生和部分有残余视力的低视力学生以及有残余听力的重听学生来说,可获得形声互补、相得益彰的教学效果,而对于全盲和全聋学生来说,它的声画结合的优点就难以充分体现出来,只能单纯利用其听觉或视觉媒体方面的信息内容。

多媒体计算机系统把通常的视、听、触等媒体与计算机有机地结合起来,成为一种包括文字(text)、图形(graphics)、静止图像(images)、视频图像(video)、动画(animation)、声音(sound)和盲文点字等信息的综合教学媒体,是一种承载的信息量最大、效率最高、独具交互性的教学媒体。视听媒体,在教学过程中可以生动地呈现教学信息,而它却无法接收学生输入的信息,进行交互式的个别化教学,因而是一种单向媒体。而多媒体计算机系统则是一种双向媒体,不仅能呈现多种媒体的教学信息,使学生获得多重感知觉刺激,而且还具有交互功能和个性化教育的特点,可以对教学过程进行有效地控制和管理,有利于学生积极参与,激发学生的兴趣,充分调动学习的主动性和积极性,把学习的主动权交给学生。

随着信息技术的迅猛发展和广泛应用,多媒体计算机与网络技术紧密结合,形成了多媒体计算机教学网,使现代教育技术的发展迈上了一个新的台阶。多媒体教学网发展迅速,在几年的时间内就经历了从多媒体计算机网络教室到学校内部的多媒体计算机局域网,再到基于国际互联网的多媒体校园网等多个层次的发展过程。基于国际互联网的多媒体校园网突破了多媒体局域网教学在资源、距离、规模上的限制,不仅具有各种媒体信息的处理和人机交互功能,更重要的是实现了网上多媒体信息传播和多媒体信息的资源共享,为培养学生的自学能力和信息能力(获取信息的能力和处理信息的能力)创造了极为有利的条件。

现代教育技术的选择和运用一定要根据各种媒体的特征和功能进行恰当的选择,在使用时要认真研究媒体间的相互作用,优化组合各种教学媒体,以最大程度地提高教学质量和教学效率。

6. 教师协作与同学合作的策略

在课堂上仅靠教师一个人来照顾学生的差异,满足他们的特殊需要是有困难的。在国内外都有协作教学的做法,即课上配有辅导教师或教学助手,他们或给主讲教师以协助,或侧重帮助有困难的学生。这种协作教学(或称协同教学),旨在发掘教师个人的特殊才能,形成优化组合,提高教学效果,同时也使各个学生的学习更具有自己的个性。每个学生可以有更多的机会去接触最喜欢的或对他激励最大的教师。这种协同教学,要求学校有更多的教职员工通过进修加入到教学队伍中作为辅助教学人员。辅助教学人员往往由实习教师或新上岗教师担任,这也有利于年轻教师在课堂上学习老教师的经验,课程和教学形式也更灵活。

在课堂教学中要充分发挥其他同学的帮助作用。教师应鼓励同学间交往,提倡合作学习,如伙伴间的合作、小组合作等。小组学习如果运用得好,可照顾学生差异,满足学生的不同需要,提高教学效率,教师在课堂上应提供学生配对活动的机会,如配对朗读、配对检查作业等。教师应结合教学内容设计行之有效的小组活动。我们提倡合作式的小组,强调小组学习应形成积极互赖的、有个体责任的、面对面积极互动的关系。为了使小组学习有成效,要加强学生合作态度和技能的培训。教师应根据不同的学科、不同的教学内容,采用不同的小组合作的模式。

但在实践中合作学习往往不如人意,未达到预期效果,浪费了教学时间。究其原因,一是小组规模太大,不能做到人人参与小组活动。小组规模要以小组活动内容而定,在课堂上,一般规模不宜太大,尤其是低年级;二是对小组学习的内容、过程没有精心设计,松松垮垮,时间利用率不高;三是学生缺少合作的态度和技能。常看到在小组活动中,个别学生包揽整个活动,其他学生只是陪客,随班就读学生也没有融进小组,缺少个体的责任和面对面的互动,缺少相互间的交往和协作,小组活动往往成了一种形式。也有的小组活动表面上热热闹闹,但在整个过程中学生学到了什么,有哪些提高是令人怀疑的。

为了很好地照顾差异,个别教学在课堂教学中也是值得提倡的。教师提供"掌握学习"的材料,让学生单独学习或小组学习,在达到目标的程序、期限上,让学生有一定的选择余地。教师可以利用学生个别或小组自学的时间,去帮助有困难的学生。但是无论哪种组织形式的课堂教学,都有其自身的优势和不足。大班的集体教学虽然不利于照顾差异,但大班的学习氛围,同学间、小组间的相互竞争,以及用较少时间达到较多效益,却是其他教学形式替代不了的。我们应当在教学中灵活运用小组学习、个别学习和班集体学习的形式。川鲁(J. Lloyd Trump)与白恩汉(Dorsey Baynham)这两位美国学者在合写的《改变的途径:如何办好学校》一书中强调,有效的教学方式,是在学生编组与学习时间分配上,依据活动的性质,分别采用以下三种方式进行学习活动:①团体学习,以介绍一般基本概念的教材为主,学习时间约占20%~40%;②小组讨论,由学生主动探究教材,教师从旁协助,了解学生学习情况,并借此达到师生情感及思想交流的目的。讨论时间约占20%;③独立学习,学生单独研究,以形成自己的观念及经验,如学生读、写、看、听、说及做实验,学习时间约占40%。我们可以根据我国各地的实际情况做出恰当安排。

(三)个别化的指导与训练

除了班集体教学外,教师还应充分利用资源教室,并积极争取各种资源,给随班就读学生以个别化指导,落实个别教育教学计划中在集体教学中尚未实现的目标。在这方面有知识技能的辅导,如课前、课中、课后的辅导或小单元的辅导,以帮助随班就读学生及时扫清拦路虎,不影响他后续的学习。教师也可以参照本书第一部分的内容对随班就读学生进行缺陷矫正补偿的训练,如借助专业人员的指导对盲生进行定向行走的训练,对聋生进行语言训练等。也可以对随班就读学生进行学习方法策略的训练。有些随班就读学生的学习困难是由于缺少有效的学习方法策略,如对盲生或学习时以听觉为主的学生指导他们如何听课,对智能障碍的学生进行阅读训练,让他们学会理解性阅读,下面就是一个阅读训练的案例。

柏林莎和布朗(Palincsar & Brown)在1984年提出了一种概括、提问、分类、预测的操作性阅读理解训练的方法。该方法在培养学生,尤其是学习困难学生的阅读理解能力方面收到了较好效果。训练的宗旨是指导学生积极参与,养成良好的阅读习惯,逐渐地学会抓住关键,提出问题,解决问题,综合信息。下面就是他们训练一位名叫卡洛斯的七年级学生在阅读中学会提问的教学记录。这一训练前后进行了半个月,收效明显,使这位智商仅70左右的阅读困难学生基本上掌握了通过适当地提问来掌握阅读材料内容要点的方法。

关于卡洛斯阅读提问训练的启发式双向教学的记录如下。

第一天:

[课文]产于美国东南部的噬鱼蛇比北美的铜头蛇要稍长一点。它们和铜头蛇、响尾蛇一样都是头部有凹陷的剧毒蛇。噬鱼蛇的眼睛与鼻子之间有一小凹陷,对热度特别敏感,这帮助噬鱼蛇能很快地接近热血动物。由于它的嘴边长有一圈白色的皮肤,噬鱼蛇也被称为"棉花嘴"蛇。

1. 卡洛斯:我不知道在美国东南部到底会产什么蛇,课文中提到铜头蛇、响尾蛇、剧毒蛇,这么多名称我都弄糊涂了。

2. 教师:是的,你想知道什么叫凹陷剧毒蛇吗?

3. 卡洛斯:是的。

4. 教师:如果你试着用"为什么"来发问,探讨凹陷剧毒蛇,将会是一个好主意。

5. 卡洛斯:(默不作声)。

6. 教师:我们来讨论这个问题吧。"为什么把这几种蛇都叫凹陷剧毒蛇?"

7. 卡洛斯:人们为什么想知道这些蛇被称为凹陷剧毒蛇呢?

8. 教师:好,你再重复一遍。

9. 卡洛斯:为什么人们都把这些蛇称为凹陷剧毒蛇,是因为它们头部都有一小凹陷?

10. 教师:那么,我们就提出这么一个问题:"为什么人们将这几种蛇都称为凹陷剧毒蛇?"

11. 卡洛斯:"为什么人们把这些蛇称为凹陷剧毒蛇?"

12. 教师:对极了,这个问题提得很好。

第四天:

[课文]这个纺纱工的助手比他的师傅小几岁,皮肤是暗褐色的,大部分时间都默不作声地坐在师傅的纺纱机旁。

13. 卡洛斯:(沉默,提不出问题)。

14. 教师:这一段说什么?

15. 卡洛斯:谈纺纱工的助手。

16. 教师:是的,你再想下去。

17. 卡洛斯:这个助手与纺纱工比较。

18. 教师:你想用"怎样"这个词来提问吗?注意时间问题。

19. 卡洛斯:你为什么要我注意时间问题呢?

20. 教师:我提醒你注意时间,是想让你抓住这个主要问题:"这个纺纱工的助手大部分时间是在干什么?"

21. 卡洛斯:是的。"这个纺纱工的助手怎样打发大部分的时间呢?"

第七天:

[课文]也许你常纳闷,那些火山爆发的熔岩到底是从哪里来的?在我们共同生活的地球的深部有熔化了的岩浆。这些岩浆由于受压力的影响,总是向地球的表面运动。随着地壳的变化,熔岩有时会从较薄的地方冲射出地面,这便导致火山爆发。

22. 卡洛斯:地球深部的熔岩会冲上来,是吗?

23. 教师:请用"什么时候发生什么"这种句型提问。

24. 卡洛斯:当地球深部热熔岩在压力作用下冲动时会发生什么?

25. 教师:好极了。这就抓住了关键问题。

第十一天:

[课文]有一种植物叫维纳斯捕虫灵,很有趣的是它能捕捉小虫。这种植物极为稀少,仅生长在美国的南卡罗来纳和北卡罗来纳。维纳斯捕虫灵看上去也同寻常植物一样,除了捕虫的本能之外,真是一种地地道道的植物。

26. 卡洛斯:这种最有趣的捕虫灵是什么?这种植物生长在哪里?

27. 教师:这个问题提得很好,这是两个很清晰的问题。

第十五天:

[课文]科学家们常来到南极对南极光进行考察和研究。南极光是一

种绚丽的弧形极光。对南极光的研究将有助于我们进一步了解地球。

  28. 卡洛斯：为什么科学家要到南极进行考察？

  29. 教师：这个问题提得非常好，弄清这个问题就领会了这一段材料的中心意思。

  除了以上针对随班就读学生的缺陷进行的训练，当然也需要对随班就读学生进行发展优势的训练和社会适应能力的训练等。教育训练不是盲目的，这就需要在训练的同时针对训练中出现的情况开展研究，从而提高训练的效果。在训练前要明确训练的目标，并了解和研究被训练学生的基础水平，然后再选择恰当的方法策略。例如，为了提高学生的阅读理解能力，先分析研究学生的阅读水平和表现，再有针对性地选择阅读策略，如在阅读前引导对象根据文章题目预测阅读内容，以提高他阅读时的注意力和理解力，还是采用在他阅读过程中提出启发性问题引导他一步步深入阅读，还是运用"概括"、"分类"等阅读策略。在训练过程中要注意观测被训练学生的变化，客观地进行观察记录，并进行效果评估。对取得的进步要及时强化巩固，如果训练效果不理想，就要改变方法策略。在训练过程中要改变学生被动训练状况，让他们自觉主动参与训练，并在过程中学会体验，把握要领。如在阅读训练中由开始循着教师提问阅读逐步过渡到自己在阅读中抓住关键，自己提出问题，并在阅读中解决问题。

  培训活动建议

  1. 同学科的教师通过讨论共同设计一份并列式课时教学计划，并实施该计划。

  2. 同一班级的教师共同为本班随班就读学生制订一份个别化教育计划。

  3. 针对本班随班就读学生某方面的情况，制订一份专项教育训练计划。

四、行动反思，评估改进

（一）班集体教学过程的反思与改进

  在随班就读的教学中，教师们应本着"面向全体，照顾差异"的理念，共同商定教学的标准和要求，并了解自己的教学和理想教学的差距。教师可以观看自己上课的录像并进行反思,也可以邀请其他教师听课指正,也可以向学生征求意见。有的专家认为,优质教学应符合以下10个条件:

- 学习内容对个体具有意义。
- 学习内容处于学生的最近发展区,并且学生愿意迎接学习的挑战。
- 学习内容与学生的发展水平相适应。
- 学生按照自己的风格学习,有自由选择的机会,并体验自主感。
- 新知识构建在已学知识的基础上。
- 提供社会交往的机会。
- 获得有效反馈。
- 学习运用学习的策略。
- 营造积极的情感氛围。
- 课堂环境有助于实现学习目标。

以上10个方面可供我们制订理想教学标准时参考。教师应养成每节课后反思的习惯:这节课有哪些地方是成功的?有什么困惑?哪些问题值得进一步研究?这节课还可怎样改进?教师可以在自己的教学计划上加旁注和批语。

如有可能,教师最好每天坚持写教育日记,当然教育日记不局限于课后的反思,可以写一天中有关教育感受最深的方面。下面是一位教师写教育日记的体会,供大家参考。

我建议每一位教师都来写教育日记,教育日记并不是什么对它提出某些格式要求的官方文献,而是一种个人的随笔记录,在日常工作中就可以记。这些记录是思考和创造的源泉。那种连续记录了10年、20年甚至30年的教育日记,是一笔巨大的财富,每一位勤于思考的教师,都有他自己的教育学修养,如果有高超技巧的,有创造性的教师,在结束他的一生时,把自己在长年劳动和探索中所体会到的一切都带进了坟墓,那会损失多少珍贵的财富啊!我愿把诸多本教育日记搜集起来,保存在教育博物馆和科研机构里,当作无价之宝。

我记日记已经记了32年。当我作为一个小学教师刚刚踏进校门,开始自己的教育生涯的第一天,就有一件事引起我的沉思。我们村子里有一位医生,大家都说他是个性情古怪的人。我看到,当这位性情古怪的医生给刚入一年级的孩子们量身高和体重的时候,他把所有的数据都详细地抄录下来,我跟他交谈起来,翻阅了他的记录,使我大为惊奇的是,他写这种记录已经写了 27 年。

"这些记录对您有什么用处呢?"我问。

"啊,这是一件很有趣的事。"医生回答说,"请看,27 年来,孩子们的身高平均增长 4.5 公分,是啊,我能再多活 30 年该多好啊……"

在当时,还没有任何人想到过学生身体加速成长的问题。战争开始时这位医生得了重病,他把自己的记录交给了我,这样,我从学校工作的第一天起,就开始记录关于学生身高、体重和他们的智力发育情况的资料。现在,我的手头就拥有一个村子的学生在这 59 年的发展情况的资料,在我看来这些资料是非常宝贵的。

一连 32 年,我在学生入学的最初两星期内记录有关他们的知识面和表象的资料,每一年让学生回答的都是相同的问题。

例如,从 1 数到 100……说出你能认识的植物、动物、鸟类的名称……叫出你所认识的机器的名称,并且说说它们有哪些用处……

在我看来,学生对这些问题的答案,也有重要的价值。例如,值得注意的一些资料:在 1935 年,35 名一年级新生中,只有 1 人能数到 100,5 人能数到 20(当时是 8 岁入学);到 1966 年,36 名一年级新生中,有 24 人能数到 100,其余的 12 人能数到 20、30 和 40(这时是 7 岁入学)。学生关于机器和工艺过程的知识逐年增加,但遗憾的是,学生对于植物、动物、鸟类的知识正逐年减少。

1935 年,所有 35 名新生都看到过夏季的朝霞,能够描写日出的景象。而到 1966 年,39 名新生中,只有 7 人看到 6 月的朝霞和日出。

我在自己的日记里还记录学生家里有哪些书籍,家长的教养程度如何,父母亲在教育孩子上花费多少时间。对这些材料加以比较也是一件很有趣的事。

在日记里,关于后进学生的记载占有重要的地位。我认为,觉察这些学生在课堂内外行为上的极其细微的变化,是十分重要的。把所观察到和记录下来的情况加以深入思考,对教师的工作有很大帮助。例如,考虑到有些孩子的智力过程的能动性有所降低,他们的智力眼界相对的受到局限,我就做出一些结论,譬如,应该让这些孩子读哪些科普读物等。

记日记有助于集中思想,对某一个问题进行深入思考。例如,我在自己的日记里空出几页,专门记载自己关于知识的巩固性的想法,把这些记载加以研究、对比和分析,就能看出知识的巩固性取决于许多先决的前提和条件。

(二)个别化教育计划的评估

在个别化教育计划实施的过程中,需要不断进行评估和修订。通常在学生的实际学习成效与预期实现目标的时间不一致,或出现影响教育效果的因素时,这时的个别化教育计划已不适应学生的情况,因此需要召开评估会进行评估。不论是每年一次性评估会还是经常性的评估会,一般都包括以下内容。

将该生实际表现水平与个别化教育计划中的每一预期目标做比较。

评估为该生提供的特殊教育或相关服务(如语言治疗、物理治疗、职业训练等),将原先提供的服务期限和实际花费的时间进行比较。

确定个别化教育计划修正的内容。如果学生提前实现了个别化教育计划中的目标,在评估会上就要讨论该生是否仍需要特殊服务,服务内容是否要改变,是否原先低估了该生在某项学习活动中的能力等。评估小组成员通过讨论共同回答上述问题,必要时可让学生自己也参加讨论。

学生未能实现个别化教育计划中的学习目标时,可能会有以下原因:不适合的或不实际的教学目标;教学计划、方法措施失当;缺乏足够的教学资源;不切实际的时间分配。

要针对该生的情况进行具体分析,找出其中的主要原因,并进一步对个别化教育计划进行调整、修改和补充。

(三)对随班就读学生进步的评估

教育的反思和改进离不开对随班就读学生的科学评估,评估本身也有教育功能。对随班就读学生的评估不是以选拔为目标,而是以促进他们的全面发展为目标。

1. 对随班就读学生评估的内容

评估内容既有知识能力方面的,也有思想品德、体格、心理等方面的,特别是社会适应方面的。既有一般的素质标准要求,也有缺陷矫正补偿的要求。如特殊儿童学习的愿望、与其他同学合作的意识和能力、听力障碍儿童的语言表达水平、盲生的定向行走水平等都应是评估的内容。

知识技能的评估是为了了解学生已经掌握了哪些知识技能,了解学生认真学习的信息,鼓励学生面对他们力所能及的习题,充分表现他们知道了哪些,理解了哪些,会运用哪些知识技能,开发他们的学习潜能。而传统的统一的考试,为的是鉴别学生的不同水平,往往将测试重点放在学生没有掌握的知识技能方面,这对随班就读学生是不合适的。知识技能评估的重点应围绕基本的迁移性强的概念、原理、技能与方法,如语文字、词、句的听、说、读、写,数学计算等。

应重视对学生的独立思考能力,分析问题、解决问题的能力,动手能力,以及学生的态度、情感、意志各方面发展情况的评估。特别注意考查学生的探索精神、创新的能力。特殊儿童也有创新的潜能,同样需要对他们进行这方面的评估和开发。在考核中加强考核内容与学生生活经验、社会实际的联系,减少那些机械记忆等方面的内容,因为这些内容会给学生造成负担,消耗学生的时间和精力,而且有些内容对于随班就读学生,特别是智能障碍的学生来说,要求他们长时记忆也有困难。学生只要能记住基本的概念、原理、公式就可以了,许多具体的知识以后会查阅就行。

考核评估的内容根据随班就读学生的特点也应是多样的。特别是应充分挖掘每位随班就读学生的优势潜能,如有的盲生的音乐才能、超常的逻辑思维能力等,在评估的基础上给予充分的肯定,帮助随班就读学生认识自我,树立自信与自尊。

2. 对随班就读学生评估的标准

考核评估对每个学生都应有挑战性的要求,但不要给他们带来过大的压力,以免造成学生的焦虑或因成绩低劣,产生逆反心理和厌学情绪。这种考核评估是建立在学生自觉学习的基础上的。这就要求通过教育教学的改革,提高学生学习的兴趣和动机,使学生自觉自愿地学习,而不是被动地学习。

一般情况下,随班就读学生因自身的残疾会在一定程度上影响学习。

对他们考核评估的标准不能和其他普通学生一样高,应适当降低标准,以使随班就读学生也能取得较好的成绩。例如,盲生可用计算器或算盘操作代替竖式计算,对聋生朗读要求可以降低,对智能障碍学生降低解答应用题的要求,降低抽象概括等方面的要求。如果随班就读学生的成绩总是不及格,这不利于调动他们的学习积极性。当然也有少数视觉障碍或听觉障碍,但智力很好的随班就读学生不仅能达到普通学生应达到的标准要求,甚至可以超出这个标准。

对随班就读学生的考核评估的标准主要依据为他制订的目标要求来定。目标要反映具体活动行为,如"某学生在2分钟内能正确画出一个三角形"等。标准要明确、具体,以便进行检查。对于随班就读学生,既要有定量的评估标准,如认识100个生字或数学成绩达到70分等,也要有定性的标准,如对他情感、态度、行为规范的要求等。

既然对随班就读学生学习评估的标准主要是依据教学计划中的目标来定,那么教学计划中的教学目标的确定是否客观、标准,是否符合学生的实际,则成为这种评估的难点。目标过高,学生经过努力也难以达到,会使学生产生失败感;目标过低,又会使学生产生满足感,缺乏激励机制。因此,准确把握评估标准就成为参照评估的关键。为了使教学计划中的教学目标客观标准,常以随班就读学生自身进步为参照,并不断调节这些目标。每个学生都可以和自己的过去相比较,来看进步幅度大小。从这方面来说,每个学生的机会是均等的。这种评估容易让教育双方看到学习的效果,增强学习的信心,调动学习积极性。这种评估经常用于对随班就读学生的评估,但这种评估方法的缺点是评估参照标准不统一,并且仅仅与个体自身比较,往往会忽视客观评估标准。而且随班就读学生毕竟还是在班集体中和其他同学一起学习,因此,也需要评估他们和其他同学差距的大小,并注意协调和调节。特别在低年级,由于小学低年级是打基础的阶段,而且低年级知识的密度、难度并不大,为了使特殊儿童能在中、高年级随班就读,在低年级不要在知识技能上过多地降低要求,甚至不降低学习要求。

从生态学的角度来看,在评估中还应注意特殊儿童所处的环境对他的期望要求和他现实表现的差距分析,并通过教育训练提高他们适应现实环境的能力。

3. 对随班就读学生评估的方式、方法

对随班就读学生的评估要综合运用各种评估方式,扬长避短,优化组合。评估要贯穿教育始终,特别要加强诊断性评估和形成性评估。诊断性评估就是在教学前对学生学习准备情况进行的评估,这种评估可以使我们在教育教学前通过评估了解学生在知识、能力等方面的起点,以使我们教育教学内容符合学生需要,便于学生以旧引新。形成性评估就是在教育教学过程中进行的评估,这种评估能及时发现教育教学不足,及时反馈,及时强化,及时矫正,可以提高教育教学效率,并在一定程度上缩小学生的成绩差异(当然要消除学生的差异是不可能的,也是没必要的)。

对学生评估的客观公正,有利于调动学生学习的积极性。为了能客观公正地评估随班就读学生的进步,教师要给学生展现才能的机会和情境,要考虑到他们由于自身的缺陷带来的感知、理解和表达上的不方便。

一个科学领域里的知识、技能和态度,虽然其中有些熟悉的现象可以用书面测验让参加测验的学生运用具体想象方法来描述,但通常更需要实际自然现象去刺激学生的观察和解释。例如,希望学生学习使用科学概念和原理去解释自然界现象,从观察数据得出推论,能使用简单实验工具,规划实验,检验假设。但大多数标准化书面测验做不到这一点。社会科学领域的书面测验情境常不能被学生感知为真实的,而运用动画、录像带或学生的动作能刺激学生对社会情境的反应,观察和联系过去的经验对他们更有帮助,对于智能障碍的学生更是如此。例如,希望学生理解文学作品清晰的情境,从人物言行了解各种人物,而文学标准化测验往往限制了对阅读作品理解的考查。在社会科学中希望学生学习怎样在解答问题中彼此合作,怎样表示赞成、同情、鼓励和类似的社会行为,要用书面表示这些行为也是困难的。

笔试对于那些更习惯于口语、姿势或其他动作反应的学生也是不利的,例如对视力障碍儿童运用笔试不方便,可以用听录音、口答代替部分笔试的方法。当试题本身需要阅读能力时,在阅读上有困难的学生可能形成数学、科学课程虚假低分数。由于他们对试题不能正确阅读,造成不能表达他们数学、科学等课程的真实水平的情况。所以评估学生进步,要根据评估内容和学生差异采用多样的考核形式和工具,选择或创造引进行为情境。例如,用口试考查学生的口头表达能力、应变能力;用实际操作考查他的动作能力、解决实际问题能力;通过小组活动观察他的组织能力、合作能力;运用观察、调查及一些量表来了解他的学习兴趣、态度等方面的情况。也可以要求随班就读学生实际完成某一任务,如编故事、购物、做实验等,在此过程中,对其行为表现进行评估,对其完成的结果或产品进行评估。学习的真正测试不是书面测试,关键是考查学生是否能在现实生活中使用知识,并把它运用到有意义的场合。

尽管上面我们强调了对随班就读学生的测试评估不能仅仅采用笔试,应采用多种方式方法,让随班就读学生能充分表现自己的水平,但是书面笔试还是常用的一种测试评估方法。对于书面测试,由于对随班就读学生的考核评估标准和普通学生是不完全一样的,所以不能照搬对普通学生考核的内容和形式,一般可以在普通学生的试题基础上加以调整。而针对随班就读学生的考核评估内容,如缺陷矫正补偿、社会适应能力等方面,可以单独专项进行考核评估。

华东师范大学王斌华教授提出,适应个别差异考试主要采用4种试卷模式。

(1)单一卷模式。学生面对同一张试卷,试题从易到难。具体来说,有两种排列方式:第一,从卷首至卷尾,按照试题难易程度依次排列。第二,试卷由若干单元组成,在每个单元中,试题由易到难依次排列。能力较差的学生可以完成难度较低的试题;能力较强的学生可以完成较多的试题或者全部试题。语言、文科和人文学科的考试广泛使用这种模式。

(2)加试卷模式。它包括普通试卷和加试卷,学生首先完成普通卷,如果尚有余力,可以完成加试卷。这个模式常用于外语学科考试和科学学科的考试。

(3)三卷排列模式。它包括容易卷、普通卷和困难卷三份试卷,学生可以参加容易卷+普通卷的考试,也可以参加普通卷+困难卷的考试。

(4)四卷重迭模式。它包括四份试卷,即包括第一试卷、第二试卷、第三试卷和第四试卷。

第一试卷最容易,其他试卷的难度依次递增。学生可以参加第一试卷+第二试卷的考试,第二试卷+第三试卷的考试,或第三试卷+第四试卷的考试。这个模式通常用于数学学科的考试。

对随班就读学生的考核不一定囿于标准答案,只要立论有据,结果合理即可。评分时可以兼用总分、部分分、进步分,等级和评语相结合的方式。实际上一个总分并不能明确地向学生提供教育信息,学生还不能从一个总分中确切知道自己的强项、弱项,因此,可以向学生提供总分和部分分,以使学生了解更多教育信息。最后的总成绩可以用等级表示,这样可以淡化分数竞争,对随班就读学生也是有利的。因为现在考试手段还无法使所有的素质要素都可测、可量、可比,因此对随班就读学生的评估应做到定性定量相结合,采用分数(或等级)+评语的形式,评语应以指出随班就读学生的成绩为主,同时提出希望和努力方向,评语要考虑到学生接受程度,要有针对性,符合学生个性发展的特点。但也要防止在评估中给随班就读学生不切实际的、过度的表扬。

4. 谁对随班就读学生进行评估

在随班就读的评估中要改变单一由教师或班主任对学生进行评估的做法,同学、家长都应参与对随班就读学生的评估。提倡采用团队评估,就是由特殊教育专业人员、教师、家长、管理人员、心理工作者组成团队,教师、家长、同学详细介绍随班就读学生的各种表现并进行描述,不加进个人主观判断,专业人员再从各自的专业背景,针对随班就读学生的情况进行评估。教师和家长可以从专业人员处了解随班就读学生的真正问题,专业人员也可从教师、家长、同学的讲述中来验证或修改自己的评估结果,并提供合理建议,从而增强评估的客观性、公正性。要重视和培养学生的自我评估,鼓励随班就读学生关注考核的反馈信息,对自己的成绩作出分析和解释,并在评估中自我认识、自我体验、自我激励,不断总结自己、反思自己、调节自己,以适应社会的需要。这对于他们学会学习,促进自身发展和将来实现社会化都是非常必要的。

培训活动建议

1. 同学科的教师共同商定本学科优质随班就读课的标准。
2. 选择几节典型课,同学科教师交流教学心得体会。
3. 你以前是怎样评估随班就读学生进步的,教师互相交流做法和经验。
4. 学校组织教师共同商量怎样评估本校随班就读学生的进步。

参考文献

1. 朴永馨. 特殊教育概论. 华夏出版社,1991
2. 李慧聆. 听觉障碍儿童随班就读工作手册. 华夏出版社,1993
3. 汤盛钦. 特殊教育概论. 上海教育出版社,1988
4. 中华人民共和国民政部. 特殊儿童资料. 中国社会出版社,1991
5. Bill R. Fearheart:The Exceptional Student in the Regular Classroom fifth Edition. Macmllan Publishing Company,1992
7. 朴永馨. 特殊教育辞典. 华夏出版社,1991
8. 沈家英. 视觉障碍儿童的心理与教育. 华夏出版社,1993
9. 何华国. 特殊儿童心理与教育. 台湾五南图书出版公司,1976
10. 方俊明. 当代特殊教育导论. 陕西人民教育出版社,1998
11. 朴永馨. 特殊教育学. 福建教育出版社,1995
12. 陈云英. 中国一体化教育改革的理论与实践. 新华出版社,1997
13. 徐白仑. 视障儿童随班就读教学指导. 华夏出版社,1992
14. 朴永馨,张宁生. 缺陷儿童心理. 科学出版社,1993
15. 季佩玉,李宏泰. 聋校语文教学 200 问. 华夏出版社,1993
16. 华国栋,沈云裳,钱丽霞. 随班就读问答. 四川教育出版社,1996
17. Charles Van Riper, Speech Correction:Principles and Methods(6 ed.). Englewood Cliffs, NJ. Prentice – Hall,1978. 43
18. 汤盛钦. 特殊儿童的心理与教育. 天津教育出版社,1989
19. 鲁宾什坦著,朴永馨译. 智能障碍儿童心理学
20. 吕静. 儿童行为矫正手册. 浙江教育出版社,1992
21. 陈荣华. 行为改变技术. 台湾五南图书出版公司,1986
22. 马丁·皮尔著,林殷沪,林贻红等译. 行为矫正——有效的心理治疗. 科学出版社,1991

23. 华国栋. 随班就读班级数学教学模式的实验报告. 特殊儿童与师资研究. 1995

24. 华国栋. 分类教学中应注意的问题. 现代特殊教育. 1993(6)

25. 汪文鋆. 智能障碍儿童的诊断和教育. 浙江少儿出版社, 1990

26. 北京市社会学学会社会福利研究组. 智能障碍儿童的教育与康复. 1992

27. K. G. MTL Fell berger. 行为矫正的原理与方法. 中国轻工出版社, 2000

28. 林正文. 儿童行为观察与辅导. 华南图书出版公司, 1994

29. 华国栋. 随班就读教学. 华夏出版社, 2000

30. 华国栋, 彭霞光. 特殊儿童测查指南. 中国妇女出版社, 2001

31. 华国栋. 差异教学论. 教育科学出版社, 2001

32. 华国栋. 特殊需要儿童的随班就读. 辽宁师范大学出版社, 2002

33. Caral Aun Tomliusou. 多元能力课堂中的差异教学. 刘颂译. 中国轻工业出版社, 2003

34. 华国栋. 特殊需要儿童的心理与教育. 北京高等教育出版社, 2004

35. 顾定倩. 特殊教育导论. 辽宁师大出版社, 2002

36. 教育部师范教育司. 行为矫正基础. 人民教育出版社, 2000

37. 陈云英, 华国栋. 特殊儿童的随班就读试验. 教育科学出版社, 1998

38. 华国栋. 特殊教育师资培养研究. 华夏出版社, 2001

39. 孙晔. 社会心理学, 北京科学出版社, 1987

40. 张宁生. 听觉障碍儿童心理与教育. 辽宁师范大学出版社, 2002

41. 多罗特娅-菲希特纳著, 周苗德、刘宏译. 怎样抚育盲童. 南京大学出版社, 1990

42. 滕伟民、李伟洪: 中国盲文. 华夏出版社, 1996

43. 杞昭安. 视功能评估与训练手册. 国立台湾师范大学特殊教育学系, 2002

44. 杞昭安. 视觉障碍儿童亲职教育手册. 国立台湾师范大学特殊教育学系, 2001

45. 心光盲人院暨学校.《训练视障幼儿同共指引》、《低视能训练教学手册》、《怎样带领失明人及如何与他们沟通》、《请帮帮我——低视能孩子的家长手册》、《低视能幼儿家居训练锦囊》、《失明幼儿家居训练锦囊》

46. 毛文书. 眼科学. 人民卫生出版社,1980
47. 樊作树. 心理医生. 中国人口出版社,2002
48. 周文彬. 普通小学教育中的随班就读——课堂教学的策略与实践. 气象出版社,1999
49. 郭为藩. 特殊教育名词汇编. 心理出版社,1977
50. 刘全礼. 改变和塑造孩子的行为. 中国妇女出版社,2001
51. 焦青、袁茵. 特殊儿童行为改变. 东北师范大学出版社,2002
52. 钱志亮. 视觉障碍儿童心理与教育. 辽宁师范大学出版社,2002
53. 刘全礼. 特殊教育导论. 教育科学出版社,2003
54. [美]罗伯特·斯莱文著,姚梅林等译. 教育心理学 理论与实践(第7版). 人民邮电出版社,2004
55. [美]理查德·格里格、菲利普·津巴多著,王垒、王甦等译. 心理学与生活(第16版). 人民邮电出版社,2003
56. 冯江平. 儿童心理问题咨询与矫治. 浙江教育出版社,2000
57. 李博,李文才. 儿童多动症的成因分析及教育干预措施. 广东教育学院学版,2009(8)
58. 罗志慧. 多动症儿童的家庭教育. 中国电力教育,2009(7)
59. 钱志亮. 特殊需要儿童咨询与教育. 北京师范大学出版社,2006
60. 钱志亮. 儿童生理问题咨询. 北京师范大学出版社,2011
61. 钱志亮. 儿童心理问题咨询. 北京师范大学出版社,2011
62. 钱志亮. 儿童学业问题咨询. 北京师范大学出版社,2011
63. 苏勃、曲云霞. 多动症儿童教育方式研究. 医学与哲学,2007(1)
64. 苏林雁. 多动症儿童的科学教养. 人民卫生出版社,2008
65. 苏林雁. 儿童多动症. 人民军医出版社,2004
66. 陶大德. Ⅰ型多动症学生心理干预策略探讨. 四川工程职业技术学院学报,2006(9)
67. 王兴国,胡沙,鲁亚平. 多动症研究及治疗方法的新进展. 清远职业技术学院学报,2010(6)

68. [美]文森特·莫纳斯特拉. 家有顽童——孩子有了多动症怎么办. 重庆大学出版社,2009

69. 王辉. 行为改变技术. 南京大学出版社,2008

70. 王辉. 试论行为矫正在学习障碍儿童教育训练中的角色演变. 中国特殊教育,2001(4)

71. 王辉. 特殊儿童教育诊断与评估. 南京大学出版社,2007

72. 钱志亮. 儿童问题咨询实用手册. 广西师范大学出版社,2005.7

73. 王书奎,张绪扬. 韦氏儿童智力量表的理论与应用. 人民教育出版社,1998.9

74. 钟启泉. 差生心理与教育. 上海教育出版社,2003

75. 华国栋,差异教学策略. 北京师范大学出版社,2009

76. 华国栋,你也能出类拔萃——普通班的超常教育. 北京工业大学出版社,2009